# 大跨径波形钢腹板预应力
# 混凝土组合梁桥设计

张 云 罗 光 罗婷倚 等 编著

人民交通出版社股份有限公司

北 京

## 内 容 提 要

本书以被列为住房和城乡建设部绿色施工科技示范工程及广西交通运输科技示范工程的广西飞龙大桥为例，基于现行国家和行业标准、最新研究及实践成果，采用实践与理论研究相结合的方式介绍了大跨径波形钢腹板预应力混凝土组合梁桥设计实例并进行了理论探索，构建了以构造创新为核心的大跨径波形钢腹板预应力混凝土组合梁桥设计思路，是作者对大跨径波形钢腹板预应力混凝土组合梁桥设计研究与实践成果的总结。

本书对同类桥梁建设具有重要的参考价值，可供桥梁设计、制造、施工等相关科研人员借鉴，也可供高等学校相关专业学生学习参考。

**图书在版编目（CIP）数据**

大跨径波形钢腹板预应力混凝土组合梁桥设计/张云等编著. —北京：人民交通出版社股份有限公司，2023.12
ISBN 978-7-114-18927-2

Ⅰ.①大… Ⅱ.①张… Ⅲ.①长跨桥—组合梁桥—桥梁设计 Ⅳ.①U448.21

中国国家版本馆 CIP 数据核字（2023）第 147358 号

Da Kuajing Boxing Gang Fuban Yuyingli Hunningtu Zuhe Liangqiao Sheji

| | |
|---|---|
| 书　　名： | 大跨径波形钢腹板预应力混凝土组合梁桥设计 |
| 著 作 者： | 张　云　罗　光　罗婷倚　等 |
| 责任编辑： | 任雪莲 |
| 责任校对： | 孙国靖　刘　璇 |
| 责任印制： | 张　凯 |
| 出版发行： | 人民交通出版社股份有限公司 |
| 地　　址： | (100011)北京市朝阳区安定门外外馆斜街 3 号 |
| 网　　址： | http://www.ccpcl.com.cn |
| 销售电话： | (010)59757973 |
| 总 经 销： | 人民交通出版社股份有限公司发行部 |
| 经　　销： | 各地新华书店 |
| 印　　刷： | 北京虎彩文化传播有限公司 |
| 开　　本： | 787×1092　1/16 |
| 印　　张： | 22.75 |
| 字　　数： | 533 千 |
| 版　　次： | 2023 年 12 月　第 1 版 |
| 印　　次： | 2023 年 12 月　第 1 次印刷 |
| 书　　号： | ISBN 978-7-114-18927-2 |
| 定　　价： | 88.00 元 |

（有印刷、装订质量问题的图书，由本公司负责调换）

# 编 委 会

主　　任：张　云　罗　光　罗婷倚
副 主 任：唐亚森　陶　亮　张坤球　施　智
　　　　　韦黛笠　宋建平　叶　源　邓宗萍
　　　　　谢长洲　赵吉卫
编写人员：周世杰　黄利友　杨　明　白伟振
　　　　　罗柳芬

# 序一
# Preface 1

我国自1997年广东虎门大桥辅航道桥成功建成通车后,大跨径预应力混凝土连续梁桥在国内得到蓬勃发展,成为我国桥梁工程中广泛应用的桥型。由于其施工工艺易标准化、工艺简单、经济性好、后期养护工作量小,对地形和地质条件要求不高,在100~300m跨径桥型中极具竞争力。中、大跨径预应力混凝土梁桥普遍采用三向预应力体系,很多桥梁经过多年运营后,普遍存在跨中下挠、腹板开裂等病害,跨径越大,越易产生病害。随着我国现代工业体系的逐步建成和发展,高性能钢材的国产化和普及,在中、大跨径桥梁中采用钢-混凝土组合结构逐步替代纯粹的三向预应力混凝土结构体系,在施工工艺和经济性上都更容易被接受。同时,钢-混凝土组合结构的应用也为解决预应力混凝土结构的固有病害提供了一条可行的路径。从抵御地震灾害方面来看,钢-混凝土组合结构能够显著降低结构自重,特别是桥梁上部结构的自重,材料的强度和延性又远超混凝土结构,对于提高桥梁抗震能力、有效控制工程造价是有很大益处的。

《大跨径波形钢腹板预应力混凝土组合梁桥设计》的作者张云是我的学生,他从广州大学工程抗震中心博士毕业后一直从事新型桥梁的研究和建设实践工作。由他组织建设的广西飞龙大桥是目前在建最大跨径波形钢腹板预应力混凝土组合梁桥。在这座桥梁的设计和建设过程中,他带领团队开展了大量的理论研究、试验研究,承担了多项省部级科研课题,开发了新型的1800型波形钢腹板,修正了传统的计算理论，编制了多项地方标准，充分将理论研究和工程实践相结合，这也是一个科研工作者应有的工作态度和应采用的工作方法。

本书是作者这几年的科研工作和工程实践的总结，愿本书所介绍的工作方法和研究成果能够带给读者一些启示，并起到一定的借鉴作用。

中国工程院院士
2023 年 8 月

# 序二
## Preface 2

科技是国家强盛之基，创新是民族进步之魂。习近平总书记高度重视科技创新工作，围绕推进科技创新和科技成果转化发表了一系列重要论述，为加快建设科技强国指明了前进方向。特别是2023年7月习近平总书记在四川视察时指出，以科技创新开辟发展新领域新赛道、塑造发展新动能新优势，是大势所趋，必须依靠创新特别是科技创新实现动力变革和动能转换。

广西北部湾投资集团有限公司（简称北投集团）一直以习近平总书记的指示精神为遵循，高度重视科技创新工作，大力推动科技创新发展，科技研发投入保持高位增长，通过深入实施科技创新驱动发展战略，不断厚积高质量发展优势，以新技术激发高质量发展动能。目前，北投集团拥有中高级职称人员达8600余人，约占员工总数的41%，构建形成了"5室3站41中心2联合体1高地19高企3基地"科技创新集群，拥有知识产权2000余项，集设计咨询、技术研发、投资开发、施工建造、运营维护为一体，陆续形成了特大桥梁特长隧道设计建造、高速公路智慧运维、智慧口岸、路用新材料等一系列具有自主知识产权的创新技术，以科技创新开创新产业，以新产业引领高质量发展，奋力书写北投集团"创世界500强、树广西新标杆"的新荣光。

飞龙大桥由北投集团投资建设，是S210横县平马至灵山沙坪公路项目的关键控制性工程，是广西近年来颇具代表性的连续梁桥项目。全桥总长940米，由北至南跨越郁江，主桥单孔最大跨径185

米,建成后将成为世界最大跨径波形钢腹板预应力混凝土连续梁桥,也是广西普通国省干线公路的首个示范性工程。飞龙大桥从项目策划、前期设计、试验研究、建设管理、施工、监理、健康监测充分展现了北投集团全产业链优势。该项目成功研发并应用了1800型新型波形钢腹板、防屈曲构造、外包型结合部等技术,编制多项地方标准,形成该类桥梁的专利群,填补了多项技术空白,先后获得住房和城乡建设部绿色施工科技示范工程和广西交通运输科技示范工程,充分彰显北投速度、北投质量、北投品牌。

本书以飞龙大桥示范工程中的理论创新与技术应用为载体,总结形成了大跨径波形钢腹板预应力混凝土组合梁桥设计及建造技术,为全区乃至全国大跨径波形钢腹板预应力混凝土组合梁桥建设积累了丰富经验,相信可为桥梁设计、制造、施工及科研人员等桥梁建设者提供很好的参考。

广西北部湾投资集团有限公司党委书记、
董事长

2023年8月

# 前言
Forword

近年来,波形钢腹板预应力混凝土组合梁桥在我国得到快速的推广、应用,目前国内已修建该类桥梁160余座,如广西红水河特大桥、鄄城黄河公路大桥、四川头道河特大桥、宁波奉化江大桥等,其中广西红水河特大桥主跨172m,为当前国内已建的最大跨径波形钢腹板预应力混凝土组合梁桥。国内修建的波形钢腹板预应力混凝土组合梁桥中90%以上为多跨连续梁或连续刚构,其中约40%的桥梁跨径在100~160m之间。

广西飞龙大桥坐落于美丽的茉莉花之都广西横州市,是住房和城乡建设部绿色施工科技示范工程、广西交通运输科技示范工程,主桥采用100m+2×185m+100m的波形钢腹板预应力混凝土连续刚构桥,建成后主跨长度暂居世界前列。设计及建造该桥时创新发明了大尺寸1800型波形钢腹板、防屈曲构造,波形钢腹板与底板创新采用外包型结合部且大规模采用高性能耐候钢,解决了复杂应力区域波形钢腹板防屈曲构造、抗剪稳定性等技术难题,奠定了该类桥型往更大跨径方向发展的理论基础,其创新成果及应用对推进波形钢腹板预应力混凝土组合梁桥在150~300m跨径范围内全面代替预应力混凝土连续刚构桥具有重要借鉴意义。

本书以广西飞龙大桥为例,全面、系统地介绍了大跨径波形钢腹板预应力混凝土组合梁桥从前期策划、总体设计、理论研究再到试验研究的全生命周期勘测与设计过程,为波形钢腹板预应力混凝土组合梁桥持续向更大跨径迈进起到极大的示范作用。

本书详述了广西飞龙大桥创新构造设计及理论研究,共分为三篇,第1篇是绪论,综述波形钢腹板预应力混凝土组合梁桥的技术演变及发展,简述了广西飞龙大桥的建设意义及桥型方案论证过程,总结并归纳了该桥面临的主要技术难点及所需的专题研究、理论研究与试验研究规划;第2篇是设计篇,从设计全过程详述了该桥设计重点、主要专题研究、设计结构计算、结构复算验算及设计成果评审,为该类桥型设计提供参考;第3篇是理论研究篇,详细论述了依托广西飞龙大桥开展的混凝土附加应力、内衬混凝土构造、剪力滞等空间力学和构造设计理论研究,为广西飞龙大桥实体桥梁建设提供理论支撑,为该类桥梁设计奠定了理论基础。因篇幅有限,关于该桥试验研究、建设等内容将通过其他途径发表以供读者学习与参考。

本书由广西北投公路建设投资集团有限公司组织编写,由张云、罗光统筹编著,其中,第一篇由张云、罗光、罗婷倚编写,第二篇由罗婷倚、陶亮、施智等编写,第三篇由张云、罗婷倚、唐亚森、韦黛笠、周世杰等编写,并邀请同济大学刘玉擎审核。

由于编者水平有限,虽经努力,错漏之处在所难免,恳请读者批评指正。

编著者
2023 年 7 月

# 目录
Contents

## 第1篇 绪 论

### 第 1 章 概述 ... 3
1.1 大跨径预应力混凝土连续刚构桥的发展概述 ... 3
1.2 波形钢腹板预应力混凝土组合梁桥的提出 ... 7
1.3 波形钢腹板预应力混凝土组合梁桥的发展现状 ... 8
1.4 波形钢腹板预应力混凝土组合梁桥的研究现状 ... 14
1.5 广西飞龙大桥的建设意义 ... 18
参考文献 ... 19

### 第 2 章 桥梁设计方案比选 ... 23
2.1 桥梁建设条件 ... 23
2.2 桥位方案比选 ... 33
2.3 桥型方案比选 ... 34
2.4 桥面宽度论证 ... 40
2.5 通航孔径论证 ... 41
参考文献 ... 43

### 第 3 章 关键创新技术综述 ... 44
3.1 创新思路 ... 44
3.2 技术创新 ... 47
参考文献 ... 48

# 第2篇 设 计 篇

## 第4章 总体设计 ... 51

4.1 设计组织 ... 51
4.2 设计基本原则 ... 52
4.3 设计重点 ... 52
4.4 技术方案设计 ... 54
4.5 桥梁防撞设施设计 ... 72
参考文献 ... 81

## 第5章 专题论证与评价 ... 83

5.1 船舶操纵仿真模拟试验研究 ... 83
5.2 航道通航条件影响评价 ... 97
5.3 防洪评价 ... 106
5.4 船撞安全评估及防撞对策研究 ... 108
5.5 主桥引桥抗震性能分析研究 ... 124

## 第6章 结构计算 ... 138

6.1 基本信息 ... 138
6.2 内力计算 ... 140
6.3 承载能力极限状态计算 ... 143
6.4 正常使用极限状态计算 ... 144
6.5 持久状况以及短暂状况应力计算 ... 146
6.6 桥面板计算 ... 148
6.7 波形钢腹板设计计算 ... 155
6.8 施工阶段波形钢腹板受力计算 ... 164
6.9 其他计算 ... 171
6.10 计算结论 ... 171
参考文献 ... 172

## 第7章 结构验算与复算 ... 173

7.1 概述 ... 173
7.2 全桥整体有限元模型 ... 174

  7.3 承载能力极限状态验算 …………………………………………… 176

  7.4 持久状况下正常使用极限状态验算 …………………………… 179

  7.5 持久状况构件应力验算 …………………………………………… 182

  7.6 波形钢腹板验算 …………………………………………………… 184

  7.7 桥面板设计验算 …………………………………………………… 190

  7.8 钢腹板与混凝土底板外包结合部设计验算 …………………… 191

  7.9 验算结论 …………………………………………………………… 195

## 第 8 章　设计审查 ………………………………………………………… 197

  8.1 审查目的 …………………………………………………………… 197

  8.2 咨询审查 …………………………………………………………… 197

  8.3 技术评审 …………………………………………………………… 203

## 第 3 篇　理论研究篇

## 第 9 章　简支梁梁端混凝土附加应力研究 ……………………………… 209

  9.1 研究目的 …………………………………………………………… 209

  9.2 简支梁传统弯剪理论 …………………………………………… 209

  9.3 简支梁梁端混凝土板附加应力产生机理 …………………… 211

  9.4 梁端混凝土板附加应力解析解 ………………………………… 211

  9.5 混凝土附加应力解析解验证与分布特点 …………………… 218

  9.6 梁端附加应力设计建议 ………………………………………… 224

  9.7 本章小结 …………………………………………………………… 225

  参考文献 ………………………………………………………………… 226

## 第 10 章　连续刚构(梁)中支点区段混凝土附加应力研究 ……… 227

  10.1 研究目的 ………………………………………………………… 227

  10.2 中支点区段混凝土板附加应力产生机理 …………………… 228

  10.3 中支点区段混凝土板附加应力解析解 ……………………… 228

  10.4 模型试验方案 …………………………………………………… 233

  10.5 有限元模型 ……………………………………………………… 237

  10.6 试验与有限元验证 ……………………………………………… 238

  10.7 有限元参数分析 ………………………………………………… 240

10.8　附加应力计算式 ……………………………………………… 245
　　10.9　中支点区段附加应力设计建议 ……………………………… 252
　　10.10　本章小结 …………………………………………………… 254
　　参考文献 …………………………………………………………… 254

## 第11章　多室组合箱梁剪力滞效应有限元分析 …………………… 255
　　11.1　研究目的 ……………………………………………………… 255
　　11.2　多室组合箱梁有限元模型 …………………………………… 256
　　11.3　多室组合箱梁剪力滞效应变化规律分析 …………………… 259
　　11.4　多室组合箱梁剪力滞效应的参数分析 ……………………… 266
　　11.5　多室与单室组合箱梁剪力滞效应比较分析 ………………… 278
　　11.6　波形钢腹板组合箱梁与混凝土箱梁剪力滞效应
　　　　　比较分析 ……………………………………………………… 279
　　11.7　本章小结 ……………………………………………………… 280
　　参考文献 …………………………………………………………… 280

## 第12章　剪力滞效应的实用计算方法研究 ………………………… 281
　　12.1　研究目的 ……………………………………………………… 281
　　12.2　剪力滞效应分析模型 ………………………………………… 282
　　12.3　多室组合箱梁剪力滞效应分析理论 ………………………… 282
　　12.4　典型荷载下剪力滞效应理论解 ……………………………… 290
　　12.5　理论与有限元比较 …………………………………………… 293
　　12.6　基于有效宽度的实用计算方法 ……………………………… 295
　　12.7　挠度影响分析和简化计算方法 ……………………………… 305
　　12.8　本章小结 ……………………………………………………… 308
　　参考文献 …………………………………………………………… 309

## 第13章　内衬混凝土对中支点区段附加应力影响分析 …………… 311
　　13.1　研究目的 ……………………………………………………… 311
　　13.2　实桥构造与有限元模型 ……………………………………… 311
　　13.3　应变平截面假定适用性分析 ………………………………… 314
　　13.4　局部应力分析 ………………………………………………… 316
　　13.5　考虑附加应力的内衬混凝土合理布置 ……………………… 317
　　13.6　考虑混凝土附加应力的设计建议 …………………………… 322

  13.7 本章小结 ········································································· 324
  参考文献 ············································································· 325

# 第 14 章  内衬混凝土组合腹板箱梁承载性能理论研究 ·········· **326**

  14.1 研究目的 ········································································· 326
  14.2 内衬混凝土组合腹板梁抗弯承载力计算 ····································· 326
  14.3 内衬混凝土组合箱梁抗弯承载力计算 ········································ 329
  14.4 内衬混凝土组合腹板梁抗剪刚度计算 ········································ 331
  14.5 内衬混凝土组合腹板梁剪力分担比 ··········································· 332
  14.6 内衬混凝土组合腹板梁抗剪承载力计算 ····································· 333
  14.7 内衬混凝土组合箱梁抗剪承载力计算 ········································ 334
  14.8 本章小结 ········································································· 335
  参考文献 ············································································· 335

# 第 15 章  内衬混凝土合理构造设计研究 ······································· **336**

  15.1 研究目的 ········································································· 336
  15.2 有限元建模 ······································································ 336
  15.3 内衬混凝土对组合箱梁结构性能的影响 ····································· 338
  15.4 内衬混凝土长度及厚度合理设计 ············································· 342
  15.5 本章小结 ········································································· 345
  参考文献 ············································································· 345

第1篇

绪论

# 第1章

# 概述

## 1.1 大跨径预应力混凝土连续刚构桥的发展概述

### 1.1.1 大跨径预应力混凝土连续刚构桥的发展进程

连续刚构桥将连续梁桥与T形刚构桥受力特性相结合,其结构特点是梁体连续、梁墩固结,既保持了连续梁无伸缩缝、线形优美、行车舒适的优点,又保持了T形刚构不设支座、不需转换体系的优点,施工方便且经济性好。预应力技术在连续刚构桥悬臂段拼装施工中的应用完全改变了过去传统的有支架现浇施工方法,形成了许多新的施工方法,大大提高了桥梁施工的工厂化和机械化程度[1],使得不同跨径的预应力混凝土连续刚构桥在国内外得到迅速发展和广泛应用。

1964年,联邦德国建成了世界上第一座带铰的连续刚构桥——主跨208m的本道夫(Bendorf)桥,桥梁结构的薄型主墩与上部结构主梁固结,形成了墩梁固结、带铰的连续刚构体系[2]。随着人们对汽车行驶舒适性提出了更高的要求,有多个伸缩缝的T形连续刚构桥已不能很好地满足需求,于是大跨径预应力混凝土连续刚构桥应运而生,并凭其跨越能力优越、行车舒适、施工技术先进和经济性好等优势,广泛应用于跨越河谷、山区道路及大中型河流的桥梁建设中。据不完全统计,国外已建成主跨大于200m的预应力混凝土连续刚构桥超过40座[3],部分国外大跨径预应力混凝土连续刚构桥如表1-1所示[4]。

国外已建部分大跨径预应力混凝土连续刚构桥统计　　　　　表1-1

| 序号 | 桥名 | 跨径布置/m | 国家 | 建成时间 |
|---|---|---|---|---|
| 1 | 盖尔特(Gateway)桥 | 145+260+145 | 澳大利亚 | 1986 |
| 2 | 肖特维恩山区公路(Taluebergang Schottwien)桥 | 250 | 奥地利 | 1989 |
| 3 | 绍奥(Ponte Sjoao)桥 | 250 | 葡萄牙 | 1991 |
| 4 | 瓦罗德(Varodd)桥 | 250 | 挪威 | 1994 |
| 5 | 苏格兰岛(Skye)桥 | 250 | 英国 | 1995 |
| 6 | 斯道马(Stolma)桥 | 94+301+72 | 挪威 | 1998 |
| 7 | 筏松德(Raftsunder)桥 | 86+202+298+125 | 挪威 | 1998 |
| 8 | 桑达伊桥 | 120+298+120 | 挪威 | 2002 |

我国从1980年起开始尝试大跨径预应力混凝土连续刚构桥的建设，以1988年最早建成的大跨径预应力混凝土连续刚构桥——广东洛溪大桥为标志，该桥主跨达180m，上部采用单箱单室结构，采用钢筋混凝土空心双主墩，第一次采用大吨位预应力体系与平弯束，进一步提高了预应力桥梁的跨越能力，更好地突出连续刚构桥的优点，是我国大跨径预应力混凝土连续刚构桥发展史上的一个重要里程碑。该类桥型采用悬臂法施工，对机具、场地及运输条件的要求低，对于山高坡陡、施工场地狭窄的地形具有极强的适应性。随着悬臂施工工艺的不断改进与完善，预应力混凝土连续刚构桥在大跨径桥梁建设中逐渐占主导地位，特别是主跨在100~200m之间的公路桥梁几乎被预应力混凝土连续刚构桥垄断。图1-1为1988—2016年我国349座主跨大于120m的预应力混凝土连续刚构桥新建量以及保有量随时间的增长关系[5]，从图中可见，2000年后我国大跨径预应力混凝土连续刚构桥建设进入快速发展期。

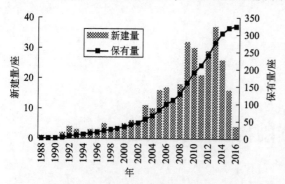

图1-1　1988—2016年我国主跨径大于120m的预应力混凝土连续刚构桥新建量以及保有量随时间的增长关系

经过30多年的发展，且随着高性能钢材、高性能混凝土、大吨位张拉锚固体系的发展以及信息技术在桥梁工程中的应用，我国大跨径预应力混凝土连续刚构桥梁建造技术及跨径已居世界领先地位。截至2020年，我国已建成的连续刚构桥主跨超过200m的有80余座，主跨小于200m的更是不胜枚举[6]。表1-2列举了我国部分已建主跨大于或等于250m的预应力混凝土连续刚构桥梁。

我国已建部分预应力混凝土连续刚构桥统计(主跨≥250m)　　表1-2

| 序号 | 桥名 | 跨径布置/m | 地区 | 建成时间 |
| --- | --- | --- | --- | --- |
| 1 | 虎门大桥辅航道桥 | 150+270+150 | 广东 | 1997 |
| 2 | 黄花园大桥 | 137.16+3×250+137.16 | 重庆 | 1999 |
| 3 | 隆纳高速长江大桥 | 145+252+54.75 | 四川 | 2000 |
| 4 | 红河大桥 | 58+182+265+194+70 | 云南 | 2002 |
| 5 | 马鞍石嘉陵江大桥 | 146+3×250+146 | 重庆 | 2002 |
| 6 | 下白石特大桥 | 145+2×260+145 | 福建 | 2003 |
| 7 | 石板坡长江大桥复线桥 | 87.75+4×138+330+133.75 | 重庆 | 2006 |
| 8 | 宜宾江安长江大桥 | 146.1+252+146.1 | 四川 | 2007 |
| 9 | 嘉华大桥 | 138+252+138 | 重庆 | 2007 |
| 10 | 苏通长江公路大桥辅道桥 | 140+268+140 | 江苏 | 2008 |
| 11 | 汉源大树大渡河大桥 | 133+255+133 | 四川 | 2009 |
| 12 | 鱼洞长江大桥 | 145.32+2×260+145.32 | 重庆 | 2011 |
| 13 | 北盘江特大桥 | 82.5+220+290+220+82.5 | 贵州 | 2013 |

## 1.1.2 大跨径预应力混凝土连续刚构桥的主要病害

预应力混凝土连续刚构具有抗弯和抗扭性能良好、跨径大、造价省、养护方便等优点,常作为大中跨径桥梁的首选结构形式。然而,随着桥梁运营时间的增长,预应力混凝土连续刚构桥均出现不同程度的病害。其中,腹板斜裂缝和跨中挠度过大几乎成为这类桥梁的通病,且跨径越大病害越严重,跨中下挠与箱梁开裂的相互作用,使得梁体裂缝增多、结构刚度逐渐降低。

1)产生病害的原因

一是随着预应力混凝土连续刚构桥跨径的增大,自重迅速增长,为进一步提高混凝土箱梁抗弯和抗剪性能,往往增加腹板厚度及设置三向预应力体系,腹板剪压区截面应力复杂,而混凝土本身抗拉及抗折性能弱,在多向应力作用下,开裂成为普遍现象,这也是大跨径预应力混凝土连续刚构桥产生病害的主要原因。二是混凝土箱梁由腹板和顶底板形成一体,顶底板的温差及其腹板的干燥收缩、徐变等引起的应力集中问题比较突出,会出现各种裂缝,严重影响结构的承载能力和耐久性。除了梁体开裂、混凝土徐变等影响因素外,预应力损失也是造成预应力混凝土连续刚构桥跨中下挠的主要因素。预应力与徐变具有一定的负相关关系,即预应力越大,则徐变越小;反之,徐变会随着预应力的减小而增大,因此,当预应力损失过大时,徐变会急剧加大,挠度也会不断加大[7]。据统计,预应力混凝土连续刚构桥的跨中下挠大小与跨径相关,表1-3列举了主跨在100m以上的连续梁桥出现下挠过大的情况[8]。

国内外大跨径预应力混凝土连续梁桥跨中下挠情况(跨径>100m)　　表1-3

| 桥名 | 结构形式 | 国家 | 建成时间/年 | 运营时间/年 | 主跨/m | 下挠度/mm | 备注 |
|---|---|---|---|---|---|---|---|
| 金士顿(Kingston)桥 | 带铰连续刚构 | 英国 | 1970 | — | 143.3 | 300 | |
| 科罗·八岛(Koror Babeldaob)桥 | 带铰连续刚构 | 帕劳 | 1977 | 19 | 241 | 317 | 1996年垮塌 |
| 鹦鹉渡口(Parrots)桥 | 连续刚构 | 美国 | 1978 | 12 | 195 | 635 | 出现各种裂缝 |
| 三门峡黄河公路大桥 | 连续刚构 | 中国 | 1993 | 10 | 140 | 220 | 出现各种裂缝 |
| 东明黄河公路大桥 | 连续刚构 | 中国 | 1993 | 6 | 120 | 146 | 出现各种裂缝 |
| 斯托维斯特(Stovest)桥 | 连续刚构 | 挪威 | 1993 | 8 | 202 | 200 | 出现各种裂缝 |
| 广东南海金沙大桥 | 连续刚构 | 中国 | 1994 | 6 | 120 | 220 | 出现各种裂缝 |
| 黄石长江公路大桥 | 连续刚构 | 中国 | 1995 | 7 | 245 | 305 | 出现各种裂缝 |
| 广东虎门大桥辅航道桥 | 连续刚构 | 中国 | 1997 | 7 | 270 | 260 | 出现各种裂缝 |
| 重庆江津长江公路大桥 | 连续刚构 | 中国 | 1997 | 10 | 240 | 317 | 出现各种裂缝 |
| 斯道马(Stolma)桥 | 连续刚构 | 挪威 | 1998 | 3 | 301 | 92 | 出现各种裂缝 |
| 重庆广阳岛大桥 | 连续刚构 | 中国 | 2006 | 6 | 130 | 26 | 出现各种裂缝 |

注:表中的"运营时间"指自建成到出现下挠的时间。

2)典型案例

现有数据分析结果表明,跨径在100~160m的预应力混凝土连续刚构梁桥,跨中年平均下挠0.5~1.0cm;跨径在160~220m的,跨中年平均下挠1~2cm;跨径在220~270m的,跨中年平均下挠2~3cm,而且长时间难以稳定[4]。大跨径预应力混凝土连续刚构桥的跨中下挠问题,具有普遍性和长期难以稳定的特点,对大跨径预应力混凝土连续刚构桥的结构安全和使用性能均构成很大威胁。本书整理出国内主跨大于100m的预应力混凝土连续刚构桥跨中下挠和裂缝较为严重的典型案例：

①广东虎门大桥辅航道桥，跨径布置为150m+270m+150m，在1997年到2003年为期7年的跟踪监测中就发现跨中下挠为26cm，远远超过设计的预留值10cm，而且下挠处于持续发展中，没有出现稳定趋势；主箱梁出现裂缝，中跨跨中底板横向开裂；中跨跨中附近的腹板竖向开裂均是由下至上，最高开裂至距底板2.54m处[9]。

②苏通长江公路大桥辅航道桥，为预应力混凝土连续刚构桥，跨径布置为140m+268m+140m，2008年建成通车。谭皓等人根据不同徐变模式对该桥长期挠度进行预测分析，得出该桥成桥10年后跨中挠度约为16cm[10]。10年后预计跨中挠度约为16cm，2018年实桥监测数据显示该桥累计跨中挠度为4.61cm，实际下挠量达预测值的28.8%，这主要得益于该桥体外预应力索设计。

③云南红河大桥为一座5跨预应力混凝土连续刚构桥，跨径布置为58m+182m+265m+194m+70m，2002年建成通车。2013年监测数据显示，该桥个别梁段腹板出现少量斜向裂缝，顶板下缘有少量纵向开裂痕迹及裂缝，最大裂缝宽0.2mm；跨中横隔板裂缝较多，最大裂缝宽0.53mm，跨中发生下挠，将成桥预拱度消耗殆尽[11]。

④福建下白石特大桥为国家干线高速公路沈海线（闽）福鼎至宁德高速公路上的一座特大桥梁，主桥上部结构为跨径145m+2×260m+145m的预应力混凝土连续刚构，桥梁全长810m，2003年建成。2007年4月监测数据显示，该桥中间两跨下挠最大值为左幅下游4.67cm，右幅上游4.74cm，桥梁线形下挠需要引起足够重视[12]。

⑤黄石长江公路大桥为一座5跨预应力混凝土连续刚构桥，跨径布置为162.5m+3×245m+162.5m，连续长度达1060m，1995年建成。该桥通车运营3年后，跨中仍然持续下挠。该桥运营7年后，各跨跨中均有明显下挠，与成桥时相比，大桥北岸次边跨2号墩和3号墩之间主梁跨中下挠累计已达30.5cm，中跨3号墩和4号墩之间主梁跨中下挠已达21.2cm，南岸次边跨4号墩和5号墩之间主梁跨中下挠累计已达22.6cm[13]。

⑥重庆江津长江公路大桥主桥为跨径140m+240m+140m的预应力混凝土连续刚构，主桥箱梁为三向预应力结构，采用单箱单室截面，该桥于1997年建成通车，运营10年后，经检测发现该桥病害较为严重。该桥主跨范围内均有不同程度的下挠，其中主跨跨中最大下挠为31.7cm，边跨最大下挠为3.96cm，根据观测发现大桥跨中的下挠是持续发展的，平均每年下挠量为2cm。跨中箱梁底板下缘出现多条沿桥宽方向的裂缝，集中分布于跨中合龙段。箱梁腹板裂缝主要分布于跨中左右40m范围内，部分裂缝已贯穿腹板[14]。

⑦重庆长江大桥于1981年建成通车，是一座带挂梁的预应力混凝土梁桥（T形刚构桥），最大跨径174m。该桥在建成10年后上构悬臂端部下挠最大达到24.0cm[15]。

⑧三门峡黄河公路大桥主桥为一座6跨预应力混凝土连续刚构桥，跨径布置为105m+4×140m+105m，于1993年建成通车。2002年6月对该桥检查发现，跨中区域下挠最大达到22cm，另外梁体出现大量裂缝[13]。

⑨云南元磨高速公路K294+980处大桥为3跨预应力混凝土连续刚构桥，跨径布置为77m+140m+77m，2003年建成通车。2013年数据显示，该桥箱梁腹板出现不同程度的斜向开裂，顶板出现裂缝，最大裂缝宽度为0.15mm，主跨跨中下挠达13.71cm[11]。

⑩广东南海金沙大桥主桥为一座3跨预应力混凝土连续刚构桥,跨径布置为66m+120m+66m,于1994年建成通车。2000年底对该桥检查发现,主跨跨中挠度达22cm,主跨箱梁腹板有大量斜裂缝,最大裂缝宽度为1.15mm[16]。

⑪东明黄河公路大桥为预应力混凝土连续刚构桥,跨径布置为70m+7×120m+70m,主桥为单箱单室箱梁,采用三向预应力体系。该桥1991年开工建设,1993年竣工通车,1997年发现箱梁腹板开裂及跨中挠度加大,持续监测6年发现腹板跨中最大挠度为14.6cm,经仔细检查发现,该桥箱内腹板开裂最为明显,典型裂缝宽度为0.18mm[17]。经加固后,2001—2002年实测其最大下挠为14.3cm[18]。

## 1.2 波形钢腹板预应力混凝土组合梁桥的提出

受制于其固有的力学特点、混凝土材料性能、施工技术与质量等因素,预应力混凝土连续刚构桥跨越能力的发展比较缓慢,甚至因为大跨径预应力混凝土连续刚构桥易出现的跨度下挠、箱梁开裂等问题而使其跨径受到限制[6,19-21]。目前,我国一般限制连续刚构桥跨径不超过200m,部分山区省份限制跨径不超过220m[6],这严重影响了跨径200～300m的预应力混凝土连续刚构桥的推广应用。据统计,国内已建成的预应力混凝土连续刚构桥主跨主要在100～250m范围内,仅有个别桥梁因采用了组合形式等创新结构才使得跨径超过300m,如重庆石板坡长江大桥复线桥采用连续梁与连续刚构混合体系钢箱梁-混凝土箱梁混合形式,主跨达330m,混凝土箱梁不仅在纵桥向设置预应力,在横桥向及竖向均设置了预应力,这样有效防止了混凝土的开裂,增加了全桥的刚度;钢箱梁主要由顶板、底板、腹板及各自的加劲肋组成,在钢箱梁中设一道纵向隔板,以增强其整体刚度,外形几何尺寸与混凝土箱梁保持一致。即使存在不同程度的病害问题,但与其他桥型相比,预应力混凝土连续刚构桥仍是100～300m跨径范围内的最佳桥型方案。对比如下:

1. 与拱桥比

拱桥以受压为主,由于将竖向荷载转化为压力,其弯矩和剪力比同等跨径的梁桥小,与悬索桥相比,其刚度大、抗变形能力强、适用性好。但拱桥对下部结构和地基特别是桥台基础要求较高,仅适用于地质条件较好的桥址;同时,受矢跨比等因素的影响,拱桥桥下净空及桥下视野开阔程度有限,对通航条件限制较多。尽管混凝土拱桥的技术在不断发展,但目前跨径不小于200m的拱桥占比仍仅有19.3%,这是因为跨径不小于200m的拱桥仍被视为具有技术难度的桥梁[22]。

2. 与斜拉桥比

斜拉桥是介于梁桥与悬索桥之间的一种空间体系的组合桥,是以通过或固定于索塔并锚固于主梁的斜向拉索作为上部结构主要承重构件的桥梁。从索塔上伸出并悬吊起主梁的斜向拉索对主梁起着弹性支承作用,斜拉桥主梁结构受力如多跨弹性支承的连续梁,从而显著提高了桥梁的跨越能力。但由于斜拉桥施工技术复杂,空间立体交叉作业多,对施工人员的技术水平要求较高,应用不灵活,且后期养护成本较高,因此在100～300m范围内很难体现其经济性。

#### 3. 与悬索桥比

悬索桥是指以主缆、锚碇、桥塔作为主要受力构件,加劲梁、吊索、鞍座等作为辅助受力构件,共同形成的适合于特大跨度的缆索承重体系桥梁。悬索桥成桥时,桥塔、主缆作为主要承重构件承受桥梁各构件自重;悬索桥成桥后,桥梁各构件联合作用,共同承受外荷载作用[23]。由于悬索桥的塔架及锚碇对地面施加很大的力,对地基要求非常高,因此其只适用于地质条件好的桥址处。同时,悬索桥施工技术复杂,对施工人员的技术水平要求也较高,应用不灵活,且悬索锈蚀后不容易更换,更换费用高,养护成本较高,因而在100~300m范围内很难体现其经济性。

由此可见,现阶段预应力混凝土连续刚构桥虽然存在跨中下挠、腹板开裂等病害,但因其具备结构强度优异、经济性好、后期养护工作量小、施工工艺先进等特点,其在100~300m跨径内极具竞争力。因此,只要在该类桥型原有三向预应力体系核心基础上进行结构改进,从根本上解决混凝土连续刚构箱梁跨中下挠和腹板开裂两大主要病害,就可以实现预应力混凝土连续刚构桥在100~300m跨径范围内的推广应用。为此,法国学者首次提出采用弯成波形的钢板代替混凝土腹板,与混凝土顶底板形成波形钢腹板组合箱梁结构,即由混凝土顶底板、波形钢腹板、横隔板、体内外预应力筋等构成组合梁桥[24-25]。波形钢腹板预应力混凝土组合梁作为一种新型钢混凝土组合结构,通过采用波折形状的钢腹板,构成钢板与混凝土组合箱梁截面体系,能够更加有效地施加预应力[26],提高结构的稳定性、强度及材料的使用效率,具有以下技术特点[27]:

①波形钢板用作腹板,使得混凝土箱梁自重减小,可以减轻20%~30%;

②波形钢腹板纵向刚度较小,对混凝土顶底板的徐变、干燥收缩变形约束作用较小,可大大减小混凝土顶底板产生的收缩徐变应力,同时可大幅度提高预应力施加的效率;

③波形钢腹板具有较高的抗剪承载能力,可设计得较薄,且无须纵横向加劲;

④波形钢腹板可在工厂制作,并且伴随着自重减轻,架设施工容易;

⑤波形钢腹板使桥梁具有较强的美感,易与周围环境相协调;

⑥采用体外预应力筋布置方式,可免除在混凝土腹板内预埋管道等工序。

该类桥型既保留了预应力混凝土连续刚构桥施工方便、整体性能好等优点,又具有自重轻、跨越能力强、受力明确、预应力施加效率高、抗震性能好、可避免腹板开裂等突出优点[27-28],对解决当前大跨径预应力混凝土连续刚构桥腹板开裂和跨中下挠问题、提高桥梁建设质量、节省桥梁建设成本均有十分重要的意义。

## 1.3 波形钢腹板预应力混凝土组合梁桥的发展现状

### 1.3.1 国外波形钢腹板预应力混凝土组合梁桥的发展现状

从法国、日本已建成的波形钢腹板预应力混凝土组合梁桥来看,这类桥梁无论是结构形式,还是预应力体系都有其独到之处,而且在减少工程量、缩短工期、提高经济效益以及施工性能和美观度等方面具有较大的优势;另外,它的跨度空间很大,从几十米到几百米;其适用的桥梁结构形式也很广泛,从简支梁、连续梁到连续刚构,再到部分斜拉桥,具有强大的适应能力,是一种值得推广的新型桥梁。

为解决预应力混凝土连续刚构桥跨中下挠等问题,法国工程界首次提出用钢板代替混凝土腹板的设想,工程师们根据这一设想修建了唯一一座平钢腹板的预应力混凝土组合箱梁桥Ferte-Saint-Aubin 桥[24]。该桥在施工时出现一些问题:平钢腹板通过连接件与混凝土顶底板连接在一起,钢板与混凝土的变形差较大,当施加体外预应力时,平钢腹板对顶底板产生强大的约束作用,预应力有很大一部分由钢腹板承担,从而使预应力产生较大的损失;随着混凝土的收缩、徐变,更多的预应力转移到钢腹板上,预应力效率进一步降低。为解决平钢腹板预应力混凝土箱梁预应力损失大这一致命缺陷,法国学者 Pierre Thrivans[29] 提出用轴向可伸缩波形钢板代替平钢板,于是一种结构新颖、受力合理的新型桥梁结构——波形钢腹板预应力混凝土组合梁产生了,如图 1-2 所示。

图 1-2 波形钢腹板预应力混凝土组合梁效果图

将波形钢板真正用作桥梁的腹板是法国 Campenon Bernard 公司的独创。20 世纪 80 年代中期,Campenon Bernard 公司经过大量的理论分析和模型试验研究,于 1986 年在法国建成了世界上第一座波形钢腹板体外预应力组合梁桥——Cognac 桥[30](图 1-3),跨径布置为 31m + 43m + 31m,该桥采用等截面单室箱梁,厚度为 8mm 的波形钢腹板以 35°的倾角通过连接件与顶底板接合,截面高度与跨径之比为 1/19。波形钢腹板在工厂经防锈处理后运到现场,用支架施工法进行架设。该桥验证了学者 Pierre Thrivans 提出的波形钢腹板预应力混凝土组合箱梁设想的正确性,Cognac 桥也是世界上首座波形钢腹板预应力混凝土组合桥梁[31]。在这之后,相继建成了 Maupre 桥、Asterix Park 桥、Dole 桥等波形钢腹板体外预应力组合桥梁[32-34]。

图 1-3 Cognac 桥

日本继法国之后开始对波形腹板预应力混凝土组合梁桥进行比较详细的研究与应用,据不完全统计,截至2022年7月,已建成该类桥梁232座。从桥型来看,有简支梁桥、连续梁桥、连续刚构桥、矮塔斜拉桥及斜拉桥。继1993年、1996年分别建成单跨简支梁的新开桥[30]以及5跨连续梁的银山御幸桥后,于1998年建成了3跨连续刚构式的本谷桥[35],跨径布置为44m+97.2m+56m。波形腹板预应力混凝土组合梁桥研究委员会于1998年发布设计指南以促进该型桥梁的应用(JSCE 1998)。随后,德国、韩国相继开展波形钢腹板预应力混凝土组合梁桥的研究与应用,截至2022年,世界上已建成超400座波形钢腹板预应力混凝土组合梁桥,桥跨形式包括简支、连续、连续刚构和斜拉等,截面形式多为箱形,亦有三角形。不论是梁式桥还是刚构桥,都实现了多跨连续。表1-4列举了国外部分波形钢腹板预应力混凝土连续刚构桥。

**国外部分波形钢腹板预应力混凝土连续梁桥**　　　　表1-4

| 序号 | 桥名 | 结构形式 | 跨径布置或桥长/m | 建成年份 |
|---|---|---|---|---|
| 1 | 法国白兰地(Cognac)桥 | 3跨连续 | 31.0+43.0+31.0 | 1986 |
| 2 | 法国莫普尔(Maupre)桥 | 7跨连续 | 40.95+47.25+53.55+50.4+47.25+44.1+40.95 | 1987 |
| 3 | 法国阿斯特里克斯(Asterix Park)桥 | 2跨连续 | 37.0+37.0 | 1989 |
| 4 | 法国多尔(Dole)桥 | 7跨连续 | 48.0+5×80.0+48.0 | 1994 |
| 5 | 韩国伊尔松(尹尔森)桥 | 14跨连续 | 50.0+10×60.0+50.0+2×50.5 | — |
| 6 | 日本银山御幸桥 | 5跨连续 | 27.4+3×45.5+44.9 | 1996 |
| 7 | 日本本谷桥 | 3跨连续刚构 | 44.0+97.2+56.0 | 1998 |
| 8 | 日本锅田高架桥 | 3跨连续 | 47.0+91.5+47.0 | 2000 |
| 9 | 德国阿尔特维普夫圆(Altwipfergrund)桥 | 3跨连续 | 北线81.8+115.0+81.4<br>南线84.6+115.0+80.5 | 2001 |
| 10 | 日本锅田西高架桥 | 3跨连续刚构 | 59.0+125.0+59.0 | 2001 |
| 11 | 日本大内山川第二桥 | 7跨连续刚构 | 49.0+2×66.0+120.0+57.0+43.0+34.0 | 2002 |
| 12 | 日本兴津川桥 | 4跨连续刚构 | 69.1+112.0+142.0+130.6 | 2002 |
| 13 | 日本下田桥 | 4跨连续刚构 | 44.3+136.5+48.9+38.4 | 2002 |
| 14 | 日本鹤卷桥 | 4跨连续 | 36.1+2×47.0+36.1 | 2003 |
| 15 | 日本门崎桥 | 4跨连续 | 41.2+2×50.0+41.2 | 2003 |
| 16 | 日本白岩桥 | 3跨连续 | 上行线52.0+86.0+45.0<br>下行线54.0+82.0+51.0 | 2003 |
| 17 | 日本长谷川桥 | 5跨连续 | 58.8+3×92.0+58.5 | 2004 |
| 18 | 日本津久见川桥 | 5跨连续 | 49.6+2×75.0+47.0+42.6 | 2004 |
| 19 | 日本丰田东匝道桥 | 3跨连续 | 86.0+94.0+61.9 | 2004 |
| 20 | 日本鬼怒川桥 | 16跨连续箱梁 | 上行线:45.8+4×46.9+61.7+9×71.9+60.6<br>下行线:45.8+4×46.9+61.7+9×71.9+60.6 | 2006 |
| 21 | 日本前田川桥 | 9跨连续箱梁 | 59.1+82.0+2×77.0+5+4×50.0+47.1 | 2006 |
| 22 | 日本鸟崎川桥 | 11跨连续箱梁 | 51.8+4×54.0+56.0+3×50.0+40.0+35.8 | 2006 |

续上表

| 序号 | 桥名 | 结构形式 | 跨径布置或桥长/m | 建成年份 |
|---|---|---|---|---|
| 23 | 日本栗东桥→近江大鸟大桥 | 4跨连续梁<br>5跨连续梁 | 上行线:137.6+170.0+115.0+67.6<br>下行线:152.6+160.0+75.0+90.0+72.6 | 2007 |
| 24 | 日本中一色川桥（下行线） | 6跨连续箱梁 | 62.8+3×112.0+110.5+61.3 | 2007 |
| 25 | 日本丰后津久见桥 | 6跨连续箱梁 | 68.4+118.8+2×119.3+73.8+44.4 | 2008 |
| 26 | 日本赤源川桥 | 6跨连续箱梁<br>5跨连续箱梁 | 上行线:41.0+56.0+82.0+92.0+82.0+48.8<br>下行线:99.5+115.0+80.0+92.5+91.3 | 2008 |
| 27 | 日本入野高架桥（上行线） | 11跨连续箱梁 | 47.7+4×58.0+80.0+124.0+80.0+2×58.0+33.7 | 2009 |
| 28 | 日本中一色川桥（上行线） | 5跨连续箱梁 | 71.3+3×130.0+71.3 | 2009 |
| 29 | 日本狩谷川桥 | 3跨连续箱梁 | 70.0+128.0+70.0 | 2010 |
| 30 | 日本谷津川桥（下行线） | 5跨连续箱梁 | 34.8+81.0+131.5+95.5+60.8 | 2010 |
| 31 | 日本上伊佐布第二高架桥 | 2跨连续箱梁 | 上行线:72.2+82.1 下行线:63.7+82.1 | 2011 |
| 32 | 日本上城高架桥 | 6跨连续箱梁<br>7跨连续箱梁 | 上行线:63.7+4×95.0+63.7<br>下行线:44.7+82.0+4×92.0+58.7 | 2011 |
| 33 | 日本中野地区桥梁 | 4跨连续箱梁 | 102.6+2×135.0+80.85 | 2012 |
| 34 | 日本伊良野第二桥→间弓桥 | 2跨连续箱梁 | 49.0+55.1 | 2012 |
| 35 | 日本耳川桥 | 5跨连续箱梁 | 69.9+109.5+2×94.0+54.9 | 2013 |
| 36 | 日本新相生桥（P3方向） | 4跨连续箱梁 | 74.8+2×130.0+74.3 | 2013 |
| 37 | 日本今川桥 | 5跨连续箱梁 | 66.8+75.6+69.4+75.6+60.2 | 2014 |
| 38 | 日本白子桥 | 8跨连续箱梁 | 上行线:61.7+105.0+5×115+71.7<br>下行线:45.7+75.0+95.0+4×115.0+64.7 | 2014 |
| 39 | 日本丰田巴川桥 | 6跨连续箱梁<br>5跨连续箱梁 | 上行线:38.8+70.0+132.0+155.0+155.0+103.8<br>下行线:84.9+155.0+164.0+152.0+81.9 | 2014 |
| 40 | 日本平成桥 | 8跨连续箱梁 | 51.0+2×57.0+69.0+105.0+69.0+57.0+48.6 | 2015 |
| 41 | 日本下音羽川桥 | 4跨连续箱梁 | 上行线:62.30+2×110.0+62.30<br>下行线:67.05+2×117.0+67.05 | 2015 |
| 42 | 日本真福寺川桥 | 5跨连续箱梁 | 61.90+3×103.0+61.90 | 2015 |
| 43 | 日本坊川第三桥（下行线） | 6跨连续箱梁 | 66.15+3×113.5+134.75+84.8 | 2017 |
| 44 | 日本杨梅山高架桥 | 12跨连续箱梁<br>11跨连续箱梁 | 上行线:58.5+9×90.5+125.0+104.5<br>下行线:58.5+6×97.0+2×100.0+155.4+116.6 | 2017 |
| 45 | 日本越谷桥 | 3跨连续箱梁 | 88.35+134.00+55.85 | 2018 |
| 46 | 日本日梦见大桥（下行线） | 3跨连续梁 | 91.0+182.0+98.0 | 2019 |
| 47 | 日本内部川桥 | 3跨连续箱梁 | 60.3+91.0+55.3 | 2019 |
| 48 | 日本茨原川桥 | 2跨连续箱梁 | 110.0+51.0 | 2021 |

### 1.3.2 国内波形钢腹板预应力混凝土组合梁桥的发展现状

我国波形钢腹板预应力混凝土组合梁桥的研究起步较晚,从 2005 年第一座波形钢腹板预应力混凝土组合桥——江苏省淮安市长征人行桥[36-37]建成以来,河南、重庆、青海、宁波、广西等地相继建设该类桥型。据不完全统计,截至 2022 年国内已建及在建波形钢腹板预应力混凝土组合梁桥 160 余座,表 1-5 列举了截至 2022 年国内部分波形钢腹板预应力混凝土组合梁桥,而已建成的波形钢腹板预应力混凝土组合梁桥中连续梁和连续刚构占绝大多数,分别达到 38% 和 41%[38]。随着建设的需求和施工工艺的不断发展,波形钢腹板预应力混凝土组合梁桥逐渐朝大跨径、宽桥面、高断面以及快速施工方向发展,例如,已建成的深圳东宝河新安大桥、邢台七里河紫金大桥、广西红水河特大桥主跨分别达到了 156m、156m 和 172m。

虽然现阶段我国波形钢腹板预应力混凝土组合梁桥在 100~300m 跨径范围内的工程造价与传统预应力混凝土连续刚构桥相比稍高,但该类桥型在全生命周期成本上具有竞争力,且随着我国钢产量不断增加、环保要求不断严格、波形钢腹板制作工艺不断成熟、国内对该类型桥梁结构的研究进一步深入以及对国外工程实践经验的借鉴,预计未来十年采用环保型钢材的该类桥型能够以全生命周期成本优势胜出,成为公路桥梁趋于轻型化及双碳背景下的首选新型组合结构。

国内部分波形钢腹板预应力混凝土组合梁桥　　　　　表 1-5

| 序号 | 桥名 | 结构形式 | 跨径布置/m | 建成年份 | 省(区、市) |
|---|---|---|---|---|---|
| 1 | 光山泼河大桥 | 4 跨先简支后连续箱梁 | 4×30 | 2005 | 河南 |
| 2 | 淮安长征人行桥 | 3 跨连续梁 | 18.5+30+18.5 | 2005 | 江苏 |
| 3 | 宁波百丈路甬新河桥 | 3 跨连续梁 | 24+40+24 | 2006 | 浙江 |
| 4 | 青海三道河桥 | 简支箱 | 1×50 | 2008 | 青海 |
| 5 | 郭守敬桥 | 3 跨连续梁 | 17+35+17 | 2009 | 河北 |
| 6 | 山东鄄城黄河公路大桥 | 13 跨连续梁 | 70+11×120+70 | 2011 | 山东 |
| 7 | 新密溱水路大桥 | 3 跨无背索斜拉 | 30+70+30 | 2011 | 河南 |
| 8 | 辽宁鹤大高速公路潘阳宽甸立交桥 | 3 跨连续梁 | 30+48+30 | 2011 | 辽宁 |
| 9 | 南京长江四桥滁河大桥 | 3 跨连续梁 | 53+96+53 | 2012 | 江苏 |
| 10 | 准兴高速景家湾大桥 | 5 跨连续刚构 | 44+3×80+44 | 2013 | 内蒙古 |
| 11 | 准兴高速长虫沟大桥 | 5 跨连续刚构 | 43+77+80+77+43 | 2013 | 内蒙古 |
| 12 | 杭州德胜东路桥 | 3 跨连续梁 | 45+75+45 | 2013 | 浙江 |
| 13 | 台中 4 号线大里溪桥 | 5 跨连续梁 | 99+3×145+99 | 2013 | 台湾 |
| 14 | 河南武西高速公路桃花峪黄河跨堤特大桥 | 3 跨连续梁 | 75+135+75 | 2013 | 河南 |
| 15 | 邢衡高速公路跨南水北调大桥 | 3 跨连续梁 | 70+120+70 | 2013 | 河北 |
| 16 | 草桥沟桥 | 3 跨连续梁 | 22+36+22 | 2013 | 山东 |
| 17 | 郑州陇海高架常庄干渠桥 | 9 跨连续梁+10 跨连续梁 | (9×50)+(9×50+40) | 2014 | 河南 |

续上表

| 序号 | 桥名 | 结构形式 | 跨径布置/m | 建成年份 | 省(区、市) |
|---|---|---|---|---|---|
| 18 | 郑州龙湖中环跨北引水渠桥 | 3跨连续梁 | 42.5+56+42.5 | 2014 | 河南 |
| 19 | 京港澳高速公路保定北互通A匝道跨七路桥 | 13跨连续梁 | 3×25+(2×25+22+25)+3×19+3×19 | 2014 | 河北 |
| 20 | 郑登快速路朝阳沟特大桥 | 4跨部分斜拉 | 58+118+188+108 | 2015 | 河南 |
| 21 | 兰州小砂沟大桥 | 4跨连续刚构 | 57+2×100+57 | 2015 | 甘肃 |
| 22 | 恩阳河大桥 | 3跨连续梁 | 51+90+51 | 2015 | 四川 |
| 23 | 头道河大桥 | 3跨连续刚构 | 72+130+72 | 2015 | 四川 |
| 24 | 郑州南三环东延线跨郑尉路桥 | 3跨连续梁 | 40+60+40 | 2016 | 河南 |
| 25 | 上饶马背咀大桥 | 2跨连续刚构 | 70+70 | 2016 | 江西 |
| 26 | 郑州南三环紫宸路桥 | 3跨连续梁 | 40+77+40 | 2016 | 河南 |
| 27 | 西昌市西部新区天王山大道跨海河桥 | 3跨连续梁 | 40+65+40 | 2016 | 四川 |
| 28 | 太原南沙河桥 | 12跨3联连续梁 | (35+2×40+35)+(3×40+35.5)+(32.5+3×40) | 2016 | 山西 |
| 29 | 芜湖新裕溪河大桥 | 4跨连续梁 | 55+93+83+55 | 2017 | 安徽 |
| 30 | 深圳东宝河新安大桥 | 3跨连续梁 | 88+156+88 | 2017 | 广东 |
| 31 | 绵阳虹云桥 | 3跨连续梁 | 75+130+75 | 2017 | 四川 |
| 32 | 湖州南浔区应界桥 | 3跨连续梁 | 52+90+52 | 2017 | 浙江 |
| 33 | 南昌富山赣江特大桥 | 6跨连续梁 | 69+4×120+69 | 2017 | 江西 |
| 34 | 珠海前山河大桥 | 3跨连续梁 | 90+160+90 | 2018 | 广东 |
| 35 | 宁夏叶盛黄河公路大桥 | 21跨连续梁 | 3×40+70+2×40+64+5×120+64+3×40+40+70+3×40 | 2018 | 宁夏 |
| 36 | 合肥南淝河大桥 | 3跨连续梁 | 95+153+95 | 2018 | 安徽 |
| 37 | 邢台七里河紫金大桥 | 3跨连续梁 | 88+156+88 | 2018 | 河北 |
| 38 | 曲港高速公路南水北调特大桥 | 3跨连续梁 | 88+151+88 | 2018 | 河北 |
| 39 | 南照淮河大桥 | 3跨连续梁 | 65+98+65 | 2018 | 安徽 |
| 40 | 宝坪高速公路清水河特大桥 | 矮塔斜拉+连续刚构+连续梁 | 110+2×200+110（副桥48+9×90+48） | 2019 | 山西 |
| 41 | 宝鸡市清水河大桥 | 7跨连续刚构 | 65+5×120+65 | 2020 | 陕西 |
| 42 | 鄱阳湖大桥 | 4跨连续梁 | 125+220+220+125 | 2000 | 江西 |
| 43 | 红崖子黄河公路大桥 | 17跨连续梁 | 62+15×90+62 | 2020 | 宁夏 |
| 44 | 昭君黄河特大桥 | 11跨连续梁 | 85+9×150+85 | 2022 | 内蒙古 |
| 45 | 宁波奉化江大桥 | 3跨连续梁 | 100+160+100 | 2018 | 浙江 |
| 46 | 徐洪大桥 | 3跨连续梁 | 60+100+60 | 在建 | 江苏 |
| 47 | 深圳马峦山公园1号桥 | 3跨连续梁 | 3×45 | 在建 | 广东 |

续上表

| 序号 | 桥名 | 结构形式 | 跨径布置/m | 建成年份 | 省(区、市) |
|---|---|---|---|---|---|
| 48 | 中川机场进出口公路立交高架桥(主匝道) | 多跨简支+连续梁 | 18×30+(42+4×50)+5×50+3×30 | 在建 | 甘肃 |
| 49 | 重庆花天河大桥 | 3跨连续梁 | 85+148+85 | 2016 | 重庆 |
| 50 | 兰州碧桂园雁北黄河大桥 | 3跨连续梁 | 90+165+90 | 在建 | 甘肃 |
| 51 | 深南彩田跨线桥 | 5跨连续梁 | 54+72+48+36+32.25 | 2020 | 广东 |

## 1.4 波形钢腹板预应力混凝土组合梁桥的研究现状

目前,国内外对波形钢腹板预应力混凝土组合梁桥的研究主要集中在屈曲应力、附加应力、剪力滞计算方法、疲劳性能、内衬混凝土等方面,本书将研究现状汇总如下。

### 1.4.1 屈曲应力研究

对于波形钢腹板梁,由于腹板轴向刚度很小,外弯矩主要由上下翼缘板承担,腹板仅承担剪力[39]。因此,波形钢腹板的剪切屈曲性能一直是工程界关注的重点,而其弹性临界剪切屈曲应力是抗剪承载力设计的基础。波形钢腹板剪切屈曲模式一般包括整体屈曲、局部屈曲和合成屈曲。

对于波形钢腹板的整体屈曲,Easley 和 McFarland[40]首先将波形钢板视为等效正交异性板,采用最小势能原理和瑞利-里兹法,通过假定符合简支边界条件的波形钢板屈曲形状,推导了整体屈曲临界剪力计算公式。Easley[41]分析各整体屈曲计算方法的差别,将 Easley 和 McFarland[40]的计算公式简化为经典正交异性板剪切屈曲公式[42]的形式,建议处于四边简支和固结边界条件下的整体屈曲系数 $k_G$ 分别取 36 和 68.4。此后,Elgaaly 等[43]分析了 45 组波形钢腹板梁抗剪模型试验,建议四边简支和固结边界条件下 $k_G$ 分别取 31.6 和 59.2;Machimdamrong 等[44]采用 Mindlin 板理论推导了四边弹性约束条件下波形钢腹板的整体屈曲应力计算公式,其结果与 Easley[41]公式相同。Dou 等[45]研究了正弦波形钢剪力墙的剪切屈曲行为,修正了正弦波纹钢板的弯曲刚度。根据数值模拟结果,提出了整体弹性剪切屈曲应力的拟合公式。

目前,关于整体屈曲性能的研究主要基于建筑领域小尺寸波形钢板,并未考虑桥梁与建筑领域波形钢板尺寸效应差异的影响。值得注意的是,Easley 和 McFarland[40]采用正交异性板推导波形钢腹板整体屈曲计算公式时有一个重要假定,即单个波形尺寸相对整个腹板尺寸很小,波形数量密集,局部效应不会影响其整体屈曲性能。对于桥梁用波形钢腹板,单个波形尺寸与整体腹板尺寸在大部分情况下相差不大,且单个标准波形长度经常会超出腹板高度,因此,基于正交异性板理论的整体屈曲计算方法可能会带来较大误差。

对于波形钢腹板的局部屈曲,当前设计仍然基于四边简支条件下的经典弹性薄板理论[42],但波形钢腹板中相邻子板面之间并非简支,而是刚度较弱的弹性支撑。Guo 和 Sause[46]认为波形钢腹板局部屈曲系数 $k_L$ 受到相邻子板段支撑刚度的影响,基于有限元数值模拟结果拟合了$k_L$计算公式;Aggarwal 等[47]基于有限元研究了腹板厚度、子板宽度、板高等参数对$k_L$的影响,表明$k_L$取值范围为 5.34～8.98,并建议了$k_L$的计算公式。但上述用于参数分析的模型板厚均小于6mm,不在桥梁常用波形钢腹板的厚度范围(8～30mm)内,而板厚$t_w$是影响$k_L$的重要参数[46]。

波形钢腹板的合成屈曲为局部屈曲和整体屈曲之间的过渡模式。Bergfelt 和 Leiva-Aravena[49]开展了波形钢腹板I形梁剪切屈曲试验,观察了腹板的合成屈曲现象,并提出了采用整体屈曲和局部屈曲应力组合的合成屈曲应力计算公式。随后,该公式被给出具有不同指数$n$的计算式,其指数$n$一般介于0.6～4之间[48-54]。为了考虑钢材的剪切屈服破坏或其与屈曲破坏的组合作用,El-Metwally[55]将剪切屈服应力$\tau_y$引入合成屈曲公式来计算腹板抗剪强度。在桥梁用腹板尺寸范围内,实际上大部分情况下腹板为合成屈曲强度控制[51,56],然而当前合成屈曲公式中指数$n$的取值相差较大,其结果存在较大离散性。

### 1.4.2 附加应力研究

对于波形钢腹板组合梁桥,中支点位置一般需要设置横隔梁,与混凝土腹板相比,波形钢腹板剪切刚度小,剪切变形显著;横隔梁区段一定范围内腹板剪切变形受到混凝土顶底板及横隔梁的约束,从而在顶底板内产生附加应力,采用平截面假定计算混凝土应力在支点区段会产生误差。如图 1-4 所示,中支点位置波形钢腹板组合梁一端与横梁固定,另一端承受竖向剪力$V$,若释放横隔梁约束,波形钢腹板会产生剪切变形$\Delta$,实际上该部分变形受到顶底板及横隔梁的约束,使得混凝土顶板与波形钢腹板产生竖向的分布拉力,底板与波形腹板产生分布压力,从而在横隔梁区段一定范围内的混凝土顶底板中产生附加弯矩,该附加弯矩会在顶底板中产生附加应力。

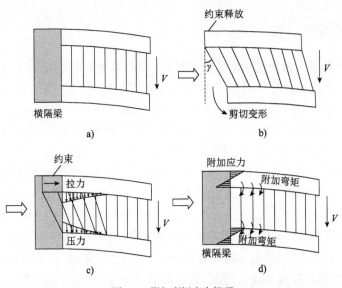

图 1-4 附加弯矩产生机理

当前关于波形钢腹板剪切变形的研究主要集中于其对桥梁挠度的增大作用[57],关于剪切变形引起的支点区段附加应力问题的研究很少。Combault 等[58-59]最早指出支点区段顶底板存在的附加应力问题;Yamazaki 等[60]推导了集中力作用点和连续梁中支点处顶底板附加弯矩表达式,并与试验结果进行对比分析;Mizoguchi 等[61]研究了波形钢腹板组合梁顶底板附加弯矩和钢腹板的剪力分担比;Shiratani 等[62]认为波形钢腹板组合梁支点区段顶底板存在附加弯曲应力,推导了顶底板附加弯矩和腹板剪力表达式,通过试验和有限元进一步研究了混凝土板开裂后支点区段组合梁的弯剪性能,并建议加强支点区段顶底板轴向钢筋配置;Kato 和 Nishimura[63]考虑腹板剪切变形,从而推导了波形钢腹板组合梁顶底板弯矩表达式,并将其应用于连续梁支点部位和斜拉桥拉索锚固区域。

### 1.4.3　剪力滞计算方法研究

与混凝土箱梁类似,波形钢腹板组合梁桥顶底板同样存在剪力滞效应,这一直是工程界关注的重点。日本相关设计指南[64]不考虑顶底板剪力滞效应,认为混凝土全断面受压。吴文清[65]通过模型试验测量了波形钢腹板组合梁顶底板正应力分布,基于有限元参数分析研究了剪力滞系数的主要影响因素,拟合得到单箱单室波形钢腹板组合梁桥剪力滞系数经验公式;李立峰等[66]基于变分法分别推导了单箱单室波形钢腹板组合梁在集中荷载和均布荷载作用下的计算公式;马磊等[67]实测某单箱三室波形钢腹板组合梁在车辆荷载作用下典型断面的剪力滞系数,结果表明,边腹板剪力滞系数明显大于中腹板剪力滞系数,并比较了国内外相关规范有效宽度系数计算方法的适用性;卫星等[68]基于实桥三维空间有限元模型,比较了混凝土箱梁和单箱双室波形钢腹板组合梁桥剪力滞系数的差异,分析了剪力滞系数的影响因素;Ji 等[69]考虑剪力滞效应和腹板剪切变形,从而推导了波形钢腹板简支梁挠度计算公式;Chen 等[70]提出了新型波形钢腹板-双管弦杆-混凝土板组合梁,基于能量法推导了该种组合梁剪力滞系数计算公式。

### 1.4.4　疲劳性能研究

由于桥梁结构需要承受反复车辆荷载的作用,因此对波形钢腹板组合梁疲劳性能的研究十分关键。针对平面内荷载作用时波形钢腹板组合梁疲劳性能,国内外学者开展了以下研究。2001 年,Takeshita 等[71]对 6 根简支波形钢腹板组合梁开展了四点弯曲疲劳试验,结果表明,采用嵌入式连接件试件的破坏形式为下翼缘钢板发生疲劳断裂,采用栓钉连接件试件的破坏形式为上翼缘混凝土板发生受压破坏,且前者的疲劳寿命显著长于后者。2004 年,Sakai 等[72]对波形钢腹板组合梁进行了四点弯曲疲劳试验,结果表明,位于波形钢腹板斜板段区域的纵向钢筋的应变较大,疲劳裂缝多萌生于斜板段靠近纵向钢筋与波形钢腹板直板段焊缝的端部。2005—2006 年,王春生等[73-74]收集和评述了国外波形钢腹板组合梁疲劳性能研究成果,指出波形钢腹板直板与斜板交界处(以下简称 $S$ 点)附近翼缘侧焊趾的应力最大,并采用数值模拟研究了各参数对 $S$ 点应力的影响。2009 年,杨丽[75]基于数值模拟的参数分析结果指出,在研究范围内,当腹板相对顶底板的倾角增大、腹板高度减小、波纹长度增大时,波形钢腹板组合梁 $S$ 点的应力和应力集中系数均明显增大;当腹板斜板相对直板倾角由 20°变化至 45°时,$S$ 点应力和应力集中系数先减小后增大,37°时为其极值点;随着腹板高度的增大,$S$ 点的应力逐渐减小,但应力集中系数逐渐增大;腹板转角的曲率半径对 $S$ 点应力状态的影响较小。2010 年,周绪红等[76]对波形钢腹板组合梁的疲劳性能进行了试验研究,结果表明,随着疲劳加载次数的增加,波形钢腹板在相同荷载作用下的应变逐渐小幅增大,而混凝土顶底板的应变基本维持其原有值。2010年,王志宇等[77]基于国内外相关研究成果,归纳并总结了波形钢腹板钢梁和组合梁的疲劳破坏模式、疲劳强度、疲劳敏感参数以及疲劳寿命评估方法等。2012年,李立峰等[78]基于试验结果指出,疲劳损伤对预应力波形钢腹板组合梁屈服荷载和极限荷载的影响不大,但将显著降低组合梁的延性。根据P-M线性累计损伤理论,推导了疲劳损伤后的混凝土的本构关系并将之用于数值模拟,与试验结果对比表明,该式具有较好精度。2018年,Yuan等[79]对两根简支波形钢腹板组合梁开展了四点弯曲疲劳试验,发现组合梁的刚度随疲劳循环次数的增大无明显变化;基于试验结果,推荐采用AASHTO规范中的C类疲劳细节用于波形钢腹板的疲劳设计。2013—2018年,彭鲲等[80-82]基于一系列试验研究、有限元模拟和理论分析指出,波形钢腹板组合梁的疲劳裂纹萌生于钢翼缘的$S$点焊趾处,该裂纹的发展导致了翼缘的断裂,从而使组合梁发生疲劳破坏;采用PBL连接件的组合梁的抗疲劳性能略优于采用栓钉连接件的组合梁;推荐采用AASHTO规范中的C类、EC3规范中为80kPa的疲劳细节对波形钢腹板组合梁进行疲劳设计;热点应力法既可评估疲劳寿命又可评估疲劳强度。

由于平面外荷载是使钢桥产生疲劳损伤的一大因素[83],因此学者们对平面外荷载作用下波形钢腹板组合梁的疲劳性能进行了探索。2000年,Nakasu等[84]对平面外荷载作用下采用嵌入式连接件的波形钢腹板组合梁的疲劳性能进行了试验研究和有限元模拟,认为波形钢腹板与混凝土翼板之间的作用力主要为3种:腹板与翼板之间的黏结力、混凝土的剪力、腹板与翼板的横向作用力。其中,腹板与翼板的横向作用力对疲劳破坏模式有较大影响。2004年,Ebina等[85]对腹板平面外弯矩作用下开孔板连接件波形钢腹板组合梁的疲劳性能进行了试验研究,结果表明,外凸侧波形钢腹板与上翼缘钢板间焊缝焊趾处的开裂导致了试件的疲劳破坏。同年,Suzuki等[86]对采用不同形式剪力连接件的波形钢腹板组合梁的横向抗疲劳性能进行了试验研究,结果表明,采用嵌入式连接件和角钢连接件的波形钢腹板组合梁的抗疲劳性能良好,而采用栓钉连接件的波形钢腹板组合梁由于其部分栓钉无法提供足够的抗横向弯矩抵抗力而使试件发生疲劳破坏。2005年,Tanaka等[87]对平面外荷载作用下波形钢腹板的受力进行了分析,指出平面外荷载使波形钢腹板的内、外表面产生了较大的应力差,故易在波形转角处形成应力集中点。

### 1.4.5 内衬混凝土研究

波形钢腹板组合桥梁的内衬混凝土组合截面由混凝土顶底板、波形钢腹板以及钢腹板上的内衬混凝土组成,内衬混凝土与波形钢腹板采用连接件结合,与混凝土顶底板通过预留的钢筋浇筑在一起。波形钢腹板的手风琴效应是否受到内衬混凝土的约束,其受力性能是否受波形钢腹板和内衬混凝土的共同影响,国内外学者对此进行了研究。Nakamura等[88]提出钢-混组合梁支点位置腹板内衬混凝土理念,在内衬混凝土内设置普通钢筋,试验结果表明:组合工字钢梁的极限弯曲强度与剪切强度分别是普通工字钢梁的2.08倍和2.98倍;钢筋焊接在钢梁上下翼缘可有效延迟钢翼缘板的屈曲,但不改变最终破坏形态;内衬混凝土可提高腹板屈曲后的工字钢梁的抗弯及抗剪强度。Nakamura等[89]提出新型窄钢箱梁与混凝土板组合梁,并在支点附近窄钢箱梁内全部或部分填充混凝土以改善结构的受力性能,试验结果表明:箱内全部填充混凝土可提高结构抗弯强度40%，延性为未填充混凝土组合梁的8倍；而部分填充混凝土可提高抗弯强度25%，延性为未填充混凝土组合梁的6.5倍。Kim等[90-91]对一种新型波形钢腹板预应力组合T形梁的弯曲性能进行了试验研究及理论分析，得到该结构的抗弯承载力计算公式以及混凝土上翼缘的有效宽度计算公式。贺君[38]采用ANSYS软件建立空间有限元模型，分析设置内衬混凝土后波形钢腹板组合梁桥的结构挠度、轴向应力、剪切应力、弯曲性能和稳定性，研究表明，内衬混凝土能显著降低支点区域波形钢腹板的剪应力和预应力施加效率，提高结构稳定性。邓文琴等[92]基于模型试验和数值模拟，设计并制作了一个变截面双悬臂组合梁模型，结果表明，内衬混凝土能显著提高组合梁的抗弯、抗剪及抗扭刚度，明显降低中支点区域波形钢腹板的剪应力。蒋华等[93]对某实体桥梁进行有无内衬混凝土对波形钢腹板连续梁桥力学性能的影响研究，研究表明，设置内衬混凝土对桥梁结构挠曲影响较小，可较大程度地减小支点区域波形钢腹板的剪应力，提高波形钢腹板稳定性，确保支点区域箱梁截面受力符合平截面假定；但设置内衬混凝土降低了支点区域预应力施加效率，对离桥面中心线较远的最外侧腹板处影响较为明显，预应力施加效率降幅可达40%。张峰等[94]开展了内衬混凝土的直钢板和波形钢板抗剪试验，结果表明，内衬混凝土受压杆与波形钢腹板受拉杆形成X桁架，共同提供抗剪承载能力，设置内衬混凝土的波形钢板抗剪强度比对应的直钢板大。

## 1.5 广西飞龙大桥的建设意义

综上，波形钢腹板预应力混凝土组合梁桥总体受力特性与预应力混凝土连续刚构桥类似，可通过设置合理的梁高、波形钢腹板形式及厚度、顶板和底板厚度及纵向钢束，使波形钢腹板预应力混凝土组合梁桥的总体抗弯和抗剪性能均满足要求，但重量相对减轻，理论上可以达到或超过预应力混凝土连续刚构桥的最大跨径，波形钢腹板预应力混凝土组合梁桥极限跨径理论上可达到300m[95]，当前修建的波形钢腹板预应力混凝土组合梁桥还远没有达到其最大跨径。理论上，随着跨径的增大，波形钢腹板预应力混凝土组合梁桥自重也减轻，能够进一步减少基础工程造价，提高经济效益。然而，当前尚未形成统一的行业标准和规范，无法充分发挥该种桥型建设的合理性和经济性，若要实现波形钢腹板预应力混凝土组合梁桥向更大跨径发展，仍有许多待研究和解决的问题，如支点区段波形钢腹板的稳定性问题、腹板的剪切变形引起的挠度增大问题、支点处顶底板附加弯矩问题等。

广西飞龙大桥跨越宽约600m的西津水库，最大水深约15m，两岸地势较缓。从结构受力、施工、经济性、景观性等方面进行综合比选，该桥最终选用自重轻、跨越能力强、受力明确、预应力施加效率高、抗震性能好、可避免腹板开裂、经济性略高、施工工期短的主跨185m的波形钢腹板预应力混凝土组合梁桥。为解决上述提到的预应力混凝土连续刚构桥支点区段波形钢腹板的稳定性、腹板的剪切变形引起的挠度增大及支点处顶底板附加弯矩等问题，依托广西飞龙大桥设计与建造，开展适用于大跨径波形钢腹板预应力混凝土组合梁桥的合理结构体系研究及新型号钢腹板研发、防屈曲构造应力、附加应力、抗弯、抗剪等一系列理论与试验研究，明确主跨超200m波形钢腹板预应力混凝土组合梁桥抗弯、抗扭等空间力学性能计算方法，探究其结合部和构造形式、横隔板布置方式、内衬混凝土的设置等关键构造设计方法，为主跨超

200m波形钢腹板预应力混凝土组合梁桥奠定研究基础,填补国内大跨波形钢腹板预应力混凝土组合梁桥设计、施工、验收、养护等标准的技术空白,以促进国内钢-混凝土组合桥梁的高质量发展。

## 参 考 文 献

[1] 李国平.桥梁预应力混凝土技术及设计原理[M].北京:人民交通出版社,2004.

[2] 陈玉根.大跨径预应力混凝土连续刚构桥悬臂施工线形控制及受力性能研究[D].南京:东南大学,2016.

[3] 张世辉.大跨预应力混凝土连续刚构桥跨中持续下挠原因分析及施工控制实践[D].成都:西南交通大学,2007.

[4] 陈海波.大跨径PC连续刚构桥的长期挠度分析[D].广州:华南理工大学,2011.

[5] 王会利,谢常领,秦泗凤,等.中国连续刚构桥的调查与分析[J].中外公路,2019,(39)2:129-134.

[6] 彭元诚.大跨度空腹式连续刚构桥设计理论与方法[J].桥梁建设,2020,50(1):74-79.

[7] 韩朝辉.预应力混凝土连续刚构桥长期下挠影响因素分析[D].昆明:昆明理工大学,2021.

[8] 王明路.大跨度预应力混凝土连续刚构桥长期变形的随机分析[D].成都:西南交通大学,2014.

[9] 杨志平,朱桂新,李卫.预应力混凝土连续刚构桥挠度长期观测[J].公路,2004(8):285-289.

[10] 谭皓,刘钊,文武松,等.大跨度连续刚构桥徐变挠度影响因素分析[C]//中国土木工程学会桥梁及结构工程分会.第十七届全国桥梁学术会议论文集(下册).北京:人民交通出版社,2006.

[11] 李华.云南现役大跨度连续刚构桥跨中下挠分析及工程应用措施研究[D].昆明:昆明理工大学,2014.

[12] 宗周红,孙建林,徐立群,等.下白石大桥健康监测系统的设计与研究[J].铁道学报.2009,31(5):65-71.

[13] 马健.三门峡黄河公路大桥的主桥加固[J].公路,2004(6):62-64.

[14] 向中富,黄海东,许宏元.大跨径连续刚构桥加固技术研究与实践[C]//中国土木工程学会桥梁及结构工程分会.第十八届全国桥梁学术会议论文集(下册).北京:人民交通出版社,2008.

[15] 鄢玉胜.预应力混凝土梁桥的徐变下挠研究[D].成都:西南交通大学,2008.

[16] 陆中元,李建华,朱念清.广东南海金沙大桥的维修加固[J].铁道建筑,2004(10):29-31.

[17] 刘建民,牛进民,崔健.东明黄河大桥主桥箱梁开裂成因分析与对策[J].山东交通科技,2005(1):46-48.

[18] 牛进民.东明黄河公路大桥维修加固工程[J].山东交通科技,2008(4):48-52.

[19] TANG M C. Segmental Bridges in Chongqing, China[J]. Journal of bridge engineering, 2015, 20(8): B4015001.

[20] HUANG H D, HUANG S S, PILAKOUTAS K. Modeling for assessment of long-term behavior of prestressed concrete box-girder bridges[J]. Journal of bridge engineering, 2018, 23(3): 04018002.

[21] GUO T, CHEN Z H, LIU T, et al. Time-dependent reliability of strengthened PSC box-girder bridge using phased and incremental static analyses[J]. Engineering structures, 2016, 117: 358-371.

[22] 陈宝春,张梦娇,刘君平,等.我国混凝土拱桥应用现状与展望[J].福州大学学报(自然科学版),2021,49(5):716-726.

[23] 雷俊卿.大跨度桥梁结构理论与应用[M].2版.北京:清华大学出版社,2015.

[24] 陈宝春,黄卿维.波形钢腹板PC箱梁桥应用综述[J].公路,2005(7):45-53.

[25] 曾勇,钟华栋,谭红梅,等.波形钢腹板刚构桥和普通PC刚构桥跨中下挠对比分析[J].公路工程,2020,45(4):1-12,35.

[26] 刘玉擎.波折腹板组合箱梁桥结构体系分析[J].桥梁建设,2005(1):1-4.

[27] 刘玉擎,陈艾荣.组合折腹桥梁设计模式指南[M].北京:人民交通出版社股份有限公司,2015.
[28] 刘玉擎.组合结构桥梁[M].北京:人民交通出版社,2005.
[29] 冀伟,蔺鹏臻,刘世忠,等.波形钢腹板箱梁剪力滞效应的变分法求解[J].兰州交通大学学报,2010,29(6):16-19.
[30] 林统励.波形钢腹板PC组合箱梁扭转和动力特性分析[D].兰州:兰州交通大学,2016.
[31] 李涉琴,万水,张长青.波形钢腹板的设计与制造[M].北京:人民交通出版社,2011.
[32] COMBAULT J(1988), The Maupre Viaduct Near Charolles, France. Proceedings, AISCEngineering Conference, p.12.1-12.22.
[33] CHEYREZY M, COMBAULT J(1990). Composite Bridges with Corrugated steel WebsAchievements and Prospects. Proceedings, IABSE Symposium, Brussels, Mixed Structures and New Materials, p.479-484.
[34] VIRLOGEUX M. (1992). "Les Ponts Mixtes Associant l'Acier et le Beton Precontraint."Bulletin Ponts Metalliques, OTUA, No.15, p.25-68.
[35] MIZUGUCHI K, ASHIZUKA K, FURUTA K, et al. Designand construction of the Hondani Bridge-PC bridge using corrugated steel webs. Bridge Found. Eng. ,1998:2-9.
[36] 袁安华,陈建兵,万水,等.波形钢腹板PC组合连续箱梁人行桥设计介绍[J].苏州科技学院学报(工程技术版),2004(3):55-58,63.
[37] 孟文节,万水,况小根.波形钢腹板人行桥的有限元分析[J].华东交通大学学报,2006(2),12-14.
[38] 贺君.波折钢腹板组合桥梁力学性能[D].上海:同济大学,2010.
[39] ELGAALY M, SESHADRI A, HAMILTON R W. Bending strength of steel beams with corrugated webs[J]. Journal of structural engineering,1997,123(6):772-782.
[40] EASLEY J T, MCFARLAND D E. Buckling of light-gage corrugated metal shear diaphragms[J]. Journal of the structural division,1969,95(7):1497-1516.
[41] EASLEY J T. Buckling formulas for corrugated metal shear diaphragms[J]. Journal of the structural division,1975,101(7):1403-1417.
[42] TIMOSHENKO S P, GERE J M. Theory of elastic stability[M]. NewYork: McGraw-Hill Publishing Co. ,1961.
[43] ELGAALY M, HAMILTON R W, SESHADRI A. Shear strength of beams with corrugated webs[J]. Journal of structural engineering,1996,122(4):390-398.
[44] MACHIMDAMRONG C, WATANABE E, UTSUNOMIYA T. Shear buckling of corrugated plates with edges elastically restrained against rotation[J]. Internatianal jounnal of structural stability and dynamics,2011,3:89-104.
[45] DOU C, JIANG Z Q, PI Y L, et al. Elastic shear buckling of sinusoidally corrugated steel plate shear wall[J]. Engineering structures,2016,121:136-146.
[46] GUO T, SAUSE R. Analysis of local elastic shear buckling of trapezoidal corrugated steel webs[J]. Journal of constructional steel research,2014,102:59-71.
[47] AGGARWAL K, WU S, PAPANGELIS J. Finite element analysis of local shear buckling in corrugated web beams[J]. Engineering structrues,2018,162:37-50.
[48] ZHU L, CAN J J, NIE J G. Elastic shear buckling strength of trapezoidal corrugated steel webs[J]. Engineering mechanics,2013,30(7):40-46,54.
[49] BERGFELT A, LEIVA-ARAVENA L. Shear buckling of trapezoidally corrugated girder webs. Report Part 2, Pibl. SS4:2. Sweden: Chalmers University of Technology,1984.
[50] HASSANEIN M F, KHAROOB O F. Behavior of bridge girders with corrugated webs: (I) Real boundary condition at the juncture of the web and flanges[J]. Engineering structures,2013,57:554-564.

[51] YI J, GIL H, YOUM K, et al. Interactive shear buckling behavior of trapezoidally corrugated steel webs[J]. Engineering structures, 2008, 30(6): 1659-1666.

[52] LINDNER J, ASCHINGER R. Grenzschubtragfähigkeit von I-trägern mit trapezförmig profilierten Stegen[J]. Engineering structures, 1988, 57: 377-380.

[53] ABBAS H H, SAUSE R, DRIVER R G. Shear strength and stability of high performance steel corrugated web girders[J]. 2002: 361-387.

[54] SHIRATANI H, IKEDA H, IMAI Y, et al. Flexural shear behavior of composite bridge girder with corrugated steel webs around middle support[J]. Doboku gakkai ronbunshu, 2003, 724: 49-67.

[55] EL-METWALLY A S. Prestressed composite girders with corrugated steel webs. University of Calgary, PhD Thesis, 1998.

[56] MOON J, YI J, CHOI B H, et al. Shear strength and design of trapezoidally corrugated steel webs[J]. Journal of constructional steel research, 2009, 65(5): 1198-1205.

[57] CHENG J, YAO H. Simplified method for predicting the deflections of composite box girders[J]. Engineering structures, 2016, 128: 256-264.

[58] COMBAULT J. The Maupre Viaduct near Charolles, France. Proceeding AISC Eng. Conf., Miami Beach: 1988, p. 12-22.

[59] COMBAULT J, LEBON J-D, PEI G. Box-Girders Using steel webs and balanced cantilever construction. FIP Symp., Kyoto: 1993.

[60] YAMAZAKI M, UCHIDA M, MITSUNARI M. A proposal of design method of concrete slabs considering shear deformation of corrugated steel web. 8th Symp. Dev. Prestress. Concr., 1998, p. 25-30.

[61] MIZOGUCHI K, MIZUKA K, TANAKA T, et al. Shear force sharing ratio of PC girder Bridge with corrugated steel web and additional bending of concrete slabs. 8th Symp. Dev. Prestress. Concr., 1998.

[62] SHIRATANI H, IKEDA H, IMAI Y, KANO K. Flexural and shear behavior of composite bridge girder with corrugated steel webs around middle support. J Japan Soc Civ Eng, 2003, 724: 49-67.

[63] KATO H, NISHIMURA N. Practical analysis of Continuous girders and cable stayed bridges with corrugated steel web. J Japan Soc Civ Eng, 2003, 731: 231-245.

[64] 日本预应力混凝土技术协会. 复合桥梁设计施工指南[M]. 吴红军, 译. 北京: 人民交通出版社股份有限公司, 2014.

[65] 吴文清. 波形钢腹板组合箱梁剪力滞效应问题研究[D]. 南京: 东南大学. 2002.

[66] 李立峰, 彭鲲, 王文. 波形钢腹板组合箱梁剪力滞效应的理论与试验研究[J]. 公路交通科技, 2009, 26(4): 78-83.

[67] 马磊, 周林云, 万水. 单箱三室波形钢腹板箱梁剪力滞效应研究[J]. 中外公路, 2013, 33(3): 95-99.

[68] 卫星, 杨世玉. 单箱双室波形钢腹板PC箱梁剪力滞效应分析[J]. 铁道工程学报, 2017, 34(3): 29-33.

[69] JI W, LIU S Z. Vertical deflection of simply supported box beam with corrugated steel webs including effects of shear lag and shear deformation[J]. Applied mechanics and materials, 2012, 204-208: 1012-1016.

[70] CHEN Y Y, DONG J, XU T H, et al. The shear-lag effect of composite box girder bridges with corrugated steel webs and trusses[J]. Engineering structures, 2019, 181: 617-628.

[71] TAKESHITA A, YODA T, SATO K, et al. Fatigue tests of a composite girder with corrugated web[J]. 土木学会论文集 = Proceedings of JSCE, 2001(668): 55-64.

[72] SAKAI Y, YAMADA S, SATO T, et al. Fatigue test on the joint in the corrugated steel web PC box girder[R]. Tokyo: Topy Steel Structures co. ltd, 2004.

[73] 王春生, 聂建国. 波形钢腹板组合梁疲劳性能研究进展[C]//中国钢结构协会钢-混凝土组合结构分会

第十次年会论文集. 2005: 231-234.

[74] 王春生, 刘晓娣, 徐岳. 波形钢腹板组合梁疲劳性能研究[C]//钢结构工程研究(六)——中国钢结构协会结构稳定与疲劳分会2006年学术交流会论文集. 2006: 358-363.

[75] 杨丽. 波纹钢腹板组合箱梁疲劳性能研究[D]. 西安: 长安大学, 2009.

[76] 周绪红, 林新元, 谭冬莲, 等. 波纹钢腹板组合箱梁疲劳试验[J]. 中国公路学报, 2010, 23(4): 33-38,69.

[77] 王志宇, 王清远, 陈宜言, 等. 波形钢腹板梁疲劳特性的研究进展[J]. 公路交通科技, 2010, 27(6): 64-71.

[78] 李立峰, 肖小艳, 刘清. 波形钢腹板PC组合箱梁疲劳损伤对抗弯承载能力的影响研究[J]. 土木工程学报, 2012, 45(7): 111-119.

[79] YUAN S C, DONG J F, WANG Q, et al. Fatigue property study and life assessment of composite girders with two corrugated steel webs[J]. Journal of constructional steel research, 2018, 141: 287-295.

[80] 彭鲲, 李立峰, 肖小艳, 等. 波形钢腹板组合箱梁疲劳性能试验与理论分析[J]. 中国公路学报, 2013, 26(4): 94-101.

[81] 彭鲲. 波形钢腹板组合梁疲劳性能的试验和理论研究[D]. 长沙: 湖南大学, 2018.

[82] 彭鲲, 李立峰, 裴必达. 基于热点应力的波形钢腹板梁疲劳分析[J]. 湖南大学学报(自然科学版), 2018, 45(9): 74-82.

[83] MIKI C. Bridge engineering learned from failure-fatigue and fracture control[J]. Proceedings of bridge maintenance, safety, management and cost-watanabe, 2004.

[84] NAKASU K, YODA T, SATO K, et al. Study on out-of-plane bending of concrete dowels in a composite girder with corrugated steel web[J]. Doboku gakkai ronbunshu, 2000, 2000(647): 267-279.

[85] EBINA T, HIGASHIDA N, NAKAMURA H, et al. Study on out-plane bending behavior of corrugated steel web with twin-perfobond strip connections[J]. Journal of structural engineering A, 2004, 50: 1191-1202.

[86] SUZUKI N, SHITO K, SAKURADA M, et al. Transverse behavior of connection between concrete slab and corrugated steel web[J]. Concrete research & technology Japan concrete institute, 2004, 15: 93-102.

[87] TANAKA K, TANAKA M, SUZUKI H. Stress property and fatigue property of the welded steel joint of corrugated steel web PC box girder bridge[R]. Tokyo: Japan Bridge Association, 2005.

[88] NAKAMURA S, NARITA N. Bending and shear strengths of partially encased composite I-girders[J]. Journal of constructional steel research, 2003, 59(12): 1435-1453.

[89] NAKAMURA S, MORISHITA H. Bending strength of concrete-filled narrow-width steel box girder[J]. Journal of constructional steel research, 2008, 64(1): 128-133.

[90] KIM K S, LEE D H, CHOI S M, et al. Flexural behavior of prestressed composite beams with corrugated web: part I. Development and analysis[J]. Composites Part B engineering, 2011, 42(6): 1603-1616.

[91] KIM S H, AHN J H, CHOI K T, et al. Experimental evaluation of the shear resistance of corrugated perfobond rib shear connections[J]. Advances in structural engineering, 2011, 14(2): 249-263.

[92] 邓文琴, 刘朵, 五超, 等. 变截面波形钢腹板内衬混凝土组合梁剪扭性能试验研究[J]. 东南大学学报(自然科学版), 2019, 49(4): 618-623.

[93] 蒋华, 何晓晖, 王健, 等. 超宽波形钢腹板箱梁内衬混凝土合理设计参数和构造研究[J]. 建筑结构, 2021, 51(S1): 1582-1590.

[94] 张峰, 李术才, 叶见曙, 等. 波形钢板内衬混凝土部位抗剪强度[J]. 东南大学学报(自然科学版). 2016, 46(6): 1264-1270.

[95] 宋随弟, 陈克坚, 袁明. 波形钢腹板连续刚构桥极限跨度研究[J]. 桥梁建设. 2017, 47(4): 72-77.

# 第 2 章
# 桥梁设计方案比选

本章以广西飞龙大桥为例,详述了水文、地质、通航等建设条件,桥位方案比选、桥型方案比选和通航孔径论证内容。比选和论证结果说明:与其他桥型方案相比,广西飞龙大桥选择波形钢腹板预应力混凝土连续刚构桥方案是经济适用且可行的,主跨185m满足Ⅰ级航道通航要求和3000t级船舶等代表船型双孔单向通航的要求。

## 2.1 桥梁建设条件

### 2.1.1 气候条件

1. 气候与气温

桥址地区属南亚热带季风气候。年平均气温为21.4℃,最冷月1月平均气温12.0℃,最热月7月平均气温28.5℃;极端最高气温39.3℃,极端最低气温-1℃。

2. 降水

桥址地区多年平均降雨量为1415.4mm,最多为2043mm(1981年),最少为916.3mm(1963年)。每年雨量集中在夏半年(4—9月),占全年雨量80%以上,其中5—8月是雨量的高峰期,占全年降雨量61%~71%;而冬半年(10月至次年3月)雨量占全年雨量20%以下。

### 2.1.2 通航条件

桥址处航道为西江航运干线。目前西江航运干线广西南宁(牛湾以下)至梧州界首Ⅱ级航道已建成,可通航2000t级内河船舶,通航保证率为98%,航道维护尺度为3.5m×80m×550m(航道水深×航道宽度×弯曲半径)。桥址区所处河段主槽水深大、河面开阔、过流断面普遍较大,水流平缓。受西津水利枢纽蓄水调节调度的影响,流速一般,横流较小,主河道未见不良流态,水流条件在该河段相对较好。

桥址区郁江航道现为Ⅱ级航道,规划为Ⅰ级航道,通航3000t级船舶。桥梁通航方案为双孔单向通航,通航孔设计通航净高18m,设计通航孔净宽150m,桥梁净空尺度满足船舶航行的要求。

参照《内河通航标准》(GB 50139—2014)[1]、《珠江水系"三线"过闸船舶标准船型主尺度系列》及《西江航运干线过闸船舶标准船型主尺度系列》等相关文件,同时考虑到未来旅游发展,桥区通航代表船型的主要尺度如表2-1所示,控制性代表船型尺寸如表2-2所示。货运船舶日均流量约150艘/天。

代表船型尺寸表（单位:m） 表2-1

| 代表船型、船队 | 总长 | 船宽 | 设计吃水 | 备注 |
|---|---|---|---|---|
| 3000 吨级船舶 | 95.0 | 16.2 | 3.2 | 《内河通航标准》(GB 50139—2014)[1] |
| 3000 吨级一顶二船队 | 223.0 | 16.2 | 3.5 | |
| 1000～1350t 干货船 | 58.0～60.0 | 11 | 2.6～3.0 | 《珠江水系"三线"过闸船舶标准船型主尺度系列》 |
| 1200～1300t(66～80TEU)集装箱船 | 58.0～60.0 | 11 | 2.3～2.7 | |
| 3000 吨级干货船 | 78.0～82.0 | 15.6 | 3.3～3.6 | 《西江航运干线过闸船舶标准船型主尺度系列》 |
| | 72.0～75.0 | 15.6 | 3.6～3.8 | |
| 3000 吨级(250TEU)集装箱船 | 86.0～90.0 | 15.8 | 3.6～3.8 | |
| 2000 吨级液货船 | 72.0～74.0 | 14 | 2.8～3.8 | |
| 3000 吨级自卸砂船 | 84.0～88.0 | 15.6 | 3.4～3.8 | |
| 游艇机动艇 | 32 | 8.0 | 2.0 | 《游艇码头设计规范》(JTS 165-7—2014) |

控制性代表船型尺寸表（单位:m） 表2-2

| 代表船型、船队 | 总长 | 船宽 | 设计吃水 |
|---|---|---|---|
| 3000 吨级船舶 | 95.0 | 16.2 | 3.2 |
| 3000 吨级一顶二船队 | 223.0 | 16.2 | 3.5 |
| 3000 吨级干货船 | 78.0～82.0 | 15.6 | 3.3～3.6 |
| | 72.0～75.0 | 15.6 | 3.6～3.8 |
| 3000 吨级(250TEU)集装箱船 | 86.0～90.0 | 15.8 | 3.6～3.8 |
| 3000 吨级自卸砂船 | 84.0～88.0 | 15.6 | 3.4～3.8 |
| 5000 吨级船舶 | 86.0 | 15.8 | 4.6～5.3 |
| 6000 吨级船舶(不过船闸) | 90.0 | 15.8 | 5.3 |

### 2.1.3 工程地质条件

1）地形地貌

通过区域地质资料及初步勘察、详细勘察成果判定,桥址区属红层丘陵盆地地貌,微地貌为低矮丘坡间夹郁江冲积阶地地貌。河床高程47.21～53.0m;小里程一侧阶地高程62.69～63.75m;大里程一侧阶地高程59.62～63.31m;河谷两侧为丘坡,小里程一侧高程64.51～86.0m,大里程一侧高程62.7～84.01m;桥址区相对高差约39m,河岸岸坡坡度8°～12°,在西津水库蓄水后已基本被淹没,河谷两侧山坡自然坡度15°～25°,郁江洪水期流量大,最大水深可达15m。

2)地层岩性

通过钻探并结合工程地质调绘,桥址区坡地表层分布残坡积层($Q_4^{el+dl}$),河床和阶地分布冲洪层($Q_4^{al+pl}$),下伏基岩为白垩系下统大坡组($K_1d$)泥质砂岩、砂岩,泥质砂岩上覆于砂岩,其特征如下:

(1)第四系($Q_4$)

黏土①($Q_4^{al+pl}$):褐黄色,湿,可塑~硬塑,刀切面光滑,干强度、韧性较高,含有少量成分为强风化砂岩的砾石。主要分布于郁江阶地上,揭露厚度1.00~12.00m。

淤泥质土②($Q_4^{al+pl}$):灰色,饱和,软塑,刀切面光滑,干强度、韧性较高,有腥臭味。主要分布于郁江两侧阶地,揭露厚度1.40~7.20m。

圆砾③($Q_4^{al+pl}$):杂色,饱和,中密~密实,粒径0.5~3cm,呈次圆状,成分有硅质岩、砂岩等,分选性较好,级配较好。主要分布于郁江阶地和河床下部,揭露厚度1.30~6.30m。

黏土④($Q_4^{el+dl}$):红褐色,稍湿,硬塑,有光泽,干强度、韧性较高,含有少量砂,表层有植物根系。主要分布于大里程桥台一侧丘坡表层,揭露厚度0.60~5.10m。

(2)白垩系下统大坡组($K_1d$)

全风化泥质砂岩⑤1:红褐色,原岩矿物成分基本风化蚀变为次生矿物,原岩结构基本破坏,岩体呈散体状,岩芯呈砂土状,浸水易散。为极软岩,岩体基本质量等级为Ⅴ类。主要分布于K18+457~K18+510.0丘坡上,揭露厚度5.20~10.90m。

强风化泥质砂岩⑤2:红褐色,砂质结构,碎裂构造,风化裂隙较发育。岩芯多呈3~6cm的碎块状,岩芯锤击声哑、易碎,属于软岩,岩体完整程度以破碎为主,岩体基本质量等级为Ⅴ类。分布于K18+400~K18+510.0段,揭露厚度2.70~19.50m。

中风化泥质砂岩⑤3:褐红、紫红色,砂质结构,泥质胶结,中厚层状构造,节理裂隙不发育。岩芯多呈5~15cm的短柱状,个别长达25cm,部分为碎块状,以机械压断或破碎为主,岩芯锤击声闷但不易碎,采取率为80%~95%,RQD为30%~60%,岩石质量指标属较好的,饱和单轴抗压强度平均值7.9MPa,属于软岩,岩体完整程度以较完整为主,岩体基本质量等级为Ⅳ类。该层分布于K18+468~K18+510.0一带,在16#台处未揭穿,揭露厚度6.70~12.30m。

全风化砂岩⑥1:灰红、褐色,原岩矿物成分基本风化蚀变为次生矿物,原岩结构基本破坏,岩体呈散体状,岩芯呈砂土状,浸水易散。为极软岩,岩体基本质量等级为Ⅴ类。仅在0#台一带有分布,揭露厚度2.00~7.00m。

强风化砂岩⑥2:灰红色,砂质结构,碎裂构造,岩芯多呈3~6cm的碎块状,岩芯锤击声哑、易碎,属于软岩,岩体完整程度以破碎为主,岩体基本质量等级为Ⅴ类。该层分布于K17+570.0~K18+475.0段,揭露厚度0.90~22.40m。

中风化砂岩⑥3:褐红色,砂质结构,中厚层状构造,节理裂隙不发育。岩芯多呈5~20cm的短柱状,个别长达40cm,部分为碎块状,以机械压断或破碎为主,岩芯锤击声清脆但不易碎,采取率为80%~95%,岩石质量指标RQD为30%~70%,岩石质量指标属差~较好的,以较好为主,饱和单轴抗压强度平均值36.3MPa、标准值31.5MPa。属较硬岩,岩体完整程度以较完整为主,岩体基本质量等级为Ⅲ类。该层全场均有分布,仅在16#桥台处未揭穿,揭露厚度3.80~30.70m。图2-1为大桥桥位处工程地质纵剖面图。

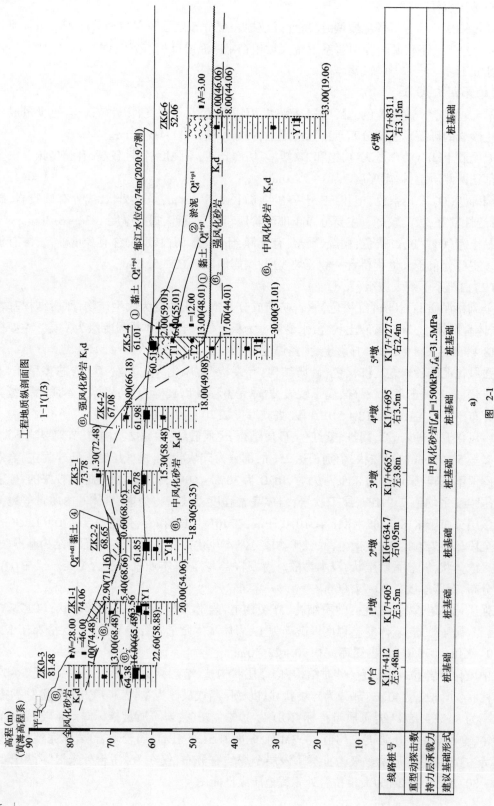

图 2-1

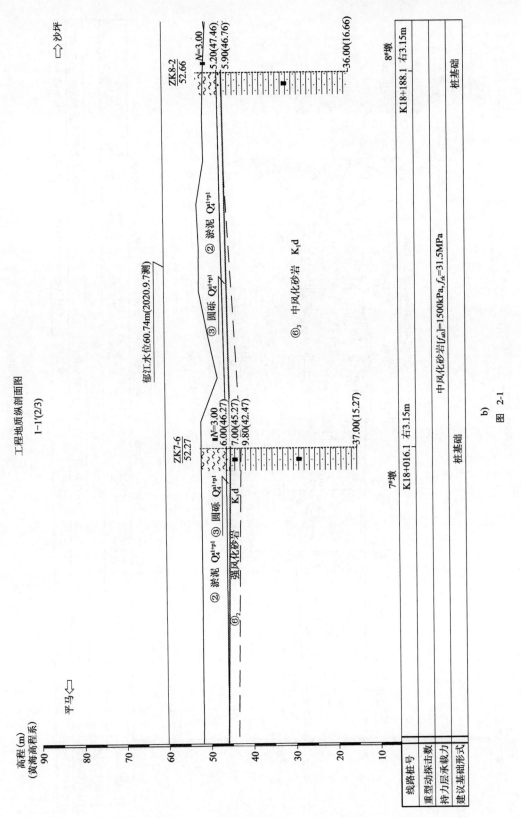

图 2-1

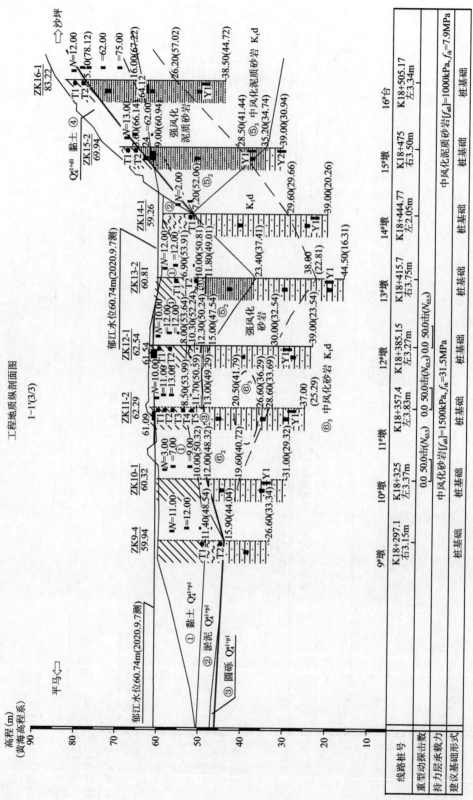

图2-1 桥位工程地质纵剖面图

3）地质构造及区域地壳稳定性

(1) 区域地质概况

大桥桥址处构造单元位于南华加里东地槽褶皱系西部地区,包括广西山字形构造前弧西翼的一部分,桥位区位于广西山字形构造前弧弧顶区。

工程区位于大安-那楼背斜北翼,离核部约5km,控制着岩层倾向,根据工程地质调查,小里程一侧的岩层产状为 $12°\angle 16°$,大里程一侧为 $331°\angle 21°$。

根据《广西通志·地震志》,对构造单元稳定性可能有影响的区域断裂有巴马-博白断裂带、百色—合浦断裂带、防城-灵山断裂带。各断层构造特征如下:

①巴马—博白断裂带:东南始于广东吴川、电白一带,往西北经广西博白、横县、昆仑关、大化、巴马,而后进入贵州,与垭都—紫云断裂带相接。总体走向北西 $310°\sim 330°$,在广西境内长500余千米,倾向北东为主,倾角 $40°\sim 85°$。切割寒武系至第三系,短距最大达4000m。断层破碎带宽数米至百余米,带内角砾岩、糜棱岩、硅化、构造透镜体、强烈的挤压揉皱等构造现象发育。断裂形成于华西期,在有的地段对晚古生界的岩相古地理有控制作用。印支期强烈活动。表现出右旋剪切-挤压的力学性质。断层带两侧印支褶皱轴的方向不同;北东侧北西向,南西侧北西向;沿断裂带有燕山晚期小岩体及岩脉分布。在重力场和磁场上有明显反映,属硅铝层深大断裂。距离工程区约32km。

②百色—合浦断裂带:西北起于隆林、西林一带,往东南经百色、平果、南宁、合浦,而后进入广东省雷州半岛。由一组走向北西 $310°\sim 320°$ 的断裂组成,长500余千米。断裂带在南宁西北十分清楚,连续性好,延伸长,称右江断裂带;在南宁东南连续性差,时隐时现,断续出现。其在南宁东南地区虽是断续出现,但在新生代以来,仍表现出活动性:左旋切错十万大山和六万大山,并使前者在钦州市贵台一带朝东北方向呈阶梯状下降,使后者在灵山县武利一带朝西南方向呈阶梯状下降;在合浦盆地将第三系和合浦-北流断裂带左旋错移,控制铁山港的发育;在合浦一带浅部地下水等温线也呈北西向展布;在断裂的东南端,有第四纪火山活动,离工程区约47km。

③防城—灵山断裂带:西南始于越南的先安,经广西的防城、灵山至平南的大安。由走向大致为北东 $40°\sim 50°$,相互平行的一组断裂带组成,呈舒缓波状延伸,长约350km。该断裂带可能往东北方向继续延伸,经贺县进入湖南。倾向北东、南西均有,倾角 $40°\sim 80°$,其中大于 $60°$ 者居多。断裂破碎带或动力变质带宽数米至数百米,局部达2000m。带内构造透镜体、挤压揉皱、糜棱岩、千糜岩、角砾岩、硅化、片理化等构造现象发育。切割寒武系至第三系及华力西期至燕山期花岗岩,属硅铝层深断裂。断裂带在新生代以来和第四纪有明显活动,并表现出右旋剪切-引张的力学性质。断裂不但控制盆地和谷地的边界,而且切割盆地内的第三系地层,形成地堑性构造。控制钦江河谷及茅岭江、防城河部分河段的发育,第四纪以来,断裂可能右旋平移了 $800\sim 1000$m。在断裂中段罗阳山一带,新构造活动明显,地貌反差强烈,离工程区约27km。

(2) 区域地壳稳定性评价

巴马—博白断裂带、百色—合浦断裂带、防城-灵山断裂带这3大区域断裂在第四系均有活动。据不完全记载,公元288—1973年,广西境内发生过348次有感地震,而南宁境内的有感地震记录共有11次,且多为 $2.4\sim 4.5$ 级的轻微有感地震,个别达5级以上,7级以上的破坏性地震没有记录,见表2-3。值得注意的是,在南宁周边地区地震时有发生。如1936年4月1日,广西灵山发生6.75级地震,1977年广西平果发生5级地震,但并未对南宁造成灾害。

记载中影响南宁市的地震一览表　　　　表2-3

| 时间 | 震中 | 震级 | 影响情况 |
| --- | --- | --- | --- |
| 1806年 | 武鸣北23°24′N,108°18′E | 4.5 | 武鸣有感,屋瓦震动 |
| 1875年6月8日 | 广西乐业与贵州罗甸之间 | 6.5 | 南宁多处房屋倾塌,压毙者数人 |
| 1936年4月1日 | 灵山平山东22°30′N,109°24′E | 6.75 | 室内杂物摇动,树木均被摇动,房屋墙垣震裂颇多 |
| 1972年5月7日 | 邕宁南晓22°24′N,108°24′E | 4.5 | 邕宁县有感。室内人有上下跳动感,旧房掉瓦 |
| 1977年4月13日 | 邕宁九塘23°05′N,108°39′E | 3.7 | 邕宁、武鸣大部分人有感,南宁少部分人有感。房子掉瓦,门窗摇动,少数房屋出现裂缝 |
| 1977年10月19日 | 平果城关23°24′N,107°29′E | 5 | 南宁处于烈度为3~4度范围,全市普遍有感 |
| 1979年8月6日 | 邕宁南阳22°45′N,108°48′E | 2.4 | 邕宁少部分人有感 |
| 1980年12月24日 | 邕宁那龙23°05′N,108°04′E | 2.4 | 邕宁少部分人有感 |
| 1988年11月10日 | 北部湾21°17′N,108°25′E | 5 | 南宁部分人有感 |
| 1995年1月10日 | 北部湾20°21′N,109°21′E | 6.2 | 房屋轻微晃动,家具作响,室内电灯摇摆 |
| 2008年3月21日 | 南宁市22°38′N,108°11′E | 3.2 | 房屋震动强烈,瓦片有响动,无房屋开裂、瓦片掉落现象发生,未发现人畜伤亡 |
| 2008年8月17日 | 广西钦州市灵山县、南宁市横县交界处,22°59′N,109°34′E | 3.5 | 2间房屋倒塌,3间房屋开裂,没有大的损害和人员伤亡 |

虽然由这三大断裂带引发的地震时有发生,但工程区距离其较远,对工程区的区域稳定性影响较小。

4)地下水

桥址区地下水主要为覆盖层的孔隙水和基岩中的裂隙水,主要接受大气降水补给和地表水侧向补给。勘察期间在两岸测得稳定水位埋深为0.20~19.40m(高程60.49~64.50m),根据地下水赋存、分布特征及区域水文地质资料,地下水位年变幅在0.50~3.00m之间,水量贫乏。广西飞龙大桥桥址区各岩土层的渗透系数建议值见表2-4。

**各岩土层渗透系数建议值**  表2-4

| 岩土名称 | 岩土状态 | 渗透系数 $K$/(m/d) | 渗透性等级 |
|---|---|---|---|
| 黏土① | 可塑~硬塑 | 0.003 | 弱透水 |
| 淤泥② | 软塑 | 0.001 | 弱透水 |
| 圆砾③ | 中密~密实 | 55 | 强透水 |
| 黏土④ | 硬塑 | 0.002 | 弱透水 |
| 全风化泥质砂岩⑤1 | 全风化 | 0.3 | 弱透水 |
| 强风化泥质砂岩⑤2 | 强风化 | 2.5 | 中等透水 |
| 中风化泥质砂岩⑤3 | 中风化 | 0.2 | 弱透水 |
| 全风化砂岩⑥1 | 全风化 | 0.5 | 弱透水 |
| 强风化砂岩⑥2 | 强风化 | 2.5 | 中等透水 |
| 中风化砂岩⑥3 | 中风化 | 0.1 | 弱透水 |

5）不良地质

桥址区没有岩落、滑坡、地面塌陷等不良地质作用，河岸稳定，不良地质作用对工程影响小。

6）特殊性岩土

桥址区场地特殊性岩土主要为淤泥，厚1.40~7.20m，呈软塑状，具有压缩性高、强度低、透水性差、灵敏度高等特点，对桩基础会产生负摩阻力。工程上应考虑软土的不良影响。

工程场地部分位于河流一级阶地，存在以黄色为基色的冲洪积的黏土①层，在大里程一侧的丘坡上分布残坡积的黏土④层。根据详细勘察结果，黏土①的自由膨胀率平均值 $\delta_{ef}$ 为20%，黏土④的自由膨胀率平均值 $\delta_{ef}$ 为21%，依据《膨胀土地区公路勘察设计规程》(DB45/T 1829—2018)4.4.2，黏土①和黏土④层为非膨胀土，对工程影响较较小。土层胀缩性室内试验统计见表2-5和表2-6。

**黏土①胀缩性室内试验统计表**  表2-5

| 指标 | 试验项目 | 有效样本个数 | 最小值 | 最大值 | 平均值 |
|---|---|---|---|---|---|
| 膨胀性试验 | 天然含水率 $w$/% | 2 | 24.7 | 27.2 | 26.0 |
| 膨胀性试验 | 自由膨胀率 $\delta_{ef}$/% | 2 | 19 | 21 | 20 |
| 膨胀性试验 | 胀缩总率 $\delta_{xs}$/% | 2 | 1.30 | 2.73 | 2.02 |
| 膨胀性试验 | 50kPa荷载相对膨胀率/% | 2 | 0.16 | 0.25 | 0.21 |
| 收缩试验 | 体缩率 $\delta_v$/% | 2 | 2.74 | 12.21 | 7.48 |
| 收缩试验 | 缩限 $w_s$/% | 2 | 18.8 | 19.1 | 19.0 |
| 收缩试验 | 线缩率 $\delta_{si}$/% | 2 | 1.14 | 2.48 | 1.81 |
| 收缩试验 | 收缩系数 $\lambda_s$ | 2 | 0.19 | 0.30 | 0.25 |

**黏土④胀缩性室内试验统计表**　　表2-6

| 指标 | 试验项目 | 有效样本个数 | 最小值 | 最大值 | 平均值 |
|---|---|---|---|---|---|
| 膨胀性试验 | 天然含水率 $w/\%$ | 4 | 16.0 | 28.5 | 22.4 |
| | 自由膨胀率 $\delta_{ef}/\%$ | 4 | 18 | 28 | 21 |
| | 胀缩总率 $\delta_{xs}/\%$ | 4 | 0.70 | 3.49 | 1.84 |
| | 50kPa 荷载相对膨胀率/% | 4 | 0.05 | 0.39 | 0.23 |
| 收缩试验 | 体缩率 $\delta_v/\%$ | 4 | 3.32 | 12.02 | 7.61 |
| | 缩限 $w_s/\%$ | 4 | 10.3 | 20.5 | 15.4 |
| | 线缩率 $\delta_{si}/\%$ | 4 | 0.65 | 3.10 | 1.61 |
| | 收缩系数 $\lambda_s$ | 4 | 0.10 | 0.36 | 0.21 |

7) 场地稳定性与适宜性评价

根据工程地质测绘和区域地质资料,桥位区附近无活动性断层通过,区域地壳稳定。桥梁小里程桥台位于斜坡上,自然坡度 10°~15°,地形相对较平缓,无不良地质作用,斜坡稳定。表层为薄层残坡积黏性土,植被主要为杂草,稳定性较好。大里程桥台位于斜坡上,自然坡度 20°~25°,无不良地质作用,斜坡稳定。表层为较厚的残坡积黏性土,植被为松林,稳定性较差,建议对桥台边坡进行防护。桥址区无不良地质作用的影响,两侧桥台斜坡稳定,场地适宜建桥。

8) 地震效应评价

根据钻探取芯鉴定,桥址区岩土层的剪切波速值按同类土波速以经验值确定,根据场地岩土名称和状态,按《公路工程地质勘察规范》(JTG C20—2011)表7.10.6,地基各岩土层的剪切波速经验值、厚度及土的类型见表2-7。

**各岩土层剪切波速经验值及土的类型**　　表2-7

| 岩土名称 | 岩土状态 | 剪切波速 $v_s/(m/s)$ | 厚度/m | 土的类型 |
|---|---|---|---|---|
| 黏土① | 可塑~硬塑 | 250~500 | 1.0~12.0 | 中硬土 |
| 淤泥② | 软塑 | <150 | 1.4~7.2 | 软弱土 |
| 圆砾③ | 中密~密实 | 250~500 | 1.3~6.3 | 中硬土 |
| 黏土④ | 硬塑 | 250~500 | 0.6~5.1 | 中硬土 |
| 全风化泥质砂岩⑤1 | 全风化 | 250~500 | 2.0~7.7 | 中硬土 |
| 强风化泥质砂岩⑤2 | 强风化 | >500 | | 软质岩石 |
| 中风化泥质砂岩⑤3 | 中风化 | >800 | | 岩石 |
| 全风化砂岩⑥1 | 全风化 | 250~500 | 5.2~10.9 | 中硬土 |
| 强风化砂岩⑥2 | 强风化 | >500 | | 软质岩石 |
| 中风化砂岩⑥3 | 中风化 | >800 | | 岩石 |

场地土河床中间以软弱土为主,两侧以中硬土为主,场地类别属Ⅱ类。桥址区场地地形起伏较大,存在软弱土,属抗震不利地段;桥址区场地为Ⅶ度区,场地无砂土分布,可不考虑地震液化的问题。

9) 环境水、土的腐蚀性评价

本桥梁跨越郁江，下伏的圆砾属于强透水层。根据《公路工程地质勘察规范》(JTG C20—2011) 附录 K，本项目中的混凝土结构一边接触地面水或地下水，一边暴露在大气中，水通过渗透或毛细作用再暴露于大气中蒸发，本场地环境类别为Ⅱ类。

大桥地质勘察取地下水 2 组进行水质简分析，取土样 1 组进行易溶盐分析，按《公路工程地质勘察规范》(JTG C20—2011) 附录 K 的规定进行评价，水和土对结构的腐蚀性评价见表 2-8。

水和土腐蚀性评价　　　　　　　表 2-8

| 试样编号 | 腐蚀性类型 | | | | | | | |
|---|---|---|---|---|---|---|---|---|
| | 水和土对混凝土结构的腐蚀性 | | | | | | 水和土对钢筋混凝土结构中钢筋的腐蚀性 | |
| | $HCO_3^-$ (mmol/L) | 腐蚀性 | pH 值 | 腐蚀性 | 侵蚀性 $CO_2$ (mg/L) | 腐蚀性 | $Cl^-$ 含量 (mg/L) | 腐蚀性 |
| ZK5-1 | 1.72 | 微 | 7.63 | 微 | 2.62 | 微 | 8.04 | 微 |
| 地表水 | 1.97 | 微 | 7.59 | 微 | 5.23 | 微 | 10.82 | 微 |
| ZK16-1-T1 | 0.75 | 微 | 6.95 | 微 | — | — | 22 | 微 |

根据所取水样的"水质分析试验检测报告"及土样的"土样易溶盐分析试验报告"，依《公路工程地质勘察规范》(JTG C20—2011) 附录 K 判定，桥位区环境水直接邻水或强透水层对混凝土具微腐蚀作用，弱透水层对混凝土具微腐蚀作用，对钢筋混凝土结构中的钢筋具微腐蚀作用；土对混凝土具微腐蚀作用，对钢筋混凝土结构中的钢筋具微腐蚀作用。

10) 地基岩土分析、评价与基础类型选择

场地基岩面起伏较大，覆盖层土层种类较好，力学性质差异较大，分布不均，场地地基属不均匀地基。

桥位区两侧桥台处覆盖层厚度较大，建议采用桩基础，以中风化岩为桩端持力层；其余各桥墩建议也采用桩基础，以中风化岩为桩端持力层。

## 2.2　桥位方案比选

从本章 2.1 节可知，广西飞龙大桥拟建于西津水利枢纽库区，距西津坝址约 31km，桥位受黎钦铁路、西津水库、乡镇分布、沿线地形地质等条件影响，可选择的桥位相对较少。因此，在项目工程可行性研究阶段，共推荐了三处桥位方案，从总造价、拆迁工作量、施工难度、工期等方面进行综合比选，结果如表 2-9 所示。

桥位综合比选分析表　　　　　　　表 2-9

| 桥位方案 | 一 | 二 | 三 |
|---|---|---|---|
| 优点 | 桥位处水面宽度相对较小，桥梁总长最小；桥位前后路段地形条件相对较好，填挖方数量较小；桥位可使项目西走廊带路线方案更顺直 | 桥位处水面宽度最小，主桥长度最小；桥位距离飞龙乡最近，对飞龙乡的发展最有利 | 桥址处于河道顺直段，满足内河通航标准中水上河建筑物避开上游弯道的距离要求；采用双孔单向通航，可满足通航条件 |

续上表

| 桥位方案 | 一 | 二 | 三 |
|---|---|---|---|
| 缺点 | 桥位至上、下游弯道距离过小,必须采取满足通航条件的工程措施,当采取的工程措施不能满足通航条件时,应加大水上过河建筑物通航孔跨度或采取一孔跨过通航水域。主桥拟选择主跨为580m的悬索桥 | 桥位位于河道转弯处;必须采取满足通航条件的工程措施,当采取的工程措施不能满足通航条件时,应加大水上过河建筑物通航孔跨度或采取一孔跨过通航水域。主桥拟选择主跨为400m的悬索桥 | 桥位处水面宽度最大,桥梁整体长度最大;桥位距离飞龙乡较远,对飞龙乡的发展带动作用减弱。主桥拟选主跨为185m的连续刚构桥 |
| 总造价 | 最高 | 较高 | 最低 |
| 拆迁工作量 | 较多 | 最多 | 无 |
| 施工难度 | 大 | 较大 | 最小 |
| 工期 | 最长 | 较长 | 相对较短 |

从表2-9可看出,桥位方案一总造价最高,拆迁工作量较多,施工难度大且所需工期最长;桥位方案二总造价次之,但拆迁工作量最多,施工难度也较大,所需工期较长;桥位方案三总造价最低,无拆迁压力,施工难度最小,工期也相对较短。为提高大桥方案可行性,将在桥位方案二和方案三的基础上进行桥型方案的比选与论证。

## 2.3 桥型方案比选

### 2.3.1 工可阶段桥型方案比选

为获取经济、适用和美观的桥型设计方案,经方案初筛,大桥工可阶段设计方与投资方共同开展了悬索桥与矮塔斜拉桥、连续刚构桥与矮塔斜拉桥、波形钢腹板预应力混凝土连续刚构桥与预应力混凝土连续刚构桥3组桥型方案的比选。

**1. 悬索桥与矮塔斜拉桥方案**

桥型方案一:悬索桥,跨径布置为(10×30+400+3×30)m,引桥上部结构采用预应力混凝土小箱梁,先简支后连续。主桥为双塔悬索桥。桥型布置如图2-2所示。

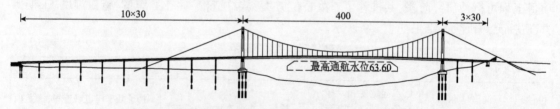

图2-2 主跨400m悬索桥桥型布置图(尺寸单位:m;高程单位:m)

桥型方案二:矮塔斜拉桥,跨径布置为(12×30+160+260+160)m,横向布置为整体式结构,全桥共设2处矮塔。桥型布置如图2-3所示。

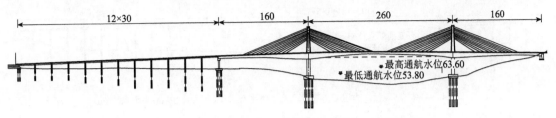

图 2-3 主跨 260m 矮塔斜拉桥桥型布置图(尺寸单位:m;高程单位:m)

从表 2-10 可看出,两种桥型方案总造价均较高,在同等条件下,悬索桥比矮塔斜拉桥建安费高,且悬索桥后期养护费用较高。

**桥型方案比选表(一)** 表 2-10

| 序号 | 项目 | 方案一 | 方案二 |
| --- | --- | --- | --- |
| 1 | 桥型布置 | 主桥:400m 悬索桥;引桥:10×30+3×30 预应力混凝土箱梁桥 | 主桥:160m+260m+160m 矮塔斜拉桥;引桥:12×30 预应力混凝土连续箱梁桥 |
| 2 | 桥长 | 798m | 948m |
| 3 | 桥面宽 | 主桥:22.1m 引桥:18.5m | 主桥:22.5m 引桥:18.5m |
| 4 | 技术难易度 | 设计技术成熟 | 设计技术成熟 |
| 5 | 施工难易度 | 采用浮索牵引法架设先导索,利用猫道进行主缆架设,采用缆载起重机逐段吊装桥面系,施工工艺成熟 | 主桥基础均在水中施工,采用双壁钢围堰施工承台。上部结构采用挂篮悬臂浇注施工,斜拉索延后两个梁段张拉。合龙的顺序为先边跨后中跨 |
| 6 | 建安费 | 28388.8811 万元 | 20383.2678 万元 |
| 7 | 综合评价 | 造型简洁、流畅,轻盈而不失庄重;施工工艺成熟,桥梁一跨越河道,可以最大限度地满足环保的要求;造价稍高;主缆、吊杆、桥面系均需定期检测,养护费用较高 | 矮塔斜拉桥兼具斜拉桥的纤细柔美和连续刚构桥的刚劲有力,景观效果好;同时工程造价较低,施工工艺成熟,施工难度相对较小。难点主要是主墩基础位于水中,围堰工程量较大 |

2. 连续刚构桥与矮塔斜拉桥方案

桥型方案一:连续刚构桥,全桥跨径布置为[3×30+(100+185+185+100)+9×30]m,拟设主桥跨径布置为(100+185+185+100)m 的预应力混凝土连续刚构,采用双孔单向通航,主桥下构采用双肢薄壁墩,基础采用钻孔灌注桩;两侧引桥均为跨径 30m 预应力混凝土先简支后连续箱梁,引桥下构采用双柱式墩,基础采用钻孔灌注桩;两岸桥台为 U 台扩基。桥型布置如图 2-4 所示。

桥型方案二:连续刚构桥,全桥跨径布置为[3×30+(140+260+140)+10×30]m,拟设主桥跨径布置为(140+260+140)m 的预应力混凝土连续刚构,采用单孔双向通航,主桥下构采用双肢薄壁墩,基础采用钻孔灌注桩基础;两侧引桥均为跨径 30m 预应力混凝土先简支后连续箱梁,引桥下构采用双柱式墩,基础采用钻孔灌注桩基础;两岸桥台为扩大基础 U 形桥台。桥型布置如图 2-5 所示。

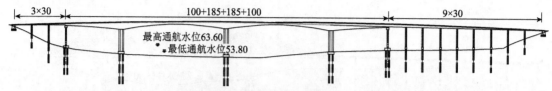

图2-4 主跨185m预应力混凝土连续刚构桥桥型布置图(尺寸单位:m;高程单位:m)

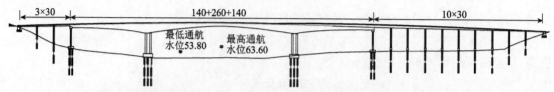

图2-5 主跨260m预应力混凝土连续刚构桥桥型布置图(尺寸单位:m;高程单位:m)

桥型方案三：矮塔斜拉桥，跨径布置为[3×30+(140+260+140)+10×30]m，横向布置为整体式结构，全桥共设2处矮塔。主桥为预应力混凝土矮塔斜拉桥，采用塔、梁、墩固结体系，主墩为空心薄壁墩身、矩形承台，基础采用群桩基础。两侧引桥均为跨径30m预应力混凝土先简支后连续箱梁，引桥下构采用双柱式墩，基础采用钻孔灌注桩；两岸桥台为扩大基础U形桥台。主桥上部结构采用挂篮悬臂浇注法施工，斜拉索延后两个梁段张拉。合龙的顺序为先边跨后中跨。桥型布置如图2-6所示。

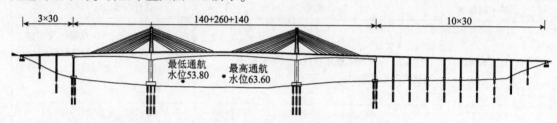

图2-6 主跨260m矮塔斜拉桥桥型布置图(尺寸单位:m;高程单位:m)

上述三种桥型方案比选如表2-11所示。

桥型方案比选表(二)　　　表2-11

| 序号 | 项目 | 方案一 | 方案二 | 方案三 |
| --- | --- | --- | --- | --- |
| 1 | 桥型布置 | 主桥:(100+185+185+100)m预应力混凝土连续刚构桥;引桥:(3×30+9×30)m预应力混凝土连续箱梁桥 | 主桥:(140+260+140)m连续刚构桥;引桥:(3×30+10×30)m预应力混凝土连续箱梁桥 | 主桥:(140+260+140)m预应力混凝土矮塔斜拉桥;引桥:(3×30+10×30)m预应力混凝土连续箱梁桥 |
| 2 | 桥长 | 940m | 940m | 940m |
| 3 | 桥面宽 | 12m | 12m | 主桥:16m<br>引桥:12m |
| 4 | 技术难易度 | 设计技术成熟 | 设计技术成熟 | 设计技术成熟 |
| 5 | 施工难易度 | 主桥基础均在水中施工，采用双壁钢围堰施工承台。上部结构采用挂篮悬臂浇注法施工，施工工艺成熟 | 挂篮要求高，同时基础均在水中施工，采用双壁钢围堰施工承台。承台等大体积混凝土浇筑，具有一定的难度，施工工艺相对成熟 | 上部结构采用挂篮悬臂浇注法施工，斜拉索延后两个梁段张拉。合龙的顺序为先边跨后中跨 |

续上表

| 序号 | 项目 | 方案一 | 方案二 | 方案三 |
|---|---|---|---|---|
| 6 | 建安费 | 9900.0281 万元 | 11840.3818 万元 | 17820.6538 万元 |
| 7 | 综合评价 | 造型简洁、流畅，轻盈而不失庄重；同时节约工程造价。采用双孔通航减小主桥跨径，同类桥梁在国内建成数量多，设计、施工工艺成熟，后期病害控制较好。难点主要是水中基础相对较多，围堰工程量较大 | 造型简洁、流畅，轻盈而不失庄重。采用单孔通航，主桥跨径较大，在同类桥型中属前列，施工难度相对较大；主墩基础位于水中，围堰工程量较大，承台等大体积混凝土浇筑难度大；同时对于控制运营期跨中下挠、腹板开裂等问题，应做进一步分析 | 矮塔斜拉桥兼具斜拉桥的纤细柔美和连续刚构桥的刚劲有力，景观效果好；施工工艺成熟，施工难度相对较小。难点主要是主墩基础位于水中，围堰工程量较大 |

**3. 波形钢腹板预应力混凝土连续刚构桥与预应力混凝土连续刚构桥方案**

从前述比选可看出，斜拉桥造型美观，比梁式桥的跨越能力更强，可减少一个水中主墩的施工，采用单孔双向通航，对通航更为有利；但其工程造价较高；在后期的养护维修过程中，需投入的技术人员与养护资金较大，经济性相对较差。因此，结合行业主管部门相关意见，在桥面宽度均为 13.0m 的基础上进一步对波形钢腹板预应力混凝土连续刚构桥与预应力混凝土连续刚构桥方案进行深度比选。

桥型方案一：跨径布置为 $[5×30+(100+2×185+100)+7×30]$m，主桥跨径布置为 $(100+185+185+100)$m 的波形钢腹板预应力混凝土连续刚构，采用双孔单向通航，主桥下构采用双肢薄壁墩，基础采用钻孔灌注桩；两侧引桥均为跨径 30m 预应力混凝土先简支后连续箱梁，引桥下构采用双柱式墩，基础采用钻孔灌注桩；两岸桥台为扩大基础 U 形桥台。

桥型方案二：全桥跨径布置为 $[5×30+(100+2×185+100)+7×30]$m，设主桥跨径布置为 $(100+185+185+100)$m 的连续刚构，采用双孔单向通航，主桥下构采用双肢薄壁墩，基础采用钻孔灌注桩；两侧引桥均为跨径 30m 预应力混凝土先简支后连续箱梁，引桥下构采用双柱式墩，基础采用钻孔灌注桩；两岸桥台为扩大基础 U 形桥台。两种桥型布置一致，如图 2-7 所示。

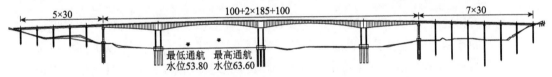

图 2-7　桥型布置图（尺寸单位：m；高程单位：m）

上述两种桥型方案比选如表 2-12 所示。

桥型方案比选表（三）　　　　　表 2-12

| 序号 | 项目 | 方案一 | 方案二 |
|---|---|---|---|
| 1 | 桥型布置 | 主桥：$(100+185+185+100)$m 波形钢腹板预应力混凝土连续刚构桥；引桥：$(5×30+7×30)$m 预应力混凝土连续箱梁桥 | 主桥：$(100+185+185+100)$m 预应力混凝土连续刚构；引桥：$(5×30+7×30)$m 预应力混凝土连续箱梁桥 |

续上表

| 序号 | 项目 | 方案一 | 方案二 |
|---|---|---|---|
| 2 | 桥长 | 940m | 940m |
| 3 | 桥面宽 | 13m | 13m |
| 4 | 技术难易度 | 设计技术成熟 | 设计技术成熟 |
| 5 | 施工难易度 | 主桥基础均在水中施工,采用双壁钢围堰施工承台。上部结构采用挂篮悬臂浇注法施工,利用波形钢腹板作为承重结构的施工方法,波形钢腹板先行,然后利用波形钢腹板作为承重构件,以波形钢腹板上翼缘双 PBL 键作为轨道,设置简易挂篮施工底板 | 主桥基础均在水中施工,采用双壁钢围堰施工承台。上部结构采用挂篮悬臂浇注法施工,施工经验丰富,施工工艺成熟 |
| 6 | 建安费 | 全桥:13962.6441 万元<br>主桥:10160.7698 万元 | 全桥:13374.0900 万元<br>主桥:9257.0406 万元 |
| 7 | 综合评价 | 在具备预应力混凝土连续刚构优点的同时,与之相比能够有效减轻自重20%左右,并且在避免腹板开裂的同时有效缓解跨中下挠问题;用波形钢腹板取代混凝土腹板,能够提高顶底板预应力效率,减少纵向钢束用量;不需要配置腹板竖向钢束,避免了由竖向钢束张拉锚固不到位导致的一系列病害;可采用新工艺——波形钢腹板作为承重构件的施工方法,多平台施工,相比能够节约2个月左右的工期;建安费与方案二基本相当 | 造型简洁、流畅,轻盈而不失庄重;同时节约工程造价。采用双孔通航减小主桥跨径,同类桥梁在国内建成数量多,设计、施工工艺成熟,后期病害控制较好。难点主要是水中基础相对较多,围堰工程量较大 |

## 2.3.2 初步设计阶段桥型方案比选

在充分考虑通航、水文、建桥处地质、桥梁造型、工程造价等因素的基础上,初步设计阶段在工可研究的基础上依据该桥航道通航条件影响评价、防洪评价、船舶操纵仿真模拟试验结果,进一步优化了设计技术及施工技术均较为成熟的波形钢腹板预应力混凝土连续刚构梁桥与矮塔斜拉桥两种桥型方案。

桥型方案一:波形钢腹板预应力混凝土连续刚构桥梁,主桥跨径布置为(100＋2×185＋100)m,全长570m。全桥跨径布置为[5×30＋(100＋2×185＋100)＋7×30]m,总长940m,如图2-8所示。主桥采用波形钢腹板预应力混凝土连续刚构桥方案,引桥均采用先简支后连续预应力混凝土 T 梁,桥跨为30m。

桥型方案二:矮塔斜拉桥,主桥跨径布置为(100＋2×185＋100)m,全长570m。全桥跨径布置为[5×30＋(100＋2×185＋100)＋7×30]m,总长940m。主桥采用矮塔斜拉桥方案,引桥均采用先简支后连续预应力混凝土 T 梁,桥跨为30m,如图2-9所示。

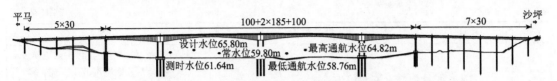

图 2-8 波形钢腹板预应力混凝土连续刚构桥总体布置(尺寸单位:m;高程单位:m)

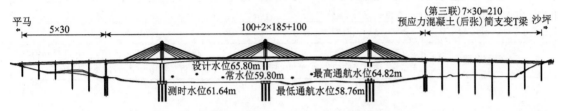

图 2-9 矮塔斜拉桥总体布置(尺寸单位:m;高程单位:m)

两种桥型比选结果如表 2-13 所示。通过对比可看出,连续刚构桥是将连续梁桥与 T 形刚构桥受力特性相结合,梁体和桥墩固结使得结构受力分配更加合理,主梁在活载作用下变形小,行车更加平顺。特别是预应力技术和悬臂浇筑施工方法的出现使得连续刚构桥可跨越深水、山谷、大江大河等,施工便利。波形钢腹板连续刚构桥在具备预应力混凝土连续刚构桥优点的同时,能有效减轻自重,避免腹板开裂,且可采用新的施工工艺来缩短工期。经初步设计桥型方案深度比选结果,进一步论证广西飞龙大桥桥型选择波形钢腹板预应力混凝土连续刚构梁桥方案是可行的。

桥型比选对比表　　　　　表 2-13

| 序号 | 项目 | 推荐方案 | 比较方案 |
| --- | --- | --- | --- |
| 1 | 桥型及跨径 | 主桥:(100+2×185+100)m 波形钢腹板预应力混凝土连续刚构桥;引桥:5×50m、7×30m 预应力混凝土 T 梁桥 | 主桥:(100+2×185+100)m 矮塔斜拉桥;引桥:5×50m、7×30m 预应力混凝土 T 梁桥 |
| 2 | 桥长 | 930m | 930m |
| 3 | 桥宽 | 主桥:13m;引桥:13m | 主桥:17m;引桥:17m |
| 4 | 上构 | 波形钢腹板预应力混凝土连续刚构,上构较预应力混凝土连续刚构轻 20%,同时可避免腹板开裂和跨中持续下挠 | 斜拉索选用国产成品索,HDPE 防护;主梁采用预应力混凝土梁 |
| 5 | 下构 | 钢筋混凝土双肢薄壁墩,柱式墩,桩柱式桥台 | 索塔选用独柱索塔,索塔与主梁固结,三柱式墩,桩柱式桥台 |
| 6 | 基础 | 桩基础 | 桩基础 |
| 7 | 施工难易度 | 采用顶底板异位同步浇筑悬臂施工法,施工工艺先进成熟,施工难度小 | 采用悬臂施工,施工节段多,施工拉索时张拉拉索、横梁处绑扎钢筋等工作较烦琐 |
| 8 | 耐久性 | 腹板采用耐候钢,运营期不用维护。体外束需定期检查、维修,其余无大的维保项 | 斜拉索更换难度高、工作量大、费用高 |

续上表

| 序号 | 项目 | 推荐方案 | 比较方案 |
|---|---|---|---|
| 9 | 全寿命期造价 | 全寿命期成本低 | 混凝土主梁、拉索等位置维护或更换成本相比波形钢腹板连续刚构吊杆和锚固系统等较高,且斜拉桥方案由于构造多样,后期养护成本高 |
| 10 | 工期 | 20个月 | 27个月 |
| 11 | 建安费 | 15574.6236万元 | 20966.0984万元 |
| 12 | 综合评价 | 造型简洁、流畅,轻盈而不失庄重;施工工艺成熟,体外束需定期检测,养护费用较低 | 造型宏伟,施工工艺成熟,造价最高;拉索需定期检测和更换,养护费用较高 |

## 2.4 桥面宽度论证

广西飞龙大桥桥面宽度也是论证要点,在大桥桥型方案比选阶段,设计方结合桥型先后提出宽度12.0m、13.0m、22.1m、22.5m等方案,经与行业规划、建设管理部门共同研究与沟通,建议结合大桥所在公路项目未来交通规划重新论证桥面宽度。论证结果如下。

广西飞龙大桥所在公路项目省道S210横县平马至灵山沙坪公路路基宽度为10m和8.5m。根据《公路工程技术标准》(JTG B01—2014)第3.6.1条、《公路桥涵设计通用规范》(JTG D60—2015)第3.4.1条对桥涵净空的要求,桥梁宽度应为10m和8.5m。但考虑8.5m与9m宽桥梁相比,只需调节湿接缝宽度,对造价影响很小,且9m宽桥梁对行车有利,故一般桥梁8.5m宽路基段选用桥梁宽度为9m,10m宽路基段桥梁宽度为10m。广西飞龙大桥两岸人口较多,摩托车、自行车在今后一定时期所占比例依然较大,混合交通状况普遍,且两岸的交通量日益增长,考虑远期交通量无法满足要求时道路需要改扩建,并结合大桥评审意见增设人行道。经论证,广西飞龙大桥标准横断面双幅桥面总宽13m,主桥标准横断面布置为0.25m(人行道护栏)+1.5m(人行道)+0.5m(防撞护栏)+2×4.25m(行车道)+0.5m(防撞护栏)+1.5m(人行道)+0.25m(人行道护栏),如图2-10所示。

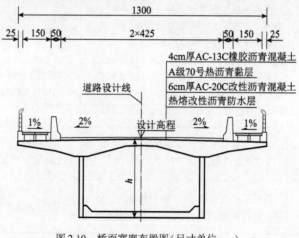

图2-10 桥面宽度布置图(尺寸单位:cm)

## 2.5 通航孔径论证

关于预应力混凝土大桥主跨大小,在工可阶段,项目组提出主跨200m的波形钢腹板连续刚构桥的桥型方案,经专家组评估,认为该桥型采用了新技术、新材料且能满足双孔单向110m的通航要求,但采用200m大跨径设计,施工经验少,投资较大,风险较大,建议根据通航、行洪等条件,适当减小桥梁跨径,降低建设成本,增设人行道。为提高大桥通航孔径的合理性,投资方根据工可阶段评审意见委托开展了广西飞龙大桥航道通航条件影响评价研究,对大桥通航净宽进行论证与分析,主要论证结果如下。

1)净空尺度与代表船型

广西飞龙大桥位于西江航运干线南宁至贵港河段,其净空尺度按Ⅰ级航道标准控制。本桥梁通航净宽计算控制性设计代表船型为3000t级一顶二船队(223.0m×16.2m)。

2)大桥通航净宽的确定

①根据《内河通航标准》(GB 50139—2014)5.2.2规定,天然和渠化河流水上过河建筑物轴线的法线方向与水流流向的交角不大于5°时,净空尺度不应小于表2-14所列数值,且通航净宽可按《内河通航标准》(GB 50139—2014)附录C公式计算。

根据拟建桥梁设计代表船型及内河通航净宽计算公式,通航净宽计算如表2-14所示。桥梁通航净宽$B_{ml}$取93.39m与《内河通航标准》(GB 50139—2014)表5.2.2-1中Ⅰ(3)级航道所列数值(110m)的大者,故净宽取110m。

**交角不大于5°情况下通航净宽计算** 表2-14

| 量的符号 | 单位 | 3000t级一顶二船队(两排一列) |
|---|---|---|
| $L$ | m | 223.0 |
| $B_s$ | m | 16.2 |
| $\sin\beta$ | — | 0.105 |
| $B_F$ | m | 39.62 |
| $\Delta B_m$ | m | 23.77 |
| $P_d$ | m | 30(横流0.29m/s) |
| $B_{ml}$ | m | 93.39 |

注:$L$-顶推船队长度或货船长度(m);$B_s$-船舶或船队宽度(m);$\beta$-船舶或船队航行漂角;$B_F$-船舶或船队航迹带宽度(m);$\Delta B_m$-船舶或船队与两侧桥墩间的富裕宽度(m);$P_d$-下行船舶或船队偏航距离(m);$B_{ml}$-单孔单向通航净宽(m)。

②根据模拟计算,可得到本桥设计最高、最低通航水位工况下水流方向与桥轴线的法线方向交角和最大横向流速,如表2-15所示。由此可见,规划Ⅰ级航道工程后设计最高通航水位(20年一遇洪水)工况及最低通航水位工况下,桥址上游3倍船长范围内,横向流速最大值均小于0.3m/s,水流条件较好,桥梁通航净宽不需要横流加宽。

**水流方向与桥轴线法线方向交角、最大横向流速**　　　　表 2-15

| 水文工况 | 最大交角时对应的横向流速 | | 位置 | 最大横向流速时对应的交角 | | 位置 |
| --- | --- | --- | --- | --- | --- | --- |
| | 夹角/(°) | 横向流速/(m/s) | | 横向流速/(m/s) | 夹角/(°) | |
| 规划 I 级航道20年一遇最高通航水位 | 7.7 | 0.28 | 对应上游250m断面J9点 | 0.29 | 6.2 | 对应上游50m断面N6点 |
| 规划 I 级航道最低通航水位 | 9.5 | 0.02 | 对应上游50m断面N6点 | 0.02 | 9.5 | 对应上游50m断面N6点 |

③大桥在桥址处桥轴线的法线方向与水流方向交角最大为 5.6°，桥梁主墩承台顶面处于常水位变动区，与过往船只存在碰撞的可能性，墩长取 7m，斜交加宽值 = $B_{斜交} - B_{正交} = (B_{正交} + L_{桥墩} \times \sin\theta)/\cos\theta - B_{正交} = (110 + 7 \times \sin5.6°)/\cos5.6° - 110 = 1.22(m)$，得到大桥斜交加宽值为 2.0m。

④根据《长江干线通航标准》(JTS 180-4—2015)❶附录 C 第 C.0.3 条公式(C.0.3-1)计算大桥紊流加宽结果如表 2-16 所示，得到广西飞龙大桥 6# ~ 7# 通航孔紊流加宽为 (16.1 + 19.4)/2 = 17.75(m)，7# ~ 8# 通航孔紊流加宽为 (19.4 + 12.8)/2 = 16.1(m)，综合考虑紊流加宽值取 18.0m。

**拟建大桥紊流加宽计算**　　　　表 2-16

| 工况 | 墩名 | 承台形状 | $\alpha$/(°) | $b$/m | $K_s$ | $v$/(m/s) | $h$/m | $E$/m |
| --- | --- | --- | --- | --- | --- | --- | --- | --- |
| I 级航道最高通航水位 | 6# | 方头墩（墩宽1.8m，墩长7m） | 4.07 | 4.6 | 1.2 | 2.66 | 13.2 | 16.1 |
| | 7# | | 6.15 | 5.1 | 1.2 | 2.71 | 17.2 | 19.4 |
| | 8# | | 1.12 | 3.9 | 1.2 | 2.19 | 13.5 | 12.8 |

注：$\alpha$-水流方向与桥轴线的夹角；$E$-端柱紊流宽度；$K_s$-与墩身形状相关的系数；$v$-墩前水流速度；$b$-墩形计算宽度；$h$-墩柱附近水深。

⑤大桥通航净空宽度 = 正交条件下通航净空宽度 + 横流加宽 + 斜交宽度；桥梁通航净宽 = 正交条件下通航净空宽度 + 斜交宽度 + 墩柱碍航紊流宽度，考虑各项加宽值后，广西飞龙大桥通航净空宽度计算结果见表 2-17。

**考虑紊流后的加宽值**　　　　表 2-17

| 正交情况下的净宽 $B_{正交}$ | 横流加宽/m | 考虑横流后通航净宽/m | 斜交加宽/m | 考虑斜交后通航净宽/m | 紊流总宽度/m | 考虑紊流后通航净宽/m |
| --- | --- | --- | --- | --- | --- | --- |
| 110 | 0 | 110 | 2.0 | 112 | 18 | 130 |

由计算结果可知，拟建桥梁设计通航净宽应不小于 112m，设计通航孔净宽值应不小于 130m。在最高通航水位工况下，单孔计算要求最小通航孔净宽为 130m；桥梁单孔实际设计通

---

❶《长江干线通航标准》(JTS 180-4—2020)于 2020 年 11 月 15 日实施。广西飞龙大桥于 2020 年 11 月 20 日获自治区交通运输厅批复，对该桥的通航评价时间早于 2020 年 11 月，故参考了 2015 版标准。

航孔净宽为150m；根据船舶操纵仿真模拟试验报告，代表船型通航模拟试验的最大航迹带宽度为38m，所占航道宽度最大为60.8m；远小于广西飞龙大桥设计通航净宽112m，因此，大桥主跨185m满足Ⅰ级航道通航要求，满足3000t级船队等代表船型双孔单向通航的要求。

## 参 考 文 献

[1] 住房和城乡建设部.内河通航标准：GB 50139—2014[S].北京：中国计划出版社，2014.

# 第 3 章
# 关键创新技术综述

本章以广西飞龙大桥为例,针对大跨径波形钢腹板预应力混凝土组合梁桥的技术难题,详述了大跨径波形钢腹板预应力混凝土组合梁桥技术规划,介绍了大桥结构设计理论研究创新、关键构造技术成果,为该类桥梁向跨径 200m 及以上发展提供参考。

## 3.1 创新思路

### 3.1.1 技术难题

广西飞龙大桥采用波形钢腹板预应力混凝土连续刚构桥型,主跨达 185m,建成后主跨跨径在同类型桥梁中暂居世界前列。若要实现广西飞龙大桥 185m 超大跨径的突破,腹板高度将进一步增大(腹板最高可达 10.9m)。然而,当前国内设计规范中波形钢腹板预应力混凝土组合梁桥跨径基本控制在 160m 左右,且随着跨径增大,支点位置弯曲应力计算已不符合平截面假定。要实现广西飞龙大桥波形钢腹板预应力混凝土组合梁桥跨径的突破,需要重点解决腹板的抗剪稳定性、剪切变形及附加弯矩问题等主要技术难点。

1. 支点区段波形钢腹板的抗剪稳定性

支点区段波形钢腹板的抗剪稳定性是限制该型桥朝更大跨径方向发展的主要因素。剪力作用下波形钢腹板的抗剪强度一般能够满足受力要求,但腹板有可能发生屈曲破坏,其屈曲破坏模式包括整体屈曲、局部屈曲和合成屈曲,且随着腹板高度的增加,其屈曲破坏模式由局部屈曲向整体屈曲转变。日本《波形钢腹板预应力混凝土箱梁桥设计计算手册》规定,波形钢腹板的剪切屈曲临界应力与剪切屈曲系数 $\lambda_s$ 有关。当 $\lambda_s < 0.6$ 时,波形钢腹板的屈曲临界应力位于钢材的屈服域,也就是腹板破坏时不会发生屈曲而是发生剪切屈服;当 $0.6 \leqslant \lambda_s < \sqrt{2}$ 时,腹板的屈曲临界应力位于钢材的非弹性域,此时屈曲应力小于屈服应力;当 $\lambda_s \geqslant \sqrt{2}$ 时,腹板的屈曲临界应力位于钢材的弹性域,此时腹板的屈曲应力小于屈服应力的 50%。当前设计中,一般保证腹板的破坏发生在屈服域,更为经济、合理的设计是保证腹板破坏处于非弹性域,从而充分发挥钢材的利用率。

根据日本《波形钢腹板预应力混凝土箱梁桥设计计算手册》中的整体屈曲计算公式,可以推算出使得波形钢腹板发生剪切屈服破坏的最大腹板高度为6.5m。根据我国行业标准《组合结构桥梁用波形钢腹板》(JTJ/T 784—2010)❶的规定,考虑到材料、制造和结构韧性等因素,波形钢腹板的最大厚度为30mm,最大的波形规格为1600型,常用钢材为Q345钢材。

国内已建波形钢腹板预应力混凝土桥跨径与梁高的比值为16.6,支点底板与梗腋厚度取150m,顶板板厚及腋厚取80cm;大跨径波形钢腹板预应力混凝土组合梁桥根部一般需要设置内衬混凝土,其长度一般为1.0倍支点梁高,内衬混凝土段的腹板不考虑发生屈曲破坏,据此可以得到腹板发生剪切屈服破坏的最大跨径为168m,因此当前设计中该种桥型的最大跨径一般控制在160m左右。然而,目前已建成最大跨径波形钢腹板预应力混凝土组合连续刚构桥——日本新名神高速公路安威川大桥主跨最大跨径已达到179m,中支点处波形钢腹板最大高度达9.6m,证明了在将腹板的破坏控制在非弹性域、增大波形钢腹板高度或采取其他提高腹板稳定性的措施后,该种桥型适用跨径还可进一步增大。

**2. 支点区域附加弯矩及剪切变形问题**

对于超大跨径波形钢腹板组合梁桥,支点区段腹板高度增大会造成顶板内附加弯矩进一步增大。大、中跨径波形钢腹板预应力混凝土组合梁桥中支点弯矩和剪力均为极大值,且该区域构造及约束条件复杂,使得各构件的应力状态比较复杂。由于波形钢腹板纵向刚度相对较小,其剪切变形显著,在中支点位置受到混凝土顶底板及横隔梁的约束,混凝土顶、底板处产生局部应力。混凝土顶、底板弯曲转角为0,腹板剪切变形受到顶、底板弯曲刚度的限制,混凝土顶板与波形钢腹板产生竖向的拉力,底板与波形钢腹板产生压力,随着桥梁跨径的增大和腹板高度的增加,该部分附加弯矩值进一步增加,因此波形钢腹板预应力混凝土组合梁桥要实现超大跨径,需要解决支点区域的附加弯矩问题。

波形钢腹板纵向刚度很小,在受力过程中将发生明显的剪切变形,从而引起波形钢腹板梁变形明显增大,截面应力进一步增加,传统的经典梁理论不再适用于计算波形钢腹板梁的变形和应力。试验研究表明:在正常使用极限状态下,波形钢腹板的剪切变形将导致主梁挠度增大10%~40%。随着桥梁跨径的增大和腹板高度的增加,剪切变形带来的影响将进一步增大,成为制约该种桥型朝超大跨径方向发展的主要因素之一。

### 3.1.2 研究规划

为促进波形钢腹板预应力混凝土组合梁桥朝超大跨径方向发展,充分论证大桥设计审查过程中提到的技术问题,并确保广西飞龙大桥项目顺利实施,项目组采取了理论研究、试验研究与实践应用三者相结合的方法,开展了4个专项共12项试验研究工作。

**1. 新型号超大跨径组合梁桥波形钢腹板承载性能试验研究**

腹板高度是影响波形钢腹板抗剪稳定性的敏感参数,随着腹板高度的增加,腹板抗剪稳定

---

❶ 广西飞龙大桥施工图设计于2020年11月20日获广西壮族自治区交通运输厅批复,施工图设计未采用2021年以前的规范设计。

性显著降低,且屈曲模态向整体屈曲模式转变。对于超大跨径波形钢腹板组合梁桥,现有规范中 1000 型、1200 型和 1600 型腹板已不能保证其整体屈曲强度,且会使腹板抗剪设计进入非弹性域,可能出现脆性破坏。为进一步提高腹板的抗剪稳定性,需要采取使用大尺寸波形钢腹板、焊接纵横向加劲肋等措施,使腹板的设计仍然保持在剪切屈服域。通过试验研究与模拟分析方式,开展新型号腹板试验研发及其抗剪承载性能、剪切屈曲应力研究 3 个试验研究。试验研究将提出适用于超高截面的新型号波形钢腹板合理的波高、平板段和斜板段长度及加工工艺,提出新型号超大跨径波形钢腹板梁剪切破坏模式和承载力,横向加劲肋、板高等对抗剪承载力和屈曲模态的影响,推导出新型号超大跨组合梁桥波形钢腹板整体屈曲、合成屈曲和局部屈曲系数表达式,为新型号超大跨径波形钢腹板剪切承载力、临界剪切屈曲应力设计提供依据。

2. 超大跨径波形钢腹板组合梁桥空间受力性能研究

随着腹板高度进一步增加,传统设计规范中的平截面假定已不再适用,且端横梁在混凝土顶底板中产生附加弯曲应力、剪力滞现象与传统混凝土箱梁有何区别均无规范可依,为此,项目组以试验研究和数值模拟相结合的方法,开展超大跨径波形钢腹板预应力混凝土组合梁桥极限承载能力、附加应力、剪力滞效应 3 项试验研究,明确跨径增大和腹板高度增加对波形钢腹板箱梁纵向抗弯承载性能的影响,探究波形钢腹板组合梁桥梁端/中支点区段混凝土附加应力作用,明确桥面板横向受力和剪力滞效应的影响,提出波形钢腹板预应力混凝土组合梁桥梁端混凝土正应力的实用简化计算式以及采用系数 $\lambda_{a,max}$ 与 $\alpha_a$ 修正后的计算波形钢腹板预应力混凝土组合梁支点区段顶底板实际应力的简化计算式,形成一套设计方法以指导设计工作。

3. 超大跨径波形钢腹板组合梁桥关键构造试验研究

为进一步提高腹板的抗剪稳定性和减少腹板开裂,广西飞龙大桥关键构造设计主要体现在腹板与顶板采用开孔连接件方式、腹板和底板采用外包结合部并设置内衬混凝土,并创新发明了波形钢腹板+加劲肋+内衬混凝土混合布置新型防屈曲构造。然而,目前对外包结合部构造的横向抗弯承载性能、连接件传力机理及设计方法研究较少,且内衬混凝土长度、厚度的选取尚未有明确的设计方法,为此,项目组开展了腹板与顶板结合部横向抗弯疲劳试验、腹板与底板结合部受力性能试验、内衬混凝土合理构造设计及承载性能研究等 4 项试验研究,提出不通过连接件布置方式的外包型结合部横向抗弯承载力计算方法,并提出内衬混凝土的合理长度、厚度和内衬混凝土组合箱梁抗弯承载力及抗剪承载力理论计算式,为桥梁设计提供指导。

4. 耐候波形钢板研究

广西飞龙大桥桥址位于西津水利枢纽库区,环保要求严格。为了给钢桥锈蚀问题提供解决方案,降低养护成本,项目组通过暴露试验、疲劳试验、应力测试、数值模拟、理论分析等,开展耐候钢地域环境适用性测试与桥址暴露试验及健康监测等 2 项试验研究,探究耐候钢板焊接疲劳性能,评估耐候波形钢腹板预应力混凝土组合梁桥的疲劳性能,建立耐候钢腐蚀评价方法和智能评估系统,为超大跨径耐候波形钢腹板预应力混凝土组合梁桥养护提供指导。

## 3.2 技术创新

本节归纳整理了本章3.1节试验研究规划和技术创新亮点,主要包括以下几点。

### 3.2.1 理论创新

1)提出考虑尺度效应的波形钢腹板抗剪设计方法

针对当前整体屈曲性能研究未考虑桥梁与建筑领域波形钢板尺寸效应差异的影响,本书提出了桥梁用大尺寸波形钢腹板弹性剪切临界屈曲应力计算方法,与传统计算方法相比简化了计算流程,提高了计算精度,解决了最不利屈曲模态始终为合成屈曲的问题,合成屈曲应力是指整体屈曲与局部屈曲的组合形式应力。

2)提出中支点区段混凝土附加应力的简化计算式

针对当前规范并未对波形钢腹板预应力混凝土组合梁桥中支点区段附加应力及截面抗弯进行规定,本书首先推导出波形钢腹板简支组合梁在不同荷载形式下考虑支点区段附加正应力的混凝土顶底板应力解析解,引入应力增大系数 $\lambda_a$ 与附加应力分布系数 $\alpha_a$ 修正传统计算方法以考虑附加应力对弯曲应力的影响,建立支点区段顶底板正应力实用简化计算方法,并拟合附加应力分布系数 $\alpha_a$ 的表达式。

3)提出内衬混凝土组合箱梁的抗弯、抗剪承载力理论计算式

针对当前规范尚无内衬混凝土组合截面的承载性能相关规定,本书采用理论分析与试验研究相结合的方式,提出了内衬混凝土组合腹板梁的抗弯承载力、抗剪承载力及抗剪刚度理论计算式,为波形钢腹板预应力混凝土组合梁桥设计提供指导。

### 3.2.2 构造创新

1)创新发明了新型腹板

针对大跨径波形钢腹板预应力混凝土梁桥的需求,开发了大尺寸1800型波形钢腹板,充分发挥了钢腹板整体屈曲强度控制优势,为该类桥型向超200m大跨径发展提供了技术支撑。

2)创新发明了波形钢腹板防屈曲构造

针对大跨径波形钢腹板预应力混凝土梁桥的需求,发明了波形钢腹板+加劲肋+内衬混凝土混合布置新型防屈曲构造,降低了整块腹板有效计算高度,减少了内衬混凝土设置长度,提高了腹板的整体屈曲临界应力,创新解决了复杂应力区域波形钢腹板防屈曲构造难题。波形钢腹板横竖向加劲体系如图3-1所示。加劲肋波形钢腹板作为纯钢腹板与内衬混凝土组合腹板之间的过渡,有效减少了内衬混凝土设置长度。与传统设计相比,广西飞龙大桥内衬混凝土长度减小了约61.4%,主梁混凝土自重减小4.61%。

3)波形钢腹板与底板创新采用外包型结合部

波形钢腹板与混凝土底板的连接方式一般包括翼缘型和嵌入型。翼缘型结合钢翼缘板底面设置焊钉或开孔板连接件,钢翼缘板下的混凝土逆向浇筑,混凝土的密实性难以保证,且连

接件处于倒立状态,抗剪性能降低。对于嵌入型结合部,腹板与混凝土底板结合面易产生分离,出现构造裂缝,钢混结合面一般需采取防水处理等措施,耐久性差。

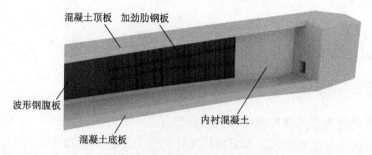

图 3-1　波形钢腹板横竖向加劲体系

广西飞龙大桥波形钢腹板与混凝土底板采用外包型结合部(图 3-2),下翼缘钢板和波形钢腹板紧贴底板外侧表面包裹住混凝土底板,同时在腹板和下翼缘钢板上布置连接件。该种连接方式已在运宝黄河大桥成功运用[1]。外包型结合部钢混界面位于箱梁内部,无须担心界面渗水等耐久性问题;结合部位置混凝土自上而下浇筑,浇筑质量易得到保证,能有效提高连接件的抗剪性能;底板混凝土可采用先搭设预制底板,再现浇混凝土的方式,达到无模板施工底板;在使用钢腹板作施工承重构件时,使有效受力梁高增加,可提供更大的抗弯承载力。

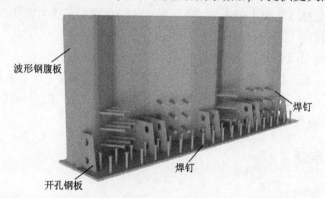

图 3-2　波形钢腹板与混凝土底板外包型结合部

4)规模应用高性能耐候钢波形钢腹板

广西飞龙大桥桥址位于西津水利枢纽库区,环保要求严格,为此,结合试验研究,广西飞龙大桥波形钢腹板创新采用 Q420qNH 耐候钢,防腐蚀性能提升 6~8 倍,有效降低运营期钢腹板的全寿命周期成本,并建立耐候钢锈蚀损耗量评估方法和评价标准。

因广西飞龙大桥现处于实施阶段,本书后续将重点介绍大桥设计与研究篇章,详述理论研究及构造创新内容。

## 参 考 文 献

[1] 王枭,金文刚,王思豪,等.运宝黄河大桥主梁设计与施工关键技术[J].世界桥梁,2019,47(1):1-5.

第 2 篇

设计篇

# 第4章 总体设计

本章详述了广西飞龙大桥勘测与设计要点、主要专题研究及施工图设计，重点介绍主桥、引桥常规构造设计以及关键构造设计等成果，在完善大跨径波形钢腹板预应力混凝土组合梁桥设计理论与方法的同时，为该类桥型详细勘察与设计提供参考。

## 4.1 设计组织

### 4.1.1 设计流程

大桥设计是一个综合性的系统工程，其涉及因素较多。为了提高广西飞龙大桥设计质量，投资方广西北投公路建设投资集团有限公司在开展设计工作前制定了一套完整的设计流程图，其中，桥梁设计流程如图4-1所示。

### 4.1.2 设计阶段

根据《公路工程基本建设项目设计文件编制办法》（交公路发〔2007〕358号），对于技术复杂、基础资料缺乏和不足的建设项目或建设项目中的特大桥、长隧道、大型地质灾害治理等，一般采用两阶段设计，即初步设计和施工图设计。现简要介绍广西飞龙大桥项目工可阶段、初步设计及施工图设计的主要任务及要求。

1. 工可阶段

广西飞龙大桥项目工可阶段着重研究和制定该桥的技术标准，并与航道、规划等部门共同研究，重点确定通航标准、桥梁宽度、设计荷载、桥位选址等相关技术标准。广西飞龙大桥工

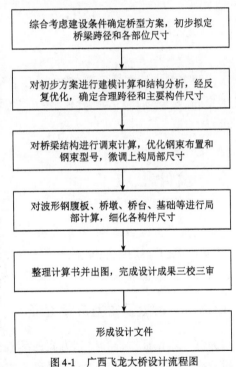

图4-1 广西飞龙大桥设计流程图

程可行性研究报告由广西交科集团有限公司负责编制,经行业评审、自治区发改委评估和审批。

2. 初步设计

广西飞龙大桥项目两阶段初步设计的目的是确定设计方案,通过多个桥型方案比选及论证,并经外业勘察设计验收、设计审查、技术审查及行业主管部门审查,推荐最优的桥型方案。初步设计成果由广西交科集团有限公司编制,深圳市市政设计研究院有限公司进行咨询,广州大学工程抗震研究中心进行结构抗震分析验算及同济大学进行结构性能验算复算。

3. 施工图设计

广西飞龙大桥项目两阶段施工图设计根据初步设计批复意见,将进一步对所审定的设计原则、设计方案加以具体化和深化。本阶段将对广西飞龙大桥各种构件进行详细的结构计算,并确保满足强度、稳定性、刚度、构造等技术指标要求。施工图设计成果由广西交科集团有限公司编制,深圳市市政设计研究院有限公司进行咨询,广州大学工程抗震研究中心进行结构抗震分析验算及同济大学进行结构性能验算复算,东南大学对桥墩防撞性能进行研究与分析。

本书第2篇将根据设计流程重点阐述主要专题研究及施工图设计成果。

## 4.2 设计基本原则

广西飞龙大桥作为省道S210横县平马至灵山沙坪公路的关键控制性工程,其设计应符合技术先进、安全可靠、适用耐久、经济合理的要求,同时要满足美观、环保和可持续发展的要求[1]。

## 4.3 设计重点

确定桥型方案后,广西飞龙大桥项目两阶段设计重点主要集中在防洪评价、航道通航条件、船舶操纵仿真模拟、船撞安全评估等专题研究与论证,以及桥面宽度论证,钢腹板与混凝土顶、底板的连接,横隔板设计,钢腹板的连接,新型腹板的使用等内容。

### 4.3.1 桥址及桥型方案论证

为进一步论证桥址和桥型方案的准确性,确定桥型总体布置方案,投资方广西北投公路建设投资集团有限公司还邀请了武汉理工大学、广西交科集团有限公司、珠江水利委员会珠江水利科学研究院、东南大学、广州大学工程抗震研究中心等单位开展该桥船舶操纵仿真模拟试验研究、航道通航条件影响评价、防洪评价、船撞安全评估及防撞对策研究、主桥引桥抗震性能分析研究等5个主要专题研究,各专题研究内容详见本书第5章专题论证与评价。

### 4.3.2　新型腹板的使用

若要实现大跨径波形钢腹板预应力混凝土组合梁桥,腹板高度需进一步增大,则首先需要解决腹板的抗剪稳定性问题。若仍然采用现有型号波形钢腹板,则会使得腹板抗剪设计进入非弹性域,而目前对非弹性域波形钢腹板抗剪屈曲行为的研究仍不充分,波形钢腹板有可能出现脆性破坏,若继续增加板厚会使得加工制作困难。因此,在超高腹板情况下,需要进一步提高腹板的弹性整体剪切屈曲强度,可以考虑采用大尺寸波形钢腹板、焊接纵横向加劲肋等措施,使腹板的设计仍然保持在剪切屈服域。

### 4.3.3　波形钢腹板的连接

波形钢腹板的连接包含与混凝土顶、底板的连接,与横梁及横隔板的连接,波形钢腹板本身波与波之间的连接,施工节段间的连接。其中,波形钢腹板与混凝土顶、底板的连接是波形钢腹板组合梁桥最关键的构造,既要确保桥梁纵桥向能够有效传递剪力,又要确保主梁横截面各部分能够成为一体承担荷载。钢与混凝土结合部连接件损伤,将严重影响结构的整体受力性能,同时也极难修复,为此应确保结合部的耐久性。钢与混凝土结合部布置有连接件、钢筋、预应力筋、钢板,选取的结合形式应不影响结合部混凝土浇筑质量。波形钢腹板箱梁最基本的要求是在受力的情况下,钢腹板与混凝土顶、底板不会发生剪切位移,为确保这一受力需求,钢腹板与混凝土板之间要采用有效且能满足受力需求的连接件。

### 4.3.4　内衬混凝土设置

为提高波形钢腹板抗屈曲性能,同时使波形钢腹板的应力均匀传递,可在支点一定范围区域的波形钢腹板内侧浇筑混凝土,国内外已建波形钢腹板预应力混凝土组合梁桥大多采取了该措施。对于大跨径波形钢腹板预应力混凝土组合连续梁、连续刚构桥,其墩顶附近存在较大的负弯矩和剪力,且约束条件与受力状态均较为复杂。为改善该区域波形钢腹板组合梁受力性能,避免波形钢腹板剪切屈曲以及受压翼缘局部屈曲,同时保证剪力均匀传递至桥墩,在墩顶附近一定范围波形钢腹板内侧填充混凝土,形成钢-混凝土组合腹板[2]。

试验研究表明,在大跨径波形钢腹板预应力混凝土组合梁桥中,为避免腹板发生整体屈曲破坏,缓和腹板与横梁之间刚度突变,对于高度超过 5m 的波形钢腹板均设置了内衬混凝土。但过长的内衬混凝土增加了桥梁自重,限制了波形钢腹板纵向伸缩变形,降低了预应力施加效率;且内衬混凝土施工困难,普遍存在开裂问题。因此,在实桥设计中,内衬混凝土的长度、厚度及构造设计显得尤为重要。

### 4.3.5　预应力体系

波形钢腹板预应力混凝土组合梁桥可根据实际采用体内外预应力筋、全体外预应力筋、全体内预应力筋的布置形式。体外预应力结构能够简化预应力筋布置形式、布置线形,减少混凝土构件截面尺寸,提高施工质量,且易于检查、加固、更换等[3]。但其同样存在一些缺点,如系统中任何一部分的失效则意味着整个预应力体系的失效,在极限状态下可能因延性不足而产生没有预警提示的失效[4]。采用体内外混合配束的预应力结构,就能很好地发挥两者的优势。通常在受拉区的混凝土底板或顶板内配置体内有黏结的预应力筋,在钢腹板内侧配置立面为折线形的体外预应力筋。梁端锚固于端横隔板上,中间转向点处设置转向块或转向横隔板。许多国家对预应力体系波形钢腹板组合梁桥的剪切、弯曲、扭转以及疲劳等性能进行了理论和试验研究,并将成果运用于实体工程中[5]。研究及应用表明,预应力体系配置方式、体内外索比例、张拉应力变化、预应力筋配置间距、配筋率对结构受力性能有重要影响,因此在设计过程中需重点关注预应力体系设计内容。同时,体外预应力筋的锚固结构以及转向结构,应考虑可能因荷载等环境影响而增加钢束或当体外索发生损坏时的更换情况。

### 4.3.6 横隔板设置

波形钢腹板预应力混凝土组合箱梁与混凝土箱梁相比,其抗扭刚度及横向抗弯刚度均较小,但钢腹板的弯曲刚度与上、下混凝土板相比小很多,主梁断面在偏心荷载作用下的扭转变形将会显著增大,使混凝土板内产生较大的扭转翘曲应力,所以不仅要在支座处设置横隔梁,而且要在跨径内适当布置横隔板,以确保抗扭性能和体外预应力筋锚固、转向要求[3]。减小翘曲正应力的有效措施是通过设置一定数量或间距的横向联系钢构件或混凝土横隔板来限制畸变变形,使箱梁在偏心荷载作用下的翘曲正应力与恒载和活载正应力之和的比值限制在一定范围以内。可见,横隔板设置数量、转向结构设计应综合考虑对预应力筋的可更换性、预应力锚固与转向作用的影响。

### 4.3.7 耐候钢设计

钢结构耐腐蚀性一直以来都是桥梁、船舶、海洋工程等领域关注的热点。广西飞龙大桥跨郁江,地处水库区域,需考虑钢结构耐腐蚀性及环保问题。研究表明,基于快速建造、全寿命周期成本和环境保护的考虑,将耐候钢用于桥梁建设可以获得良好的效果[6]。广西飞龙大桥耐候钢设计除了选择裸用或加涂层防锈外,还要加强构造排水,应采取排水措施,防止桥梁水排至钢结构表面,做好局部防锈措施。

### 4.3.8 桥墩防撞设计

根据桥型方案设计,广西飞龙大桥主墩墩身直接位于航道侧,薄壁墩身防撞能力较弱,应加强桥墩防撞设施装置设计,对墩身承受的消能后的撞击力进行验算,重点考虑墩身安全。

## 4.4 技术方案设计

### 4.4.1 主要技术标准

在投资方缜密设计规划与组织安排下,广西飞龙大桥项目经桥位方案比选、桥型方案比选、桥面宽度论证、航道孔径论证等10余项专项研究及分析后,得到的主要技术标准如下。

①公路等级:二级公路。
②设计速度:60km/h。
③桥面宽度:标准横断面双幅桥面总宽13m,主桥标准横断面布置为0.25m(人行道护栏)+1.5m(人行道)+0.5m(防撞护栏)+0.75m(路缘带)+2×3.5m(行车道)+0.75m(路缘带)+0.5m(防撞护栏)+1.5m(人行道)+0.25m(人行道护栏)。
④设计荷载:汽车荷载等级为公路-Ⅰ级。
⑤设计洪水频率:1/100,桥位处百年一遇水位 SW(1/100)=65.8m。
⑥设计使用年限:100年。
⑦航道等级:内河Ⅰ级航道兼顾3000吨级单船设计,双孔单向通航,通航净宽110m,净高18m。
⑧设计通航水位:桥位处设计最高通航水位采用20年一遇洪水水位64.82m(1985国家高程基准,下同),设计最低通航水位采用58.76m(保证率95%)。
⑨抗震设防标准:根据国家地震局《中国地震动参数区划图》(GB 18306—2015)划分,桥址区域地震动峰值加速度系数为$0.1g$,对应的地震基本烈度为Ⅶ度,地震动反应谱特征周期为0.35s。

### 4.4.2 总体布置

综合国内外波形钢腹板预应力混凝土组合梁桥设计研究与实践,其总体设计应遵循以下原则:
①结构体系的选取,应综合考虑使用功能、经济性能、施工可行性、养护便利性等。
②应综合考虑结构受力、景观效果、波形钢腹板加工以及施工工艺等因素。
③其截面高度与混凝土结构桥梁基本一致,宜考虑设置体外预应力筋对截面高度选取的影响。
④横截面设计主要是确定横截面布置形式,包括主梁截面形式、腹板间距、截面各部分尺寸等,应综合考虑立面布置、建筑高度、施工方法、美观要求以及经济性等因素。
⑤顶、底板构造尺寸,应综合考虑腹板间距、悬臂板长度等因素。

根据前文研究分析,广西飞龙大桥全桥桥跨布置为5×30m+100m+2×185m+100m+7×30m,全桥总长940m,桥面宽13m。主桥桥跨布置为(100+185+185+100)m波形钢腹板预应力混凝土连续刚构,主桥长570m。引桥桥跨布置:广西横州市平马侧为5×30m先简支后连续预应力混凝土T梁,广西横州市沙坪侧为7×30m先简支后连续预应力混凝土T梁,引桥全桥长370m,如图4-2所示。

主桥上部结构采用波形钢腹板预应力混凝土箱梁,结构体系为连续刚构。下部结构桥台采用U台,7#、8#、9#桥墩采用双肢薄壁墩,6#、10#桥墩采用墙式矩形墩,其余桥墩采用柱式墩,墩基础采用桩基础,其余桥台均采用扩大基础。

主梁采用单箱单室箱梁,箱梁顶宽13m,底宽6.64m(腹板下翼缘最外端距离支座附近底宽7m),悬挑长3m,悬挑端部厚0.2m,根部厚0.84m,顶板厚0.34m,底板厚0.3~1.75m。顶、底板采用C60混凝土,波形钢腹板采用1800波形的Q420qNH耐候钢板,厚度为14~28mm。钢腹板与顶板采用双PBL连接件连接,与底板采用外包式连接+栓钉连接。

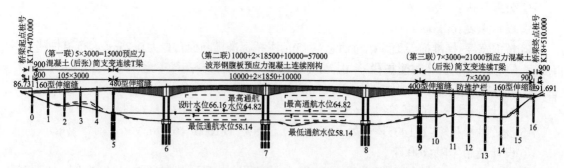

图 4-2 主桥立面布置图(尺寸单位:mm;高程单位:m)

主梁按全预应力混凝土构件控制设计,在顶、底板内配置有纵向体内束(钢束型号有 15 $\phi^s15.2$、19 $\phi^s15.2$、22 $\phi^s15.2$、25 $\phi^s15.2$),箱室内配置有纵向体外束(环氧涂层成品索,型号 22 $\phi^s15.2$),顶板内还配置有横向预应力束(2 $\phi^s15.2$),在中横梁及端横梁内还配置有竖向预应力束(7 $\phi^s15.2$)和横向预应力束(15 $\phi^s15.2$)。主梁采用悬臂浇筑施工,施工节段长度分为 3.6m 和 5.4m 两种,悬臂浇筑施工时利用波形钢腹板作承重构件,采用多节段同期施工的平行作业法。

主墩采用 C50 钢筋混凝土双肢薄壁墩,壁宽 7m,厚 1.7m,双肢净距 7.6m,主墩基础采用 6 根直径 2.5m 的嵌岩桩。主、引桥连接墩采用 C40 墙式钢筋混凝土墩身(7.0m×2.5m),基础采用 4 根直径 1.8m 的嵌岩桩。

### 4.4.3 常规结构设计

1. 主桥上部结构

(1) 主桥箱梁设计

主桥主梁采用单箱单室截面,横断面是由波形钢腹板、混凝土顶板、混凝土底板等构件组成的组合断面。支点附近 2 个节段波形钢腹板内侧设置内衬混凝土,远离内衬混凝土的 6 个节段腹板上焊接水平加劲肋。主桥主梁横断面如图 4-3 所示,箱梁根部中心梁高 10.9m,跨中中心梁高 4m,顶板设 2% 双向横坡。梁高及底板垂直厚度采用 1.8 次抛物线变化。桥面宽 13m,以腹板中心线计算,悬臂长度 3.0m,底板长 6.54m。边跨设置 4 道钢筋混凝土横隔板,中跨箱梁设 8 道钢筋混凝土横隔板,横隔板厚度为 0.3m。箱梁采用双向预应力体系,包括顶底板纵向预应力束、顶板横向预应力束及纵向体外预应力索。

(2) 箱梁节段划分

波形钢腹板预应力混凝土连续刚构桥施工方法同普通预应力混凝土连续刚构桥一样,可采用节段悬臂浇筑的施工方法。基于波形钢腹板的自重及规格等因素,相比传统的施工工艺,波形钢腹板连续刚构桥施工方法有如下几点不同之处:

①在同等梁长、梁高的情况下,波形钢腹板预应力混凝土箱梁较传统预应力混凝土腹板箱梁轻,如按重量划分施工节段,节段长度可以适当加大。因此跨度一定时,可以减少节段数量,提高施工效率,缩短工期。

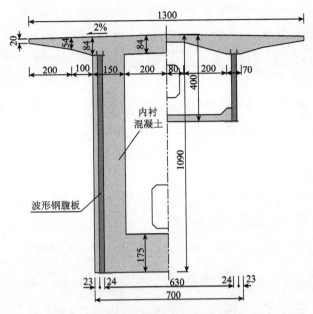

图 4-3 主桥主梁横断面(尺寸单位:cm)

②为方便波形钢腹板的纵向连接,节段长度宜取波长的整数倍,以使接缝设在波板的平幅上(由于本设计采用的波形钢腹板波长为1.8m,故合龙段及挂篮悬浇段均为1.8m的整数倍)。

③施工时可以利用波形钢板作挂篮的承重构件,节段划分应注意与波形钢腹板承载能力相匹配。

根据以上原则,广西飞龙大桥节段划分情况如下:

①边跨:5.52m(支架现浇段) + 3.6m(合龙段) + (7×5.4m + 12×3.6m)(悬浇段) + 4.15m(墩旁支架现浇段) + 11.1m/2(墩顶支架现浇段),如图4-4所示。

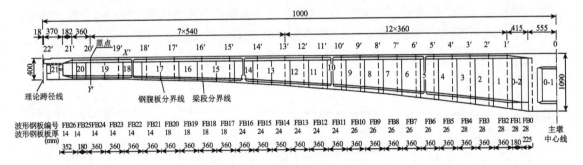

图 4-4 边跨节段划分图(尺寸单位:cm)

②中跨:11.1m/2(墩顶支架现浇段) + 4.15m(墩旁支架现浇段) + (12×3.6m + 7×5.4m)(悬浇段) + 3.6m(合龙段) + (7×5.4m + 12×3.6m)(悬浇段) + 4.15m(墩旁支架现浇段) + 11.1m/2(墩顶支架现浇段),如图4-5所示。

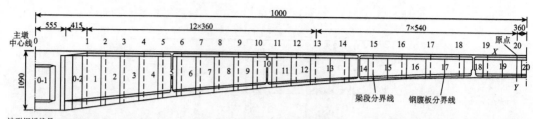

图 4-5　中跨节段划分图(尺寸单位:cm)

(3)桥面铺装的构造

主桥桥面铺装采用 6cm 厚 AC-20C 改性沥青混凝土 +4cm 厚 AC-13C 改性沥青混凝土,两层沥青混凝土之间设置沥青黏层,如图 4-6 所示。

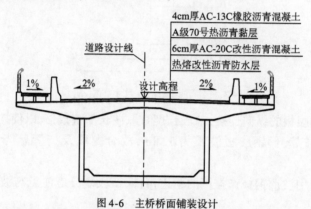

图 4-6　主桥桥面铺装设计

①用量:热熔改性沥青表面喷洒数量折算成纯沥青用量,按 $0.4 \sim 0.5 kg/m^2$ 进行控制。

②洒布:智能沥青洒布机。

③碎石撒布:预拌碎石撒布和碾压,将 4.75~9.5mm 干净碎石和沥青(用量 0.3%)预拌,预拌碎石撒布宜少不宜多,覆盖率控制在 70% 左右。对沥青铺装范围内的箱梁顶面进行抛丸处理。

为了排除沥青混凝土桥面铺装层的下渗水,桥梁设计在现浇梁板顶面喷涂热熔改性沥青防水层,并在桥面横坡低处泄水管之间设置集水槽,以汇集下渗水并通过桥面泄水管排至桥下,如图 4-7 所示。

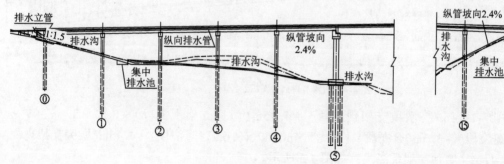

图 4-7　桥面排水管道立面布置图

(4) 钢材表面设计

广西飞龙大桥主桥波形钢腹板及上、下翼缘板均采用 Q420qNH 耐候钢,裸装。在干燥与潮湿的环境交替变化中,耐候钢中的铜、铬、磷等元素在表面形成致密、连续、稳定锈蚀层,阻止钢板继续被锈蚀[7]。促使耐候钢表面剥离锈蚀的最大因素是从海面或江面飘移的以及路面防冻剂中散布的盐分。因此,在设计耐候钢桥时首要考虑盐分的影响,其他的设计方法与普通钢桥大致相同。

在构造排水设计上,除了做好桥面排水、防水工作外,如何防止含有防冻剂盐分的路面水流到钢材上,从而达到局部防锈目的,是广西飞龙大桥桥面排水构造设计的重点。广西飞龙大桥采用雨水悬吊管设计方案,即桥面水通过桥面铺装 5% 纵坡排至泄水管后再通过雨水悬吊管集中排至钢梁下翼缘以下,其设计构造如图 4-8 所示。整个管道系统必须进行闭水试验,将各管道各处孔口进行封堵,并将下部蝶阀检查井中阀门关闭,注水至最上部泄水口,持续 1h 后以液面不下降为合格;并应按《建筑给水排水及采暖工程施工质量验收规范》(GB 50242—2002)的要求做通球试验。

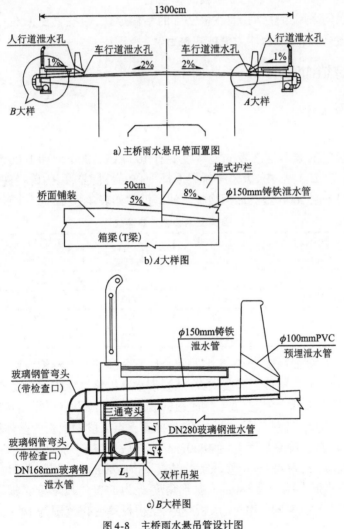

图 4-8 主桥雨水悬吊管设计图

### 2. 主桥下部结构

广西飞龙大桥主墩采用 C50 双肢薄壁桥墩,壁宽 7.0m,壁厚 1.8m,双肢净间距 7.5m。主墩基础采用承台桩基础,承台尺寸为 16.8m×10.8m×4.5m,采用 C40 混凝土。基础采用 6 根直径 2.8m C35 水下混凝土钻孔灌注桩群桩基础,桩基嵌入中风化岩层。

过渡墩采用 C40 混凝土墙式墩。单幅墩身断面尺寸 7.0m×2.5m,柱顶盖梁宽 3.5m。过渡墩承台尺寸为 8.2m×7.5m×3m,采用 C40 混凝土。基础采用 4 根直径 1.8m C35 水下混凝土钻孔灌注桩群桩基础,桩基嵌入中风化岩层。

### 3. 引桥结构设计

引桥上部结构采用预制吊装施工的 30m 跨先简支后连续预应力混凝土 T 梁,为改善行车条件,引桥采用结构连续方案,T 梁采用 $\phi^s$15.2 钢绞线和群锚作为预应力体系。引桥宽 13m,横向共布置 6 片 T 梁,T 梁梁高 2m。桥面铺装采用 10cm C50 防水混凝土现浇层 +6cm 厚 AC-20C 沥青混凝土 +4cm 厚 AC-13C 橡胶沥青混凝土。

引桥下部桥墩均采用圆柱钻孔灌注桩基础的结构形式,墩柱直径 1.6m,桩径 1.8m,墩顶设置钢筋混凝土盖梁,两岸桥台均为桩柱式桥台。

## 4.4.4 关键结构设计

### 1. 新型钢腹板设计

(1) 钢腹板选型

现行规范中规定的波形钢腹板的型号主要有 1000 型、1200 型和 1600 型三种[2-3]。一般中、小跨径桥梁选择 1200 型,中、大跨径桥梁选择 1600 型,目前,国内跨径超过 80m 的波形钢腹板连续刚构桥均采用 1600 型波形钢腹板。波形尺寸如表 4-1 所示。

**各类型钢腹板主要参数** 表 4-1

| 规格 | 波形长度 $L_w$/mm | 直板段长度 $a_w$/mm | 斜板段投影长度 $b_w$/mm | 斜板段长度 $c_w$/mm | 腹板形状高度 $d_w$/mm |
|---|---|---|---|---|---|
| 1000 型 | 1000 | 340 | 160 | 226 | 160 |
| 1200 型 | 1200 | 330 | 270 | 336 | 200 |
| 1600 型 | 1600 | 430 | 370 | 430 | 220 |
| 1800 型 | 1800 | 480 | 420 | 484 | 240 |

应依据桥梁跨径、截面高度、加工工艺等综合因素合理选取波形钢腹板预应力混凝土梁桥标准波形。当跨径增加,主梁截面高度增大,从波形钢腹板整体稳定性角度考虑要求波形高度增加,但将使局部稳定降低。因此,波形钢腹板的波形板宽、波形高度需相互协调,同时应考虑加工设备对板厚的要求。针对广西飞龙大桥,为提高支点区段钢腹板的整体稳定性,选择采用 1800 型波形钢腹板,腹板波形长度 $L_w$ 为 1800mm,直板段长度 $a_w$ 为 480mm,斜板段投影长度 $b_w$ 为 420mm,斜板段长度 $c_w$ 为 484mm,腹板形状高度 $d_w$ 为 240mm。为了减少弯折部分的应力集中,采用曲线过渡,弯折半径 $r_w$ 为 180mm,折形角度 $\theta_w$ 为 150°。波形钢腹板采用变厚度设计,梁高越高处剪力越大,对应所采用的钢腹板越厚,全桥板厚变化范围为 14~28mm,如图 4-9~图 4-13 所示。

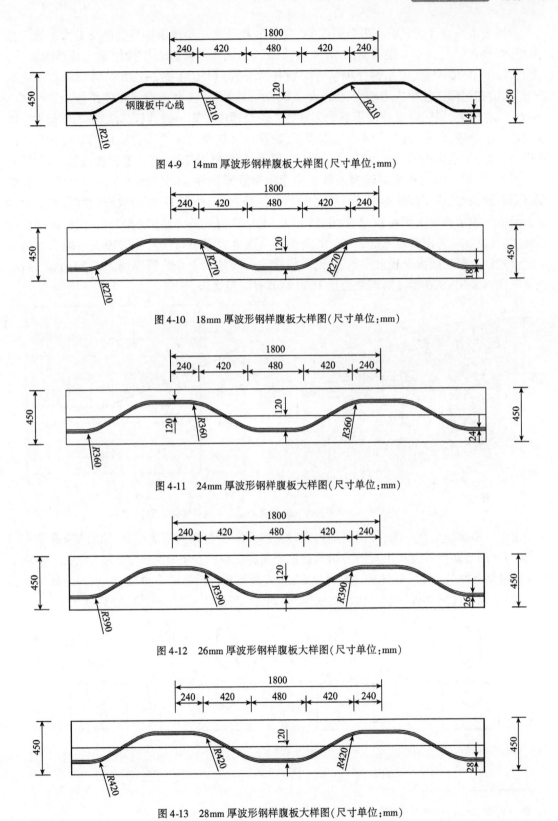

图 4-9　14mm 厚波形钢样腹板大样图(尺寸单位：mm)

图 4-10　18mm 厚波形钢样腹板大样图(尺寸单位：mm)

图 4-11　24mm 厚波形钢样腹板大样图(尺寸单位：mm)

图 4-12　26mm 厚波形钢样腹板大样图(尺寸单位：mm)

图 4-13　28mm 厚波形钢样腹板大样图(尺寸单位：mm)

深圳市市政设计研究院有限公司编制的《S210横县平马至灵山沙坪公路飞龙大桥施工图设计咨询报告》提出：本工程选择的1800型波形，超出了国内《组合结构桥梁用波形钢腹板》（JT/T 784—2010）[1]及《波形钢腹板组合梁桥技术标准》（CJJ/T 272—2017）等规范所规定的波形，目前在实际工程中应用较少，也未见其研究结果，项目咨询方建议在使用前应进行实体分析及试验研究，以验证此种波形的受力性能是否与理论计算一致，以保证结构的安全性。本项目由于主跨较大，推荐使用1800型钢腹板，建议设计单位对国内现有波形钢腹板的生产厂家进行调研，包括生产能力、运输条件、运输费用等，确保推荐使用1800型钢腹板的可行性。

对此，广西飞龙大桥项目研究团队采用通用有限元软件ANSYS16.0比较了大尺寸1800型波形钢腹板与1600型波形钢腹板剪切屈曲性能差异，开展了1800型波形钢腹板抗剪模型试验及数值模拟分析。图4-14为采用有限元模型计算得到的1600型和1800型屈曲强度分界线，当板高在临界高度以上时，1800型腹板屈曲强度大于1600型，此时腹板一般为整体屈曲强度控制。对于超大跨径波形钢腹板，支点梁高一般均大于6m，板厚均大于24mm。因此，在该范围内采用1800型波形钢腹板比1600型具有明显优势。

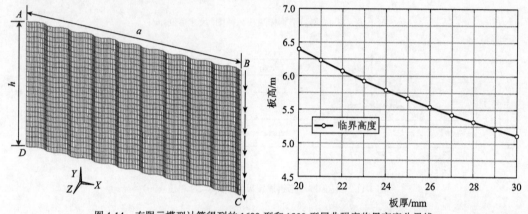

图4-14 有限元模型计算得到的1600型和1800型屈曲强度临界高度分界线

对于新型腹板生产厂家，经调研国内钢材生产厂家了解到河南大建桥梁钢结构股份有限公司、河北邢台路桥建设集团有限公司具备生产新型腹板的设备及条件，可为本项目工程施工提供原材料及加工。波形钢腹板一般为冷成型，成型工艺为折弯法或模压（冲压）法，如图4-15所示，而桥梁用波形钢板一般形状相对固定，因此，目前基本均采用模压法进行加工。

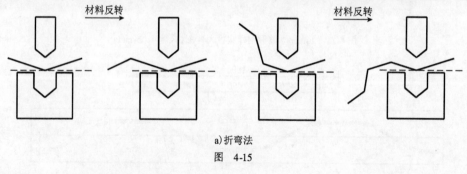

a) 折弯法

图 4-15

---

[1] 已作废，被《组合结构桥梁用波形钢腹板》（JT/T 784—2022）代替。

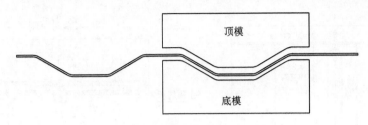

b)模压(冲压)法

图4-15 波形钢腹板冷弯加工工艺

(2)波形钢腹板间的纵向连接构造

波形钢腹板一般由于加工、运输及其施工上的要求在纵向分割成节段,运到现场后再拼装,波形钢腹板间纵桥向宜采用高强螺栓、焊接或两者组合的连接方式,其连接方式示意如图4-16所示。

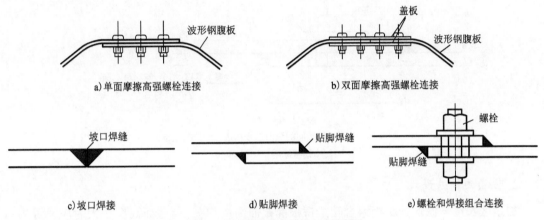

图4-16 波形钢腹板间连接方式示意图

广西飞龙大桥波形钢腹板标准节段长度为3.6m,节段内波形钢板的纵向对接可在工厂完成,节段与节段波形钢板纵向连接只能在悬拼施工中完成,波形钢板纵向连接设计采用了双面搭接贴角焊接,即图4-16e)的连接方式。图4-17为14mm厚和18mm厚波形钢腹板间连接部位大样图。为了在节段施工中连接方便,设计考虑了用普通螺栓先做临时固定后施焊的连接方法,如图4-18所示。所有波形钢腹板与翼缘板、托底钢板之间均采用全熔透焊缝进行连接。

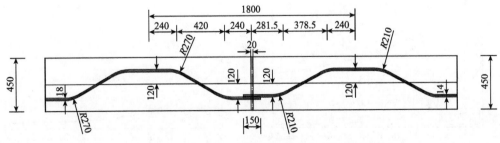

图4-17 14mm厚和18mm厚波形钢腹板间连接部位大样图(尺寸单位:mm)

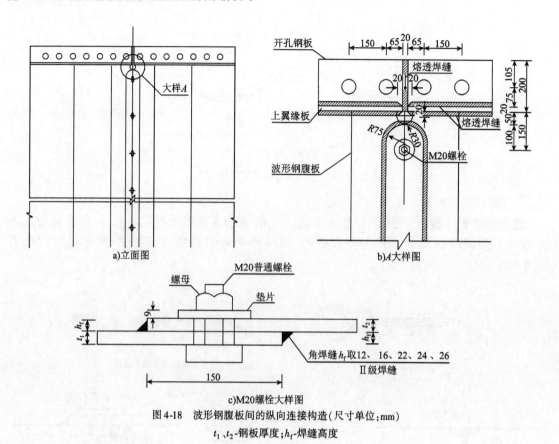

图 4-18 波形钢腹板间的纵向连接构造（尺寸单位：mm）

$t_1$、$t_2$-钢板厚度；$h_f$-焊缝高度

## 2. 防屈曲构造设计

加劲区长度与波形钢腹板组合箱梁桥根部截面高度相关，当截面高度较大时应设置内衬混凝土。对于 1600 型波形钢腹板，腹板高度大于 5m 时便会发生整体屈曲，而日本《波形钢腹板预应力混凝土箱梁桥设计计算手册》规定板高大于 5m 时应设置内衬混凝土，原因之一是为了避免腹板在实桥中可能出现的整体屈曲，如图 4-19 所示。对于广西飞龙大桥所用新型 1800 型波形钢腹板，合成屈曲转整体屈曲的临界高度提高至 6m，因此，加劲区段可设置到板高为 6m 的位置，如图 4-20 所示。

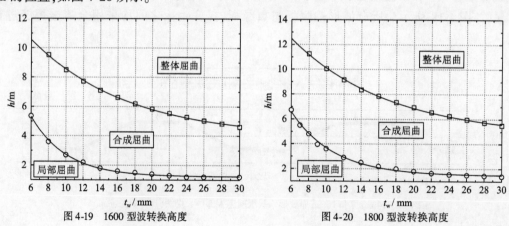

图 4-19 1600 型波转换高度　　　　图 4-20 1800 型波转换高度

波形钢腹板加劲肋布置方式有竖向加劲肋、横向加劲肋、纵向＋横向混合加劲肋三种，如图 4-21 所示。

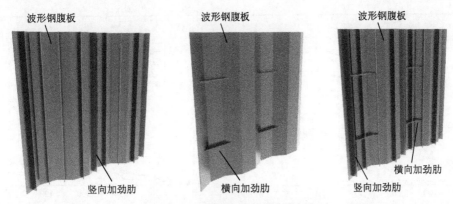

图 4-21 波形钢腹板加劲肋布置方式

按照剪切屈服前不得发生剪切屈曲设计要求，对不同加劲肋钢腹板进行抗剪试验分析发现，对比无加劲肋的情况，混合加劲肋波形钢腹板承载力提高了 59%，竖向加劲肋钢腹板承载力提高了 57%，一道横向加劲肋钢腹板承载力提高了 8%，如表 4-2 和图 4-22 所示。

不同加劲肋布置方式下的抗剪试验结果　　　　　　　表 4-2

| 试件 | 承载力 $P_u$ | 承载力提高系数 $\phi_u$ | 加劲方式 |
|---|---|---|---|
| W1 | 1134 | — | 无加劲 |
| W2 | 1775 | 57% | 竖向加劲 |
| W3 | 1224 | 8% | 横向加劲 |
| W4 | 1805 | 59% | 混合加劲 |

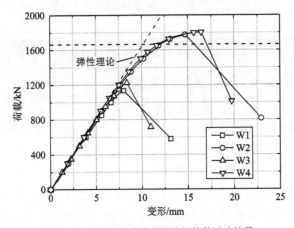

图 4-22 有无加劲肋波形钢腹板抗剪试验结果

为进一步验证横、竖向加劲肋单位用钢量对承载力提高的贡献率，本书采用有限元 ANSYS 软件对宽度为 300mm 的加劲肋横、竖向加劲肋钢腹板进行模拟及分析，结果显示横向设置 2 道横向加劲肋屈曲承载力提高 43%，竖向加劲肋屈曲承载力仅提高 31%，但竖向肋用钢量为横向肋的 6 倍，如图 4-23、图 4-24 所示。横、竖向加劲肋屈曲模态如图 4-25、图 4-26 所示。因此,钢腹板加劲肋建议采用2道横向肋的形式,大致设置在有效板高的三分点处,加劲肋采用板肋的形式,板高300mm,板厚取24mm。

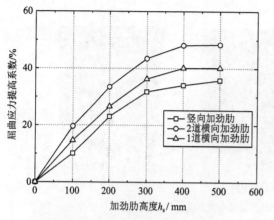

图4-23 横、竖向加劲肋屈曲应力模拟　　　　图4-24 横、竖向加劲肋钢腹板用钢量对比

注:波形钢腹板长18m,板高7m,板厚26mm,加劲肋厚26mm。

 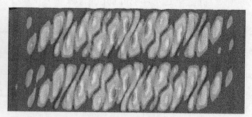

a) $h_w=7m, t_w=26mm, h_s=0$　　　　　　b) $h_w=7m, t_w=26mm, h_s=300mm$

图4-25 1800型波设置横向加劲肋屈曲模态

a) $h_w=7m, t_w=26mm, h_s=0$　　　　　　b) $h_w=7m, t_w=26mm, h_s=300mm$

图4-26 1800型波设置竖向加劲肋屈曲模态

基于上述分析,广西飞龙大桥创新采用了焊接横、竖向加劲肋的构造方式,可进一步提高腹板抗剪稳定性,如图4-27所示,从跨中向桥梁根部腹板依次为波形钢腹板、加劲肋波形钢腹板和内衬混凝土组合腹板三种构造。刚度足够的横向加劲肋将腹板沿高度方向分割成若干独立板面,从而降低了整块腹板有效计算高度;竖向加劲肋增加了截面的抗弯惯性矩,从而提高了腹板面外刚度,二者均可提高腹板的整体屈曲临界应力。加劲肋波形钢腹板作为纯钢腹板与内衬混凝土组合腹板之间的过渡,有效减小了内衬混凝土设置长度。结合上述加劲肋分析及本书第3篇关于内衬混凝土长度、厚度试验研究结果:内衬混凝土长度宜不小于1倍中支点

梁高,最大厚度宜不小于70%中支点梁高,最小厚度宜不小于20cm,广西飞龙大桥波形钢腹板内设置的内衬混凝土段长11.25m,加劲肋段长21.6m,较传统设计内衬长度减小了约61.4%,主梁混凝土自重减小4.61%。

图4-27 波形钢腹板横、竖向加劲体系

3. 结合部构造设计

(1)技术要求

波形钢腹板预应力混凝土梁桥钢与混凝土结合部,主要有钢腹板与混凝土的顶底板、支点横隔梁以及跨内横隔板等的结合,应合理选用结合构造和连接件形式。

波形钢腹板与支点横隔梁(板)的结合方式,应根据横隔梁构造、结构受力、耐久性等因素综合确定。波形钢腹板与跨内横隔梁(板)的结合方式,应考虑横隔梁(板)是否兼作转向结构等因素,合理选用结合构造。

①焊钉连接件的构造符合下列要求:

焊钉连接件的材料、机械性能以及焊接要求应满足《电弧螺柱焊用圆柱头焊钉》(GB/T 10433—2002)的规定。

焊钉连接件的中心间距不宜超过300mm。

焊钉连接件剪力作用方向上的间距不应小于焊钉直径的5倍,且不得小于100mm。

剪力作用垂直方向的间距不应小于焊钉直径的2.5倍,且不得小于50mm。

焊钉连接件的外侧边缘与钢板边缘的距离不应小于25mm。

②开孔板连接件的构造符合下列要求:

双开孔板连接件开孔板间距不宜小于开孔板高的3倍。

开孔板连接件的钢板厚度不宜小于12mm。

开孔板连接件孔径应大于孔中钢筋直径与混凝土集料最大粒径之和。

开孔板连接件孔中贯通钢筋应采用带肋钢筋,其直径不宜小于12mm。

开孔板连接件孔径宜采用50~80mm。

(2)波形钢腹板与顶底结合设计

波形钢腹板与混凝土顶、底板之间的连接部是重要的结合部位,要确保桥梁纵向水平剪力能够有效的传递,同时要确保箱梁横截面各部分能够构成一体承担荷载。钢腹板与混凝土顶板结合形式,可从翼缘型结合、嵌入型结合两种构造中选取;钢腹板与混凝土底板结合形式,可从翼缘型结合、嵌入型结合、外包型结合三种构造中选取,如图4-28所示。

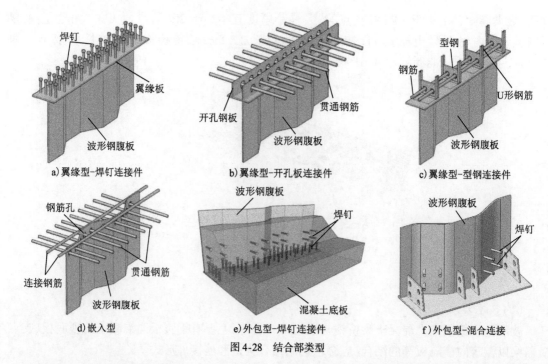

图4-28 结合部类型

常用结合部类型经济性如表4-3所示,在一些中小跨径的桥梁中也常用上、下缘全是埋入式连接的组合,这种组合方式是最经济的。此外,如果考虑利用钢腹板作为施工临时承重构件,必须选择带翼缘型的连接。

**连接件的构件组合及其经济性**　　　　表4-3

| 与顶板连接(带翼缘板) | 与底板连接 | 经济性 |
| --- | --- | --- |
| 角钢连接 | 埋入式连接 | 5 |
|  | 单开孔钢板+栓钉连接 | 6 |
|  | 双开孔钢板连接 | 7 |
|  | 角钢连接 | 8 |
| 双开孔钢板连接 | 埋入式连接 | 1 |
|  | 单开孔钢板+栓钉连接 | 2 |
|  | 双开孔钢板连接 | 3 |
|  | 角钢剪力键连接 | 4 |

注:经济性数字越小代表单价越低,反之则越高。

广西飞龙大桥主桥波形钢腹板与顶板采用设置双开孔板的翼缘型连接方式,与横梁采用埋入式连接,即图4-28b)翼缘型-开孔板连接件,这种连接组合是波形钢腹板梁桥中常用的连接方式,并已成功应用于大部分同类桥梁中。广西飞龙大桥设计的开孔板总宽450mm,板厚20mm,板高180mm,肋板间距300mm,开孔直径60mm。波形钢腹板与顶板结合部横向抗弯疲劳试验表明,波形钢腹板-顶板连接方式的主要破坏形态为波形钢腹板与钢梁下翼缘板焊缝焊趾处严重开裂,开裂范围涉及整个腹板的直板段和两个斜板段的1/2长度;顶板结合部未观测到疲劳破坏现象。

广西飞龙大桥波形钢腹板与底板采用外包式连接,即下翼缘偏心焊接于钢腹板下端,通过下翼缘板顶面的焊钉、钢腹板下部的内侧焊接焊钉和开孔钢与混凝土底板相连,即图4-28e)所示的结合部类型。该种连接方式已在运宝黄河大桥成功运用[8],从应用效果上看,此种连接方式与施工对钢混结合部的耐久性较为有利,不存在常规翼缘型结合部混凝土振捣不密实的情况;对于底板混凝土,可配合"分层预制+现浇"的方式,达到无模板施工底板目的;而且该种连接方式加工、安装方便,在使用钢腹板作为施工承重构件时,有效受力梁高增加,可提供更大的抗弯能力。广西飞龙大桥钢腹板与底板外包结合部横向抗弯模型试验研究结果同样表明,开孔板和焊钉混合型结合部横向抗弯刚度显著增大,改善了结合部正常使用状态下的工作性能,以FB18波形钢腹板为例,如图4-29所示。

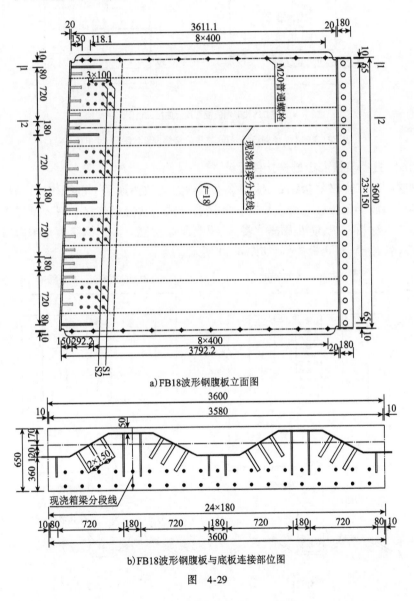

a) FB18波形钢腹板立面图

b) FB18波形钢腹板与底板连接部位图

图 4-29

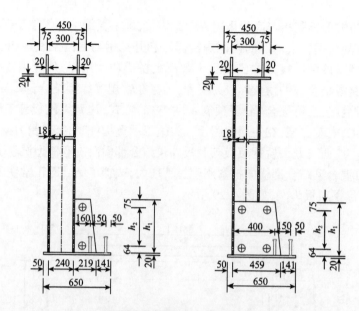

c) FB18波形钢腹板与顶板连接部位图

图4-29 FB18波形钢腹板与顶、底板连接部位设计图(尺寸单位:mm)

(3)波形钢腹板与横隔板的连接件设计

波形钢腹板与支点横隔板结合,应确保支点剪力有效传递至下部结构,且提高截面横向抗弯和抗扭能力。波形钢腹板与支点横隔板的结合方式有翼缘型连接和嵌入型连接。连接部应采用硅胶等止水材料密封,防止雨露水渗入,提高耐久性能。波形钢腹板与跨内横隔板的常用连接方式有焊钉连接、开孔板连接,如图4-30所示。

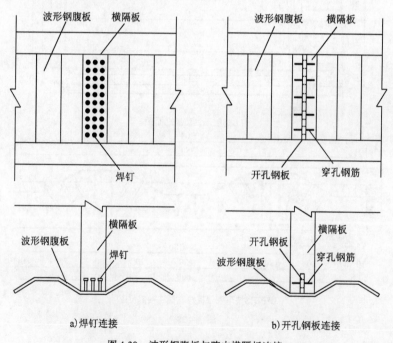

a) 焊钉连接     b) 开孔钢板连接

图4-30 波形钢腹板与跨内横隔板连接

广西飞龙大桥波形钢腹板与混凝土横隔板的安全结合,能限制结构畸变应力。波形钢腹板与0#块及端横隔板的连接采用穿孔板连接方式,如图4-31所示,其剪力传递通过混凝土销、贯通钢筋完成。波形钢腹板与跨间混凝土横隔板连接采用栓钉(焊钉)连接方式。

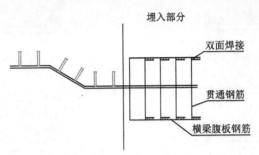

图4-31 波形钢腹板端部与混凝土的纵向连接构造

4. 预应力设计

大量研究及实体工程经验表明,预应力的设置可有效解决跨中下挠问题,且能有效改善波形钢腹板顶缘、底缘应力状况,增加桥跨结构的正应力储备,从而抑制裂缝的产生、继续开裂或减缓裂缝的开裂程度和速度。预应力体系设计有以下要求。

(1)一般要求

①波形钢腹板预应力混凝土梁桥采用体内及体外预应力筋混合配置形式时,应合理确定体内、体外配置的比例。

②体外预应力筋的锚固结构与转向结构间,或者两个转向结构间的自由段长度不宜大于8m,否则应考虑设置减振装置。

③体外预应力筋在转向结构处的弯折转角不宜大于15°,转向结构鞍座处最小曲率不能超过《无粘结预应力混凝土结构技术规程》(JGJ 92—2016)的规定。

④体外预应力筋宜依据固有振动特性考虑设置体外预应力筋的减振装置。

(2)锚固和转向构造

①体内预应力筋在混凝土顶、底板的锚固,应合理分散配置,避免应力集中。

②体外预应力筋锚固及转向结构的位置,应综合考虑跨内横隔板位置、预应力张拉顺序及方法等。

③波形钢腹板预应力混凝土梁桥转向结构设计,应考虑波形钢腹板刚度相对较小等因素,合理选用转向结构形式。转向结构构造形式主要有四种,如图4-32所示。

④重视转向结构主梁预应力产生的偏心力,并验证转向结构的安全性。

广西飞龙大桥预应力体系采用体内外混合配束的形式,并配以横向预应力筋。体外索、体内索和横向预应力钢束采用符合《预应力混凝土用钢绞线》(GB/T 5224—2014)的$\phi^s 15.2$高强度低松弛钢绞线。

体外索TW1、TW2、TC1、TC2每束为22根钢绞线,体内束主要有15-25型、15-22型、15-19型、15-15型。顶板横向预应力采用15-22型预应力束,间距为60cm。钢索锚固在端横隔梁上,以较大间距设置少量的转向块或者通过横隔板达到转向的目的。体外预应力筋布置图如图4-33所示。

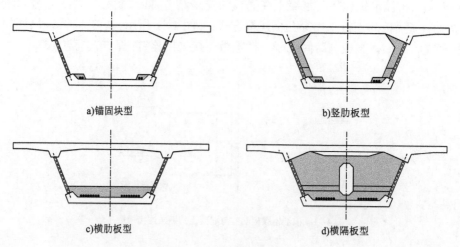

图 4-32 转向结构构造形式

**5. 横隔板设计**

结合本书横隔板设计理论研究及分析,波形钢腹板预应力混凝土组合梁桥横隔板设计的一般要求如下。

①波形钢腹板预应力混凝土梁桥支点应设置混凝土端横梁,折线形梁底板折角处以及跨内适当位置应设置横隔板。

②波形钢腹板预应力混凝土梁桥跨内应设置不少于 2 道中间横隔板,并且要保证具有足够的刚度。

③波形钢腹板预应力混凝土梁桥支点横隔板设计,应确保将混凝土桥面及波形钢腹板承受的荷载安全、可靠地传递给下部结构。

④波形钢腹板预应力混凝土梁桥采用体外预应力结构体系时,横隔板设计应能满足预应力锚固与转向的要求。

## 4.5 桥梁防撞设施设计

根据本书 5.4 节船舶安全评估及防撞对策研究结果可知,3000 吨级一顶二船队以 3m/s 速度撞击桥墩的撞击力就已经超过桥墩承载能力,根据专家评审意见增加的代表船型 5000 吨级、6000 吨级船舶在 4.5m/s 航速下,撞击力在 44.3MN(44300kN)。可见,随着船舶吨位及速度的增大,船舶撞击力将显著提高,对桥梁结构的损伤破坏也增大。因此,广西飞龙大桥项目需考虑船撞的桥墩为 6#、7#、8#。

防撞设施设计的基本思路是通过防撞设施的阻隔作用,避免船舶对桥墩的直接碰撞,并通过设施的缓冲,使撞击作用的持续时间变长,从而削弱撞击力。根据船舶安全评估分析,船舶本身的刚度、吨位,以及撞击速度、角度等都对船舶撞击桥墩有较大的影响。因此,在防撞设施设计时应当充分考虑这些因素以达到最优防撞。

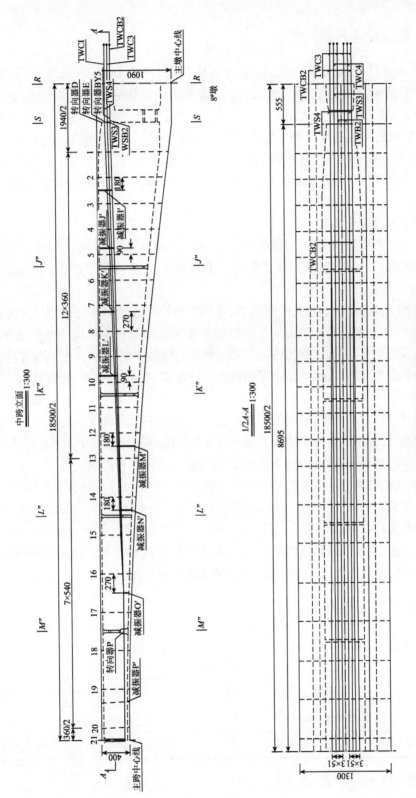

图4-33 中跨体外预应力筋布置图(尺寸单位：cm)

### 4.5.1 防撞设施方案比选

结合大桥自身特点及周围环境,为满足通航要求,将重力方式、人工岛、薄壁钢围堰(沉箱)、浮体系泊索方式等规模较大、占用航道多的设施排除在外。综合考虑大桥选用3000吨级一顶二船队和5000吨级船舶在4.5m/s撞击桥墩和桥梁本身抗撞性能偏弱等条件下设计防撞设施,大桥选择两种方案。方案一:增加6#~8#墩的桩径,同时在6#、8#墩设置FDFZ-D300筒形钢覆复合材料防撞设施,7#墩设置D350筒形钢覆复合材料防撞设施(FDFZ为"浮动防撞"的首字母缩写);方案二:在6#~8#墩设置FDFZ-D420筒形钢覆复合材料防撞设施。经综合比选,推荐方案一。

钢覆复合材料防撞设施具有以下特点:

①能量转移。可在撞击瞬间改变撞击力的方向和船体位移方向,同时利用水流,将船舶推离桥墩,沿防撞设施外侧滑走,从而带走船舶大部分动能,大大降低了"船-桥"撞击过程中的能量交换。

②柔性防撞。其内部截面设置了增强板,增强了防撞设施的整体防撞能力。复合材料又具有各向异性的特点,能够最大限度地发挥变形吸能作用,具有较强的缓冲变形能力。防撞设施因为撞击力压缩变形,一方面将撞击物的动能转化为弹性势能,另一方面延长了撞击物与复合材料防撞设施的作用时间,最终减小了撞击力。通过变形压溃和撕裂,能有效地将撞击力分散,降低撞击力。

③耐腐蚀性、耐久性、耐撞性、耐疲劳性能优异,性价比高。与传统钢套箱防撞设施和复合材料防撞设施相比,钢覆复合材料防撞设施不需要做防腐涂装,耐腐蚀性能好,且经久耐用,使用寿命长达30年,基本不用维护,可承受小船多次撞击,变形后自动恢复。

④重量轻,耗能效果好。缓冲耗能材料在钢覆复合材料防撞设施撞击变形时产生耗能,吸水率低,运输、安装、更换方便——该防撞体系由各个独立防撞节段组成,安装便捷、高效,单元节段损坏后维修更换方便。

⑤可设计性强,能够根据具体的桥墩形式,结合通航情况设计出合适的防撞设施;金属覆复合材料,可以防盗;绿色环保,外形美观,颜色可起到警示作用。

### 4.5.2 防撞设施性能指标

①设防代表船型如表4-4所示。

设防代表船型　　　　　　　　　　　　　　　　　　　　　　　　　　　表4-4

| 航道规划等级 | 代表船型 | 船长/m | 船宽/m | 设计吃水/m |
| --- | --- | --- | --- | --- |
| I | 6000吨级货船 | 90.0 | 15.8 | 5.3 |
| | 3000吨级一顶2船队 | 223.0 | 16.2 | 5.3 |

②防撞设施设防水位如表4-5所示。

防撞设施设防水位(1985国家高程基准)    表4-5

| 桥墩号 | 设计最高通航水位/m | 设计最低通航水位/m |
| --- | --- | --- |
| 6#、7#、8# | 64.82 | 58.76 |

③防撞设施消能效果如表4-6所示。

防撞设施消能效果    表4-6

| 桥墩号 | 代表船型 | 设防船速/(m/s) | 设防前撞击力/MN | 设防后撞击力/MN |
| --- | --- | --- | --- | --- |
| 7# | 6000吨级货船 | 4.5 | 44.3 | 28.6 |
| 6#、8# | 6000吨级货船 | 3.0 | 34.2 | 24.5 |

### 4.5.3 总体构造设计

图4-34为广西飞龙大桥防撞设施设计总体布置图,本桥在7#桥墩设置浮动式D350筒形钢覆复合材料防撞设施;在6#、8#桥墩设置浮动式D300筒形钢覆复合材料防撞设施。

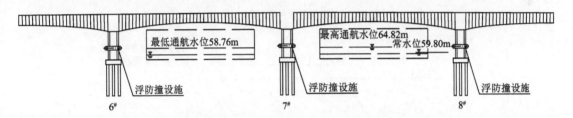

图4-34 防撞设施总体立面布置图

防撞设施示意图如图4-35、图4-36所示。为确保防撞效果,在大桥施工期间利用钢围堰和栈桥施工平台的桩基础优化设计,使部分临时桩基作为今后防撞隔离墩,从而减小钢覆复合材料防撞设施结构尺寸并确保桥梁结构安全。

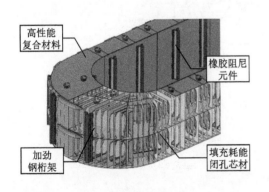

图4-35 防撞设施效果图

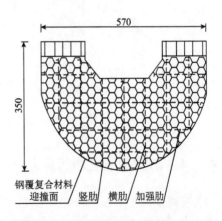

图4-36 防撞设施剖面图(尺寸单位:mm)

$6^{\#} \sim 8^{\#}$ 主墩浮动式 FDFZ-D300(350) 筒形防撞设施,可根据水位上下浮动,防撞设施截面为圆形,直径 3.0(3.5)m,具体设计如图 4-37 和图 4-38 所示。

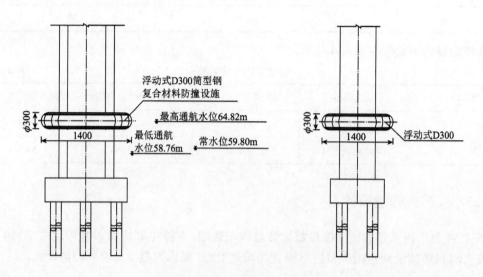

图 4-37 防撞设施效果图(尺寸单位:cm)

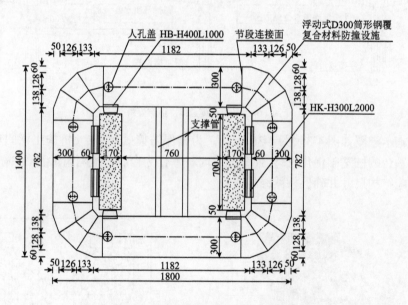

图 4-38 防撞设施平面布置图(高水位)(尺寸单位:cm)

### 4.5.4 防撞设施船撞仿真分析

(1)仿真分析

建立仿真分析模型,如图 4-39 所示,共进行 9 种工况船撞有限元计算,如表 4-7 所示,下面将对工况 6 和工况 7 的船撞力模型及效果进行分析。

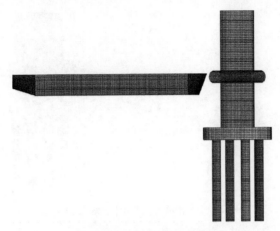

图 4-39 船撞防撞设施仿真模型

**船撞有限元计算工况表** 表 4-7

| 工况 | 船型 | 水位 | 正撞/侧撞 | 航速/(m/s) | 防撞设施 |
|---|---|---|---|---|---|
| 1 | 3000DWT | 最高通航水位 | 正撞 | 3.0 | 有 |
| 2 | 3000DWT 一顶二(一排两列) | 最高通航水位 | 正撞 | 3.0 | 有 |
| 3 | 3000DWT 一顶二(两排一列) | 最高通航水位 | 正撞 | 3.0 | 有 |
| 4 | 3000DWT 一顶二(两排一列) | 最高通航水位 | 正撞 | 2.0 | 有 |
| 5 | 3000DWT 一顶二(两排一列) | 最高通航水位 | 正撞 | 4.5 | 有 D350 |
| 6 | 5000DWT(直倾船艏) | 最高通航水位 | 正撞 | 4.5 | 有 D350 |
| 7 | 5000DWT(直倾船艏) | 最高通航水位 | 正撞 | 3.0 | 有 D300 |
| 8 | 6000DWT(直倾船艏) | 最高通航水位 | 正撞 | 4.5 | 有 D350 |
| 9 | 6000DWT(直倾船艏) | 最高通航水位 | 正撞 | 3.0 | 有 D300 |

①工况6:5000DWT(直倾船艏),最高通航水位,正撞,航速4.5m/s,有防撞设施,D350。船撞力计算模型及相关结果见图4-40~图4-43。

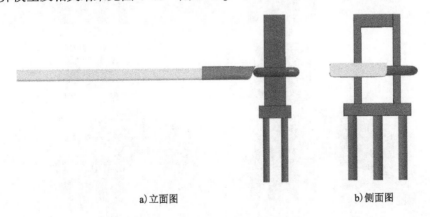

a) 立面图    b) 侧面图

图 4-40 船舶撞击主墩模型(工况6)

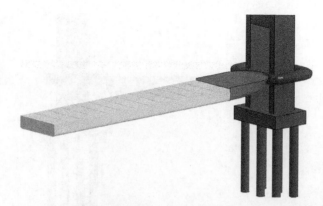

图 4-41　船舶撞击主墩整体效果(工况 6)

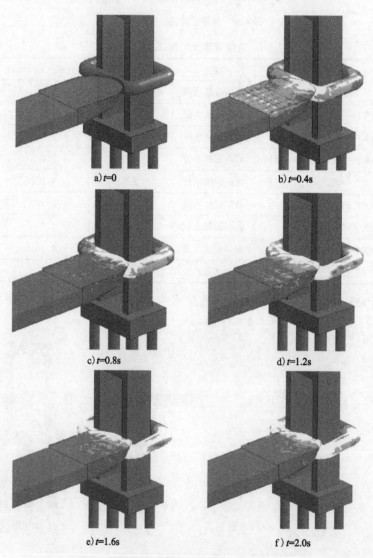

a) $t=0$　　　　　　　　　　b) $t=0.4s$

c) $t=0.8s$　　　　　　　　　d) $t=1.2s$

e) $t=1.6s$　　　　　　　　　f) $t=2.0s$

图 4-42　船舶撞击主墩不同时刻撞击效果(工况 6)

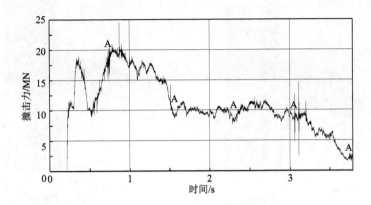

图4-43 船舶撞击主墩撞击力时程曲线(工况6)

②工况7:5000DWT(直倾船舶),最高通航水位,正撞,航速3.0m/s,有防撞设施,D300。船撞力计算模型及相关结果见图4-44~图4-47。

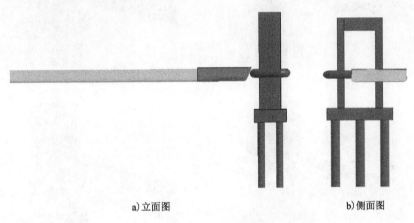

a)立面图      b)侧面图

图4-44 船舶撞击主墩模型(工况7)

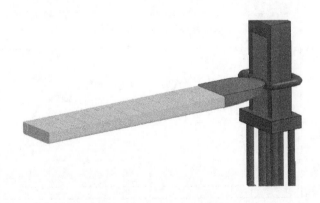

图4-45 船舶撞击主墩整体效果(工况7)

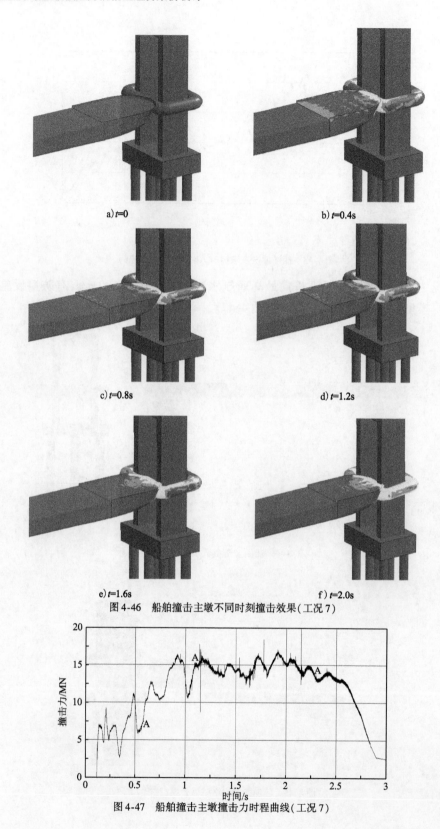

a) $t=0$　　　　　　　　　　b) $t=0.4s$

c) $t=0.8s$　　　　　　　　　d) $t=1.2s$

e) $t=1.6s$　　　　　　　　　f) $t=2.0s$

图 4-46　船舶撞击主墩不同时刻撞击效果（工况 7）

图 4-47　船舶撞击主墩撞击力时程曲线（工况 7）

由仿真计算结果（表4-8）分析可知，大桥安装了钢覆复合材料防撞设施后，最大撞击力有明显降低，且降低幅度较大，降低了30%～40%，而且撞击力峰值推后了许多。另外，由比较结果可知，船撞速度越大，防撞设施的消减效果越好。

有限元仿真计算结果　　　　　　　　　　表4-8

| 工况 | 船型 | 水位 | 正撞/侧撞 | 速度/(m/s) | 防撞设施 | 撞击力/MN |
|---|---|---|---|---|---|---|
| 1 | 3000DWT | 最高通航水位 | 正撞 | 3.0 | 有/无 | 12.9/19.3 |
| 2 | 3000DWT 一顶二<br>（一排两列） | 最高通航水位 | 正撞 | 3.0 | 有/无 | 18.7/28.5<br>（双肢） |
| 3 | 3000DWT 一顶二<br>（两排一列） | 最高通航水位 | 正撞 | 3.0 | 有/无 | 14.0/22.5 |
| 4 | 3000DWT 一顶二<br>（两排一列） | 最高通航水位 | 正撞 | 2.0 | 有/无 | 8.5/12.3 |
| 5 | 3000DWT 一顶二<br>（两排一列） | 最高通航水位 | 正撞 | 4.5 | 有/无 | 20.1/32.3 |
| 6 | 5000DWT 直倾船艏 | 最高通航水位 | 正撞 | 4.5 | 有/无 | 20.8/33.8 |
| 7 | 5000DWT 直倾船艏<br>(6#和8#墩) | 最高通航水位 | 正撞 | 3.0 | 有/无 | 17.3/24.4 |
| 8 | 6000DWT 直倾船艏 | 最高通航水位 | 正撞 | 4.5 | 有/无 | 28.62/44.3 |
| 9 | 6000DWT 直倾船艏<br>(6#和8#墩) | 最高通航水位 | 正撞 | 3.0 | 有/无 | 24.45/34.2 |
| 结构或构件抗力(2.8m桩径，横桥向/顺桥向) | | | | | | 36.0/40.0 |

注：表中船型未标注的为直倾船艏。

(2) 船撞防撞设施后结构安全性分析

由上述分析结果可知，增加墩柱配筋和增大桩径及其配筋从而提升桥梁抗撞能力并设置防撞设施后，船撞桥最大撞击力有较大幅度降低。计算表明桥梁结构可满足大桥抗船撞设防要求。

# 参 考 文 献

[1] 邵旭东,顾安邦.桥梁工程[M].北京:人民交通出版社,2004.
[2] 贺君,刘玉擎,吕展,等.内衬混凝土对波形钢腹板组合梁桥力学性能的影响[J].桥梁建设,2017,47(4):54-59.
[3] 刘玉擎,陈艾荣.组合折腹桥梁设计模式指南[M].北京:人民交通出版社股份有限公司,2015.
[4] 贺君,刘玉擎,陈艾荣.折腹式组合箱梁桥设计要点及结构分析[J].桥梁建设,2008,(2):52-55.

[5] 贺君,刘玉擎,陈艾荣.波折钢腹板组合箱梁桥预应力体系研究[J].公路交通科技,2008,25(6):65-70.
[6] 郑凯峰,张宇,衡俊霖,等.高强度耐候钢及其在桥梁中的应用与前景[J].哈尔滨工业大学学报,2020,52(3):1-10.
[7] 贺君,刘玉擎,陈艾荣,等.耐候性钢桥评估管理系统研究[J].桥梁建设,2009,(5):32-35,67.
[8] 王枭,金文刚,王思豪,等.运宝黄河大桥主梁设计与施工关键技术[J].世界桥梁,2019,47(1):1-5.

# 第5章 专题论证与评价

## 5.1 船舶操纵仿真模拟试验研究

广西飞龙大桥船舶操纵仿真模拟试验研究由武汉理工大学承担完成,以进一步分析论证桥位选址的合理性,研究结果经行业主管部门及专家验收。

### 5.1.1 研究目的

①模拟试验的模拟环境接近实际水域环境,可实现边界条件下的通航环境模拟,确定设计船型的通航可行性;

②模型船的操纵特性与参考原型船的操纵特性具有相似性,较实船试验而言,模拟试验可增强船舶通航安全性,能够较为准确地预估航行风险;

③模拟船的模型与规划设计的通航船舶的尺度及操纵特性具有相似性,可有效降低项目试验费用,减少不必要的经济损失,节约成本;

④对所进行的模拟试验可随时回放,及时发现问题,修正实施方案,优化大桥工程设计;

⑤试验的模拟结果可以记录、打印,以供进一步分析研究,对于方案的不合理之处可及时修改,大大缩短工程工期。

### 5.1.2 研究内容和方案设计

运用船舶操纵模拟器对拟建大桥工程的设计船型、船队在桥区进行通航模拟试验的主要内容包括:在不同的环境参数影响下进行船舶通航模拟试验;分析在不同风、流、浪等环境因素的影响下,船舶航行的可行性及安全性。

根据模拟试验技术要求和船舶操纵模拟器航行模拟试验需要,将本工程所需要的船舶航行模拟试验组合如下:

①各试验船型的水动力特性;

②各种风况,包括不同风力、风向;

③各特征点的流速、流向及潮位;

④船舶通航尽可能符合实际情况。

根据全部模拟的结果,进行统计分析并得出结论是仿真研究的最后一步。模拟得到的试验数据经过统计、分析,结合其他相关资料和数据,能为通航环境的安全性提供参考,并为管理部门作决策提供参考。

### 5.1.3 设计船型的六自由度船舶运动数学模型建立

根据大桥的设计代表船型、船队、实际及未来需求,选定 3000 吨级船舶、2000 吨级船舶、3000 吨级一顶二船队作为模拟试验主要船型、船队,用于模拟试验的船舶数学模型。3000 吨级船舶模型三维视景效果和船舶操纵性数据分别如图 5-1 和图 5-2 所示。

图 5-1 3000 吨级船舶模型三维视景效果图

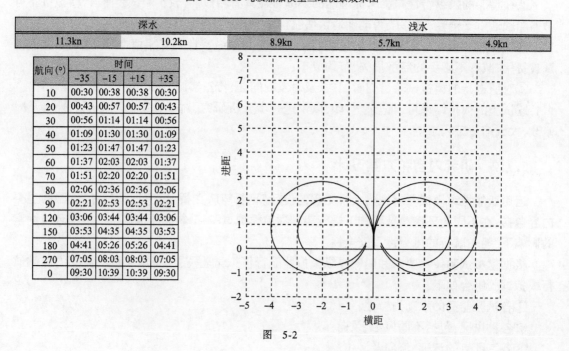

图 5-2

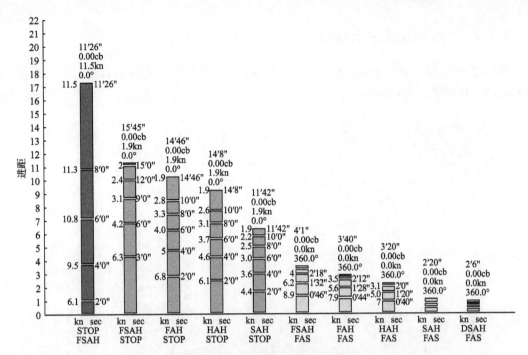

图 5-2 3000 吨级船舶操纵性数据

注：sec-秒；STOP FSAH-这可能意味着船舶从停止状态转变到全速前进状态（Full Stern Ahead）；FSAH STOP-这表示船舶从全速前进状态（Full Stern Ahead）转变到停止状态；FAH STOP-这表示船舶从全速前进状态（Full Ahead）转变到停止状态；HAH STOP-这表示船舶从半速前进状态（Half Ahead）转变到停止状态；SAH STOP-这表示船舶从慢速前进状态（Slow Ahead）转变到停止状态；FSAH FAS-这表示船舶从全速前进状态（Full Stern Ahead）转变到全速倒车状态（Full Astern）；FAH FAS-这表示船舶从全速前进状态（Full Ahead）转变到全速倒车状态（Full Astern）；HAH FAS-这表示船舶从半速前进状态（Half Ahead）转变到全速倒车状态（Full Astern）；SAH FAS-这表示船舶从慢速前进状态（Slow Ahead）转变到全速倒车状态（Full Astern）；STOP-停止；AH-前进；AS-倒车；F-全速；H-半速；S-慢速。

3000 吨级一顶二船队三维视景效果如图 5-3 所示，根据《内河通航标准》（GB 50139—2014）及参考长江上船队一般编队模式，3000 吨级一顶二船队编队模式如图 5-4 所示。

图 5-3 3000 吨级一顶二船队三维视景效果图

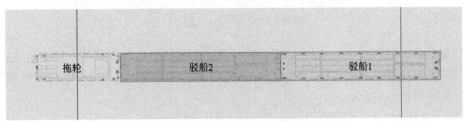

图 5-4 3000 吨级一顶二船队编队模式示意图

### 5.1.4 电子航道图及流场建立

采用 Transas 模拟器的 Scene Editor 建模平台,建立了与设计方案相应的电子航道图,如图 5-5、图 5-6 所示。

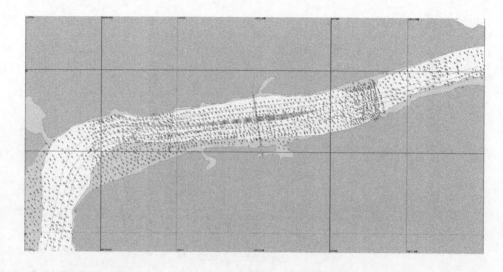

图 5-5　工程水域附近的电子航道图

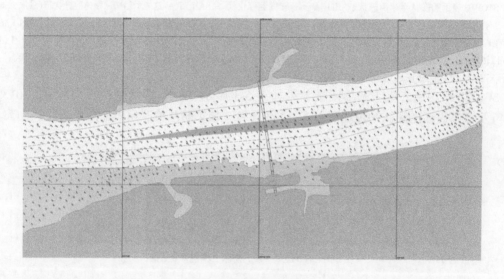

图 5-6　桥区附近的电子航道图

采用目前国际通用软件 CARDINAL 对项目水域流场按平均流场和洪水期流场进行计算,并将数据导入模拟器平台进行仿真试验。本次流场建立分为 6 种工况,具体模型计算工况及控制水文条件如表 5-1 所示。

计算工况及控制水文条件表  表5-1

| 工况 | 20年一遇洪水 | 10年一遇洪水 | 5年一遇洪水 | 2年一遇洪水 | 设计最低通航水位 | 汛前调库 |
|---|---|---|---|---|---|---|
| 上游边界（流量，m³/s） | 16200 | 14100 | 12300 | 8690 | 258 | 5000 |
| 下游边界（水位，m） | 64.82 | 63.92 | 63.85 | 63.56 | 58.76 | 58.76 |

本次模型布设480个观测点，将各计算工况下各个区域内主航道附近水域各采样点流速的数值进行提取，整理统计后如表5-2所示。

各工况模型水域水流流态统计汇总表  表5-2

| 工况 | 桥区1.1km范围流速分布/(m/s) | 上游河湾1.3km范围流速分布/(m/s) |
|---|---|---|
| 20年一遇洪水 | 2.2~2.6 | 1.9~2.2 |
| 10年一遇洪水 | 2.0~2.4 | 1.8~2.1 |
| 5年一遇洪水 | 1.8~2.2 | 1.5~1.9 |
| 2年一遇洪水 | 1.2~1.6 | 1.0~1.3 |
| 设计最低通航水位 | 0.02~0.1 | 0.01~0.1 |
| 汛前调库 | 1.2~1.6 | 1.0~1.4 |

工程河段流场模拟结果：

(1)桥梁建设后20年一遇洪水64.82m($P=5\%$)工况

20年一遇洪水工况下，桥址上、下游各550m范围全河道内水流流速集中在1.4~2.6m/s之间；规划桥区航道附近水域水流流速集中在2.2~2.6m/s之间。

20年一遇洪水工况下，桥址上游河湾1.3km主航道水域水流流速集中在1.9~2.2m/s之间。

(2)桥梁建设后10年一遇洪水63.92m($P=10\%$)工况

10年一遇洪水工况下，桥址上、下游各550m范围全河道内水流流速集中在1.2~2.4m/s之间；规划桥区航道附近水域水流流速集中在2.0~2.4m/s之间。

10年一遇洪水工况下，桥址上游河湾1.3km主航道水域水流流速集中在1.8~2.1m/s之间。

(3)桥梁建设后5年一遇洪水63.85m($P=20\%$)工况

5年一遇洪水工况下，桥址上、下游各550m范围全河道内水流流速集中在1.0~2.2m/s

之间;规划桥区航道附近水域水流流速集中在1.8~2.2m/s之间。

5年一遇洪水工况下,桥址上游河湾1.3km主航道水域水流流速集中在1.5~1.9m/s之间。

(4)桥梁建设后2年一遇洪水63.56m($P=50\%$)工况

2年一遇洪水工况下,桥址上、下游各550m范围全河道内水流流速集中在0.8~1.6m/s之间;规划桥区航道附近水域水流流速集中在1.2~1.6m/s之间。

2年一遇洪水工况下,桥址上游河湾1.3km主航道水域水流流速集中在1.0~1.3m/s之间。

(5)桥梁建设后设计最低通航水位58.76m工况

最低通航水位工况下,桥址上、下游各550m范围全河道内水流流速集中在0.02~0.1m/s之间。

最低通航水位工况下,桥址上游河湾1.3km主航道水域水流流速集中在0.01~0.1m/s之间。

(6)汛前调库58.76m工况

汛前调库工况下,桥址上、下游各550m范围全河道内水流流速集中在1.2~1.6m/s之间。

汛前调库工况下,桥址上游河湾1.3km主航道水域水流流速集中在1.0~1.4m/s之间。

各工况流态示意图如图5-7~图5-12所示。

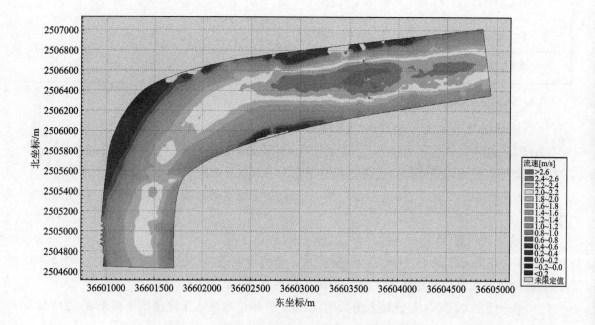

图5-7 20年一遇洪水河道流态示意图

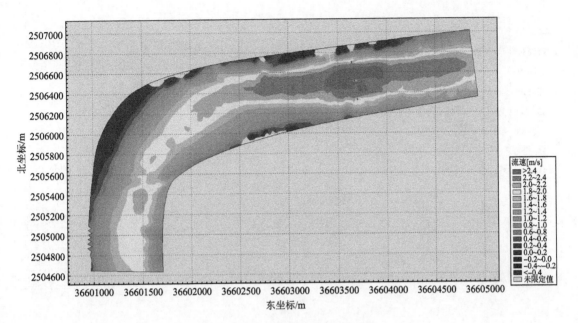

图 5-8　10 年一遇洪水河道流态示意图

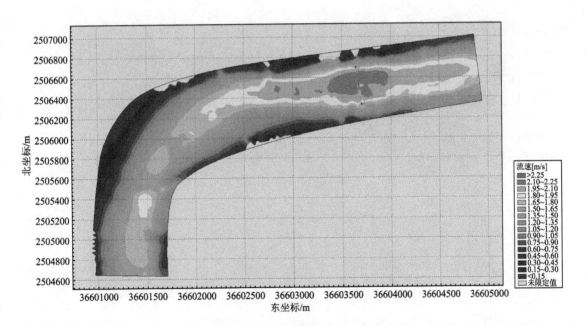

图 5-9　5 年一遇洪水河道流态示意图

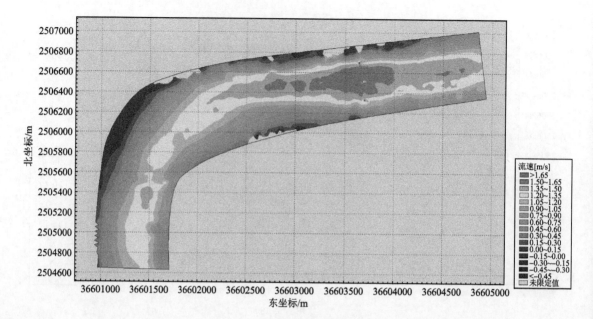

图 5-10　2 年一遇洪水河道流态示意图

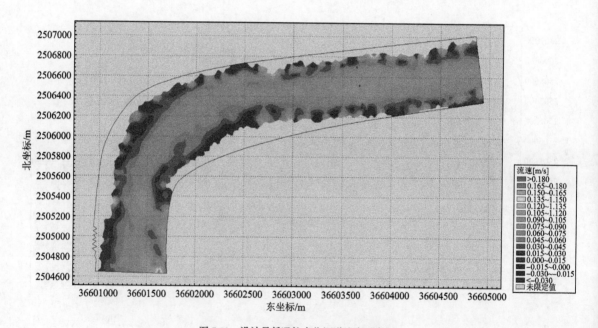

图 5-11　设计最低通航水位河道流态示意图

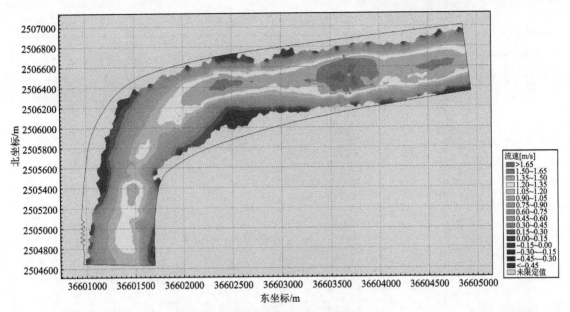

图 5-12　汛前调库河道流态示意图

### 5.1.5　设计代表船型及船队通航模拟试验

(1) 试验方案

根据项目水域通航自然环境要素分析，分别对 3000 吨级船舶及 3000 吨级一顶二船队通航拟建广西飞龙大桥模拟试验进行工况设计，不同工况的试验方案如表 5-3 所示。

试验方案设计表　　　　　　　　表 5-3

| 编号 | 风 | | 工况 | 试验船型/船队 | 备注 |
|---|---|---|---|---|---|
| | 风向 | 风速/(m/s) | | | |
| 1 | N | 10 | 20 年一遇洪水 | 3000 吨级船舶 | 上行、下行 |
| 2 | | | 10 年一遇洪水 | | 上行、下行 |
| 3 | | | 5 年一遇洪水 | | 上行、下行 |
| 4 | | | 2 年一遇洪水 | | 上行、下行 |
| 5 | | | 设计最低通航水位（西津枢纽死水位） | | 上行、下行 |
| 6 | | | 汛前调库 | | 上行、下行 |
| 7 | NNE | 7.3 | 20 年一遇洪水 | | 上行、下行 |
| 8 | | | 10 年一遇洪水 | | 上行、下行 |
| 9 | | | 5 年一遇洪水 | | 上行、下行 |
| 10 | | | 2 年一遇洪水 | | 上行、下行 |
| 11 | | | 设计最低通航水位（西津枢纽死水位） | | 上行、下行 |
| 12 | | | 汛前调库 | | 上行、下行 |

续上表

| 编号 | 风 | | 工况 | 试验船型/船队 | 备注 |
|---|---|---|---|---|---|
| | 风向 | 风速/(m/s) | | | |
| 13 | N | 10 | 20年一遇 | | 上行、下行 |
| 14 | | | 10年一遇 | | 上行、下行 |
| 15 | | | 5年一遇 | | 上行、下行 |
| 16 | | | 2年一遇 | | 上行、下行 |
| 17 | | | 设计最低通航水位（西津枢纽死水位） | | 上行、下行 |
| 18 | | | 汛前调库 | 3000吨级一顶二船队 | 上行、下行 |
| 19 | NNE | 7.3 | 20年一遇洪水 | | 上行、下行 |
| 20 | | | 10年一遇洪水 | | 上行、下行 |
| 21 | | | 5年一遇洪水 | | 上行、下行 |
| 22 | | | 2年一遇洪水 | | 上行、下行 |
| 23 | | | 设计最低通航水位（西津枢纽死水位） | | 上行、下行 |
| 24 | | | 汛前调库 | | 上行、下行 |

(2)试验内容

3000吨级船舶及3000吨级一顶二船队船舶通航模拟试验部分结果如图5-13~图5-20所示。

①3000吨级船舶通航模拟试验。

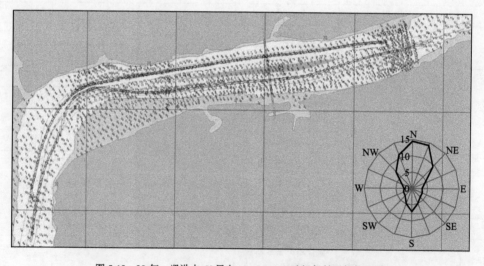

图5-13 20年一遇洪水、N风向10m/s 3000吨级船舶通航航迹图

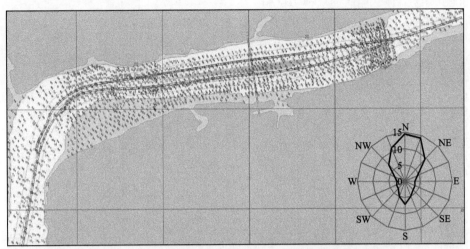

图 5-14 10 年一遇洪水、N 风向 10m/s 3000 吨级船舶通航航迹图

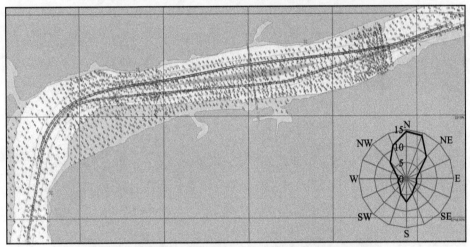

图 5-15 最低通航水位、N 风向 10m/s 3000 吨级船舶通航航迹图

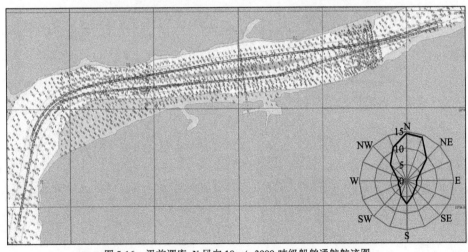

图 5-16 汛前调库、N 风向 10m/s 3000 吨级船舶通航航迹图

②3000 吨级一顶二船队通航模拟试验。

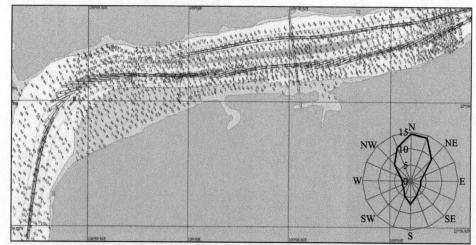

图 5-17　20 年一遇洪水、N 风向 10m/s 3000 吨级一顶二船队通航航迹图

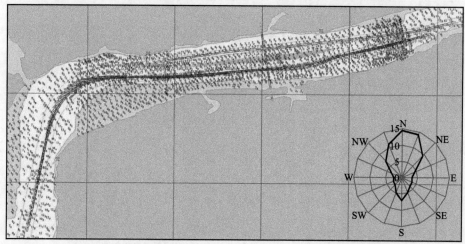

图 5-18　10 年一遇洪水、N 风向 10m/s 3000 吨级一顶二船队通航航迹图

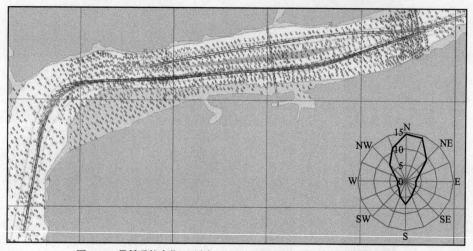

图 5-19　最低通航水位、N 风向 10m/s 3000 吨级一顶二船队通航航迹图

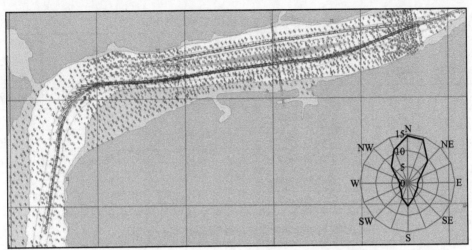

图 5-20 汛前调库、N 风向 10m/s 3000 吨级一顶二船队通航航迹图

### 5.1.6 仿真模拟试验数据分析

根据《内河通航标准》(GB 50139—2014)，计算单向航道中航迹带宽度与航道通航宽度，为准确反映模拟试验结果，航迹带宽度采用试验测量数据，船舶、船队均在同一水域进行仿真模拟试验，在每一工况下分别测量上、下行船舶和船队的航迹带宽度并取平均值，计算航道通航宽度并取平均值，结果如表 5-4~表 5-7 所示。

**3000 吨级船舶所需航道通航宽度**（N 风向）　　　　　　　　　　　　表 5-4

| 编号 | 风 | | 工况 | 试验内容 | 航迹带宽度/m（上行/下行） | 所需航道通航宽度/m（上行/下行） |
|---|---|---|---|---|---|---|
| | 风向 | 风速/(m/s) | | | | |
| 1 | N | 10 | 20 年一遇洪水 | 3000 吨级船舶双向通航 | 28/28 | 50.4/50.4 |
| 2 | | | 10 年一遇洪水 | | 22/23 | 39.6/41.4 |
| 3 | | | 5 年一遇洪水 | | 20/21 | 36/37.8 |
| 4 | | | 2 年一遇洪水 | | 19/19 | 34.2 |
| 5 | | | 设计最低通航水位 | | 20/20 | 36/36 |
| 6 | | | 汛前调库 | | 21/20 | 37.8/36 |

**3000 吨级船舶所需航道通航宽度**（NNE 风向）　　　　　　　　　　　表 5-5

| 编号 | 风 | | 工况 | 试验内容 | 航迹带宽度/m（上行/下行） | 所需航道通航宽度/m（上行/下行） |
|---|---|---|---|---|---|---|
| | 风向 | 风速/(m/s) | | | | |
| 1 | NNE | 7.3 | 20 年一遇洪水 | 3000 吨级船舶双向通航 | 25/26 | 45/46.8 |
| 2 | | | 10 年一遇洪水 | | 23/23 | 41.4/41.4 |
| 3 | | | 5 年一遇洪水 | | 20/20 | 36/36 |
| 4 | | | 2 年一遇洪水 | | 19/19 | 34.2/34.2 |
| 5 | | | 设计最低通航水位 | | 20/19 | 36/34.2 |
| 6 | | | 汛前调库 | | 22/20 | 39.6/36 |

3000 吨级船队所需航道通航宽度(N 风向)　　　　表 5-6

| 编号 | 风 | | 工况 | 试验内容 | 航迹带宽度/m<br>(上行/下行) | 所需航道通航<br>宽度/m<br>(上行/下行) |
|---|---|---|---|---|---|---|
| | 风向 | 风速/(m/s) | | | | |
| 1 | N | 10 | 20 年一遇洪水 | 3000 吨级<br>船队上行/<br>下行 | 34/38 | 54.4/60.8 |
| 2 | | | 10 年一遇洪水 | | 28/33 | 44.8/52.8 |
| 3 | | | 5 年一遇洪水 | | 25/29 | 40/46.4 |
| 4 | | | 2 年一遇洪水 | | 20/23 | 32/36.8 |
| 5 | | | 设计最低通航水位 | | 20/21 | 32/33.6 |
| 6 | | | 汛前调库 | | 22/24 | 35.2/38.4 |

3000 吨级船队所需航道通航宽度(NNE 风向)　　　表 5-7

| 编号 | 风 | | 工况 | 试验内容 | 航迹带宽度/m<br>(上行/下行) | 所需航道通航<br>宽度/m<br>(上行/下行) |
|---|---|---|---|---|---|---|
| | 风向 | 风速/(m/s) | | | | |
| 1 | NNE | 7.3 | 20 年一遇洪水 | 3000 吨级<br>船队上行/<br>下行 | 34/37 | 54.4/59.2 |
| 2 | | | 10 年一遇洪水 | | 28/30 | 44.8/48 |
| 3 | | | 5 年一遇洪水 | | 21/25 | 33.6/40 |
| 4 | | | 2 年一遇洪水 | | 20/22 | 32/35.2 |
| 5 | | | 设计最低通航水位 | | 21/21 | 33.6/33.6 |
| 6 | | | 汛前调库 | | 23/24 | 36.8/38.4 |

### 5.1.7　研究结论

①试验选取了 3000 吨级船舶和 3000 吨级船队(一顶二),根据 20 年一遇洪水、10 年一遇洪水、5 年一遇洪水、2 年一遇洪水、设计最低通航水位、汛前调库对应的工况数值计算结果,常风和强风风力工况条件下,每组工况进行了 20 次试验,试验成功率 100%。

②工程设计相关参数符合规范要求。3000 吨级船舶及 3000 吨级一顶二船队等本桥设计代表船型(船队)在最高通航水位、最低通航水位等各特征工况下,上、下行均能安全通过桥区水域。

③大桥主桥设计方案采用(100+2×185+100)m 组合,双孔单向通航,7#~8# 主墩之间通航孔为下行船舶通航孔,6#~7# 主墩之间通航孔为上行船舶通航孔,航道布置基本合理,桥梁设计方案合理可行。桥梁的建设不会对上下行船舶安全通航造成不利影响。

④大桥建设方案中(整体往北侧挪动 30m),通航孔基本覆盖了河段的适航水域,尽可能减小了对通航水域的占用与对船舶通航的影响;7# 桥墩大致位于河道中间位置,可使得上、下行航道航线沿直线布置,减小了上下行船舶的转舵角度;未来航道提级后,左右通航孔水域可得到充分利用,船舶通过桥区航道后,与规划航道合理衔接。

采取桥梁整体往北侧挪动 60m 的方案时,船舶同样能够安全通过桥区水域,同时可进一步减小下行船舶通过桥区航道后的转舵角度。但该方案上行通航孔的利用率相对较低,且河道整体可通航水域的利用率也相对较低。综上,认为两方案均满足船舶通航要求,但考虑本桥下游水域水深充足,将桥梁整体往北侧挪动 30m 方案的河道整体利用率相对较高,桥区可通航水域得到了充分利用,无须进一步优化。

⑤3000吨级船舶(单船)通航模拟试验的最大航迹带宽度为28m,所占航道宽度最大为50.4m;3000吨级船队通航模拟试验的最大航迹带宽度为38m,所占航道宽度最大为60.8m;本桥设计通航净宽为112m。因此,在试验工况条件下,桥梁通航净宽满足3000吨级船舶(单船)和3000吨级船队单向通航要求。

⑥模拟试验选取了N(北)、NNE(北北东)两个风向和对应风力的风况,选取了20年一遇洪水工况等6种水文情况,组合设定试验工况,试验区域为桥址上游河道3.6km至下游1.3km范围。船舶下行至转弯处时需谨慎驾驶,尤其是在20年一遇洪水工况条件下,转弯过程中会受到正横风影响,此时采用加大舵角对船舶航向进行控制;在通航孔附近航行时驾驶员应密切观察船舶与桥墩之间的距离,避免发生碰撞事故。

⑦3000吨级船舶和3000吨级船队通过桥区时,洪水期流场条件下,下行(顺流)航速为20km/h左右,上行(顶流)航速为10km/h左右,在靠近桥墩附近时,驾驶员可根据具体情况控制航速,保持船舶与桥墩的安全距离,并应充分考虑7#桥墩对瞭望视线的遮挡。

⑧上、下行3000吨级船队在通过桥梁上游弯道时,占用了较大范围水域,需借助规划下行(上行)航道。

⑨在20年一遇洪水工况下,下行船队过桥后280m附近转弯时(弯道走向85.1°转73.6°),部分航迹偏出规划航道边界但整体可控,可适当加车以保证舵效,并建议将下行船队过桥后280m附近设计航道向南侧扩宽30m。

⑩上行船队在经过桥梁下游1500m处弯道时,由于水流的变化较快,船队较难操纵,航迹带明显增宽。驾驶员应在进入该弯道前密切注意船位变化,及时用舵,必要时可采取加车等措施保证船队操纵性。

⑪船舶在进入桥区水域前,值班驾驶员应通知船长上驾驶台亲自操船,谨慎驾驶,加强瞭望。航行于该区域的船舶驾驶员应熟悉桥区水域的航道、水文、气象、设施及有关规定,若对以上情况存有疑问,应及时向海事管理部门咨询。

⑫船舶在通过桥区水域时,应检查船舶的主要航行设备和助航设备,随时做好应急准备,防止船舶失控对大桥造成危害;与桥区水域其他船舶进行密切联系、沟通,避免在桥区水域附近(尤其是在通航孔下方)会船或追越。

⑬通航期间应密切关注气象预报,一旦接到大风预报,尤其是特殊天气状况(如台风等),要提高警惕,时刻关注风级和风向的变化。

⑭为了确保大桥和过往船舶的通航安全,建议开展桥梁防碰撞专题研究,7#桥墩的防碰撞力应按照最大代表船型3000吨级船队(一顶二)来设计;同时兼顾5000吨级江海联运船舶和6000吨级内河船舶。

## 5.2 航道通航条件影响评价

广西飞龙大桥航道通航条件影响评价报告——《S210横县平马至灵山沙坪公路飞龙大桥航道通航条件影响评价报告》由广西交科集团有限公司编制,并经水利部门及行业专家评审。

### 5.2.1　评价目的

收集与整理桥区气象、水文、地质地貌等资料,分析拟建大桥所在河段的河床、航道、港口、水文、泥沙、船型;采用二维水流计算模型,进行水面曲线和水流流态计算;分析桥区河段建桥前后的通航水流条件及河床演变对通航的影响;论证桥梁位置、通航安全影响,提出桥区通航安全保障措施;通过对大桥选址、布置、代表船型、设计水位、通航净空尺度和有关技术要求的论证,为拟建桥梁的报建和桥梁设计提供相关技术资料和参数依据。

### 5.2.2　桥梁选址符合性论证

(1)桥梁选址规定和要求

拟建广西飞龙大桥跨越的郁江河段规划航道技术等级为Ⅰ级。拟建桥梁桥位及平面布置的原则主要依据《内河通航标准》(GB 50139—2014)的有关规定,即5.1～5.2的规定。

(2)桥梁选址比选情况

对本书第2章2.2节桥位方案比选进行论证,拟建大桥属于永久性跨河建筑物,桥梁桥墩占用河道一定的过水面积,但河道过水断面很大,对航道水流条件、通航条件基本无影响,拟建桥梁推荐方案选址符合《内河通航标准》(GB 50139—2014)的相关规定。因此,针对第2章2.2节所述三个桥位,结合相对应的路线方案,充分考虑通航要求、桥梁建设难度,以及建成后对地区经济发展等因素,认为桥位三处河道顺直,利于通航,主桥跨径最小,且为设计施工经验较成熟的连续刚构桥,可节约工程投资。

(3)桥梁选址符合性评价

①桥位方案与相关规划的符合性。

拟建桥梁所处航道规划为Ⅰ级航道。桥梁设计方案为双孔单向通航,通航孔跨径185m,设计通航孔净宽150m,大于计算要求最小通航孔净宽(130m)。桥梁通航净空尺度按Ⅰ级航道通航标准设计,工程的建设规模与航道的发展建设规模、港口规划相适应。

②桥位方案与河道条件、航道条件、涉水建筑物安全距离等的规定的符合性。

本桥通航孔桥墩设置在河道深水区域,洪水期水流流速较大,横向流速较小,船舶一般在主河道航行,远离桥墩及承台,且桥梁有足够的跨径,采取相应的保障措施后,桥区船舶通航安全是有保障的。

(4)桥位与船舶航行、停泊、作业安全的适应性分析

拟建桥梁通航方案为双孔单向通航,通航孔设计通航净高18m,设计通航孔净宽150m,净空尺度满足船舶航行的要求。桥梁位于已建的西津枢纽库区内,水深条件良好,桥位与上下游港口、锚地距离满足规范要求,桥位方案不影响船舶进港、停泊、装卸作业等。

(5)结合水流数值模拟对选址符合性的分析

桥梁选址处于河道流速、流态较稳定的河段,由通航水流数值模拟分析可知,桥梁建设没有恶化航道的水流条件,桥位选址合理。

综上所述,桥梁设计方案能够满足《内河通航标准》(GB 50139—2014)的有关要求,满足代表船型通航要求,推荐的桥位布置方案可行。

### 5.2.3 通航净空尺度及技术要求论证

(1)代表船型

拟建桥梁位于西江航运干线南宁至贵港河段,所处航道为Ⅰ级航道,桥梁的净空尺度按Ⅰ级航道标准控制。桥区通航代表船型的主要尺度见本书第2章表2-1、表2-2。

(2)设计通航水位

①设计最高通航水位。

本工程引用的《支流整治可研》(2012年)成果如表5-8所示,其水面线成果可靠性较好,桥梁设计通航净高18m,适应现状Ⅱ级航道及规划Ⅰ级航道代表船型的通航净高要求,且留有足够的富余,本桥最高通航水位取20年一遇洪水水位64.82m。

郁江西津水电站坝址至南宁市城区段水面线成果(1985国家高程基准)　　表5-8

| 断面名称 | 里程/km | 间距/km | 河底高程/m | 洪水频率及流量 | | | |
|---|---|---|---|---|---|---|---|
| | | | | $P=1\%$、$2\%$ $Q=19100m^3/s$ | $P=5\%$ $Q=16200m^3/s$ | $P=10\%$ $Q=14100m^3/s$ | $P=50\%$ $Q=8690m^3/s$ |
| 西津坝上 | 0 | — | 38.89 | 63.51 | 62.4 | 61.7 | 61.7 |
| 头洲 | 1.63 | 1.63 | 48.32 | 63.55 | 62.43 | 61.73 | 61.73 |
| 洲村 | 4.49 | 2.86 | 44.73 | 63.76 | 62.62 | 61.9 | 61.9 |
| 罗网口 | 6.29 | 1.8 | 44.57 | 63.92 | 62.76 | 62.03 | 62.03 |
| 米步坑 | 8.55 | 2.26 | 41.23 | 64.16 | 62.97 | 62.22 | 62.17 |
| 三门滩 | 10.76 | 2.21 | 43.91 | 64.32 | 63.12 | 62.36 | 62.3 |
| 乾井村 | 14.43 | 3.67 | 42.7 | 64.53 | 63.33 | 62.55 | 62.52 |
| 陈塘 | 16.05 | 1.62 | 38.07 | 64.68 | 63.48 | 62.69 | 62.62 |
| 南乡圩 | 17.05 | 1 | 39.67 | 64.77 | 63.56 | 62.77 | 62.68 |
| 长古坪 | 18.05 | 1 | 41.27 | 64.86 | 63.64 | 62.84 | 62.74 |
| 山猪村 | 21 | 2.95 | 30.59 | 65.18 | 63.92 | 63.08 | 62.92 |
| 平塘江口 | 24.09 | 3.09 | 49.49 | 65.44 | 64.16 | 63.30 | 63.10 |
| 大理坑 | 26.22 | 2.13 | 47.24 | 65.63 | 64.36 | 63.50 | 63.23 |
| 三山 | 30.36 | 4.14 | 46.29 | 66.01 | 64.73 | 63.86 | 63.48 |
| 黄泥堪 | 32.48 | 2.12 | 41.87 | 66.15 | 64.86 | 63.99 | 63.60 |
| 唐孔(飞龙) | 36.43 | 3.95 | 41.52 | 66.58 | 65.26 | 64.37 | 63.84 |
| 牛轭 | 40.6 | 4.17 | 37.62 | 67.01 | 65.65 | 64.73 | 64.09 |
| 平朗圩 | 43.42 | 2.82 | 41.03 | 67.29 | 65.91 | 64.97 | 64.26 |
| 十二朗伞 | 46.58 | 3.16 | 50.35 | 67.55 | 66.16 | 65.2 | 64.45 |
| 饭盖滩 | 51.47 | 4.89 | 47.72 | 67.86 | 66.46 | 65.49 | 64.74 |
| 三洲 | 55.33 | 3.86 | 51.32 | 68.20 | 66.78 | 65.8 | 64.98 |
| 高村沙 | 60.25 | 4.92 | 45.22 | 68.61 | 67.18 | 66.19 | 65.27 |
| 峦城二 | 65.52 | 5.27 | 45.32 | 69.20 | 67.74 | 66.72 | 65.59 |

续上表

| 断面名称 | 里程/km | 间距/km | 河底高程/m | 洪水频率及流量 | | | |
|---|---|---|---|---|---|---|---|
| | | | | $P=1\%、2\%$ | $P=5\%$ | $P=10\%$ | $P=50\%$ |
| | | | | $Q=19100\mathrm{m^3/s}$ | $Q=16200\mathrm{m^3/s}$ | $Q=14100\mathrm{m^3/s}$ | $Q=8690\mathrm{m^3/s}$ |
| 甘棠江口 | 69.58 | 4.06 | 52.31 | 69.60 | 68.13 | 67.10 | 65.83 |
| 提干沙 | 74.94 | 5.36 | 50.66 | 70.07 | 68.61 | 67.59 | 66.15 |
| 六景镇 | 78.27 | 3.33 | 45.31 | 70.32 | 68.92 | 67.95 | 66.35 |
| 石洲村 | 83.14 | 4.87 | 48.35 | 70.76 | 69.33 | 68.44 | 66.64 |
| 道藏村 | 85.62 | 2.48 | 36.37 | 71.06 | 69.58 | 68.71 | 66.79 |
| 伶俐 | 91.68 | 6.06 | 50.39 | 71.94 | 70.58 | 69.70 | 67.16 |
| 上田里 | 94.24 | 2.56 | 39.38 | 72.30 | 71.00 | 70.12 | 67.31 |
| 麻兰 | 98.69 | 4.45 | 46.45 | 72.76 | 71.51 | 70.66 | 67.58 |
| 长塘电灌 | 104.83 | 6.14 | 41.7 | 73.37 | 72.14 | 71.29 | 67.95 |
| 东瓜 | 110.37 | 5.54 | 54.34 | 73.83 | 72.58 | 71.71 | 68.28 |
| 牛栏石 | 114.24 | 3.87 | 48.59 | 74.21 | 72.92 | 72.02 | 68.51 |
| 砧板（邕宁梯级引航道出口） | 117.71 | 3.47 | 45.59 | 74.57 | 73.25 | 72.33 | 68.61 |
| 巴平 | 121.35 | 3.64 | 41.04 | 75.06 | 73.63 | 72.63 | 68.72 |
| 邕宁梯级（下游） | 124.37 | 3.02 | 52.68 | 75.52 | 74.11 | 72.96 | 68.83 |
| 牛湾坝址 | 124.37 | 0 | 52.68 | 76.14 | 74.59 | 73.3 | 69.11 |
| 长沙 | 127.64 | 3.27 | 51.3 | 76.43 | 74.88 | 73.54 | 69.31 |
| 蒲庙镇 | 132.55 | 4.91 | 49.55 | 76.85 | 75.3 | 73.9 | 69.59 |
| 边鱼石 | 135.37 | 2.82 | 54.62 | 77.10 | 75.55 | 74.11 | 69.74 |
| 打鱼村 | 139.15 | 3.78 | 50.57 | 77.43 | 75.88 | 74.38 | 69.98 |
| 冷水洲 | 142.85 | 3.7 | 53.37 | 77.75 | 76.16 | 74.65 | 70.18 |
| 三升米洲 | 147.32 | 4.47 | 54.44 | 78.16 | 76.47 | 74.98 | 70.42 |
| 青山分场 | 151.14 | 3.82 | 54.36 | 78.46 | 76.74 | — | 70.67 |
| 柳沙娘 | 156 | 4.86 | 57.76 | 78.80 | 77.13 | — | 71.08 |
| 南宁砖瓦厂 | 160.54 | 4.54 | 50.66 | 79.08 | 77.47 | — | 71.55 |
| 南宁船厂 | 163.4 | 2.86 | 51.44 | 79.31 | 77.67 | — | 71.87 |
| 南宁水文（二）站 | 166.55 | 3.15 | 55.35 | 79.55 | 77.89 | — | 72.25 |

②设计最低通航水位。

拟建桥梁位于西津水利枢纽库区,西津水利枢纽正常蓄水位63.0m(1956年黄海高程系),坝上死水位58.62m(1956年黄海高程系),桥址设计最低通航水位可采用多年历时保证率的入库流量与相应的坝前消落水位组合,取桥址处多组回水曲线下包线作为桥梁的设计最低通航水位。偏安全考虑,取西津水利枢纽坝上死水位作为广西飞龙大桥最低通航水位,即桥梁设计最低通航水位取58.62m(1956年黄海高程系),转换为1985国家高程设计最低通航水位取58.76m。西津水利枢纽通航特性如表5-9所示。

西津水利枢纽通航特性一览表　　　　表5-9

| 项目 | 西津水利枢纽 | 项目 | 西津水利枢纽 |
| --- | --- | --- | --- |
| 距广州河口里程/km | 685 | 回水里程/km | 168 |
| 正常蓄水位(1956年黄海高程系,m) | 63.0 | 上游最高通航水位/m | 62.12 |
| 总库容/亿 m³ | 30 | 上游最低通航水位/m | 58.62 |
| 装机容量/MW | 234.4 | 下游最高通航水位/m | 56.90 |
| 年发电量/亿 kW·h | 13.6 | 下游最低通航水位/m | 42.60 |
| 利用水头/m | 20.4 | 建设情况 | 已建成 |

(3)通航净空尺度确定

①桥梁通航净宽计算。

桥梁通航净宽在第2章2.4节已阐述,这里不再赘述。

②通航净高。

根据《内河通航标准》(GB 50139—2014)5.2.2规定,Ⅰ级航道要求通航净高不小于18.0m,侧高不小于8.0m。本桥通航净高、侧高均按照不小于18m考虑,满足《内河通航标准》(GB 50139—2014)中通航3000吨级船舶的最小18m通航净高的要求。

根据桥型方案,桥梁通航净宽范围内的梁底最低高程约85.5m,在设计最高通航水位64.82m工况下,通航净宽范围内净高约为20.8m,满足规范标准要求。

③通航净空尺度。

拟建桥梁设计为双孔单向通航,通航孔跨径185m,桥梁设计通航净空尺度满足Ⅰ级航道代表船型通航要求。拟建桥梁通航净空尺度如表5-10所示。

拟建桥梁通航净空尺度　　　　表5-10

| 名称 | 通航方式 | 通航孔净宽/m | 通航净宽/m | 净高/m |
| --- | --- | --- | --- | --- |
| 计算要求最小值 | 双孔单向 | 130 | 112 | 18 |
| 桥梁设计值 | | 150 | 112 | 18 |
| 规范符合性 | | 满足 | 满足 | 满足 |

④相关行业对通航净空尺寸的要求。

其他军事、船舶工业等相关行业对本桥的通航净空尺寸没有特殊要求。

(4)桥墩布置方案论证

①拟建桥梁采用双孔单向通航,计算要求最小通航孔净宽130m,桥梁设计通航孔净宽150m,富余较大。根据《省道S210横县平马至灵山沙坪公路工程飞龙大桥船舶操纵仿真模拟

试验研究报告》(简称《船舶操纵仿真模拟试验报告》)结论,桥梁的布置方案合理可行,虽然在一定程度上改变了船舶习惯航路,但对河道的通过能力影响有限。

②拟建桥梁所处河段在洪水期工况下,桥区河段的水流流速较大,横向流速较小,桥墩的布置对水流流态的影响很小,船舶航行受水流影响较小。本桥桥区河段视野开阔,上下行船舶通航安全可控,桥墩的设置对过往船舶影响小。

### 5.2.4 工程对航道条件的影响评价

(1)建桥对水流条件的影响

采用二维水流数学模型计算建桥对水流条件的影响。本桥数模计算分为两种工况,分别计算在设计最高通航水位条件、设计最低通航水位条件时对应的水位-流量关系,从而确定上、下游河道边界条件。模型计算控制水文条件见表5-11。

计算控制水文条件表 表5-11

| 边界 | 工况1<br>(设计最高通航水位条件) | 工况2<br>(设计最低通航水位条件) |
|---|---|---|
| 上游边界(流量,桥址上游2.5km) | $Q = 16200 \text{m}^3/\text{s}$ | $Q = 258 \text{m}^3/\text{s}$ |
| 下游边界(水位,桥址下游1.0km) | 64.82m | 58.76m |

工程河段范围内水流流速、流向的改变不仅与流量有关,还与河道地形、河道基床糙率、沿河建筑物等多种因素有关。为便于直观分析工程建设前后桥墩附近水域水流流速、流向的变化,在拟建桥梁桥轴线上游河道700m、下游350m范围内,沿河道纵向间隔50m、横向间隔30m共选取220个采样点,并将各计算工况下各个区域内各采样点流速、流向的数值以及工程前后变化值进行提取和统计。河道流态示意图如图5-21~图5-24所示。

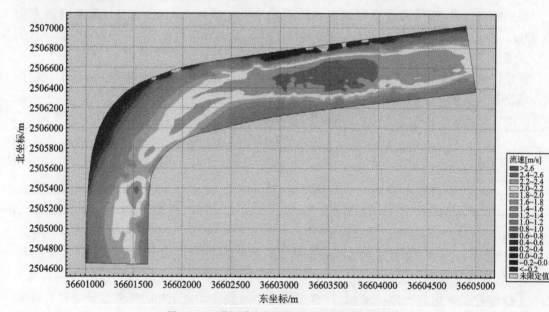

图5-21 天然河道流态示意图(设计最高通航水位)

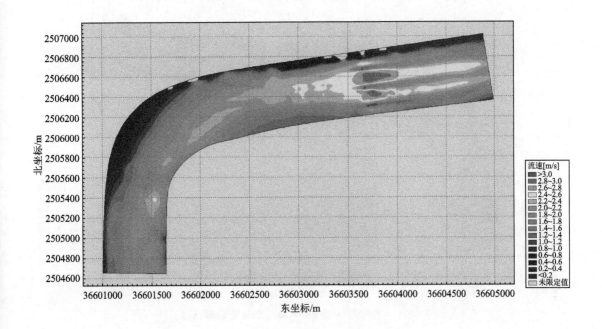

图 5-22 工程建设后河道流态示意图(设计最高通航水位)

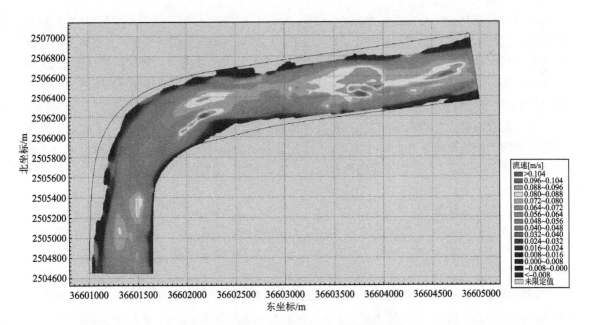

图 5-23 天然河道流态示意图(设计最低通航水位)

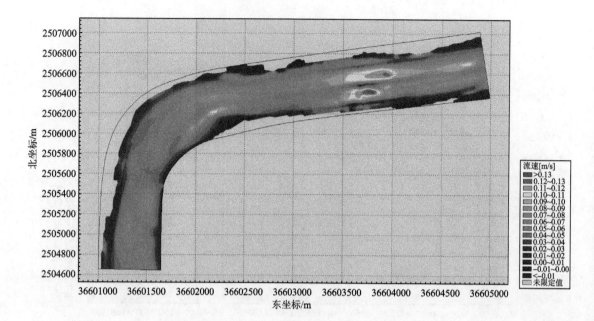

图 5-24 工程建设后河道流态示意图(设计最低通航水位)

对比工程河段上述数模计算结果,大桥建设前后,对桥梁涉水构筑物附近水域流速、流向变化分析如下。

①桥区附近水域流速。

桥梁建设前后设计最高通航水位 64.82m($P=5\%$)工况:20 年一遇洪水工况下,工程建设前桥区附近河段的水流流速集中在 1.62~2.61m/s 之间,平均值约 2.35m/s;工程建设后桥区附近河段的水流流速变化在 1.61~2.94m/s 之间,平均值约 2.42m/s。根据模型计算结果,由于本桥占用过水断面有限,工程建设后河道总体水流流速仅略微大于工程建设前;受桥墩的影响,桥墩处流速变化较大;但桥区流速整体平均变化值为 0.07m/s,变化很小。

桥梁建设前后设计最低通航水位 58.76m 工况:设计最低通航水位工况下,工程建设前桥区附近河段的水流流速在 0.10m/s 之内,平均流速约 0.08m/s;工程建设后桥区附近河段的水流流速在 0.13m/s 之内,平均流速约 0.09m/s。对比可知,工程建设前后水流流速均较小,仅有微小变化。

②桥区附近水域流向。

桥梁建设前后设计最高通航水位 64.82m($P=5\%$)工况:20 年一遇洪水工况下,工程建设前后水流流向除个别水域外,变化基本在 4°以内,流向最大变化值为 3.98°,平均变化值很小。

桥梁建设前后设计最低通航水位 58.76m 工况:设计最低通航水位工况下,工程建设前后水流流向除个别水域外,变化基本在 6°以内,流向最大变化值为 -5.6°,平均变化值约 -1.0°,变化很小。

③桥区附近水域横向流速。

桥梁建设前后设计最高通航水位 64.82m($P=5\%$)工况:20 年一遇洪水工况下,天然河道内横向流速最大约0.29m/s;工程建设后,河道内横向流速最大约0.29m/s。建桥前后横流均不大,船舶航行安全可控,受横流影响小。

桥梁建设前后设计最低通航水位58.76m工况:设计最低通航水位工况下,桥梁建设前后,桥区河段横向流速最大仅约0.02m/s,水面平静,船舶航行基本不受横流影响。

④工程建设对水流条件影响评价。

综上所述,桥梁建设对桥墩附近水流产生了一定的影响,但流速、流向整体变化不大,建桥前后桥区河段横向流速均小于0.3m/s,不会恶化船舶通航水流条件。丰水季节,桥区水域水流平缓,由数模分析结果可知,建桥前后,水流条件的变化对船舶航行的影响甚微。

(2)建桥对河床演变的影响

根据上述各工况下工程前后流速及流向变化分析结果可知,工程建设前后河道过水断面变化较小,水流挟沙能力改变小,泥沙淤积由建桥引起的变化很小。因此,本桥的建设基本不会改变现有河床和河岸线,大桥建成后,桥区河段总体仍基本保持冲淤平衡状态。

(3)建桥对航道布置及助航标志布设的影响

综上分析,本桥桥区水域在各通航条件下,水流横向流速均不大,船舶航行受水流影响较小。桥梁建成后,受桥墩的影响,船舶航行进入桥区航道范围后,原双向通航航道划分为上、下行两条航线,对船舶航行有一定影响,但桥区视野开阔,上、下行船舶在1.5km以外即可看见本桥梁工程,有足够的时间调整船位,结合本章5.1节船舶操纵仿真模拟试验研究结论可知,通过布设与原有航标平顺衔接的桥区助航标志,本桥设计代表船型(船队)在最高通航水位、最低通航水位等各特征工况下,上、下行均能安全通过桥区水域。

(4)建桥对航道整治工程的影响

拟建桥区航道设计代表船型中,《西江航运干线过闸船舶标准船型主尺度系列》规定3000吨级船舶最大吃水可达到3.8m。由于桥址附近部分区域河床质为砂卵石,考虑富余水深0.5m另加0.2m,则桥区航道水深最小值要求为4.5m。桥区航道上、下游各200m航道范围内的水深优良,不存在水深小于4.5m的碍航浅点,不需要进行桥区航道疏浚。南宁—贵港Ⅱ级航道已交工验收,桥区河段航道整治已完成,工程河段达到Ⅱ级航道标准,本桥建设对航道整治工程无影响。

### 5.2.5 评价结论

综合研究分析,归纳本项工程评估的主要结论如下。

①桥址距上游黎钦铁路飞龙大桥约7.2km、白沙旅游岸线约4.5km、飞龙散货岸线约8.9km;距下游平塘江口散货和件杂货岸线约6.0km、西津水电站约32.0km。桥址处于河道相对顺直段,桥区河段河床稳定,桥区水域无影响驾驶通视的建筑物,具备规划Ⅰ级航道通航条件。桥位方案基本满足《内河通航标准》(GB 50139—2014)的有关要求。

结合大桥《船舶操纵仿真模拟试验报告》,在设计最高通航水位、设计最低通航水位等各特征工况下,大桥设计代表船型(船队)上、下行船舶均能安全通过桥区水域,桥梁的建设不会对上、下行船舶安全通航造成不利影响,桥位选址合理可行。

②桥区航道通航标准为现状等级Ⅱ级,规划航道等级Ⅰ级。拟建桥梁计算要求最小通航

孔净宽130m,实际设计最小通航孔净宽150m,计算要求最小通航净宽112m,实际设计最小通航净宽112m;根据《船舶操纵仿真模拟试验报告》,代表船型通航模拟试验的最大航迹带宽度为38m,所占航道宽度最大为60.8m,远小于本桥设计通航净宽112m。计算要求最小通航净高18.0m,实际设计最小通航净高18.0m。通航孔的设计净空尺度满足桥梁所处河段及设计代表船型通航要求。

③大桥桥型方案为双孔单向通航,跨径组合采用5×30m+(100m+2×185m+100m)+7×30m,6#~8#桥墩孔为通航孔,通航孔主跨跨径185m。7#墩布置在河道中间位置,这在一定程度上改变了原河道船舶通航习惯航路,但通过《船舶操纵仿真模拟试验报告》可知,通航孔基本覆盖了河段的适航水域,尽可能减小了对通航水域的占用与对船舶通航的影响,上、下行船舶均能安全通过桥区水域,桥梁的建设不会对上、下行船舶安全通航造成不利影响,桥梁布置方案合理可行。

④大桥工程施工期,通过设置安全作业区,制订合理的临时通航方案,设置必要的施工临时助航标志、警示标志、警戒人员和警戒船舶,切实加强施工管理,维护好现场通航秩序,降低影响。运营期,根据《船舶操纵仿真模拟试验报告》结论,在设计最高通航水位、设计最低通航水位等各特征工况下,本桥设计代表船型(船队)上、下行船舶均能安全通过桥区水域。

⑤大桥桥梁通航孔设计净宽满足计算要求的最小通航净宽。桥墩防撞能力应满足5000吨级江海联运船及3000吨级一顶二船队的横桥向、顺桥向的撞击力要求。墩柱防护设施的设置,不得恶化通航水流条件和减少通航净宽。

## 5.3 防洪评价

广西飞龙大桥工程防洪评价报告《S210横县平马至灵山沙坪公路飞龙大桥防洪评价报告》由珠江水利委员会珠江水利科学研究院编制,并经水利部门及行业专家评审。评价工作以《河道管理范围内建设项目防洪评价报告编制导则(试行)》为主要依据。

### 5.3.1 评价内容及目的

收集工程历史地形、水文资料,以及堤围、水电站、泵站等水利工程和设施资料,进行设计洪水分析计算,并确定一、二维模型边界条件,采用一维与二维水动力数学模型计算、分析工程对所跨河道工程附近水位、流速、流态等水动力条件的影响大小与范围;一维数学模型主要用于计算工程建设对河道水位的影响;二维数学模型主要用于计算工程附近流场的变化,同时利用流场变化分析结果以及经验公式来分析工程对河道冲淤演变的影响等。

### 5.3.2 防洪综合评价

(1)对行洪安全的影响分析

拟建桥梁工程跨河部分梁底最低高程为81.31m,高于河道100年一遇设计洪水位

(66.03m),梁身不阻水。

①运营期拟建桥梁对河道行洪安全的影响。

如表5-12所示,各级频率设计洪水位条件下,拟建工程阻水比在4.41%～4.62%之间,平均阻水比为4.50%。拟建桥梁上游水位最大壅高为0.020m,水位壅高的最大范围可上溯至拟建桥梁上游1050m处。由此可见,拟建桥梁壅水的幅度和范围有限,对河道行洪安全影响不大。

不同频率设计洪水位条件下工程阻水比　　　　表5-12

| 频率/% | 设计洪水位/m | 总过水面积/m² | 总阻水面积/m² | 阻水比/% | 平均阻水比/% |
|---|---|---|---|---|---|
| 10 | 64.00 | 7018.85 | 324.35 | 4.62 | 4.50 |
| 5 | 64.73 | 7692.31 | 350.04 | 4.55 | |
| 2 | 66.03 | 8671.45 | 382.03 | 4.41 | |
| 1 | 66.03 | 8671.45 | 382.03 | 4.41 | |

②施工期拟建桥梁对河道行洪安全的影响。

拟建桥梁有10个桥墩在河道管理范围内,根据施工期安排,桥梁水下结构安排在枯季施工。施工期阻水影响会大于运营期,工程上游河段壅水的幅度和范围有限,当施工结束拆除围堰,影响就会消失。5年一遇设计洪水位条件下施工期阻水比如表5-13所示。

5年一遇设计洪水位条件下施工期阻水比　　　　表5-13

| 频率/% | 设计洪水位/m | 总过水面积/m² | 总阻水面积/m² | 阻水比/% |
|---|---|---|---|---|
| 5 | 57.98 | 4528.90 | 739.85 | 16.34 |

(2)对河势稳定的影响分析

由于拟建桥梁工程桥墩墩身结构的阻水作用,在100年一遇洪水条件下,桥址处附近的流速、流态有所调整,主要是上游51m至下游810m范围内,但不会改变整个河道的水沙动力分配格局,工程对河道主流影响不大。

从工程引起的岸坡冲刷看,由于受桥墩阻水及束流作用,河道近岸流速有所增加,在100年一遇洪水条件下,流速变化最大幅度为0.05m/s,左岸影响范围为桥址下游49m至桥址上游16m,右岸影响范围为桥址下游86m至桥址上游28m。桥梁建设对两岸会产生冲刷,同时为了保证岸坡的稳定并确保桥梁的安全,建议对桥址上、下游各50m的自然岸坡进行加固。

(3)对现有防洪工程及其他水利工程与设施影响分析

拟建桥梁桥墩布置未占用岸坡,但受桥墩阻水及河岸束流作用,河道左右近岸流速均有所增加,左、右侧流速增加最大值均为0.05m/s,其中河道左侧边滩流速增加大于0.05m/s的影响范围在工程上游16m、下游49m;河道右侧边滩流速增加大于0.05m/s的影响范围在工程上游约28m、下游86m。河道边滩流速增加会对护岸造成冲刷,为了保证护岸的稳定并确保桥梁的安全,从偏安全角度考虑,建议对工程桥址上、下游各50m范围内的岸坡采取一定的防护措施,防止岸坡受冲刷。

(4) 对防汛抢险的影响分析

由工程平面、立面布置图可知,桥梁采用跨越的方式上跨郁江,桥址处现状为自然岸坡,由大桥工程与岸坡关系分析结果可知,左岸梁底与岸坡顶净空最小为13.24m,右岸梁底与岸坡顶净空最小为21.92m,均大于5m,不会影响防汛抢险通行,满足防洪抢险要求。

### 5.3.3 评价结论

综合研究分析,广西飞龙大桥工程建设方案基本符合河道管理范围内建设项目的有关规定。归纳本项工程评估的主要结论如下:

①工程的建设符合防洪规划、采砂规划以及航道规划等有关规划,工程建设完成后桥址上、下游一定距离内应禁止采砂。

②拟建桥梁工程桥址处河道防洪标准为10年一遇,根据《公路工程技术标准》(JTG B01—2014),桥梁设计洪水频率为100年一遇,拟建大桥设计防洪标准为100年一遇。拟建桥梁河道内梁底最低高程为81.31m,比河道10年一遇设计洪水位(64.0m)高17.31m,与河道防洪标准相适应。桥址区为禁采区。总的来看,拟建工程采取补救措施后与现有防洪标准、有关技术要求和管理要求基本适应。

③各级频率设计洪水位条件下,拟建工程阻水比在4.41% ~4.62%之间,平均阻水比为4.50%。拟建桥梁上游水位最大壅高为0.020m,水位壅高的最大范围可上溯至拟建桥梁上游1050m处。桥梁水下结构施工宜安排在枯季。施工结束后应及时拆除围堰。

④工程建设后,河道水动力的影响主要局限在工程附近水域,在10~100年一遇洪水条件下,桥址处附近的流速、流态有所调整,当流速变化大于或等于0.05m/s时,主要在上游51m至下游528m范围内。工程建设后河段的水流动力轴线变化不大,河道滩槽分布基本不变,故工程对其所在河段河势影响不大。

⑤桥址两岸现状为自然岸坡,拟建桥梁工程桥墩与近岸的束水作用,使近岸流速有所增加,流速增加可能会对岸坡产生冲刷影响,从偏安全角度考虑,建议对工程桥址上、下游各50m范围内的岸坡采取一定的防护措施,防止岸坡受冲刷。拟建桥梁对其上下游水利枢纽工程基本没有影响。

## 5.4 船撞安全评估及防撞对策研究

广西飞龙大桥船撞安全评估及防撞对策研究报告《S210横县平马至灵山沙坪公路飞龙大桥船舶安全评估及防撞对策研究报告》由东南大学编制,并经航道主管部门及行业专家评审。评价工作主要参考国内外桥梁船撞设计标准或指南、相关法律法规、有关规定、相关文件与技术资料以及有关的研究成果。

### 5.4.1 研究目的和内容

(1)研究目的

依据相关规范,采用有限元数值模拟对波形钢腹板连续刚构桥船撞风险和倒塌风险及船撞力进行计算与分析,并对船撞力作用下结构的动力响应进行深入分析,评估桥梁在船撞概率、桥梁倒塌概率和船撞击力作用下的安全性,并根据评估结果设置必要的防船撞设施并采取信息化防撞策略,以保障大桥工程建设和运营安全,减少碰撞船只的损伤并保护环境,为桥梁的船撞安全评估与防撞对策研究提供参考和借鉴。

(2)研究内容

根据《西江航运干线桥梁防撞设防代表船型研究(征求意见稿)》《省道 S210 横县平马至灵山沙坪公路工程飞龙大桥航道通航条件影响评价》及专家评审意见,大桥通航防撞研究将增加 5000 吨级和 6000 吨级船舶撞击力计算及结构评估与防撞对策。通过对大桥选址、总体布置、结构类型和构造、代表船型、设计水位、通航净空尺度和有关技术要求论证等资料,对大桥船撞的结构安全进行评估,并依评估结果对防撞设施进行设计和评价,确保大桥建设和运营安全。

### 5.4.2 船撞力计算方法与确定及船撞风险分析

(1)船撞力计算方法

通过国内外多种规范、经验公式、有限元模拟和项目组既有成果拟合公式进行计算与对比分析,最终选择合理的船撞力数值分析,既考虑船撞后结构安全,又考虑防撞设施的经济性。另外,针对当前计算方法的精度,建议适时考虑通过缩尺模型试验验证上述方法的准确性,并可对有限元模型进行必要的修正,为今后西江类似项目提供参考,具有较高的理论意义和现实工程价值。

(2)船舶撞击力的有限元仿真分析

①船速的确定。

根据我国《公路桥梁抗撞设计规范》(JTG/T 3360-02—2020)的建议确定船舶设计撞击速度。图 5-25 给出船舶设计撞击速度曲线。

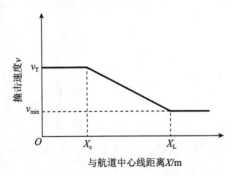

图 5-25 船舶设计撞击速度曲线

依据上述方法,本桥各代表船型的船撞速度计算结果如表 5-14 所示。

船撞速度计算表                                          表 5-14

| 代表船型、船队 | 总长/m | $X_c$/m | $v_T$/(m/s) | $X_L$/m | $v_{min}$/(m/s) | $v_u$/(m/s) | $v$/(m/s) |
| --- | --- | --- | --- | --- | --- | --- | --- |
| 3000 吨级船舶 | 95.0 | 56 | 3.89 | 285 | 1.2 | 3.27 | 3.27 |
| 3000 吨级一顶二船队 | 223.0 | 56 | 3.89 | 669/335 | 1.2 | 3.38 | 3.38 |
| 3000 吨级干货船 | 78.0~82.0 | 56 | 3.89 | 234~246 | 1.2 | 3.09~3.14 | 3.14 |
|  | 72.0~75.0 | 56 | 3.89 | 216~225 | 1.2 | 3.00~3.05 | 3.05 |
| 3000 吨级(250TEU)集装箱船 | 86.0~90.0 | 56 | 3.89 | 258~270 | 1.2 | 3.19~3.23 | 3.23 |
| 3000 吨级自卸砂船 | 84.0~88.0 | 56 | 3.89 | 252~264 | 1.2 | 3.17~3.21 | 3.21 |
| 5000 吨级船舶 | 86.0 | 56 | 3.89 | 258 | 1.2 | 3.19 | 3.19 |
| 6000 吨级船舶 | 90.0 | 56 | 3.89 | 270 | 1.2 | 3.23 | 3.23 |

注:$X_c$-航道中心线至航道边缘的距离;$v_T$-船舶在航道内的最大行驶速度;$X_L$-航道中心线至3倍船长处的距离;$v_{min}$-船舶在航道内的最小行驶速度;$v_u$-船舶在航道内的正常行驶速度;$v$-船舶撞击速度。

②有限元仿真分析。

本桥基于 LS-DYNA 程序软件进行后续的船撞桥仿真模拟计算,分析各种因素对船撞桥的影响。

下面将对工况 13 进行分析。

工况 13[5000DWT(直倾船舶),最高通航水位,正撞,航速 4.5m/s,无防撞设施]船撞力计算模型及相关结果如图 5-26~图 5-29 所示。

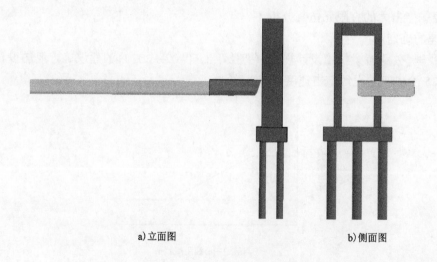

a) 立面图　　　　　　b) 侧面图

图 5-26　船舶撞击主墩模型(工况 13)

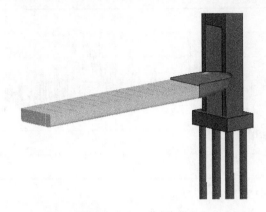

图 5-27 船舶撞击主墩整体效果(工况 13)

图 5-28 船舶撞击主墩不同时刻撞击效果(工况 13)

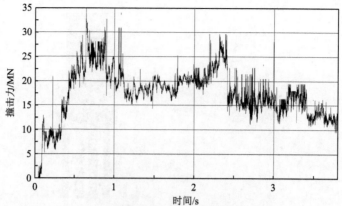

图 5-29 船舶撞击主墩撞击力时程曲线(工况 13)

不同工况下有限元仿真计算结果如表 5-15 所示。

不同工况下有限元仿真计算结果　　表 5-15

| 工况 | 船型 | 水位 | 正撞/侧撞 | 速度(m/s) | 防撞设施 | 撞击力/MN |
|---|---|---|---|---|---|---|
| 1 | 3000DWT | 最高通航水位 | 正撞 | 3 | 无 | 19.3 |
| 2 | 3000DWT | 最低通航水位 | 正撞 | 3 | 无 | 18.5 |
| 3 | 3000DWT(球鼻艏) | 最高通航水位 | 正撞 | 3 | 无 | 22.7 |
| 4 | 3000DWT(球鼻艏) | 最低通航水位 | 正撞 | 3 | 无 | 23.5 |
| 5 | 3000DWT 一顶二(一排两列) | 最高通航水位 | 正撞 | 3 | 无 | 28.5(双肢) |
| 6 | 3000DWT 一顶二(一排两列) | 最低通航水位 | 正撞 | 3 | 无 | 28.3(双肢) |
| 7 | 3000DWT 一顶二(两排一列) | 最高通航水位 | 正撞 | 3 | 无 | 22.5 |
| 8 | 3000DWT 一顶二(两排一列) | 最低通航水位 | 正撞 | 3 | 无 | 22.3 |
| 9 | 3000DWT 一顶二(一排两列) | 最高通航水位 | 正撞 | 2 | 无 | 16.2(双肢) |
| 10 | 3000DWT 一顶二(两排一列) | 最高通航水位 | 正撞 | 2 | 无 | 12.3 |
| 11 | 3000DWT(直倾船艏) | 最高通航水位 | 侧撞 | 3 | 无 | 6.7 |
| 12 | 3000DWT 一顶二(两排一列) | 最高通航水位 | 正撞 | 4.5 | 无 | 32.3 |
| 13 | 5000DWT(直倾船艏) | 最高通航水位 | 正撞 | 4.5 | 无 | 33.8 |
| 14 | 6000DWT(直倾船艏) | 最高通航水位 | 正撞 | 3 | 无 | 34.2 |
| 15 | 6000DWT(直倾船艏) | 最高通航水位 | 正撞 | 4.5 | 无 | 44.3 |

③拟合公式。

根据安徽铜陵长江大桥科研项目成果及大量有限元仿真分析结果发现,船舶撞击力与船舶速度及吨位变化不是单一的线性关系,而是一种非线性关系。因此,采用数学优化分析综合软件 1stOpt 对研究中的 12 组数据进行非线性拟合,可得撞击力 $F$ 与船舶速度 $v$ 及船舶吨位 DWT 之间的函数关系式如下:

$$F = 0.3244 \cdot v \cdot \mathrm{DWT}^{0.3962}$$

式中: $F$——船的最大撞击力,MN;

$v$——船撞击时的初速度,m/s;

DWT——船舶载重吨位,t。

(3)船舶撞击力的比较与分析

对应本桥的计算工况,分别对代表性船舶按各种规范计算船舶撞击力,计算结果见表5-16。其中,《公路桥涵设计通用规范》(JTG D60—2015)按海轮撞击作用的标准值考虑,通过规范式(4.4.2)计算,撞击力只与船舶吨级相关;《铁路桥涵设计规范》(TB 10002—2017)按照最不利的横桥向撞击作用考虑,其中撞击角度取90°,动能折减系数取0.5,船舶的弹性变形系数和墩台圬工的弹性变形系数按规范建议值0.5m/MN考虑。

各种规范、经验公式和有限元分析船撞力计算结果表　　　　表5-16

| 代表船型、船队 | 船速/(m/s) | 船撞力/MN | | | | | |
|---|---|---|---|---|---|---|---|
| | | AASHTO | EUROCODE 内河/海航 | 《铁路桥涵设计规范》(TB 10002—2017) | 《公路桥涵设计通用规范》(JTG D60—2015) | 《公路桥梁抗撞设计规范》(JTG/T 3360-02—2020) | 《公路桥梁抗撞设计规范》(JTG/T 3360-02—2020) |
| 3000吨级船舶 | 3.27 | 21.85 | 15.97/27.66 | 16.37 | 19.60 | — | 19.95 |
| 3000吨级一顶二** | 3.00 | 25.50 | 18.92/32.77 | 19.40 | 25.40 | — | 22.98 |
| 3000吨级一顶二** | 4.50 | 38.25 | 28.38/49.12 | 29.10 | 25.40 | — | 34.47 |
| 5000吨级船舶 | 4.50 | 47.27 | 27.40/47.46 | 27.40 | 32.67 | — | 36.60 |
| 5000吨级船舶 | 3.00 | 31.51 | 18.27/31.64 | 18.277 | 32.67 | — | 24.40 |
| 6000吨级船舶 | 4.50 | 50.98 | 29.55/51.18 | 29.55 | 38.00 | — | 37.68 |
| 6000吨级船舶 | 3.00 | 33.99 | 19.70/34.12 | 19.70 | 38.00 | — | 25.12 |
| 3000吨级船舶 | 3.27 | 25.31/无 | | 拟合公式(考虑船舶速度和吨位) | | | |
| 3000吨级一顶二** | 3.00 | 28.44(双肢) | | | | | |
| 3000DWT | 3.00 | 19.3/高 | | 有限元仿真分析 | | | |
| 3000DWT | 3.00 | 18.5/低 | | | | | |
| 3000DWT(球鼻艏) | 3.00 | 22.7/高 | | | | | |
| 3000DWT(球鼻艏) | 3.00 | 23.5/低 | | | | | |
| 3000DWT一顶二(一排两列) | 3.00 | 28.5/高(双肢) | | | | | |
| 3000DWT一顶二(一排两列) | 3.00 | 28.3/低(双肢) | | | | | |
| 3000吨级一顶二** | 3.00 | 22.5/高 | | | | | |
| 3000吨级一顶二** | 3.00 | 22.3/低 | | | | | |
| 3000DWT一顶二(一排两列) | 2.00 | 16.2/高(双肢) | | | | | |
| 3000吨级一顶二** | 2.00 | 12.3/高 | | | | | |
| 3000吨级一顶二** | 4.50 | 32.3/高 | | | | | |
| 5000DWT | 4.50 | 33.8/高 | | | | | |
| 6000DWT | 4.50 | 44.3/高 | | | | | |
| 6000DWT | 3.00 | 34.2/高 | | | | | |
| 3000DWT | 3.00 | 6.7侧撞/高 | | | | | |

注:船型未标注的为直倾船舶;"高"指最高通航水位,"低"是指最低通航水位;**指两排一列。

当速度较慢(2~3m/s)时,撞击力的有限元仿真计算结果与采用内河船舶刚度的欧洲规范(EUROCODE)公式、我国《公路桥涵设计通用规范》(JTG D60—2015)关于漂流物撞击力的计算公式相近;当速度较快(3~5m/s)时,有限元仿真计算结果与我国《公路桥涵设计通用规范》(JTG D60—2015)、《公路桥梁抗撞设计规范》(JTG/T 3360-02—2020)、美国 AASHTO 规范公式、采用海洋船舶刚度的欧洲规范(EUROCODE)公式以及动能折减系数取 0.5 的我国《铁路桥涵设计规范》(TB 10002—2017)公式等计算结果较为接近。

(4)桥梁船舶撞击风险概率分析

依据通航船舶流量预测结果、通航船舶吨位等级等,选取具有代表性的船舶代表此吨位范围的船舶年通航量,并计算此吨位范围船舶撞击桥墩的概率。依据桥梁、航道特征,采用美国 AASHTO 概率模型,对广西飞龙大桥通航孔墩进行船舶撞击风险概率计算,如表5-17所示。

表5-17 桥墩船撞概率风险分析表

| 桥梁 | 桥墩 | 航道 | | 船舶吨位DWT | 距离$X$/m | 船长$L$/m | 船舶宽度$B$/m | 桥墩宽度/m | 通航量/(艘/年) | AASHTO | |
|---|---|---|---|---|---|---|---|---|---|---|---|
| | | 桥跨/m | 航道宽/m | | | | | | | 概率×$10^{-4}$ | 总计×$10^{-4}$ |
| 广西飞龙大桥 | 6# | 185 | 115 | 3000 | 92.5 | 110 | 16.2 | 11 | 27375 | 2711.28 | 10543.11 |
| | 7# | 185 | 115 | 3000 | 92.5 | 110 | 16.2 | 11 | 27375 | 5120.55 | |
| | 8# | 185 | 115 | 3000 | 92.5 | 110 | 16.2 | 11 | 27375 | 2711.28 | |

由船舶撞击风险分析可知:6#、8#墩和7#墩年碰撞概率分别为 $2711.28 \times 10^{-4}$、$2711.28 \times 10^{-4}$ 和 $5120.55 \times 10^{-4}$,分别大于 $1 \times 10^{-4}$(AASHTO)、$1 \times 10^{-4}$(AASHTO)和 $3 \times 10^{-4}$(国内指南),碰撞概率大于规范规定值,需考虑桥墩防撞。但由于广西飞龙大桥航道通航条件影响评价未给出通航船舶具体数量及规格,故船撞桥倒塌概率无法计算。

### 5.4.3 船撞作用下结构安全评估与防撞力标准

(1)有限元模型的建立

为验算墩柱的结构安全性,此处利用 Midas Civil 对全桥结构进行有限元建模分析。全桥共建 247 个梁单元,6 个变截面组,有限元模型如图5-30所示。

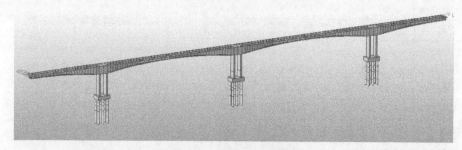

图5-30 全桥结构有限元模型

本桥也采用 ANSYS 有限元模型建立了仅考虑桥墩的简化模型,上部的桥墩与承台采用实体结构,采用 SOLID65 单元进行模拟,如图5-31所示。

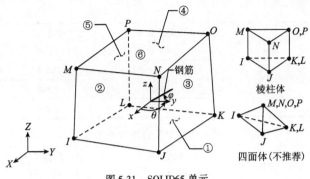

图 5-31 SOLID65 单元

底部桩用 BEAM188 梁单元进行模拟,每 1m 一个节段,材料参数采用相应混凝土的材料参数。BEAM188 适用于分析细长的梁,如图 5-32 所示。

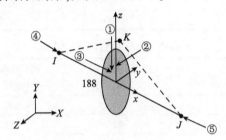

图 5-32 BEAM188 梁单元

(2)桩土相互作用

根据《公路桥涵地基与基础设计规范》(JTG 3363—2019)的规定,针对本桥的桩基:

$L_1 = 3.8 \text{m}, h_1 = 3 \times (2.2+1) = 9.6 \text{m}$,故 $L_1 < 0.6 h_1$。

$$k = b_2 + \frac{1-b_2}{0.6} \cdot \frac{L_1}{h_1} = 0.5 + \frac{1-0.5}{0.6} \times \frac{3.8}{9.6} = 0.83,$$

$$k_f = 0.9, b_1 = k_f k(d+1) = 0.9 \times 0.83 \times (2.2+1) = 2.4 \text{m}。$$

式中:$L_1$——平行于水平力方向的桩间净距;

$h_1$——地面或局部冲刷线以下的桩的计算埋入深度;

$k$——平行于水平力方向的桩间相互影响系数;

$k_f$——桩形换算系数。

桩底面地基土竖向地基系数 $C_0 = m_0 h$。

桩底的弹簧刚度 $E_z = C_0 \cdot S = 15 \times 30 \times \pi \times 1.1^2 = 1710.597 \text{MN/m}$。

由 m 法可知 $C_z = mz$,其中 $m$ 取《公路桥涵地基与基础设计规范》(JTG 3363—2019)表 L.0.2-1 中的平均值,则基桩的水平弹簧刚度 $E$ 的计算公式为:$E = b_1 C_z L$,其中 $b$ 为桩的计算宽度。每段桩计算参数如表 5-18 ~ 表 5-20 所示。

6#墩桩基水平弹簧刚度计算值　　表 5-18

| 土层深度 $z$/m | 每段桩长 $L$/m | 比例系数 $m$/(MN/m⁴) | 水平地基系数 $C$/(MN/m³) | 水平弹簧刚度 $E$/(MN/m) |
| --- | --- | --- | --- | --- |
| 3.5 | 3.5 | 10 | 35 | 294 |

续上表

| 土层深度 $z$/m | 每段桩长 $L$/m | 比例系数 $m$/(MN/m⁴) | 水平地基系数 $C$/(MN/m³) | 水平弹簧刚度 $E$/(MN/m) |
|---|---|---|---|---|
| 7.9 | 4.4 | 45 | 355.5 | 3754.08 |
| 14.3 | 6.4 | 300 | 4290 | 65894.4 |
| 30 | 15.7 | 15000 | 450000 | 16956000 |

7#墩桩基水平弹簧刚度计算值  表5-19

| 土层深度 $z$/m | 每段桩长 $L$/m | 比例系数 $m$/(MN/m⁴) | 水平地基系数/(MN/m³) | 水平弹簧刚度 $E$/(MN/m) |
|---|---|---|---|---|
| 6.1 | 6.1 | 10 | 61 | 893.04 |
| 10.2 | 4.1 | 45 | 459 | 4516.56 |
| 17.9 | 7.7 | 300 | 5370 | 99237.6 |
| 30 | 12.1 | 15000 | 450000 | 13068000 |

8#墩桩基水平弹簧刚度计算值  表5-20

| 土层深度 $z$/m | 每段桩长 $L$/m | 比例系数 $m$/(MN/m⁴) | 水平地基系数/(MN/m³) | 水平弹簧刚度 $E$/(MN/m) |
|---|---|---|---|---|
| 7.1 | 7.1 | 10 | 71 | 1209.84 |
| 13.4 | 6.3 | 45 | 603 | 9117.36 |
| 23.4 | 10 | 300 | 7020 | 168480 |
| 30 | 6.9 | 15000 | 450000 | 7452000 |

为了更精确计算桩土作用,选择《公路桥涵地基与基础设计规范》(JTG 3363—2019)对弹簧刚度进行模拟,见表5-21。

桩基土层计算参数  表5-21

| 土层厚度/m | 深度/m | $m$ 值 | 顺桥向弹性系数 | 横桥向弹性系数 |
|---|---|---|---|---|
| 1 | 1 | 10000 | 11950 | 12440 |
| 1 | 2 | 10000 | 35850 | 37320 |
| 1 | 3 | 10000 | 59750 | 62200 |
| 1 | 4 | 10000 | 83650 | 87080 |
| 1 | 5 | 10000 | 107550 | 111960 |
| 1 | 6 | 10000 | 131450 | 136840 |
| 1 | 7 | 45000 | 699075 | 727740 |
| 1 | 8 | 45000 | 806625 | 839700 |
| 1 | 9 | 45000 | 914175 | 951660 |
| 1 | 10 | 45000 | 1021725 | 1063620 |
| 1 | 11 | 45000 | 1129275 | 1175580 |
| 1 | 12 | 45000 | 1236825 | 1287540 |
| 1 | 13 | 300000 | 8962500 | 9330000 |
| 1 | 14 | 300000 | 9679500 | 10076400 |
| 1 | 15 | 300000 | 10396500 | 10822800 |

续上表

| 土层厚度/m | 深度/m | $m$ 值 | 顺桥向弹性系数 | 横桥向弹性系数 |
|---|---|---|---|---|
| 1 | 16 | 300000 | 11113500 | 11569200 |
| 1 | 17 | 300000 | 11830500 | 12315600 |
| 1 | 18 | 300000 | 12547500 | 13062000 |
| 1 | 19 | 300000 | 13264500 | 13808400 |
| 1 | 20 | 300000 | 13981500 | 14554800 |
| 1 | 21 | 300000 | 14698500 | 15301200 |
| 1 | 22 | 300000 | 15415500 | 16047600 |
| 1 | 23 | 15000000 | 806625000 | 839700000 |
| 1 | 24 | 15000000 | 842475000 | 877020000 |
| 1 | 25 | 15000000 | 878325000 | 914340000 |

(3)墩柱和桩基抗撞安全评估

基于船撞力计算结果,对上、下行航道位置处的 6#、7#、8# 墩进行结构性能安全验算。鉴于这三个桥墩的构造基本一致,遭受船舶撞击时产生的船撞力与桥墩的刚度直接相关,考虑上部结构因素,6#、8# 墩与 7# 墩内力虽有差别,但不考虑温度作用下,差别较小,可以不计。因此,仅需对其中一个桥墩进行分析即可。本书以 7# 桥墩船撞力作用下的结构或构件抗力计算为例,确定桥墩在船撞作用下的安全性。

①基于全桥模型的现结构抗船撞力预测计算(2.8m 抗弯)。

A. 墩柱控制。

a. 横桥向碰撞 36.5MN(高水位)。

计算长度:$l_0 = 0.5l = 0.5 \times 29.1 = 14.55\text{m}$。

长度系数:$\dfrac{l_0}{h} = \dfrac{14.55}{7} = 2.08 < 5$,不需考虑偏心距增大系数。

根据截面尺寸有:$b = 1800\text{mm}, h_0 = 6760\text{mm}$,

受压区纵向钢筋的截面面积:$A_s = 108 \times \dfrac{\pi \times 32^2}{4} = 86858.75\text{mm}^2$,

受拉区纵向钢筋的截面面积:$A_s = 108 \times \dfrac{\pi \times 32^2}{4} = 86858.75\text{mm}^2$,

截面受压区矩形应力图高度与实际受压区高度的比值:可由 $f_{cd}bx(e_s - h_0 + \dfrac{x}{2}) = f_{sd}A_s e_s - f'_{sd}A'_s e'_s$ 解得混凝土受压区高度 $x = 1201\text{mm} < \xi_b h_0 (= 3654\text{mm})$,故截面应为大偏心受压。

截面承载能力:

$$N_u = f_{cd}bx + f'_{sd}A'_s - \sigma_s A_s$$
$$= 22.4 \times 1800 \times 1201 + 330 \times 86858.75 - 330 \times 86858.75$$
$$= 48.44 \times 10^6 \text{N} = 48.44\text{MN} > \gamma_0 N (= 47.08\text{MN})$$

满足正截面承载能力要求。

b. 顺桥向碰撞 20MN(高水位)。

计算长度:$l_0 = 0.5l = 0.5 \times 29.1 = 14.55\text{m}$。

长度系数:$\dfrac{l_0}{h} = \dfrac{14.55}{1.8} = 8.08 > 5$,考虑偏心距增大系数。

根据截面尺寸有:$b = 7000\text{mm}$,$h_0 = 1661\text{mm}$。

受压区纵向钢筋的截面面积:$A_s = 207 \times \dfrac{\pi \times 32^2}{4} = 166479.28 \text{ mm}^2$。

受拉区纵向钢筋的截面面积:$A_s = 207 \times \dfrac{\pi \times 32^2}{4} = 166479.28 \text{ mm}^2$。

截面受压区矩形应力图高度与实际受压区高度的比值:$\beta = 0.8$。

偏心距及偏心距增大系数如表 5-22 所示。

**偏心距及偏心距增大系数**[顺桥向碰撞20MN(高水位)] 表 5-22

| 轴力/MN | 弯矩/(MN·m) | 偏心距/mm | 偏心距增大系数 |
| --- | --- | --- | --- |
| 52.3 | 107.4 | 2053.54 | 1.046 |

先假设截面为大偏心受压。这时,钢筋截面 $A_s$ 中的应力 $\sigma_s = f_{sd}$,由 $f_{cd}bx\left(e_s - h_0 + \dfrac{x}{2}\right) = f_{sd}A_s e_s - f'_{sd}A'_s e'_s$ 可解得混凝土受压区高度 $x = 372.76\text{mm} < \xi_b h_0(= 880\text{mm})$,故截面应为大偏心受压。

截面承载能力:

$$N_u = f_{cd}bx + f'_{sd}A'_s - \sigma_s A_s$$
$$= 22.4 \times 7000 \times 372.76 + 330 \times 166469.28 - 330 \times 166469.28$$
$$= 58.4 \times 10^6 \text{N} = 58.4 \text{MN} > \gamma_0 N(= 57.53\text{MN})$$

$$M_u = f_{cd}bx\left(h_0 - \dfrac{x}{2}\right) + f'_{sd}A'_s(h_0 - a'_s) = 169.8 \text{MN·m} > \gamma_0 N_d e(= 164.43 \text{MN·m})$$

满足正截面承载能力要求。

B. 桩基控制。

计算方法:利用迭代计算,对现结构能够抵御的在最不利的最高水位通航时的最大船撞力进行预测。经计算,横桥向碰撞时,单肢碰撞最大的船撞力为 53MN;顺桥向碰撞时,最大船撞力为 100MN。以下对该两种情形下的船撞力作用于结构,计算得其在桩顶产生的弯矩与轴力,再对截面承载力进行复核。计算参数如下:

长细比:$\dfrac{l_0}{d_I} = \dfrac{15}{2.8} = 5.36 < 7$,稳定性系数 $\varphi = 1$。

混凝土截面面积:$A_C = \dfrac{\pi d^2}{4} = \pi \times 2800^2/4 = 6157521.6 \text{mm}^2$。

纵向钢筋截面面积:$A_s = 144 \times \dfrac{\pi \times 32^2}{4} = 115811.7 \text{ mm}^2$。

纵向钢筋配筋率:$\rho = \dfrac{A_s}{A_C} = 0.0188$。

由钢筋布置图得:$r_s = 1277.5\text{mm}$,$g = 0.912$。

a. 横桥向单肢碰撞 53MN(高水位)。

最不利截面取桩顶处截面。偏心距及偏心距增大系数如表 5-23 所示。

**偏心距及偏心距增大系数[横桥向碰撞53MN(高水位)]**　　表5-23

| 工况 | 轴力/MN | 弯矩/(MN·m) | 偏心距/mm | 偏心距增大系数 |
|---|---|---|---|---|
| 53MN | 71.7 | 39.7 | 553.69 | 1.091 |

该工况下有关的混凝土承载力计算系数和纵向钢筋承载力系数 $A$、$B$、$C$、$D$ 如表5-24所示。

**圆形截面钢筋混凝土偏压构件正截面抗压承载力计算系数**　　表5-24

| 工况 | $A$ | $B$ | $C$ | $D$ |
|---|---|---|---|---|
| 53MN | 1.9994 | 0.6206 | 1.4529 | 1.2392 |

经计算可得：

$$A r^2 f_{cd} + C\rho r^2 f_{sd} = 80.77(\text{MN}) > \gamma_0 N_d = 78.87(\text{MN})$$

$$B r^3 f_{cd} + D\rho r^3 g f_{sd} = 46.68(\text{MN·m}) > \gamma_0 N_d e_0 = 43.67(\text{MN·m})$$

满足安全需求。

b. 顺桥向碰撞80MN(低水位)。

最不利截面取桩顶处截面。偏心距及偏心距增大系数如表5-25所示。

**偏心距及偏心距增大系数[顺桥向碰撞80MN(低水位)]**　　表5-25

| 工况 | 轴力/MN | 弯矩/(MN·m) | 偏心距/mm | 偏心距增大系数 |
|---|---|---|---|---|
| 80MN | 51.6 | 49.98 | 968.6 | 1.064 |

该工况下有关的混凝土承载力计算系数和纵向钢筋承载力系数 $A$、$B$、$C$、$D$ 如表5-26所示。

**圆形截面钢筋混凝土偏压构件正截面抗压承载力计算系数**　　表5-26

| 工况 | $A$ | $B$ | $C$ | $D$ |
|---|---|---|---|---|
| 80MN | 1.5548 | 0.6666 | 0.6734 | 1.7103 |

经计算可得：

$$A r^2 f_{cd} + C\rho r^2 f_{sd} = 57.26(\text{MN}) > \gamma_0 N_d = 56.76(\text{MN})$$

$$B r^3 f_{cd} + D\rho r^3 g f_{sd} = 56.03(\text{MN·m}) > \gamma_0 N_d e_0 = 54.98(\text{MN·m})$$

满足安全需求。

②基于全桥模型的现结构抗船撞力预测计算(2.8m抗剪)。

A. 钢筋混凝土墩柱抗剪承载力。

根据《公路桥梁抗撞设计规范》(JTG/T 3360-02—2020)附录A中关于计算抗剪承载力的规定,其中 $V_{sd}$ 为钢骨提供的抗剪承载力,在本例中为0,将计算结果列举如表5-27~表5-29所示。

**混凝土提供的墩柱抗剪承载力 $V_{cd}$ 计算结果**　　表5-27

| 方向 | $\rho_w$ | $f_{yh}$/MPa | $u_d$ | $c_1$ | $P_c$/kN | $A_g$/m² | $c_2$ | $V_{cd}$/kN 塑性铰内 | $V_{cd}$/kN 塑性铰外 |
|---|---|---|---|---|---|---|---|---|---|
| 顺桥向 | 0.0055 | 360 | 1.010318 | 0.25 | 51.8×10³ | 12.6 | 1.5 | 19244.62 | 19244.62 |
| 横桥向 | 0.0049 | 360 | 1.042398 | 0.25 | 42.8×10³ | 11.9 | 1.5 | 19244.62 | 19244.62 |

注：$\rho_w$-矩形箍筋在计算方向的体积配筋率；$V_{cd}$-混凝土部分的抗剪承载力设计值；$c_1$-配筋计算系数；$c_2$-轴力计算系数；$f_{yh}$-箍筋的抗拉强度设计值；$u_d$-构建塑性铰区的转角延性需求；$P_c$-包含侧倾力的墩柱轴力；$A_g$-构建横截面的毛截面面积。

**钢筋提供的墩柱抗剪承载力 $V_{wd}$ 计算结果**　　　　表 5-28

| 方向 | $A_v/mm^2$ | $f_{yh}/MPa$ | $d_j/m$ | $s$ | $V_{wd}/kN$ |
|---|---|---|---|---|---|
| 顺桥向 | 3821 | 360 | 1.661 | 0.1 | 22847.45 |
| 横桥向 | 1609 | 360 | 6.760 | 0.1 | 39151.76 |

注：$A_v$-加载方向的同一截面上箍筋的总截面面积；$d_j$-受压区边缘至受拉钢筋合力作用点的距离；$s$-箍筋间距；$V_{wd}$-箍筋部分的抗剪承载力设计值；其余符号含义同前。

**墩柱抗剪承载力计算结果**　　　　表 5-29

| 方向 | $V_{yd}/kN$ |
|---|---|
| 顺桥向 | 29464.45 |
| 横桥向 | 40877.46 |

注：$V_{yd}$-构件的抗剪承载力设计值；其余符号含义同前。

在 Midas 内提取相应碰撞下的墩柱的剪力值，可得：

横桥向碰撞 36.5MN：

$$V_{yd}=29464.45\mathrm{kN}>28704.4\mathrm{kN}(满足要求)$$

顺桥向碰撞 20MN：

$$V_{yd}=40877.46\mathrm{kN}>13085.6\mathrm{kN}(满足要求)$$

B. 桩基抗剪承载力计算。

根据《公路桥梁抗撞设计规范》(JTG/T 3360-02—2020) 附录 A 中关于计算抗剪承载力的规定，其中 $V_{sd}$ 为钢骨提供的抗剪承载力，在本例中为 0，桥墩采用 C30 混凝土，$f_c'$ 的取值为 14.3MPa，将计算结果列举如表 5-30 ~ 表 5-32 所示。

**混凝土提供的桩基抗剪承载力 $V_{cd}$ 计算结果**　　　　表 5-30

| 方向 | $\rho_w$ | $f_{yh}/MPa$ | $u_d$ | $c_1$ | $P_c/kN$ | $A_g/m^2$ | $c_2$ | $V_{cd}/kN$ | |
|---|---|---|---|---|---|---|---|---|---|
| | | | | | | | | 塑性铰内 | 塑性铰外 |
| 顺桥向 | 0.0049 | 360 | 1 | 0.25 | $51.6\times10^3$ | 6.16 | 1.5 | 8060.47 | 8060.47 |
| 横桥向 | 0.0049 | 360 | 1.17 | 0.25 | $71.7\times10^3$ | 6.16 | 1.5 | 8060.47 | 8060.47 |

**钢筋提供的桩基抗剪承载力 $V_{wd}$ 计算结果**　　　　表 5-31

| 方向 | $n_g$ | $f_{yh}/MPa$ | $A_{sp}/mm^2$ | $D'/m$ | $s$ | $V_{wd}/kN$ |
|---|---|---|---|---|---|---|
| 顺桥向 | 2 | 360 | 314 | 2.55 | 0.1 | 9069.9 |
| 横桥向 | 2 | 360 | 314 | 2.55 | 0.1 | 9069.9 |

注：$n_g$-独立的箍筋环数量；$A_{sp}$-同一截面螺旋或环形箍筋的总截面面积；$D'$-自箍筋环中心线量取的箍筋直径；其余符号含义同前。

**桩基抗剪承载力计算结果**　　　　表 5-32

| 方向 | $V_{yd}/kN$ |
|---|---|
| 顺桥向 | 11991.27 |
| 横桥向 | 11991.27 |

在 Midas 内提取相应碰撞下的最不利桩基的剪力值,可得:
横桥向碰撞 53MN:
$$V_{yd} = 11991.27\text{kN} < 13245.5\text{kN}(不满足要求)$$

经过反复调整撞击力,得到在 47.5MN 撞击下,桩基横桥向剪力值为 11876.8kN,满足要求。

顺桥向碰撞 80MN:
$$V_{yd} = 11991.27\text{kN} > 11971.1\text{kN}(满足要求)$$

③基于全桥模型的现结构抗船撞力预测计算(2.8m 抗拉)。

正截面抗拉承载力根据《公路钢筋混凝土及预应力混凝土桥涵设计规范》(JTG 3362—2018)第 5.4.4 条式(5.4.4)计算。现行规范计算公式需要反复求解,过程复杂。因此,对计算进行一定的简化,通过查表计算。

对于圆形受弯构件,经简化得到

$$m = \frac{f_y A_s}{f_{cd} A}$$

$$n = \frac{M}{f_{cd} A r_s}$$

$$p = \frac{r}{r_s}$$

式中:$A$——构件截面面积;
　　　$A_s$——全部纵向钢筋的截面面积;
　　　$f_{cd}$——混凝土抗压设计强度值;
　　　$f_y$——纵向钢筋的抗拉强度设计值;
　　　$M$——正截面抗弯承载力设计值;
　　　$r$——圆形截面的半径;
　　　$r_s$——纵向钢筋所在的圆周半径;
$m$、$n$、$p$——抗压承载力计算系数。

则可以推导得到 $m$、$n$ 的公式为

$$m = \frac{\sin 2\pi a - 2\pi a}{2\pi(a - a_t)}$$

$$n = \frac{2p \sin^3 \pi a}{3\pi a} + m \frac{\sin \pi a + \sin \pi a_t}{\pi}$$

式中:$a$——对应于受压区混凝土截面面积的圆心角与 $2\pi$ 的比值;
　　　$a_t$——纵向受拉钢筋截面面积与全部纵向钢筋截面面积的比值。

给出 $p = 1$ 和 $p = 1.5$,利用以上两式可以编制计算系数表,如表 5-33 所示。

计算系数表  表5-33

| $a$ | $m$ | $n_p = 1.0$ | $n_p = 1.5$ | $a$ | $m$ | $n_p = 1.0$ | $n_p = 1.5$ |
| --- | --- | --- | --- | --- | --- | --- | --- |
| 0.15 | 0.0266 | 0.0250 | 0.0349 | 0.275 | 0.2772 | 0.2318 | 0.2784 |
| 0.155 | 0.0298 | 0.0280 | 0.0388 | 0.28 | 0.3016 | 0.2505 | 0.2990 |
| 0.16 | 0.0333 | 0.0311 | 0.0430 | 0.285 | 0.3283 | 0.2707 | 0.3211 |
| 0.165 | 0.0371 | 0.0346 | 0.0475 | 0.29 | 0.3575 | 0.2925 | 0.3449 |
| 0.17 | 0.0413 | 0.0383 | 0.0523 | 0.295 | 0.3895 | 0.3163 | 0.3706 |
| 0.175 | 0.0458 | 0.0424 | 0.0575 | 0.3 | 0.4247 | 0.3422 | 0.3984 |
| 0.18 | 0.0507 | 0.0468 | 0.0631 | 0.305 | 0.4634 | 0.3704 | 0.4285 |
| 0.185 | 0.0560 | 0.0515 | 0.0690 | 0.31 | 0.5063 | 0.4013 | 0.4613 |
| 0.19 | 0.0618 | 0.0566 | 0.0754 | 0.315 | 0.5539 | 0.4352 | 0.4971 |
| 0.195 | 0.0681 | 0.0620 | 0.0822 | 0.32 | 0.6069 | 0.4726 | 0.5364 |
| 0.2 | 0.0748 | 0.0679 | 0.0895 | 0.325 | 0.6662 | 0.5140 | 0.5798 |
| 0.205 | 0.0821 | 0.0742 | 0.0972 | 0.33 | 0.7328 | 0.5601 | 0.6278 |
| 0.21 | 0.0901 | 0.0810 | 0.1055 | 0.335 | 0.8082 | 0.6117 | 0.6813 |
| 0.215 | 0.0986 | 0.0883 | 0.1143 | 0.34 | 0.8940 | 0.6699 | 0.7413 |
| 0.22 | 0.1079 | 0.0962 | 0.1236 | 0.345 | 0.9924 | 0.7359 | 0.8092 |
| 0.225 | 0.1179 | 0.1046 | 0.1336 | 0.35 | 1.1062 | 0.8116 | 0.8867 |
| 0.23 | 0.1288 | 0.1136 | 0.1443 | 0.355 | 1.2392 | 0.8992 | 0.9761 |
| 0.235 | 0.1405 | 0.1233 | 0.1556 | 0.36 | 1.3963 | 1.0018 | 1.0804 |
| 0.24 | 0.1531 | 0.1337 | 0.1677 | 0.365 | 1.5846 | 1.1238 | 1.2041 |
| 0.245 | 0.1668 | 0.1448 | 0.1806 | 0.37 | 1.8142 | 1.2712 | 1.3532 |
| 0.25 | 0.1817 | 0.1568 | 0.1943 | 0.375 | 2.0997 | 1.4532 | 1.5368 |
| 0.255 | 0.1978 | 0.1697 | 0.2090 | 0.38 | 2.4641 | 1.6838 | 1.7691 |
| 0.26 | 0.2152 | 0.1835 | 0.2246 | 0.385 | 2.9447 | 1.9860 | 2.0729 |
| 0.265 | 0.2342 | 0.1984 | 0.2414 | 0.39 | 3.6069 | 2.4000 | 2.4884 |
| 0.27 | 0.2548 | 0.2145 | 0.2593 | 0.395 | 4.5762 | 3.0030 | 3.0928 |

A. 横桥向碰撞(37MN)。

经过反复调整撞击力,在37MN的撞击力下,撞击在拉力下最大弯矩值为18936.7kN·m,对应拉力为16897.1kN。桩基 $r_s = 1277.5$ mm, $r = 1400$ mm,配置钢筋数量为 $72 \times 2$ 根,钢筋直径为 $\phi 32$ mm,计算结果如表5-34所示。

计算结果表  表5-34

| $m$ | $p$ | $f_{cd}$/MPa | $A$/mm | $f_y$/MPa | $A_s$/mm | $e_0$/mm |
| --- | --- | --- | --- | --- | --- | --- |
| 0.3855 | 1.0959 | 16.1 | 615724.6 | 330 | 115811.6 | 1120 |

利用系数进行插值计算可以得到 $n = 0.3273$。

正截面抗弯承载力:

$$M_{ud} = nf_{cd}Ar_s = 0.3273 \times 16.1 \times 615724.6 \times 1277.5 = 42221.85(\text{kN} \cdot \text{m})$$

$$N_{ud} = 330 \times 1158116 = 38217.83(kN)$$

于是

$$N = \frac{1}{\frac{1}{N_{ud}} + \frac{e_0}{M_{ud}}} = 18697.5(kN) > \gamma_0 N_d (=18586.8kN)$$

满足抗拉要求。

B. 顺桥向碰撞(65MN)。

经过反复调整撞击力，在65MN的撞击力下，撞击在拉力下最大弯矩值为32231.1kN·m，对应拉力为3501.4kN。桩基$r_s=1277.5mm$，$r=1400mm$，配置钢筋数量为$72\times2$根，钢筋直径为$\phi32mm$，计算结果如表5-35。

计算结果表　　　　　　　　　　表5-35

| $m$ | $p$ | $f_{cd}$/MPa | $A$/mm | $f_y$/MPa | $A_s$/mm | $e_0$/mm |
|---|---|---|---|---|---|---|
| 0.3855 | 1.0959 | 16.1 | 615724.6 | 330 | 115811.6 | 9205.2 |

利用系数进行插值计算可以得到，$n=0.3273$。

正截面抗弯承载力：

$$M_{ud} = nf_{cd}Ar_s = 0.3273 \times 16.1 \times 615724.6 \times 1277.5 = 42221.85(kN \cdot m)$$

$$N_{ud} = 330 \times 1158116 = 38217.83(kN)$$

于是

$$N = \frac{1}{\frac{1}{N_{ud}} + \frac{e_0}{M_{ud}}} = 3989.1(kN) > \gamma_0 N_d (=3851.54kN)$$

满足抗拉要求。

④承载能力复核结果。

通过计算分析，分别对墩身控制和桩基控制时的广西飞龙大桥最大船撞抗力进行预测，结果如表5-36所示，表中数值均为最高通航水位时的船只撞击力。考虑到顺桥向正撞的可能性很小(桥宽较小，并且横向水流流速非常低)，撞击角度一般不大于30°，若按此计算，顺桥向2.2m桩基抗撞能力为13.8MN的2倍，即27.6MN，顺桥向2.8m桩基抗撞能力为20.0MN的2倍，即40.0MN。

广西飞龙大桥关键构件抗力预测　　　　　　　　　　表5-36

| 模型 | 构件 | 横桥向正撞/MN | 顺桥向正撞/侧撞/MN |
|---|---|---|---|
| 全桥(2.2m桩径) | 墩柱(墩柱底端截面)抗弯 | 26.3 | 13.8/27.6 |
| | 桩基(桩基顶端截面)抗剪 | 15.5 | 24.0 |
| 全桥(2.5m桩径) | 墩柱(墩柱底端截面)抗弯 | 25.8 | 13.8/27.6 |
| | 桩基(桩基顶端截面)抗剪 | 22.0 | 33.0 |
| 全桥(2.8m桩径) | 墩柱(墩柱底端截面)抗剪 | 36.5 | 20/40 |
| | 桩基(桩基顶端截面)抗弯 | 53 | 100.0 |
| | 桩基(桩基顶端截面)抗拉 | 37 | 65.0 |

(4)抗撞评估结论与船撞抗力

郁江航道代表船型3000吨级一顶二船队在3m/s船撞速度撞击下,正面横桥向碰撞桥墩的撞击力为22.5MN(22500kN),顺桥向撞击力为11.25MN(11250kN);5000吨级船舶在4.5m/s船撞速度撞击下,正面横桥向碰撞桥墩的撞击力为33.8MN(33800kN),顺桥向撞击力为16.9MN(16900kN);6000吨级船舶在4.5m/s船撞速度撞击下,正面横桥向碰撞桥墩的撞击力为44.3MN(44300kN),顺桥向撞击力为22.15MN(22150kN)。根据此撞击力复核大桥大墩柱和桩基的安全性,结果表明在不设防撞设施的情况下,桥梁结构或构件承载能力不能满足规范要求,横桥向桩基和墩柱复核都不符合要求。

大桥墩柱(2.8m桩基)的横桥向船撞抗力为36.5MN(36500kN,最高通航水位,墩柱控制),顺桥向船撞抗力为40.0MN(40000kN,最高通航水位,墩柱控制)。为确保大桥结构和运营安全,必须设置防撞设施。

### 5.4.4 防撞与抗撞建议

①建议优先选择经济、安全、环保、耐久的缓冲消能防撞装置。增加墩柱配筋和增大桩径(2.8m)及其配筋并设置防撞设施后,计算分析结果表明,大桥能够满足抗船撞要求。

②除设置传统助航标志外,有条件的设置主动防撞设施,采用远程多源视频图像信号识别、跟踪和航迹预测技术,并通过船舶运行轨迹分析船舶撞击桥墩的危险性。通过桥梁防撞主动预警系统,对有可能撞击桥墩的船舶主动预警,降低桥梁被船舶撞击的风险。

③通过设置安全作业区,制订合理的临时通航方案,设置必要的施工临时助航标志、警示标志、警戒人员和警戒船舶,切实加强施工管理,维护好现场通航秩序,降低影响。

④应加强航运管理,规范航运行为,加强应急设施设备的配置,制订桥梁通航安全应急预案。

### 5.4.5 安全评估结论

①本桥在郁江航道代表船型3000吨级一顶二船队在3m/s(专家意见为6000吨级船舶,4.5m/s)船撞速度下若意外撞击墩柱,桥梁结构或构件承载能力不能满足规范要求,必须设置防撞设施。

②本桥墩柱(2.8m桩径)的横桥向船撞抗力为36.5MN(36500kN,最高通航水位,墩柱控制),顺桥向船撞抗力为40.0MN(40000kN,最高通航水位,墩柱控制)。

## 5.5 主桥引桥抗震性能分析研究

广西飞龙大桥主桥引桥抗震性能分析研究报告由广州大学工程抗震研究中心、减震控制与结构安全国家重点实验室培育基地编制完成。

### 5.5.1 研究内容

建立了空间动力计算有限元模型,并进行了结构动力特性分析,然后分别进行了E1作用下线弹性动力时程分析,以及 E2 作用下的非线性时程分析,分析研究大桥设计是否满足规范要求。

### 5.5.2 抗震设防水准及设防性能目标

大桥主桥抗震设防水准和设防性能目标如表 5-37 所示。

抗震设防水准和设防性能目标　　　　表 5-37

| 概率水平 | 重现期 | 结构性能要求 |
| --- | --- | --- |
| E1 地震作用 | 100 年 | 结构总体上一般不发生损坏或不需修复,可继续使用;对于延性抗震体系,主梁、墩柱、盖梁、基础以及支座各部分均应基本保持弹性 |
| E2 地震作用 | 2000 年 | 应保证不倒塌或产生严重结构损伤,经临时加固后可满足应急交通使用要求;对于延性抗震体系,主梁、盖梁、基础应基本保持弹性墩柱可进入塑性,但不应超出其极限延性能力以防止倒塌,上、下部结构之间传力路径有效;对于减隔震体系,主梁、墩柱、盖梁和基础应基本保持弹性,橡胶类减隔震支座宜控制剪应变在 250% 范围内,其他减隔震装置应不超过其最大变形能力 |

### 5.5.3 结构有限元建模及模态分析

(1) 有限元模型

采用 Midas Civil 2019 有限元程序,建立三维有限元动力计算模型进行抗震性能分析,计算模型以顺桥向为 $X$ 轴,横桥向为 $Y$ 轴,竖桥向为 $Z$ 轴,如图 5-33 所示。主梁和桥墩均采用空间梁单元模拟。

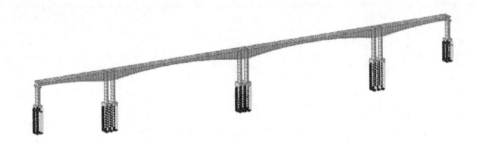

图 5-33　动力计算有限元模型

①支座模拟。

本桥过渡墩采用盆式支座 GPZ(2009)7SX、GPZ(2009)7DX 支座,纵向位移量为 ±200mm。活动盆式支座恢复力曲线采用如图 5-34 所示的理想弹塑性双线性模型。其中活动盆式支座的临界滑动摩擦力和初始刚度根据《公路桥梁抗震设计规范》(JTG/T 2231-01—2020)第 6.2.7 条式(6.2.7-2)、式(6.2.7-3)计算。

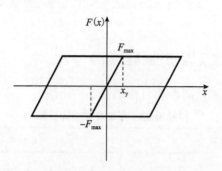

图 5-34 活动盆式支座恢复力模型

②桩土共同作用效应模拟。

桩土的共同作用采用等代土弹簧模拟,等代土弹簧的刚度采用表征土介质弹性值的 m 法进行计算。

(2)动力特性计算与分析

对所建立的动力计算有限元模型采用多重 Ritz 法进行动力特性分析,对该桥取前 135 阶振型时,顺桥向、横桥向及竖向累计振型贡献率均能达到 90% 以上,如表 5-38 所示。

结构前 135 阶周期与累计振型贡献率  表 5-38

| 振型阶数 | 周期/s | 顺桥向累计振型贡献率/% | 横桥向累计振型贡献率/% | 竖向累计振型贡献率/% |
|---|---|---|---|---|
| 1 | 3.039 | 65.36 | 0.00 | 0.00 |
| 2 | 2.389 | 65.36 | 49.57 | 0.00 |
| 3 | 2.148 | 65.36 | 49.83 | 0.00 |
| 4 | 1.721 | 65.36 | 65.57 | 0.00 |
| 5 | 1.551 | 65.36 | 65.85 | 0.00 |
| 6 | 1.347 | 65.36 | 65.85 | 0.00 |
| 7 | 1.159 | 65.36 | 67.53 | 0.00 |
| 8 | 1.063 | 65.36 | 67.53 | 9.87 |
| 9 | 0.890 | 65.36 | 67.56 | 9.87 |
| 10 | 0.680 | 65.36 | 67.58 | 9.87 |
| 11 | 0.662 | 65.42 | 67.58 | 9.88 |
| 12 | 0.622 | 65.42 | 67.58 | 21.75 |
| 13 | 0.514 | 65.50 | 67.58 | 21.76 |
| 14 | 0.511 | 65.50 | 67.61 | 21.76 |
| 15 | 0.480 | 66.21 | 67.61 | 21.97 |

续上表

| 振型阶数 | 周期/s | 顺桥向累计振型贡献率/% | 横桥向累计振型贡献率/% | 竖向累计振型贡献率/% |
|---|---|---|---|---|
| 16 | 0.456 | 66.25 | 67.61 | 24.78 |
| 17 | 0.426 | 67.26 | 67.61 | 25.41 |
| 18 | 0.423 | 67.26 | 69.64 | 25.41 |
| 19 | 0.380 | 67.26 | 69.65 | 25.41 |
| 20 | 0.372 | 67.27 | 69.65 | 26.45 |
| 21 | 0.343 | 67.27 | 70.47 | 26.45 |
| 22 | 0.322 | 67.27 | 70.47 | 26.45 |
| 23 | 0.300 | 67.27 | 70.48 | 26.45 |
| 24 | 0.291 | 67.28 | 70.48 | 34.88 |
| 25 | 0.258 | 67.28 | 70.50 | 34.88 |
| 26 | 0.241 | 69.48 | 70.50 | 34.88 |
| 27 | 0.239 | 72.32 | 70.50 | 35.21 |
| 28 | 0.229 | 72.37 | 70.50 | 37.73 |
| 29 | 0.219 | 72.37 | 73.01 | 37.73 |
| 30 | 0.218 | 75.03 | 73.01 | 38.38 |
| 31 | 0.209 | 75.03 | 79.61 | 38.38 |
| 32 | 0.207 | 75.36 | 79.61 | 38.38 |
| 33 | 0.204 | 75.36 | 79.82 | 38.38 |
| 34 | 0.203 | 77.03 | 79.82 | 38.46 |
| 35 | 0.199 | 77.28 | 79.82 | 38.50 |
| 36 | 0.198 | 77.28 | 79.82 | 38.50 |
| 37 | 0.197 | 78.94 | 79.82 | 38.50 |
| 38 | 0.190 | 79.33 | 79.82 | 38.50 |
| 39 | 0.181 | 79.33 | 80.31 | 38.50 |
| 40 | 0.175 | 79.33 | 80.31 | 38.50 |
| 41 | 0.175 | 79.33 | 80.31 | 38.50 |
| 42 | 0.174 | 79.33 | 83.73 | 38.50 |
| 43 | 0.159 | 80.37 | 83.73 | 38.55 |
| 44 | 0.157 | 80.46 | 83.73 | 42.66 |

续上表

| 振型阶数 | 周期/s | 顺桥向累计振型贡献率/% | 横桥向累计振型贡献率/% | 竖向累计振型贡献率/% |
| --- | --- | --- | --- | --- |
| 45 | 0.157 | 80.47 | 83.73 | 52.34 |
| 46 | 0.152 | 80.47 | 83.73 | 52.34 |
| 47 | 0.141 | 81.45 | 83.73 | 56.17 |
| 48 | 0.139 | 82.25 | 83.73 | 62.85 |
| 49 | 0.139 | 82.48 | 83.73 | 64.68 |
| 50 | 0.138 | 82.48 | 84.31 | 64.68 |
| 51 | 0.138 | 84.79 | 84.31 | 64.69 |
| 52 | 0.134 | 84.79 | 84.50 | 64.69 |
| 53 | 0.133 | 84.79 | 84.50 | 67.61 |
| 54 | 0.128 | 84.86 | 84.50 | 67.61 |
| 55 | 0.120 | 84.86 | 84.50 | 67.61 |
| 56 | 0.118 | 85.16 | 84.50 | 78.24 |
| 57 | 0.116 | 88.01 | 84.50 | 79.08 |
| 58 | 0.113 | 88.01 | 84.50 | 79.08 |
| 59 | 0.110 | 88.01 | 84.50 | 79.14 |
| 60 | 0.109 | 88.01 | 84.50 | 79.14 |
| 61 | 0.105 | 88.01 | 85.42 | 79.14 |
| 62 | 0.104 | 88.02 | 85.42 | 79.52 |
| 63 | 0.100 | 88.03 | 85.42 | 80.81 |
| 64 | 0.100 | 88.03 | 85.42 | 81.93 |
| 65 | 0.097 | 88.03 | 85.42 | 83.62 |
| 66 | 0.097 | 88.03 | 85.43 | 83.62 |
| 67 | 0.093 | 88.03 | 85.43 | 84.85 |
| 68 | 0.093 | 88.05 | 85.43 | 90.28 |
| 69 | 0.090 | 88.05 | 86.79 | 90.28 |
| 70 | 0.090 | 88.09 | 86.79 | 91.15 |
| 71 | 0.089 | 88.09 | 86.85 | 91.15 |
| 72 | 0.087 | 88.09 | 86.85 | 91.65 |
| 73 | 0.086 | 88.09 | 87.19 | 91.65 |

续上表

| 振型阶数 | 周期/s | 顺桥向累计振型贡献率/% | 横桥向累计振型贡献率/% | 竖向累计振型贡献率/% |
|---|---|---|---|---|
| 74 | 0.084 | 88.09 | 87.19 | 91.85 |
| 75 | 0.082 | 88.09 | 87.19 | 92.03 |
| 76 | 0.080 | 88.09 | 87.19 | 92.14 |
| 77 | 0.080 | 88.09 | 87.19 | 92.14 |
| 78 | 0.078 | 88.09 | 88.36 | 92.14 |
| 79 | 0.077 | 88.09 | 88.40 | 92.14 |
| 80 | 0.077 | 88.09 | 88.40 | 92.15 |
| 81 | 0.075 | 88.10 | 88.40 | 92.15 |
| 82 | 0.074 | 88.10 | 88.40 | 92.56 |
| 83 | 0.073 | 88.10 | 88.45 | 92.56 |
| 84 | 0.073 | 88.20 | 88.45 | 92.56 |
| 85 | 0.069 | 88.20 | 88.45 | 93.05 |
| 86 | 0.068 | 88.20 | 88.45 | 93.05 |
| 87 | 0.068 | 88.20 | 88.45 | 93.07 |
| 88 | 0.067 | 88.22 | 88.45 | 93.07 |
| 89 | 0.066 | 88.22 | 88.45 | 93.16 |
| 90 | 0.065 | 88.39 | 88.45 | 93.16 |
| 91 | 0.064 | 88.39 | 88.45 | 93.16 |
| 92 | 0.062 | 88.48 | 88.45 | 93.16 |
| 93 | 0.062 | 88.48 | 88.45 | 93.16 |
| 94 | 0.061 | 88.48 | 88.45 | 93.38 |
| 95 | 0.060 | 88.48 | 88.45 | 93.39 |
| 96 | 0.058 | 88.50 | 88.45 | 93.40 |
| 97 | 0.056 | 88.51 | 88.45 | 93.41 |
| 98 | 0.056 | 88.51 | 88.45 | 93.41 |
| 99 | 0.055 | 88.58 | 88.45 | 93.41 |
| 100 | 0.054 | 88.64 | 88.45 | 93.42 |
| 101 | 0.053 | 88.65 | 88.45 | 93.50 |
| 102 | 0.050 | 88.65 | 88.45 | 93.85 |

续上表

| 振型阶数 | 周期/s | 顺桥向累计振型贡献率/% | 横桥向累计振型贡献率/% | 竖向累计振型贡献率/% |
| --- | --- | --- | --- | --- |
| 103 | 0.050 | 88.65 | 88.45 | 93.85 |
| 104 | 0.049 | 88.66 | 88.45 | 93.86 |
| 105 | 0.046 | 88.66 | 88.45 | 94.09 |
| 106 | 0.045 | 88.68 | 88.45 | 94.10 |
| 107 | 0.042 | 88.68 | 88.45 | 95.26 |
| 108 | 0.041 | 88.71 | 88.45 | 95.32 |
| 109 | 0.040 | 88.71 | 88.48 | 95.35 |
| 110 | 0.040 | 88.71 | 88.48 | 95.99 |
| 111 | 0.039 | 88.71 | 88.65 | 95.99 |
| 112 | 0.037 | 88.82 | 88.65 | 96.02 |
| 113 | 0.036 | 88.82 | 88.84 | 96.02 |
| 114 | 0.036 | 88.84 | 88.84 | 96.17 |
| 115 | 0.033 | 88.93 | 88.84 | 96.18 |
| 116 | 0.031 | 88.94 | 88.84 | 96.22 |
| 117 | 0.030 | 88.97 | 88.84 | 96.23 |
| 118 | 0.026 | 88.97 | 88.84 | 96.29 |
| 119 | 0.024 | 88.97 | 88.90 | 96.29 |
| 120 | 0.023 | 89.59 | 88.90 | 96.29 |
| 121 | 0.022 | 89.62 | 88.90 | 96.47 |
| 122 | 0.021 | 89.62 | 89.62 | 96.47 |
| 123 | 0.020 | 89.99 | 89.63 | 96.47 |
| 124 | 0.017 | 90.00 | 90.37 | 96.47 |
| 125 | 0.017 | 90.00 | 90.37 | 98.26 |
| 126 | 0.016 | 91.85 | 90.37 | 98.27 |
| 127 | 0.014 | 91.92 | 90.37 | 98.73 |
| 128 | 0.014 | 91.97 | 93.62 | 98.74 |
| 129 | 0.013 | 94.31 | 93.69 | 98.74 |
| 130 | 0.010 | 94.31 | 94.70 | 98.74 |
| 131 | 0.009 | 94.76 | 94.70 | 98.75 |
| 132 | 0.009 | 94.76 | 94.70 | 99.45 |
| 133 | 0.005 | 94.76 | 94.70 | 99.96 |
| 134 | 0.002 | 94.77 | 98.49 | 99.96 |
| 135 | 0.002 | 99.57 | 98.50 | 99.96 |

(3)地震动输入

根据工程场地地震动参数和场地条件,结合《公路桥梁抗震设计细则》(JTG/T B02-01—2008)[1],选择了 7 条地震波、5 条天然波和 2 条人工波。目标反应谱如图 5-35 所示,地震波代表波形如图 5-36 所示。

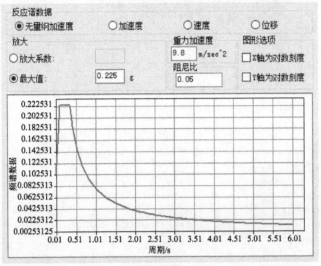

a) E1 目标谱

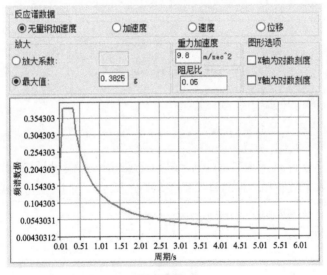

b) E2 目标谱

图 5-35 目标反应谱图

分析时,只考虑水平向地震作用而不考虑竖向地震作用,分别沿顺桥向 $X$ 和横桥向 $Y$ 按照如下组合方式进行地震动输入。

---

[1] 广西飞龙大桥两阶段施工图设计于 2020 年 2 月获得批复,《公路桥梁抗震设计规范》(JTG/T 2231-01—2020)自 2020 年 11 月 20 日起实施,故该桥抗震计算采用《公路桥梁抗震设计细则》(JTG/T B02-01—2008)。

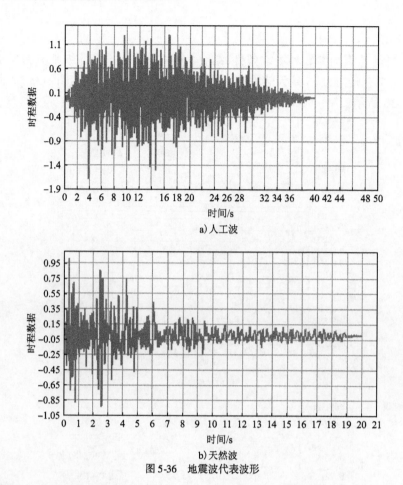

a) 人工波

b) 天然波

图 5-36 地震波代表波形

①顺桥向：$1.0 \times E_x + 0.3 \times E_y$。

②横桥向：$1.0 \times E_y + 0.3 \times E_x$。

(4) 桥墩弯矩-曲率分析

桥墩的弯矩-曲率分析如图 5-37 所示。按照《公路桥梁抗震设计细则》(JTG/T B02-01—2008) 第 7.2.4 条计算了墩底和墩顶的斜截面抗剪承载力，桥墩抗剪、抗弯承载力如表 5-39 所示。

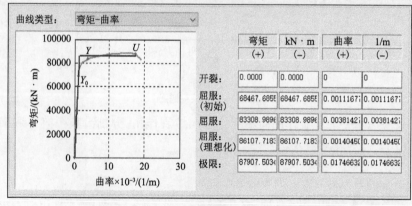

a) 过渡墩

图 5-37

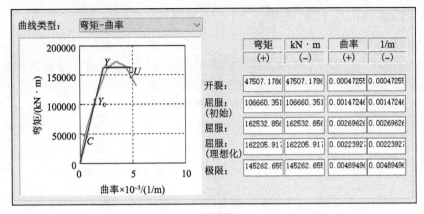

b) 次边墩

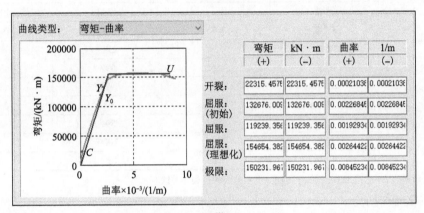

c) 7#墩

图 5-37 弯矩-曲率分析图

**桥墩抗剪、抗弯承载力**　　表 5-39

| 位置 | 墩号 | 纵向抗剪承载力/kN | 横向抗剪承载力/kN | 开裂弯矩（纵向）/（kN·m） | 抗弯承载力（纵向）/（kN·m） |
|---|---|---|---|---|---|
| 墩底 | 5#墩 | 27458 | 26227 | — | 83309 |
|  | 6#墩 | 31750 | 22112 | 47507 | 162533 |
|  | 7#墩 | 31750 | 22112 | 22315 | 119239 |
|  | 8#墩 | 31750 | 22112 | 47507 | 162533 |
|  | 9#墩 | 27458 | 26227 | — | 83309 |
| 墩顶 | 6#墩 | 31750 | 22112 | 47246 | 162533 |
|  | 7#墩 | 31750 | 22112 | 21284 | 160413 |
|  | 8#墩 | 31750 | 22112 | 47246 | 162533 |

### 5.5.4 线弹性时程分析结果

(1) E1 顺桥向内力

在 E1 顺桥向内力作用下,利用线弹性时程分析方法,可以得到各桥墩关键截面地震响应。取 7 条波的平均值作为最终输出结果,如表 5-40 所示。

**E1 作用下顺桥向桥墩关键截面内力**　　　　表 5-40

| 位置 | 墩号 | 轴力/kN | 剪力/kN | 弯矩/(kN·m) |
|---|---|---|---|---|
| 墩底 | 5#墩 | 419 | 1798 | 32591 |
| | 6#墩 | 2544 | 1178 | 19906 |
| | 6'#墩 | 2428 | 1179 | 19911 |
| | 7#墩 | 2546 | 1139 | 17932 |
| | 7'#墩 | 2494 | 1139 | 17934 |
| | 8#墩 | 2657 | 1292 | 19719 |
| | 8'#墩 | 3035 | 1292 | 19714 |
| | 9#墩 | 554 | 2133 | 39012 |
| 墩顶 | 6#墩 | 2562 | 992 | 3963 |
| | 6'#墩 | 2642 | 992 | 3969 |
| | 7#墩 | 2575 | 890 | 3560 |
| | 7'#墩 | 2514 | 891 | 3562 |
| | 8#墩 | 2698 | 1006 | 4023 |
| | 8'#墩 | 3055 | 1005 | 4022 |

注:6#、7#、8#墩代表小里程侧薄壁肢;6'#、7'#、8'#墩代表大里程侧薄壁肢。

(2) E1 横桥向内力

考虑 E1 横桥向作用下,利用线弹性时程分析方法,可以得到各桥墩关键截面地震响应。取 7 条波的平均值作为最终输出结果,如表 5-41 所示。

**E1 作用下横桥向桥墩关键截面内力**　　　　表 5-41

| 位置 | 墩号 | 轴力/kN | 剪力/kN | 弯矩/(kN·m) |
|---|---|---|---|---|
| 墩底 | 5#墩 | 126 | 1621 | 29385 |
| | 6#墩 | 763 | 1752 | 46307 |
| | 6'#墩 | 728 | 2547 | 53889 |
| | 7#墩 | 764 | 2406 | 71559 |
| | 7'#墩 | 748 | 2632 | 73631 |
| | 8#墩 | 797 | 2517 | 54706 |
| | 8'#墩 | 911 | 1459 | 42840 |
| | 9#墩 | 166 | 1581 | 27320 |
| 墩顶 | 6#墩 | 768 | 1668 | 28348 |
| | 6'#墩 | 739 | 2256 | 21584 |
| | 7#墩 | 773 | 2091 | 31781 |
| | 7'#墩 | 754 | 2307 | 29441 |
| | 8#墩 | 809 | 2325 | 19972 |
| | 8'#墩 | 917 | 1337 | 29070 |

注:6#、7#、8#墩代表小里程侧薄壁肢;6'#、7'#、8'#墩代表大里程侧薄壁肢。

分析结果表明，E1地震作用下，桥梁的弯矩、剪力反应均在弹性范围内，满足规范要求。

### 5.5.5 非线性时程分析结果

(1) E2 顺桥向内力

在E2顺桥向内力作用下，利用非线性时程分析方法，可以得到各桥墩关键截面地震响应，取7条波的平均值作为最终输出结果，如表5-42所示。

E2作用下顺桥向桥墩关键截面内力　　表5-42

| 位置 | 墩号 | 轴力/kN | 剪力/kN | 弯矩/(kN·m) |
|---|---|---|---|---|
| 墩底 | 5#墩 | 11914 | 1429 | 23291 |
| | 6#墩 | 9348 | 1492 | 30389 |
| | 6'#墩 | 41498 | 1481 | 30137 |
| | 7#墩 | 27543 | 1141 | 21736 |
| | 7'#墩 | 27798 | 1136 | 21527 |
| | 8#墩 | 41634 | 1430 | 26923 |
| | 8'#墩 | 9915 | 1441 | 27172 |
| | 9#墩 | 11949 | 1634 | 27023 |
| 墩顶 | 6#墩 | 5912 | 1424 | 5697 |
| | 6'#墩 | 38055 | 1413 | 5653 |
| | 7#墩 | 23825 | 1015 | 4060 |
| | 7'#墩 | 24081 | 1007 | 4027 |
| | 8#墩 | 38119 | 1281 | 5125 |
| | 8'#墩 | 6478 | 1292 | 5168 |

注：6#、7#、8#墩代表小里程侧薄壁肢；6'#、7'#、8'#墩代表大里程侧薄壁肢。

(2) E2 横桥向内力

考虑E2横桥向内力作用下，利用非线性时程分析方法，可以得到各桥墩关键截面地震响应，取7条波的平均值作为最终输出结果，如表5-43所示。

E2作用下横桥向桥墩关键截面内力　　表5-43

| 位置 | 墩号 | 轴力/kN | 剪力/kN | 弯矩/(kN·m) |
|---|---|---|---|---|
| 墩底 | 5#墩 | 11826 | 1626 | 25551 |
| | 6#墩 | 7650 | 1867 | 60416 |
| | 6'#墩 | 39795 | 3029 | 72710 |
| | 7#墩 | 25807 | 3029 | 94968 |
| | 7'#墩 | 26026 | 3361 | 99410 |
| | 8#墩 | 39725 | 3273 | 77523 |
| | 8'#墩 | 7994 | 1992 | 63095 |
| | 9#墩 | 11835 | 1998 | 31707 |

续上表

| 位置 | 墩号 | 轴力/kN | 剪力/kN | 弯矩/(kN·m) |
|---|---|---|---|---|
| 墩顶 | 6#墩 | 4209 | 1762 | 35118 |
| | 6'#墩 | 36357 | 2777 | 26459 |
| | 7#墩 | 22088 | 2678 | 42769 |
| | 7'#墩 | 22305 | 3074 | 39090 |
| | 8#墩 | 36288 | 3076 | 27305 |
| | 8'#墩 | 4551 | 1887 | 38210 |

注：6#、7#、8#墩代表小里程侧薄壁肢；6'#、7'#、8'#墩代表大里程侧薄壁肢。

E2 地震作用下，墩底剪力最大值为：顺桥向 1634kN(9#墩)，横桥向 3361kN(7'#墩)，纵、横向抗剪性能满足规范要求。

墩顶剪力最大值为：顺桥向 1424kN(6#墩)，横桥向 3076kN(8#墩)，纵、横向抗剪性能满足规范要求；

墩底弯矩最大值为：顺桥向 30389kN·m(6#墩)，横桥向 99410kN·m(7'#墩)，进入开裂，但未屈服，满足抗震设计要求；

墩顶弯矩最大值为：顺桥向 5697kN·m(6#墩)，横桥向 42769kN·m(7#墩)，进入开裂，但未屈服，满足抗震设计要求。

(3) 位移验算

在 E2 地震作用下，桥梁可按下式验算桥墩墩顶的位移：

$$\Delta_d \leq \Delta_u$$

式中：$\Delta_d$——在 E2 地震作用下墩顶的位移；

$\Delta_u$——桥墩容许位移，m，按《公路桥梁抗震设计细则》(JTG/T B02-01—2008)第 7.4.7 条或第 7.4.8 条计算。

按以上所述方法，对 E2 地震作用下进入塑性工作状态的桥墩进行墩顶、支座位移验算，如表 5-44 所示。

E2 作用下墩顶、支座位移验算　　　　表 5-44

| 位置 | 墩号 | 顺桥向位移 $D_X(m)$ | 横桥向位移 $D_Y(m)$ |
|---|---|---|---|
| 墩顶 | 5#墩 | 0.047 | 0.032 |
| | 6#墩 | 0.113 | 0.060 |
| | 6'#墩 | 0.112 | 0.064 |
| | 7#墩 | 0.100 | 0.115 |
| | 7'#墩 | 0.100 | 0.117 |
| | 8#墩 | 0.100 | 0.080 |
| | 8'#墩 | 0.101 | 0.072 |
| | 9#墩 | 0.048 | 0.025 |
| 支座 | 支座位移 | 0.126 | 0.101 |

注：6#、7#、8#墩代表小里程侧薄壁肢；6'#、7'#、8'#墩代表大里程侧薄壁肢。

桥梁墩顶顺桥向、横桥向位移和支座位移均小于200mm,墩顶位移和盆式支座位移均满足规范要求。

### 5.5.6 研究结论

(1)E1地震作用下

桥梁的弯矩、剪力反应均在弹性范围内,满足规范要求。

(2)E2地震作用下

顺桥向墩底剪力最大值为1634kN($9^\#$墩),横桥向为3361kN($7'^\#$墩)。纵、横向抗剪性能满足规范要求。

顺桥向墩顶剪力最大值为1424kN($6^\#$墩),横桥向为3076kN($8^\#$墩)。纵、横向抗剪性能满足规范要求。

顺桥向墩底弯矩最大值为30389kN·m($6^\#$墩),横桥向为99410kN·m($7'^\#$墩)。进入开裂状态,但未屈服,满足抗震设计要求。

顺桥向墩顶弯矩最大值为5697kN·m($6^\#$墩),横桥向为42769kN·m($7^\#$墩)。进入开裂状态,但未屈服,满足抗震设计要求。

桥梁墩顶顺桥向、横桥向位移和支座位移均小于200mm,墩顶位移满足规范要求,所设计的盆式支座位移量满足规范要求。

# 第 6 章

# 结构计算

本章重点介绍了广西飞龙大桥整体、上部结构受力稳定性分析及计算,为大跨径波形钢腹板预应力混凝土组合梁桥结构设计及计算提供参考。

## 6.1 基本信息

### 6.1.1 计算模型

采用 Midas Civil 2019 进行结构受力计算,有限元模型如图 6-1 所示。

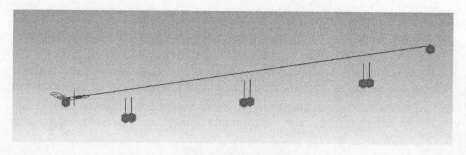

图 6-1 有限元计算模型图

### 6.1.2 主要工程材料

①箱梁顶板、底板、横隔梁、转向块、齿块处采用 C60 混凝土,抗压强度标准值 $f_{ck}$ 为 38.5MPa,抗压强度设计值 $f_{cd}$ 为 26.5MPa,抗拉强度标准值 $f_{tk}$ 为 2.85MPa,抗拉强度设计值 $f_{td}$ 为 1.96MPa。

②桥墩采用 C50 混凝土,抗压强度标准值 $f_{ck}$ 为 32.4MPa,抗压强度设计值 $f_{cd}$ 为 22.4MPa,抗拉强度标准值 $f_{tk}$ 为 2.65MPa,抗拉强度设计值 $f_{td}$ 为 1.83MPa。

③桩基、承台处采用 C35 混凝土,抗压强度标准值 $f_{ck}$ 为 23.4MPa,抗压强度设计值 $f_{cd}$ 为 16.1MPa,抗拉强度标准值 $f_{tk}$ 为 2.20MPa,抗拉强度设计值 $f_{td}$ 为 1.52MPa。

④波形钢腹板、翼缘板采用 Q420qNH 耐候钢,屈曲应力为 420MPa,抗拉强度为 540MPa,设计荷载作用下的容许剪应力为 120MPa、容许拉/压应力为 260MPa,极限荷载作用下的容许剪应力为 150MPa、容许拉/压应力为 200MPa。

⑤普通钢筋:主要受力钢筋及构造钢筋采用 HRB400,钢筋的屈服应力 $\sigma_{sy}$ 为 335MPa,容许拉应力 $\sigma_{sa}$ 为 140MPa。

⑥预应力钢绞线采用 $\phi^s15.2$,公称直径为 15.2mm,公称面积 140.0mm²,弹性模量 $E_p = 1.95 \times 10^5$ MPa,材料强度及容许值如表 6-1 所示。

预应力钢绞线的强度及容许应力　　　　　　　表 6-1

| 项目 | 体内束 | 体外束 |
|---|---|---|
| 材料 | 高强度低松弛钢绞线 | 高强度低松弛钢绞线 |
| 公称直径/mm | $\phi^s15.2$ | $\phi^s15.2$ |
| 抗拉强度标准值 $f_{tk}$/MPa | 1860 | 1860 |
| 抗拉强度设计值 $f_{td}$/MPa | 1260 | 1260 |
| 正常使用容许拉应力/MPa | 1209 | 1209 |

## 6.1.3　荷载作用

1. 恒载

箱梁截面的混凝土与钢板重量之和作为主梁自重,以均布荷载形式作用于结构,而横梁以及齿块重量,则作为集中荷载。其中混凝土重度取 26kN/m³;波形钢腹板重度为 78.5kN/m³;沥青混凝土铺装材料厚度 10cm,沥青混凝土与水泥混凝土之间设防水层,二期恒载按单位长度重量 65.3kN/m。

2. 预应力

本桥采用后张法施加预应力,体外预应力张拉控制应力为 $\sigma_{con}$ = 1150MPa,体内预应力张拉控制应力为 $\sigma_{con}$ = 1395MPa。

3. 活载

本桥活载为公路-Ⅰ级汽车荷载,计算跨径为 185m,按照《公路桥涵设计通用规范》(JTG D60—2015),$q_k$ = 10.5kN/m,$p_k$ = 360kN,计算剪应力效应时,集中荷载 $p_k$ 乘 1.2。

根据《公路桥涵设计通用规范》(JTG D60—2015)规定,活载冲击系数取 0.05。

4. 温度荷载

根据《公路桥涵设计通用规范》(JTG D60—2015)中有关温度规定以及本桥所处的位置,取整体升温为 23℃,整体降温为 -24℃。考虑铺装 10cm 厚沥青混凝土,梯度温度 $T_1$ 取 14℃,$T_2$ 取 5.5℃,$A$ 取 300mm[其中,$A$ 的含义参见《公路桥涵设计通用规范》(JTG D60—2015)中图 4.3.12]。

5. 支座沉降

根据桥位处的地质条件,本桥各支点沉降值为 2cm,并通过程序自行组合,求出最不利的支座沉降效应。

6. 挂篮荷载

本桥采用悬臂浇筑施工工艺,取挂篮荷载为600kN。

## 6.2 内力计算

根据 Midas Civil 计算结果,选取计算截面:边跨端支点截面、边跨 $L/4$ 截面、边跨跨中截面、边跨 $3L/4$ 截面、边中墩左截面、边中墩右截面、中跨 $L/8$ 截面、中跨 $L/4$ 截面、中跨跨中截面。表6-2、表6-3 为最大悬臂 19# 块钢束张拉后与施加二期恒载后结构内力表。表 6-4 ~ 表 6-9 分别为承载能力极限状态与正常使用极限状态最不利弯矩、剪力及扭矩组合,其中承载能力极限状态不考虑预应力初效应。

**最大悬臂 19# 块钢束张拉后内力**    表 6-2

| 设计参数 | 轴力 $F$/kN | 剪力 $V$/kN | 弯矩 $M$/(kN·m) | 扭矩 $T$/(kN·m) |
|---|---|---|---|---|
| 边跨端支点截面 | 0 | 0 | 0 | 0 |
| 边跨 $L/4$ 截面 | -23314 | 4836 | -19484 | 0 |
| 边跨跨中截面 | -90400 | 12254 | -82627 | 0 |
| 边跨 $3L/4$ 截面 | -158935 | 21731 | -109722 | 0 |
| 边中墩左截面 | -269545 | 34809 | 137654 | 0 |
| 边中墩右截面 | -269617 | -34897 | 131824 | 0 |
| 中跨 $L/8$ 截面 | -172427 | -20799 | -76487 | 0 |
| 中跨 $L/4$ 截面 | -104464 | -12752 | -87701.37 | 0 |
| 中跨跨中截面 | 0 | 0 | 0 | 0 |

**施加二期恒载后内力**    表 6-3

| 设计参数 | 轴力 $F$/kN | 剪力 $V$/kN | 弯矩 $M$/(kN·m) | 扭矩 $T$/(kN·m) |
|---|---|---|---|---|
| 边跨端支点截面 | -61050 | 1384 | -25562 | 0 |
| 边跨 $L/4$ 截面 | -85405 | 5140 | -39538 | 1 |
| 边跨跨中截面 | -102023 | 12040 | -42974 | 0 |
| 边跨 $3L/4$ 截面 | -170063 | 23176 | -69659.76 | 0 |
| 边中墩左截面 | -299544 | 38267 | 222532 | 0 |
| 边中墩右截面 | -301563 | -40692 | 186157 | 0 |
| 中跨 $L/8$ 截面 | -196653 | 23893 | -11509 | 0 |
| 中跨 $L/4$ 截面 | -123189 | -15202 | 21677 | 0 |
| 中跨跨中截面 | -94431 | 41 | -33190 | 0 |

**承载能力极限状态下的最不利弯矩组合**　　　　　表 6-4

| 设计参数 | $M_{dmax}/(kN \cdot m)$ | $M_{dmin}/(kN \cdot m)$ |
|---|---|---|
| 边跨端支点截面 | −1759 | −3689 |
| 边跨 $L/4$ 截面 | 66653 | −5682 |
| 边跨跨中截面 | −128327 | −263169 |
| 边跨 $3L/4$ 截面 | −591759 | −844042 |
| 边中墩左截面 | −1181721 | −1626337 |
| 边中墩右截面 | −1237341 | −1768464 |
| 中跨 $L/8$ 截面 | −623667 | −922080 |
| 中跨 $L/4$ 截面 | −132903 | −277270 |
| 中跨跨中截面 | 290328 | 174846 |

**正常使用极限状态下的最不利弯矩组合**　　　　　表 6-5

| 设计参数 | $M_{smax}/(kN \cdot m)$ | $M_{dmin}/(kN \cdot m)$ | $M_{lmax}/(kN \cdot m)$ | $M_{lmin}/(kN \cdot m)$ | $M_{kmax}/(kN \cdot m)$ | $M_{kmin}/(kN \cdot m)$ |
|---|---|---|---|---|---|---|
| 边跨端支点截面 | −24682 | −25518 | −24683 | −25158 | −24683 | −25931 |
| 边跨 $L/4$ 截面 | −985 | −47566 | −10844 | −45234 | 9020 | −50200 |
| 边跨跨中截面 | −434 | −71621 | −9307 | −66849 | 10584 | −77015 |
| 边跨 $3L/4$ 截面 | −42037 | −137765 | −44962 | −125537 | −34043 | −149687 |
| 边中墩左截面 | 221020 | 79821 | 219939 | 107683 | 228634 | 55213 |
| 边中墩右截面 | 173919 | −22791 | 169893 | 23166 | 186462 | 4147 |
| 中跨 $L/8$ 截面 | −3154 | −111841 | −6830 | −82934 | 2782 | −135380 |
| 中跨 $L/4$ 截面 | 54569 | −19592 | 49074 | −8005 | 62067 | −29956 |
| 中跨跨中截面 | 23762 | −27527 | 12612 | −26017 | 35535 | −29961 |

**承载能力极限状态下的最不利剪力组合**　　　　　表 6-6

| 设计参数 | $V_{dmax}/kN$ | $V_{dmin}/kN$ |
|---|---|---|
| 边跨端支点截面 | 3028 | 1291 |
| 边跨 $L/4$ 截面 | 5702.60 | 1518.84 |
| 边跨跨中截面 | 17795.77 | 11567.06 |
| 边跨 $3L/4$ 截面 | 32394.43 | 23174.15 |
| 边中墩左截面 | 50468 | 37511 |
| 边中墩右截面 | −40148 | −54208 |
| 中跨 $L/8$ 截面 | −26227.99 | −36682.50 |
| 中跨 $L/4$ 截面 | −15771.33 | −23346.09 |
| 中跨跨中截面 | 1917.48 | −1503.58 |

正常使用极限状态下的最不利剪力组合 表6-7

| 设计参数 | $V_{smax}$/kN | $V_{smin}$/kN | $V_{lmax}$/kN | $V_{lmin}$/kN | $V_{kmax}$/kN | $V_{kmin}$/kN |
| --- | --- | --- | --- | --- | --- | --- |
| 边跨端支点截面 | 2054 | 1343 | 1747 | 1343 | 2403 | 1343 |
| 边跨 $L/4$ 截面 | 5923 | 3711 | 5658 | 4067 | 6198 | 3317 |
| 边跨跨中截面 | 13523 | 11188 | 12982 | 11327 | 14030 | 10985 |
| 边跨 $3L/4$ 截面 | 25327 | 22557 | 24473 | 22596 | 26070 | 22448 |
| 边中墩左截面 | 40881 | 37649 | 39779 | 37665 | 41800 | 37563 |
| 边中墩右截面 | 28594 | 4480 | 25241 | 6405 | −33040 | −37501 |
| 中跨 $L/8$ 截面 | −24364 | −27371 | −24428 | −26214 | −24313 | −28287 |
| 中跨 $L/4$ 截面 | −14684 | −17216 | −14795 | −16337 | −14590 | −17932 |
| 中跨跨中截面 | 1212 | −828 | 830 | −461 | 1543 | −1148 |

承载能力极限状态下的最不利扭矩组合 表6-8

| 设计参数 | $T_{dmax}$/(kN·m) | $T_{dmin}$/(kN·m) |
| --- | --- | --- |
| 边跨端支点截面 | 2146.73 | −227.57 |
| 边跨 $L/4$ 截面 | 1898.78 | −2664.80 |
| 边跨跨中截面 | 3469.50 | −1659.08 |
| 边跨 $3L/4$ 截面 | 5700.20 | −1834.24 |
| 边中墩左截面 | 7454 | −2465.16 |
| 边中墩右截面 | 3539 | −9869 |
| 中跨 $L/8$ 截面 | 2814.35 | −8205.43 |
| 中跨 $L/4$ 截面 | 2244.39 | −6169.54 |
| 中跨跨中截面 | 2926.65 | −2949.20 |

正常使用极限状态下的最不利扭矩组合 表6-9

| 设计参数 | $T_{smax}$/(kN·m) | $T_{smin}$/(kN·m) | $T_{lmax}$/(kN·m) | $T_{lmin}$/(kN·m) | $T_{kmax}$/(kN·m) | $T_{kmin}$/(kN·m) |
| --- | --- | --- | --- | --- | --- | --- |
| 边跨端支点截面 | 1043 | −129 | 589 | −67 | 1544 | −173 |
| 边跨 $L/4$ 截面 | 1183 | −1545 | 581 | −787 | 1496 | −2041 |
| 边跨跨中截面 | 1986 | −1124 | 1020 | −528 | 2645 | −1352 |
| 边跨 $3L/4$ 截面 | 3328 | −1487 | 1691 | −639 | 4378 | −1617 |
| 边中墩左截面 | 4431 | −2012 | 2230 | −848 | 5765 | −2138 |
| 边中墩右截面 | 3428 | −4063 | 1609 | −1970 | 2849 | −7393 |
| 中跨 $L/8$ 截面 | 2288 | −4912 | 963 | −2462 | 2426 | −6363 |
| 中跨 $L/4$ 截面 | 1783 | −3651 | 774 | −1842 | 1960 | −4763 |
| 中跨跨中截面 | 1814 | −1825 | 893 | −899 | 2301 | −2317 |

表中 $M_{dmax}$、$M_{dmin}$、$V_{dmax}$、$V_{dmin}$、$T_{tdmax}$、$T_{tdmin}$ 分别为承载能力极限状态下截面最大及最小弯矩、剪力和扭矩，表中 $M_s$、$M_1$、$M_k$、$V_s$、$V_1$、$V_k$、$T_{ts}$、$T_{tl}$、$T_{tk}$ 分别为正常使用极限状态下荷载效应频遇组合、准永久组合及标准组合下的弯矩、剪力和扭矩。

## 6.3 承载能力极限状态计算

根据 Midas Civil 计算结果以及选取的典型截面，提取的具体数值如图 6-2 和表 6-10 所示。

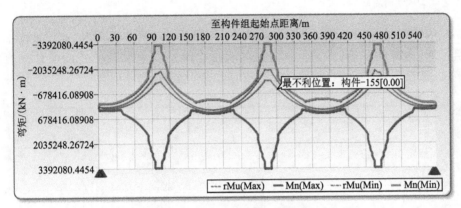

图 6-2　承载能力极限状态抗弯计算结果图

注：rMu(Max)是考虑结构重要性系数基本组合作用下弯矩最大时的设计值；rMu(Min)是考虑结构重要性系数基本组合作用下弯矩最小时的设计值；Mn(Max)是基本组合作用下弯矩最大时的弯矩抗力值；Mn(Min)是基本组合作用下弯矩最小时的弯矩抗力值。

承载能力极限状态下抗弯计算结果表　　表 6-10

| 设计参数 | $\gamma_0 M_{dmax}$/(kN·m) | $\gamma_0 M_{dmin}$/(kN·m) | $M_{u正}$/(kN·m) | $M_{u负}$/(kN·m) | 是否满足要求 |
| --- | --- | --- | --- | --- | --- |
| 边跨端支点截面 | -1934.9 | -4057.9 | 196573 | 196573 | 是 |
| 边跨 $L/4$ 截面 | 73318.3 | -6250.2 | 189752 | 201844 | 是 |
| 边跨跨中截面 | -141160 | -289486 | 548001 | 548001 | 是 |
| 边跨 $3L/4$ 截面 | -650935 | -928446 | 1245068 | 1245068 | 是 |
| 边中墩左截面 | -1299893 | -1788971 | 3342338 | 3342338 | 是 |
| 边中墩右截面 | -1361075 | -1945310 | 3342338 | 3342338 | 是 |
| 中跨 $L/8$ 截面 | -686034 | -1014288 | 1278752 | 1278752 | 是 |
| 中跨 $L/4$ 截面 | -146193 | -304997 | 614146 | 614146 | 是 |
| 中跨跨中截面 | 319360.8 | 192330.6 | 376543 | 376543 | 是 |

从图6-2及表6-10中可以看出,按照《公路钢筋混凝土及预应力混凝土桥涵设计规范》(JTG 3362—2018)第5.2.2条计算,结构重要性系数乘作用效应的抗弯组合设计最大值均小于或等于构件抗弯承载力设计值,结构重要性系数取1.1。结果表明,结构承载能力极限状态下抗弯验算结果满足规范要求。

## 6.4 正常使用极限状态计算

### 6.4.1 抗裂计算

图6-3、表6-11是结构正截面抗裂计算结果。从图6-4和表6-11可知,在正常使用极限状态频遇组合下,全截面受压,符合《公路钢筋混凝土及预应力混凝土桥涵设计规范》(JTG 3362—2018)第6.3.1条规定且具备一定的压应力安全储备。

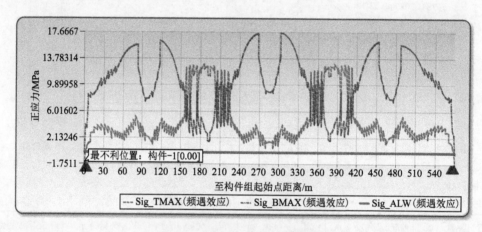

图6-3 结构正截面抗裂计算结果图

注:Sig_TMAX(频遇效应):顶板在频遇组合作用下应力最大值;Sig_BMAX(频遇效应):底板在频遇组合作用下应力最大值;Sig_ALW(频遇效应):底板在频遇组合作用下允许应力最大值。

特征截面频遇组合下正常使用极限状态截面抗裂计算结果　　表6-11

| 设计参数 | $\sigma_{st} - 0.80\sigma_{pe}$/MPa | | 容许值/MPa | 是否满足要求 |
| --- | --- | --- | --- | --- |
| | 上缘 | 下缘 | | |
| 边跨端支点截面附近 | 0.22 | 4.05 | 0 | 是 |
| 边跨$L/4$截面附近 | 3.2 | 10.8 | 0 | 是 |
| 边跨跨中截面附近 | 2.3 | 12.5 | 0 | 是 |
| 边跨$3L/4$截面附近 | 3.3 | 15.7 | 0 | 是 |
| 边中墩左截面附近 | 2.5 | 7.8 | 0 | 是 |
| 墩顶截面附近 | 1.6 | 8.9 | 0 | 是 |
| 边中墩右截面附近 | 1.5 | 8.9 | 0 | 是 |

续上表

| 设计参数 | $\sigma_{at}-0.80\sigma_{pe}$/MPa | | 容许值/MPa | 是否满足要求 |
| --- | --- | --- | --- | --- |
| | 上缘 | 下缘 | | |
| 中跨 $L/8$ 截面附近 | 4.3 | 16.1 | 0 | 是 |
| 中跨 $L/4$ 截面附近 | 4.1 | 11.0 | 0 | 是 |
| 中跨跨中截面附近 | 11.5 | 1.4 | 0 | 是 |
| 中墩墩顶截面附近 | 1.6 | 8.9 | 0 | 是 |

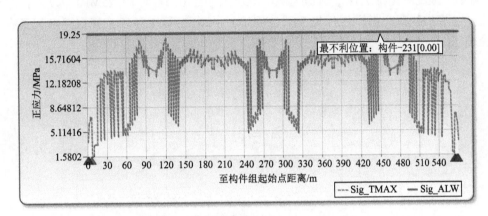

图6-4 使用阶段正截面压应力计算(顶)包络图

## 6.4.2 挠度计算

图6-5为挠度计算位置示意图。表6-12分别为边跨跨中断面 $A—A$ 以及中跨中跨断面 $B—B$ 节点处各项荷载作用下的竖向挠度。计算结果表明,上部结构使用阶段挠度计算满足《公路钢筋混凝土及预应力混凝土桥涵设计规范》(JTG 3362—2018)第6.5.2条规定。

图6-5 挠度计算位置示意图

挠度计算结果　　　　　　　　　　　表6-12

| 位置 | 频遇组合长期挠度/mm | 容许值/mm | 是否满足要求 |
| --- | --- | --- | --- |
| $A—A$ | -21.81 | ±167 | 是 |
| $B—B$ | -78.05 | ±308 | 是 |

## 6.5 持久状况以及短暂状况应力计算

### 6.5.1 持久状况应力计算

**1. 混凝土法向应力**

全桥单元压应力验算以及选取的典型断面压应力验算如图 6-4、图 6-6 以及表 6-13 所示,主梁受压区混凝土最大压应力值为 16.80MPa,小于 $0.5f_{ck}=19.25$MPa,满足《公路钢筋混凝土及预应力混凝土桥涵设计规范》(JTG 3362—2018)第 7.1.5 条规定要求且具有一定的安全储备。

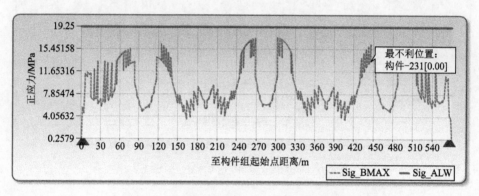

图 6-6 使用阶段正截面压应力计算(底)包络图

受压区混凝土最大压应力计算结果　　　　　　　　　　　　表 6-13

| 设计参数 | 受压区混凝土最大压应力$(\sigma_{kc}+\sigma_{pt})$/MPa | | $0.5f_{ck}$/MPa | 是否满足要求 |
|---|---|---|---|---|
| | 上缘 | 下缘 | | |
| 边跨端支点截面附近 | 6.23 | — | 19.25 | 是 |
| 边跨 $L/4$ 截面附近 | — | 13.29 | 19.25 | 是 |
| 边跨跨中截面附近 | 12.86 | — | 19.25 | 是 |
| 边跨 $3L/4$ 截面附近 | — | 15.56 | 19.25 | 是 |
| 中支点左截面附近 | 14.22 | — | 19.25 | 是 |
| 中支点右截面附近 | 13.85 | — | 19.25 | 是 |
| 中跨 $L/8$ 截面附近 | 16.80 | — | 19.25 | 是 |
| 中跨 $L/4$ 截面附近 | 15.53 | — | 19.25 | 是 |
| 中跨跨中截面附近 | 14.28 | — | 19.25 | 是 |

**2. 预应力筋最大拉应力**

本桥预应力筋拉应力计算结果如表 6-14 所示,满足《公路钢筋混凝土及预应力混凝土桥涵设计规范》(JTG 3362—2018)第 7.1.5 条规定且满足一定限制的要求。

钢束拉应力计算结果 表6-14

| 编号 | 名称 | 最大拉应力/MPa | 容许应力/MPa | 是否满足要求 | 编号 | 名称 | 最大拉应力/MPa | 容许应力/MPa | 是否满足要求 |
|---|---|---|---|---|---|---|---|---|---|
| 1 | ybc1 | 1182 | 1209 | 是 | 54 | zbs5 | 1186 | 1209 | 是 |
| 2 | ybc2 | 1198 | 1209 | 是 | 55 | zt0 | 1050 | 1209 | 是 |
| 3 | ybc3 | 1194 | 1209 | 是 | 56 | zt1 | 1117 | 1209 | 是 |
| 4 | ybc4 | 1202 | 1209 | 是 | 57 | zt10 | 1175 | 1209 | 是 |
| 5 | ybc5 | 1206 | 1209 | 是 | 58 | zt11 | 1178 | 1209 | 是 |
| 6 | ybc6 | 1110 | 1209 | 是 | 59 | zt12 | 1179 | 1209 | 是 |
| 7 | ybc7 | 1108 | 1209 | 是 | 60 | zt13 | 1182 | 1209 | 是 |
| 8 | ybs1 | 1166 | 1209 | 是 | 61 | zt14 | 1186 | 1209 | 是 |
| 9 | ybs2 | 1178 | 1209 | 是 | 62 | zt15 | 1189 | 1209 | 是 |
| 10 | ybs3 | 1177 | 1209 | 是 | 63 | zt16 | 1192 | 1209 | 是 |
| 11 | ybs4 | 1187 | 1209 | 是 | 64 | zt17 | 1205 | 1209 | 是 |
| 12 | ybs5 | 1186 | 1209 | 是 | 65 | zt18 | 1194 | 1209 | 是 |
| 13 | yt0 | 1050 | 1209 | 是 | 66 | zt19 | 1192 | 1209 | 是 |
| 14 | yt1 | 1117 | 1209 | 是 | 67 | zt2 | 1158 | 1209 | 是 |
| 15 | yt10 | 1175 | 1209 | 是 | 68 | zt20 | 1181 | 1209 | 是 |
| 16 | yt11 | 1178 | 1209 | 是 | 69 | zt3 | 1184 | 1209 | 是 |
| 17 | yt12 | 1179 | 1209 | 是 | 70 | zt4 | 1198 | 1209 | 是 |
| 18 | yt13 | 1182 | 1209 | 是 | 71 | zt5 | 1201 | 1209 | 是 |
| 19 | yt14 | 1186 | 1209 | 是 | 72 | zt6 | 1200 | 1209 | 是 |
| 20 | yt15 | 1189 | 1209 | 是 | 73 | zt7 | 1195 | 1209 | 是 |
| 21 | yt16 | 1193 | 1209 | 是 | 74 | zt8 | 1189 | 1209 | 是 |
| 22 | yt17 | 1205 | 1209 | 是 | 75 | zt9 | 1184 | 1209 | 是 |
| 23 | yt18 | 1194 | 1209 | 是 | 76 | ztc1 | 1147 | 1209 | 是 |
| 24 | yt19 | 1192 | 1209 | 是 | 77 | zts1 | 1196 | 1209 | 是 |
| 25 | yt2 | 1158 | 1209 | 是 | 78 | zts2 | 1190 | 1209 | 是 |
| 26 | yt20 | 1180 | 1209 | 是 | 79 | zts3 | 1188 | 1209 | 是 |
| 27 | yt3 | 1184 | 1209 | 是 | 80 | zts4 | 1190 | 1209 | 是 |
| 28 | yt4 | 1198 | 1209 | 是 | 81 | ztwb1 | 1086 | 1116 | 是 |
| 29 | yt5 | 1200 | 1209 | 是 | 82 | ztwb2 | 1087 | 1116 | 是 |
| 30 | yt6 | 1200 | 1209 | 是 | 83 | ztwc1 | 1096 | 1116 | 是 |
| 31 | yt7 | 1195 | 1209 | 是 | 84 | ztwc2 | 1096 | 1116 | 是 |
| 32 | yt8 | 1189 | 1209 | 是 | 85 | zzt0 | 1053 | 1209 | 是 |
| 33 | yt9 | 1183 | 1209 | 是 | 86 | zzt1 | 1120 | 1209 | 是 |
| 34 | ytc1 | 1147 | 1209 | 是 | 87 | zzt10 | 1179 | 1209 | 是 |
| 35 | yts1 | 1194 | 1209 | 是 | 88 | zzt11 | 1178 | 1209 | 是 |
| 36 | yts2 | 1188 | 1209 | 是 | 89 | zzt12 | 1177 | 1209 | 是 |
| 37 | yts3 | 1187 | 1209 | 是 | 90 | zzt13 | 1178 | 1209 | 是 |
| 38 | yts4 | 1189 | 1209 | 是 | 91 | zzt14 | 1177 | 1209 | 是 |
| 39 | ytwb1 | 1067 | 1116 | 是 | 92 | zzt15 | 1175 | 1209 | 是 |
| 40 | ytwb2 | 1087 | 1116 | 是 | 93 | zzt16 | 1173 | 1209 | 是 |
| 41 | ytwc1 | 1096 | 1116 | 是 | 94 | zzt17 | 1176 | 1209 | 是 |
| 42 | ytwc2 | 1096 | 1116 | 是 | 95 | zzt18 | 1170 | 1209 | 是 |
| 43 | zbc1 | 1182 | 1209 | 是 | 96 | zzt19 | 1168 | 1209 | 是 |
| 44 | zbc2 | 1198 | 1209 | 是 | 97 | zzt2 | 1161 | 1209 | 是 |
| 45 | zbc3 | 1196 | 1209 | 是 | 98 | zzt20 | 1164 | 1209 | 是 |
| 46 | zbc4 | 1200 | 1209 | 是 | 99 | zzt3 | 1187 | 1209 | 是 |
| 47 | zbc5 | 1206 | 1209 | 是 | 100 | zzt4 | 1201 | 1209 | 是 |
| 48 | zbc6 | 1110 | 1209 | 是 | 101 | zzt5 | 1205 | 1209 | 是 |
| 49 | zbc7 | 1108 | 1209 | 是 | 102 | zzt6 | 1205 | 1209 | 是 |
| 50 | zbs1 | 1157 | 1209 | 是 | 103 | zzt7 | 1200 | 1209 | 是 |
| 51 | zbs2 | 1172 | 1209 | 是 | 104 | zzt8 | 1194 | 1209 | 是 |
| 52 | zbs3 | 1175 | 1209 | 是 | 105 | zzt9 | 1188 | 1209 | 是 |
| 53 | zbs4 | 1185 | 1209 | 是 | 106 | — | — | — | — |

### 6.5.2　短暂状况混凝土的法向压应力计算

表 6-15 为 Midas Civil 中提取出来的施工阶段箱梁上、下缘法向应力计算结果。施工阶段最大应力出现在墩顶支点处,约 13.2MPa,靠近中支点截面出现的最大应力为 13.2MPa,满足《公路钢筋混凝土及预应力混凝土桥涵设计规范》(JTG 3362—2018)第 7.2.8 条规定。

箱梁上、下缘法向应力计算结果　　　　　　　表 6-15

| 设计参数 | 应力/MPa | | 容许值/MPa | 是否满足要求 |
| --- | --- | --- | --- | --- |
| | 上缘 | 下缘 | | |
| 边跨端支点截面 | — | 5.5 | 21.90 | 是 |
| 边跨 $L/4$ 截面 | — | 15.1 | 21.90 | 是 |
| 边跨跨中截面 | — | 12.4 | 21.90 | 是 |
| 边跨 $3L/4$ 截面 | 15.2 | — | 21.90 | 是 |
| 中支点左截面 | 11.7 | — | 21.90 | 是 |
| 中支点右截面 | 12.0 | — | 21.90 | 是 |
| 中跨 $L/8$ 截面 | 15.8 | — | 21.90 | 是 |
| 中跨 $L/4$ 截面 | — | 13.2 | 21.90 | 是 |
| 中跨跨中截面 | — | 12.7 | 21.56 | 是 |

## 6.6　桥面板计算

### 6.6.1　截面内力计算

图 6-7 为考虑 10 年收缩徐变后结构弯矩图,表 6-16 为考虑 10 年收缩徐变后结构内力表。表 6-17 ~ 表 6-20 分别为承载能力极限状态与正常使用极限状态下最不利弯矩、剪力组合。

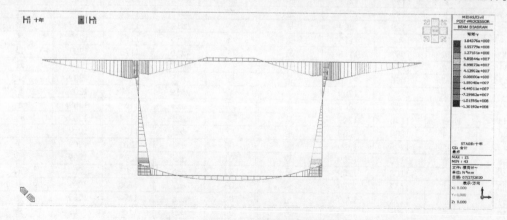

图 6-7　考虑 10 年收缩徐变后结构弯矩图

**考虑10年收缩徐变后结构内力表**　　　　　　　　　　表6-16

| 截面 | 轴力 $F$/kN | 剪力 $V$/kN | 弯矩 $M$/(kN·m) |
|---|---|---|---|
| $A$—$A$ | −819.6 | 41.27 | 104.76 |
| $B$—$B$ | −843.76 | 66.53 | 175.16 |
| $C$—$C$ | −879.66 | −48.84 | 128.01 |
| $D$—$D$ | −873.46 | −23.24 | 57.45 |
| $E$—$E$ | −874.92 | −9.01 | −34.32 |
| $F$—$F$ | −875.45 | 0.02 | −30.68 |

**承载能力极限状态下最不利弯矩组合**　　　　　　　　表6-17

| 截面 | $M_{\text{dmax}}$/(kN·m) | $M_{\text{dmin}}$/(kN·m) |
|---|---|---|
| $A$—$A$ | −32 | −47 |
| $B$—$B$ | −94 | −190 |
| $C$—$C$ | −137 | −296 |
| $D$—$D$ | −7 | −134 |
| $E$—$E$ | 27 | −121 |
| $F$—$F$ | 41 | −116 |

**正常使用极限状态下最不利弯矩组合**　　　　　　　　表6-18

| 截面 | $M_{\text{smax}}$/(kN·m) | $M_{\text{dmin}}$/(kN·m) | $M_{\text{lmax}}$/(kN·m) | $M_{\text{lmin}}$/(kN·m) | $M_{\text{kmax}}$/(kN·m) | $M_{\text{kmin}}$/(kN·m) |
|---|---|---|---|---|---|---|
| $A$—$A$ | 105 | 99 | 105 | 102 | 105 | 99 |
| $B$—$B$ | 175 | 137 | 175 | 156 | 175 | 127 |
| $C$—$C$ | 128 | 73 | 128 | 98 | 128 | 53 |
| $D$—$D$ | 94 | 49 | 79 | 54 | 110 | 49 |
| $E$—$E$ | 12 | −41 | −8 | −37 | 32 | −41 |
| $F$—$F$ | 19 | −38 | −2 | −33 | 41 | −38 |

**承载能力极限状态下最不利剪力组合**　　　　　　　　表6-19

| 截面 | $V_{\text{dmax}}$/kN | $V_{\text{dmin}}$/kN |
|---|---|---|
| $A$—$A$ | 58 | 42 |
| $B$—$B$ | 244 | 66 |
| $C$—$C$ | −49 | −284 |
| $D$—$D$ | −11 | −165 |
| $E$—$E$ | 31 | −88 |
| $F$—$F$ | 59 | −59 |

正常使用极限状态下最不利剪力组合 表6-20

| 设计参数 | $V_{smax}$/kN | $V_{dmin}$/kN | $V_{lmax}$/kN | $V_{lmin}$/kN | $V_{kmax}$/kN | $V_{kmin}$/kN |
|---|---|---|---|---|---|---|
| A—A | 47 | 41 | 44 | 41 | 47 | 41 |
| B—B | 133 | 66 | 103 | 66 | 160 | 66 |
| C—C | -49 | -137 | -49 | -99 | -49 | -174 |
| D—D | -18 | -76 | -20 | -54 | -16 | -99 |
| E—E | 7 | -39 | 0 | -26 | 13 | -52 |
| F—F | 23 | -23 | 13 | -13 | 33 | -33 |

### 6.6.2 顶板横向安全计算

**1. 施工阶段应力**

顶板施工阶段应力如图6-8所示。结果表明,顶缘压应力 $\sigma'_{cc} = 4.994\text{MPa} \leqslant 0.7f'_{ck}$（= 21.896MPa）,满足《公路钢筋混凝土及预应力混凝土桥涵设计规范》(JTG 3362—2018) 第7.2.8条要求,除钢束外,只需要配置构造钢筋即可满足要求。

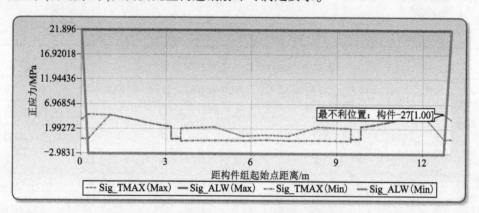

图6-8 短暂状况构件应力验算结果图(顶板)

**2. 正常使用极限状态抗裂**

抗裂计算结果如表6-21、表6-22所示。结果表明,顶板在正常使用极限状态下抗裂验算满足《公路钢筋混凝土及预应力混凝土桥涵设计规范》(JTG 3362—2018) 第6.3.1条A类构件预应力混凝土构件正截面抗裂验算要求。

正截面抗裂频遇组合计算结果 表6-21

| 截面 | $\sigma_{st} - \sigma_{pc}$/MPa | | 容许值/MPa | 是否满足要求 |
|---|---|---|---|---|
| | 上缘 | 下缘 | | |
| A—A | 3.4 | -0.5 | -1.995 | 是 |
| B—B | 0.0 | 0.0 | -1.995 | 是 |

续上表

| 截面 | $\sigma_{st} - \sigma_{pc}$/MPa | | 容许值/MPa | 是否满足要求 |
|---|---|---|---|---|
| | 上缘 | 下缘 | | |
| C—C | 2.0 | 0.0 | -1.995 | 是 |
| D—D | 2.9 | -0.1 | -1.995 | 是 |
| E—E | 0.5 | 4.3 | -1.995 | 是 |
| F—F | 0.6 | 4.1 | -1.995 | 是 |

**斜截面抗裂频遇组合计算结果**　　　　表 6-22

| 截面 | $\sigma_{tp}$/MPa | | 容许值/MPa | 是否满足要求 |
|---|---|---|---|---|
| | 上缘 | 下缘 | | |
| A—A | 0.00 | -0.54 | -1.425 | 是 |
| B—B | 0.00 | 0.00 | -1.425 | 是 |
| C—C | 0.00 | 0.00 | -1.425 | 是 |
| D—D | 0.00 | 0.00 | -1.425 | 是 |
| E—E | 0.00 | 0.00 | -1.425 | 是 |
| F—F | 0.00 | 0.00 | -1.425 | 是 |

**3. 持久状况应力计算**

顶板持久状况压应力、主压应力计算如表 6-23、表 6-24 所示,结果表明,顶板在持久状况下应力满足《公路钢筋混凝土及预应力混凝土桥涵设计规范》(JTG 3362—2018)第 7.1.5 条 A 类混凝土受弯构件正截面受压区混凝土最大压应力要求。

**正截面压应力计算结果**　　　　表 6-23

| 截面 | $\sigma_{cp}$/MPa | | 允许值/MPa | 是否满足要求 |
|---|---|---|---|---|
| | 上缘 | 下缘 | | |
| A—A | 3.4 | — | 19.25 | 是 |
| B—B | 0.0 | 0.0 | 19.25 | 是 |
| C—C | 2.0 | 0.0 | 19.25 | 是 |
| D—D | 3.2 | — | 19.25 | 是 |
| E—E | — | 4.3 | 19.25 | 是 |
| F—F | 4.3 | — | 19.25 | 是 |

**斜截面压应力计算结果**　　　　表 6-24

| 设计参数 | $\sigma_{cp}$/MPa | | 允许值/MPa | 是否满足要求 |
|---|---|---|---|---|
| | 上缘 | 下缘 | | |
| A—A | 3.4 | 0.0 | 23.1 | 是 |
| B—B | 0.0 | 0.0 | 23.1 | 是 |
| C—C | 2.0 | 0.0 | 23.1 | 是 |
| D—D | 3.2 | 0.0 | 23.1 | 是 |
| E—E | 0.5 | 4.3 | 23.1 | 是 |
| F—F | 4.3 | 0.5 | 23.1 | 是 |

## 4. 承载能力极限状态下正截面抗弯承载力计算

顶板在承载能力极限状态下正截面抗弯承载力验算如表 6-25、图 6-9 所示。结果表明,按照《公路钢筋混凝土及预应力混凝土桥涵设计规范》(JTG 3362—2018)第 5.2.5 条要求,顶板在承载能力极限状态下正截面抗弯承载能力满足规范要求。

正截面抗弯承载力计算结果　　　表 6-25

| 截面 | $\gamma_0 M_{dmax}/(kN \cdot m)$ | $\gamma_0 M_{dmin}/(kN \cdot m)$ | $M_{u正}/(kN \cdot m)$ | $M_{u负}/(kN \cdot m)$ | 是否满足要求 |
| --- | --- | --- | --- | --- | --- |
| A—A | -36 | -52 | 661 | 661 | 是 |
| B—B | -103 | -209 | 1141 | 1141 | 是 |
| C—C | -151 | -326 | 1141 | 1141 | 是 |
| D—D | -7 | -147 | 741 | 741 | 是 |
| E—E | 30 | -133 | 238 | 238 | 是 |
| F—F | 45 | -128 | 238 | 238 | 是 |

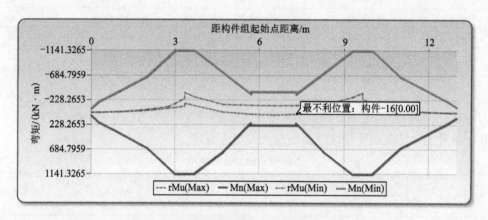

图 6-9　正截面抗弯承载能力验算结果图(顶板)

## 5. 承载能力极限状态下斜截面抗剪承载力计算

顶板在承载能力极限状态下斜截面抗剪承载力验算如表 6-26、图 6-10 所示。结果表明,按照《公路钢筋混凝土及预应力混凝土桥涵设计规范》(JTG 3362—2018)第 5.2.9 条进行抗剪截面验算,顶板在承载能力极限状态下斜截面抗剪承载能力满足规范要求。

斜截面抗剪承载力计算结果　　　表 6-26

| 截面 | $\gamma_0 V_{dmax}/kN$ | $\gamma_0 V_{dmin}/kN$ | $V_{u正}/kN$ | $V_{u负}/kN$ | 是否满足要求 |
| --- | --- | --- | --- | --- | --- |
| A—A | 64 | 46 | 1828 | 1828 | 是 |
| B—B | 268 | 72 | 934 | 934 | 是 |
| C—C | -54 | -313 | 934 | 934 | 是 |
| D—D | -12 | -181 | 383 | 383 | 是 |
| E—E | 35 | -97 | 355 | 355 | 是 |
| F—F | 64 | -64 | 325 | 325 | 是 |

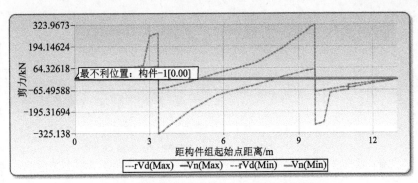

图 6-10 斜截面抗剪承载能力验算结果图(顶板)

### 6. 应力计算结果

根据《公路钢筋混凝土及预应力混凝土桥涵设计规范》(JTG 3362—2018)第6.3.1条,A类预应力混凝土构件,在作用频遇组合下,截面有效正应力不大于 $0.7f_{tk}$($f_{tk}$ 为混凝土抗拉强度标准值)。经计算,由图6-11、图6-12可以看出,在频遇组合下,箱梁顶板上缘全截面受压,下缘最大拉应力为0.5MPa,满足《公路钢筋混凝土及预应力混凝土桥涵设计规范》(JTG 3362—2018)的要求。

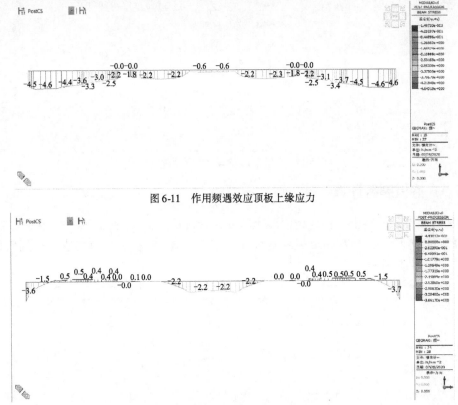

图 6-11 作用频遇效应顶板上缘应力

图 6-12 作用频遇效应下顶板下缘应力

图 6-13、图 6-14 所示分别为作用准永久效应下顶板上缘、下缘应力分布图。根据《公路钢筋混凝土及预应力混凝土桥涵设计规范》(JTG 3362—2018)第6.3.1条,A类预应力混凝土构件,在作用准永久组合下,箱梁顶板未出现拉应力,满足规范要求。

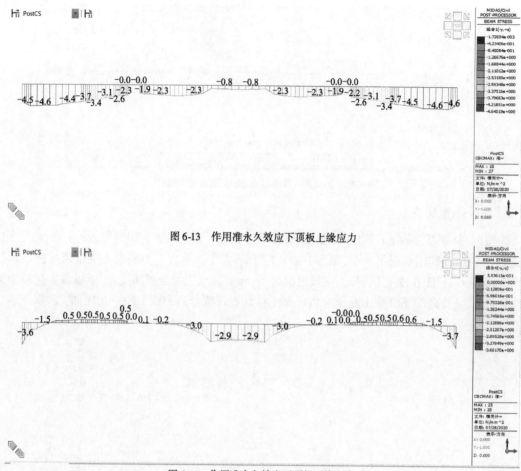

图 6-13 作用准永久效应下顶板上缘应力

图 6-14 作用准永久效应下顶板下缘应力

### 6.6.3 底板裂缝计算

按照《公路钢筋混凝土及预应力混凝土桥涵设计规范》(JTG 3362—2018)第 6.4 节计算：最大裂缝宽度为 $W_{fk}=0.147$ mm $\leqslant$ 裂缝宽度允许值 0.200 mm，满足规范要求。使用阶段裂缝宽度验算如图 6-15 所示。

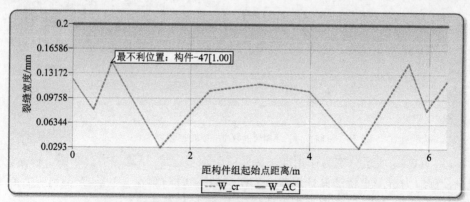

图 6-15 使用阶段裂缝宽度验算

## 6.7 波形钢腹板设计计算

### 6.7.1 纯波形钢腹板计算

**1. 波形钢腹板抗剪承载能力计算**

本次选取的典型截面为波形钢腹板梁段的抗剪承载能力计算,仅考虑钢腹板承担截面剪力,计算结果如表6-27所示,波形钢腹板梁段抗剪承载能力计算满足《波形钢腹板组合梁桥技术标准》(CJJ/T 272—2017)要求。

波形钢腹板梁段抗剪承载能力计算结果　　　　表6-27

| 设计参数 | 单位 | 边跨L/4截面 | 边跨跨中截面 | 边跨3L/4截面 | 中跨L/8截面 | 中跨L/4截面 | 中跨跨中截面 |
|---|---|---|---|---|---|---|---|
| $h_w$ | mm | 3508 | 5044 | 7275 | 7702 | 5349 | 3160 |
| $t_w$ | mm | 14 | 24 | 26 | 26 | 24 | 14 |
| $n_w$ | 个 | 2 | 2 | 2 | 2 | 2 | 2 |
| $\theta_p$ | ° | 1.5 | 1.8 | 2.5 | 2.5 | 3.2 | 0.0 |
| $f_{vd}$ | MPa | 195.0 | 185.0 | 185.0 | 185.0 | 185.0 | 195.0 |
| $F_{pe}$ | kN | 24794 | 21283 | 17741 | 23654 | 27196 | 0 |
| $V_{wd}$ | kN | 19154 | 44793 | 69990 | 74095 | 47502 | 17254 |
| $V_{ped}$ | kN | 649 | 668 | 773 | 1031 | 1517 | 0 |
| $V_{ud,max}$ | kN | ±19803 | ±45461 | ±70764 | ±75127 | ±49020 | ±17254 |
| $\gamma_0 V_{dmax}$ | kN | 6452 | 19642 | 33232 | -28609 | -17364 | 1291 |
| $\gamma_0 V_{dmin}$ | kN | 1910 | 12839 | 23611 | -39878 | -25510 | -2405 |
| 是否满足要求 | — | 是 | 是 | 是 | 是 | 是 | 是 |

注:$h_w$-波形钢腹板高度;$t_w$-波形钢腹板厚度;$n_w$-波形钢腹板个数;$\theta_p$-预应力筋轴向倾角;$f_{vd}$-波形钢腹板抗剪强度设计值;$F_{pe}$-有效预应力;$V_{wd}$-波形钢腹板抗剪承载力设计值;$V_{ped}$-有效预应力竖向分量;$V_{ud,max}$-抗剪极限承载力设计值;$\gamma_0 V_{dmax}$-最大抗剪承载力;$\gamma_0 V_{dmin}$-最小抗剪承载力。

**2. 含内衬混凝土波形钢腹板梁段抗剪承载能力计算**

含内衬混凝土波形钢腹板梁段抗剪承载能力极限设计值计算结果如表6-28所示。因《波形钢腹板组合梁桥技术标准》(CJJ/T 272—2017)中无具体公式,为此,广西飞龙大桥含内衬混凝土波形钢腹板梁段的抗剪承载能力计算参考刘玉擎、陈艾荣编著的《组合折腹桥梁设计模式指南》[1]第6.3.2条进行。

含内衬混凝土波形钢腹板梁段抗剪承载能力计算结果  表6-28

| 设计参数 | 单位 | 边跨端支点截面 | 中支点左截面 | 中支点右截面 |
|---|---|---|---|---|
| $h_w$ | mm | 3160 | 9397 | 9397 |
| $t_w$ | mm | 14 | 28 | 28 |
| $n_w$ | 个 | 2 | 2 | 2 |
| $b_e$ | mm | 948 | 2819 | 2819 |
| $t_{ce}$ | mm | 502 | 755 | 755 |
| $L_m$ | mm | 2720 | 7750 | 7750 |
| $\alpha_w$ | — | 0.938 | 0.938 | 0.938 |
| $\theta_p$ | ° | 1.1 | 2.6 | 2.6 |
| $f_{vd}$ | MPa | 195.0 | 185.0 | 185.0 |
| $f_{cd}$ | MPa | 26.5 | 26.5 | 26.5 |
| $F_{pe}$ | kN | 42535 | 17556 | 23408 |
| $V_{ped}$ | kN | 817 | 796 | 1062 |
| $V_{wcd}$ | kN | 18404 | 103840 | 103843 |
| $V_{cd}$ | kN | 12611 | 56401 | 56403 |
| $V_{ud,max}$ | kN | ±31832 | ±161038 | ±161308 |
| $\gamma_0 V_{dmax}$ | kN | −8123 | 30410 | 47458 |
| $\gamma_0 V_{dmin}$ | kN | −14271 | −13634 | 1617 |
| 是否满足要求 | — | 是 | 是 | 是 |

注：$\alpha_w$-波形钢腹板形状系数；$b_e$-内衬混凝土受压有效高度；$t_{ce}$-内衬混凝土的平均厚度；$L_m$-内衬混凝土组合腹板长度；$f_{cd}$-混凝土轴心抗压强度设计值；$V_{wcd}$-波形钢腹板梁段抗剪承载力设计值；$V_{cd}$-波形钢腹板梁段内衬混凝土抗剪承载力设计值。

**3. 抗扭承载能力计算**

因《波形钢腹板组合梁桥技术标准》(CJJ/T 272—2017)中无相关公式，为此，广西飞龙大桥抗扭承载力计算参考刘玉擎、陈艾荣编著的《组合折腹桥梁设计模式指南》[1]第6.4.2条进行，计算结果如表6-29所示，各个典型截面的抗扭承载能力均满足上述指南要求。

## 抗扭承载能力验算结果

表 6-29

| 设计参数 | 单位 | 边跨端支点截面 | 边跨跨中截面 | 边跨 3L/4 截面 | 中支点左截面 | 中支点右截面 | 中跨 L/8 截面 | 中跨 L/4 截面 | 中跨跨中截面 |
|---|---|---|---|---|---|---|---|---|---|
| $h_w$ | mm | 3160 | 5116 | 7521 | 9646 | 9646 | 7920 | 5729 | 3160 |
| $t_{cl}$ | mm | 300 | 300 | 300 | 300 | 300 | 300 | 300 | 300 |
| $t_w$ | mm | 14 | 24 | 26 | 28 | 28 | 26 | 24 | 14 |
| $A_m$ | mm² | 22078500 | 33503158.3 | 47555789.6 | 58859688.78 | 58859688.78 | 49890138.57 | 37086694.99 | 22078500 |
| $h_{wl}$ | mm | 1000 | 1000 | 1000 | 1000 | 1000 | 1000 | 1000 | 1000 |
| $k_t$ | mm³ | 13247100000 | 20101894979 | 28533473760 | 35315813268 | 35315813268 | 29934083145 | 22252016991 | 13247100000 |
| $f_{tcd}$ | MPa | 6.43 | 6.43 | 6.43 | 6.43 | 6.43 | 6.43 | 6.43 | 6.43 |
| $f_{vd}$ | MPa | 195 | 185 | 185 | 185 | 185 | 185 | 185 | 195 |
| $f_{sd}$ | MPa | 330 | 330 | 330 | 330 | 330 | 330 | 330 | 330 |
| $f_{cd}$ | MPa | 26.5 | 26.5 | 26.5 | 26.5 | 26.5 | 26.5 | 26.5 | 26.5 |
| $p_x$ | % | 1.03 | 1.03 | 1.03 | 1.03 | 1.03 | 1.03 | 1.03 | 1.03 |
| $p_y$ | % | 1.31 | 1.31 | 1.31 | 1.31 | 1.31 | 1.31 | 1.31 | 1.31 |
| $T_{xyd}$ | kN·m | 1019.7 | 1019.7 | 1019.7 | 1019.7 | 1019.7 | 1019.7 | 1019.7 | 1019.7 |
| $T_{yyd}$ | kN·m | 1296.9 | 1296.9 | 1296.9 | 1296.9 | 1296.9 | 1296.9 | 1296.9 | 1296.9 |
| $V_{0d}$ | kN | 2730 | 4440 | 4810 | 5180 | 5180 | 4810 | 4440 | 2730 |
| $M_{tcud}$ | kN·m | 85242.0 | 129255.2 | 183470.2 | 227080.7 | 227080.7 | 192476.2 | 143080.5 | 85178.9 |
| $M_{tyd}$ | kN·m | 120548.6 | 297508.0 | 457486.7 | 609786.4 | 609786.4 | 479943.1 | 329329.9 | 120548.6 |
| $M_{tud}$ | kN·m | 85242.0 | 129255.2 | 183470.2 | 227080.7 | 227080.7 | 192476.2 | 143080.5 | 85178.9 |
| $M_{tdmax}$ | kN·m | 1706 | 3820 | 6019 | 4908 | 5606 | 3087 | 2450 | 3106 |
| $M_{tdmin}$ | kN·m | -5115 | -1790 | -1944 | -7509 | -6760 | -9011 | -6768 | -3312 |

根据 Midas Civil 计算结果以及选取的典型截面,提取具体数值如表6-30、表6-31所示。

承载能力极限状态下抗剪计算结果 表6-30

| 设计参数 | $\gamma_0 V_{dmax}$/kN | $\gamma_0 V_{dmin}$/kN |
|---|---|---|
| 边跨端支点截面 | -8123 | -14271 |
| 边跨 L/4 截面 | 6452 | 1910 |
| 边跨跨中截面 | 19642 | 12839 |
| 边跨 3L/4 截面 | 33232 | 23611 |
| 边中墩左截面 | 30410 | -13634 |
| 边中墩右截面 | 47458 | 1617 |
| 中跨 L/8 截面 | -28609 | -39878 |
| 中跨 L/4 截面 | -17364 | -25510 |
| 中跨跨中截面 | 1291 | -2405 |

承载能力极限状态下抗扭计算结果 表6-31

| 设计参数 | $\gamma_0 T_{dmax}$/(kN·m) | $\gamma_0 T_{dmin}$/(kN·m) |
|---|---|---|
| 边跨端支点截面 | 1706 | -5115 |
| 边跨 L/4 截面 | 2082 | -2888 |
| 边跨跨中截面 | 3820 | -1790 |
| 边跨 3L/4 截面 | 6019 | -1944 |
| 边中墩左截面 | 4908 | -7509 |
| 边中墩右截面 | 5606 | -6760 |
| 中跨 L/8 截面 | 3087 | -9011 |
| 中跨 L/4 截面 | 2450 | -6768 |
| 中跨跨中截面 | 3106 | -3312 |

4. 承载能力极限状态下抗剪强度验算

验算结果如表6-32所示,表中结果表明,剪应力最大值为 $\tau_{dmax}$ = 110.4MPa ≤ [$\tau$] = 185MPa,满足《波形钢腹板组合梁桥技术标准》(CJJ/T 272—2017)要求,且具有1.68的安全系数。

承载能力极限设计荷载下波形钢腹板抗剪强度验算结果 表6-32

| 设计参数 | 单位 | 边跨 L/4 截面 | 边跨跨中截面 | 边跨 3L/4 截面 | 中跨 L/8 截面 | 中跨 L/4 截面 | 中跨跨中截面 |
|---|---|---|---|---|---|---|---|
| $V_d$ | kN | 5161.5 | 18173.9 | 33231.8 | -39877.8 | -26015.2 | -1990.5 |
| $V_p$ | kN | 65.0 | -2133.6 | -1568.0 | 2281.8 | 3290.4 | -32.4 |
| $T_d$ | kN·m | -3077.4 | 3603.0 | 6018.5 | -9010.8 | -6854.6 | -3264.0 |
| $h_w$ | mm | 3523 | 5116 | 7521 | 7920 | 5729 | 3160 |

续上表

| 设计参数 | 单位 | 边跨 $L/4$ 截面 | 边跨跨中截面 | 边跨 $3L/4$ 截面 | 中跨 $L/8$ 截面 | 中跨 $L/4$ 截面 | 中跨跨中截面 |
|---|---|---|---|---|---|---|---|
| $t_w$ | mm | 14 | 24 | 26 | 26 | 24 | 14 |
| $A_m$ | mm$^2$ | 24.2 | 33.5 | 47.6 | 49.9 | 37.1 | 22.1 |
| $\tau_0$ | MPa | 51.7 | 82.7 | 89.0 | −102.4 | −106.6 | −22.1 |
| $\tau_t$ | MPa | −4.5 | 2.2 | 2.4 | −3.5 | −3.9 | −5.3 |
| $\tau_0 + \tau_t$ | MPa | 47.1 | 84.9 | 91.4 | 105.8 | 110.4 | 27.4 |
| $f_v$ | MPa | 195 | 185 | 185 | 185 | 185 | 195 |
| 安全系数 | — | 4.14 | 2.18 | 2.02 | 1.75 | 1.68 | 7.11 |
| 是否满足要求 | — | 是 | 是 | 是 | 是 | 是 | 是 |

**5. 承载能力极限状态下剪切屈曲计算**

根据《波形钢腹板组合梁桥技术标准》(CJJ/T 272—2017)相关公式对波形钢腹板承载能力极限状态下剪切屈曲进行验算,局部屈曲、整体屈曲、组合屈曲计算结果如表 6-33 所示,结果表明,波形钢腹板在承载能力极限状态下剪切屈曲满足上述标准要求。其中最不利的截面为中跨 $L/4$ 截面,其安全系数为 1.41,但也满足规范要求。

承载能力设计荷载作用下波形钢腹板剪切屈曲验算结果　　　　表 6-33

| 设计参数 | 单位 | 边跨 $L/4$ 截面 | 边跨跨中截面 | 无内衬混凝土截面 | 有内衬混凝土截面 | 中跨 $L/4$ 截面 | 中跨跨中截面 |
|---|---|---|---|---|---|---|---|
| $k$ | — | 610.6 | 1315.0 | 1737.4 | 1781.7 | 764.7 | 235.4 |
| $K$ | MPa | $2.06 \times 10^5$ | $2.06 \times 10^5$ | $2.06 \times 10^5$ | $2.06 \times 10^5$ | $2.06 \times 10^5$ | $2.06 \times 10^5$ |
| $v$ | — | 0.30 | 0.30 | 0.30 | 0.30 | 0.30 | 0.30 |
| $f_v$ | MPa | 185 | 185 | 185 | 185 | 185 | 195 |
| $h_w$ | mm | 5116 | 7521 | 8648 | 8758 | 5729 | 3160 |
| $t_w$ | mm | 24 | 26 | 28 | 28 | 24 | 14 |
| $a_w$ | mm | 480 | 480 | 480 | 480 | 480 | 480 |
| $b_w$ | mm | 420 | 420 | 420 | 420 | 420 | 420 |
| $c_w$ | mm | 480 | 480 | 480 | 480 | 480 | 480 |
| $d_w$ | mm | 240 | 240 | 240 | 240 | 240 | 240 |
| $I_x$ | mm | $2.5 \times 10^5$ | $2.7 \times 10^5$ | $2.9 \times 10^5$ | $2.9 \times 10^5$ | $2.5 \times 10^5$ | $1.4 \times 10^5$ |
| $I_y$ | mm | 1265.9 | 1609.5 | 2010.3 | 2010.3 | 1265.9 | 251.3 |
| $\delta$ | — | 10.0 | 9.2 | 8.6 | 8.6 | 10.0 | 17.1 |
| $\eta$ | — | 0.9 | 0.9 | 0.9 | 0.9 | 0.9 | 0.9 |
| $\tau_{md} + \tau_{td}$ | MPa | 84.9 | 91.4 | 88.3 | 90.8 | 110.4 | 27.4 |

续上表

| 设计参数 | 单位 | 边跨 $L/4$ 截面 | 边跨跨中截面 | 无内衬混凝土截面 | 有内衬混凝土截面 | 中跨 $L/4$ 截面 | 中跨跨中截面 |
| --- | --- | --- | --- | --- | --- | --- | --- |
| $\tau_{cr,L}^e$ | MPa | 2502.0 | 2926.0 | 3390.9 | 3390.7 | 2498.6 | 860.4 |
| $\tau_{cr,G}^e$ | MPa | 783.1 | 377.6 | 296.8 | 289.4 | 624.5 | 1560.0 |
| $\lambda_{s,L}$ | — | 0.27 | 0.25 | 0.23 | 0.23 | 0.27 | 0.48 |
| $\lambda_{s,G}$ | — | 0.49 | 0.70 | 0.79 | 0.80 | 0.54 | 0.35 |
| $\tau_{cr,L}$ | MPa | 185.00 | 185.00 | 185.00 | 185.00 | 185.00 | 195.00 |
| $\tau_{cr,G}$ | MPa | 185.00 | 173.65 | 163.48 | 162.34 | 185.00 | 195.00 |
| $\tau_{cr}$ | MPa | 155.57 | 150.42 | 145.13 | 144.50 | 155.57 | 163.97 |
| 安全系数 | — | 1.83 | 1.65 | 1.64 | 1.59 | 1.41 | 5.98 |
| 是否满足要求 | — | 是 | 是 | 是 | 是 | 是 | 是 |

### 6.7.2 波形钢腹板与顶底板的连接计算

**1. 波形钢腹板与顶板连接计算**

(1)抗剪承载能力

根据《波形钢腹板组合梁桥技术标准》(CJJ/T 272—2017)第5.3节,抗剪计算结果如表6-34所示。结果表明,波形钢腹板与顶板连接件抗剪强度满足要求,最小安全系数为1.33,满足规范要求。

波形钢腹板与顶板连接抗剪计算结果　　　　表6-34

| 设计参数 | 单位 | 边跨 $L/4$ 截面 | 边跨跨中截面 | 边跨 $3L/4$ 截面 | 中跨 $L/8$ 截面 | 中跨 $L/4$ 截面 | 中跨跨中截面 |
| --- | --- | --- | --- | --- | --- | --- | --- |
| $2V_d$ | kN | 5161.48 | 18173.9 | 33231.8 | −39878 | −26015 | −1990.5 |
| $2V_p$ | kN | 64.98 | −2133.6 | −1568 | 2281.76 | 3290.42 | −32.36 |
| $V_d - V_p$ | kN | 2548.25 | 10153.7 | 17399.9 | −21080 | −14653 | −979.08 |
| $S$ | m³ | 8.03716 | 14.6037 | 26.0895 | 28.1262 | 17.3871 | 6.70952 |
| $I$ | m⁴ | 31.144 | 78.146 | 198.16 | 224.13 | 102.97 | 23.759 |
| $d_p$ | mm | 60 | 60 | 60 | 60 | 60 | 60 |
| $d_s$ | mm | 25 | 25 | 25 | 25 | 25 | 25 |
| $f_{cd}$ | MPa | 26.5 | 26.5 | 26.5 | 26.5 | 26.5 | 26.5 |
| $f_{sd}$ | MPa | 330 | 330 | 330 | 330 | 330 | 330 |
| $n$ | — | 2 | 2 | 2 | 2 | 2 | 2 |
| $t$ | mm | 16 | 22 | 24 | 24 | 22 | 16 |
| $f_v$ | MPa | 185 | 185 | 185 | 185 | 185 | 185 |
| $d_j$ | m | 0.1 | 0.1 | 0.1 | 0.1 | 0.1 | 0.1 |

续上表

| 设计参数 | 单位 | 边跨 $L/4$ 截面 | 边跨跨中截面 | 边跨 $3L/4$ 截面 | 中跨 $L/8$ 截面 | 中跨 $L/4$ 截面 | 中跨跨中截面 |
|---|---|---|---|---|---|---|---|
| $Q_d^e$ | kN | 658 | 1898 | 2291 | 2645 | 2474 | 276 |
| $V_{u1}/s$ | kN | 4557 | 4557 | 4557 | 4557 | 4557 | 4557 |
| $V_{u2}/s$ | kN | 2385 | 3279 | 3578 | 3578 | 3279 | 2385 |
| $V_{u3}/s$ | kN | 3700 | 5088 | 5550 | 5550 | 5088 | 3700 |
| $V_u/s$ | kN | 2385 | 3279 | 3578 | 3578 | 3279 | 2385 |
| 安全系数 | — | 3.63 | 1.73 | 1.56 | 1.35 | 1.33 | 8.63 |
| 是否满足要求 | — | 是 | 是 | 是 | 是 | 是 | 是 |

注：$s$ 为连接件顶桥向间距。

(2) 滑移计算

根据《波形钢腹板组合梁桥技术标准》(CJJ/T 272—2017) 第 6.2.3 条，计算结果如表 6-35 所示，表明滑移量满足规范要求。

波形钢腹板与顶板连接件滑移计算结果　　　　　　表 6-35

| 设计参数 | 单位 | 边跨 $L/4$ 截面附近 | 边跨跨中截面附近 | 边跨 $3L/4$ 截面附近 | 支点附近 | 中跨 $L/8$ 截面附近 | 中跨 $L/4$ 截面附近 | 中跨跨中截面附近 |
|---|---|---|---|---|---|---|---|---|
| $2V_d$ | kN | 5102.02 | 13506.5 | 25421.2 | −40144 | −30405 | −19021 | −3012.6 |
| $2V_p$ | kN | 64.98 | −2133.6 | −1568 | 2801.23 | 2281.76 | 3290.42 | 408.852 |
| $V_d - V_p$ | kN | 2518.52 | 7820.04 | 13494.6 | −21473 | −16343 | −11156 | −1710.7 |
| $S$ | m$^3$ | 8.04 | 14.60 | 26.09 | 39.01 | 28.13 | 17.39 | 6.81 |
| $I$ | m$^4$ | 31.14 | 78.15 | 198.16 | 365.93 | 224.13 | 102.97 | 24.28 |
| $d_p$ | mm | 60 | 60 | 60 | 60 | 60 | 60 | 60 |
| $d_s$ | mm | 25 | 25 | 25 | 25 | 25 | 25 | 25 |
| $f_{cd}$ | MPa | 26.5 | 26.5 | 26.5 | 26.5 | 26.5 | 26.5 | 26.5 |
| $f_{sd}$ | MPa | 330 | 330 | 330 | 330 | 330 | 330 | 330 |
| $Q_k^e$ | kN | 325 | 731 | 888 | −1144 | −1025 | −942 | −240 |
| $2V_{sa}/s$ | kN | 1204 | 1204 | 1204 | 1204 | 1204 | 1204 | 1204 |
| 安全系数 | — | 3.70 | 1.65 | 1.36 | 1.05 | 1.17 | 1.28 | 5.02 |
| 是否满足要求 | — | 是 | 是 | 是 | 是 | 是 | 是 | 是 |

(3) 角隅弯矩计算

根据《波形钢腹板组合梁桥技术标准》(CJJ/T 272—2017) 第 5.4 节，计算结果如表 6-36

所示,表明角隅弯矩满足规范要求。

单个 PBL 键抗剪承载力计算结果　　　　　表 6-36

| 截面位置 | $M_d/(kN·m)$ | 限值 $n_b V_{pu}/(kN·m)$ | 是否符合要求 |
| --- | --- | --- | --- |
| 中跨跨中 | 119 | 477 | 是 |

2. 波形钢腹板与底板的连接计算

广西飞龙大桥新型外包结合部构造如图 6-16 所示。

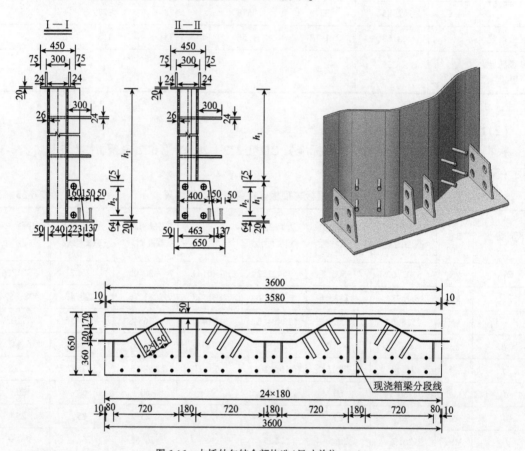

图 6-16　大桥外包结合部构造(尺寸单位:mm)

采用三维实体-板壳-弹簧元有限元模型分析恒载作用下斜板上焊钉的剪力分布情况,如图 6-17 所示。由图可知,承载能力极限状态下焊钉最大剪力为 78kN,正常使用极限状态下焊钉最大剪力约为 60kN,最大剪力分布在首排焊钉,焊钉受力最不利的区段在距离跨中 10~50m 的范围,剪力最大值出现在距跨中 30m 位置;参考焊钉试验中的相关经验,正常使用极限状态下焊钉剪力一般要控制在承载力的一半左右,对于直径为 25mm 焊钉,其承载力为 137kN,正常使用极限状态下焊钉剪力满足《波形钢腹板组合梁桥技术标准》(CJJ/T 272—2017)要求。

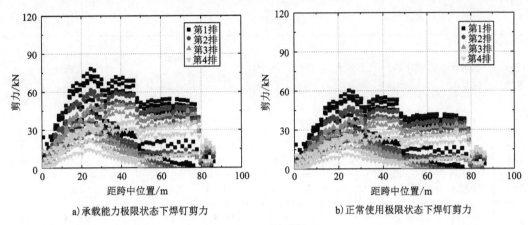

图 6-17 焊钉剪力

### 6.7.3 波形钢腹板临时连接螺栓计算

根据设计图纸,临时螺栓采用 8.8 级 M20 普通螺栓,根据《钢结构设计标准》(GB 50017—2017)第 11.4.1 条,单根螺栓抗剪强度设计值 $f_v^b = 320\text{MPa}$,波形钢腹板采用 Q420qNH 耐候钢,则螺栓抗压承载力设计值 $f_c^b = 560\text{MPa}$,因此,每只螺栓按承压计算时单根螺栓承载能力为 $N = 100.53\text{kN}$。

螺栓布置间距为 400mm, $3d = 3 \times 20 = 60\text{mm}$,满足螺栓间距要求;螺栓至板边缘的距离为 75mm,大于最小距离 $2d$,符合要求。

每个螺栓孔分担的剪力 $N_{iy} = \dfrac{V}{n}$,其中 $n$ 为该节段螺栓数量。

扭矩作用下最不利螺栓上的最大内力可通过下式计算:

$$N_{1x}^T = \frac{Ty_1}{\sum y_i^2} \quad (6-1)$$

则螺栓群中受力最大的一只螺栓所承受的内力为:

$$N_1 = \sqrt{(N_{1x}^T)^2 + (N_{1y}^V)^2} \quad (6-2)$$

式中:$N_{1y}^V$——在剪力作用下最不利的螺栓上的最大内力。

根据式(6-1)、式(6-2),选取了全桥若干个节段,计算得到最不利螺栓孔受力情况如表 6-37 所示。由结果可知,波形钢腹板临时连接螺栓满足承载力要求,且具有一定安全富余度。

**临时连接螺栓承载力计算结果**  表 6-37

| 节段编号 | 抗剪承载力 $N_v^b$ | 抗压承载力 $N_c^b$ | 实际承载力 $N_c$ | 腹板厚 $t$ | 钢板重量 | 扭矩 $T$ | 每孔剪力 $N_{1y}^T$ | 上孔拉力 $N_{1x}^T$ | 上孔螺栓合力 $N_1$ | 是否安全 |
|---|---|---|---|---|---|---|---|---|---|---|
| 单位 | kN | kN | kN | mm | kN | kN·m | kN | N | kN | |
| FB2 | 100.53 | 313.6 | 100.53 | 28 | 79.22 | 158.43 | 3.44 | 8.61 | 9.27 | 安全 |
| FB5 | 100.53 | 291.2 | 100.53 | 26 | 62.86 | 125.73 | 3.14 | 8.98 | 9.51 | 安全 |

续上表

| 节段编号 | 抗剪承载力 $N_v^b$ | 抗压承载力 $N_c^b$ | 实际承载力 $N_c$ | 腹板厚 $t$ | 钢板重量 | 扭矩 $T$ | 每孔剪力 $N_{1y}^T$ | 上孔拉力 $N_{1x}^T$ | 上孔螺栓合力 $N_1$ | 是否安全 |
|---|---|---|---|---|---|---|---|---|---|---|
| 单位 | kN | kN | kN | mm | kN | kN·m | kN | N | kN | |
| FB8 | 100.53 | 291.2 | 100.53 | 26 | 52.25 | 104.50 | 3.27 | 11.53 | 11.98 | 安全 |
| FB11 | 100.53 | 268.8 | 100.53 | 24 | 40.69 | 81.39 | 2.91 | 11.63 | 11.98 | 安全 |
| FB14 | 100.53 | 268.8 | 100.53 | 24 | 33.91 | 67.82 | 2.83 | 13.04 | 13.35 | 安全 |
| FB17 | 100.53 | 201.6 | 100.53 | 18 | 21.48 | 42.96 | 2.15 | 11.72 | 11.91 | 安全 |
| FB20 | 100.53 | 201.6 | 100.53 | 18 | 19.22 | 38.43 | 2.14 | 12.81 | 12.99 | 安全 |
| FB23 | 100.53 | 156.8 | 100.53 | 14 | 13.63 | 27.26 | 1.70 | 11.36 | 11.48 | 安全 |

## 6.8 施工阶段波形钢腹板受力计算

采用ANSYS建立精细化有限元对施工阶段波形钢腹板受力状态进行分析,主要考虑以下三种施工阶段下的稳定性:
(1)最大悬臂施工阶段下的桥梁施工结构稳定性;
(2)1/2跨长施工阶段下的桥梁施工结构稳定性;
(3)安装节段5且内衬混凝土未施工时的桥梁施工结构稳定性。

### 6.8.1 最大悬臂施工阶段下的桥梁施工结构稳定性

根据内衬混凝土施工顺序,计算最大悬臂状态下桥梁施工结构稳定性情况,如图6-18～图6-20所示,本计算模型考虑了内衬混凝土,在挂篮作用下,波形钢腹板局部竖向应力分布在54～68MPa之间,最大剪应力出现在内衬混凝土段与无内衬混凝土交界部位的波形钢腹板上,数值为19MPa,施工过程中波形钢腹板安全系数符合《波形钢腹板组合梁桥技术标准》(CJJ/T 272—2017)要求。

前5阶屈曲变形如图6-21所示,屈曲系数计算如表6-38所示,钢腹板屈曲系数为6,因《公路桥涵设计通用规范》(JTG D60—2015)中没有结构弹性屈曲稳定安全系数的相关规定,因此参照《铁路桥涵设计规范》(TB 10002—2017)中规定结构的弹性屈曲稳定安全系数应大于4～5,可认为满足规范要求。最大变形出现在内衬混凝土段与无内衬混凝土交界部位的波形钢腹板上,数值为0.04m。

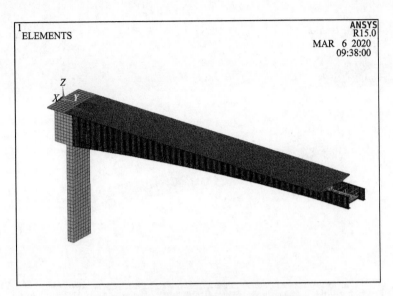

图 6-18 最大悬臂施工阶段精细化有限元模型

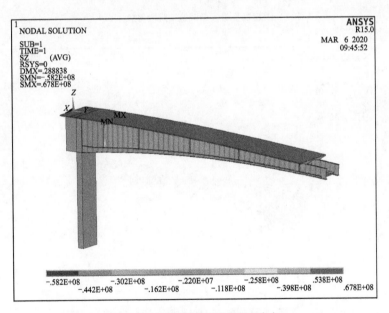

图 6-19 最大悬臂施工阶段竖向应力

屈曲系数一　　　　　　　　　　　　　　　表 6-38

| 阶次 | 屈曲系数 | 阶次 | 屈曲系数 |
| --- | --- | --- | --- |
| 1 | 6.2375 | 4 | 6.4836 |
| 2 | 6.2980 | 5 | 6.5542 |
| 3 | 6.4109 | | |

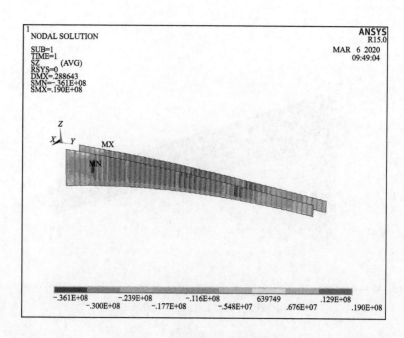

图 6-20 最大悬臂施工阶段剪应力

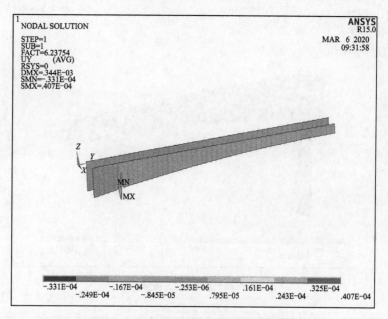

图 6-21 最大悬臂施工阶段腹板屈曲变形图

## 6.8.2 1/2 跨长施工阶段下的桥梁施工结构稳定性

由图 6-22~图 6-24 所示,在挂篮作用下,波形钢腹板局部竖向应力分布在 26~36MPa(压应力)之间,最大剪应力出现在内衬混凝土段与无内衬混凝土交界部位的波形钢腹板上,数值为13~15MPa,施工过程中波形钢腹板安全系数符合《波形钢腹板组合梁桥技术标准》(CJJ/T 272—2017)要求。

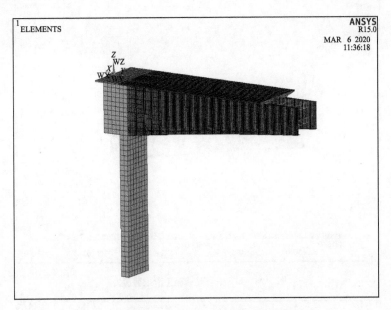

图 6-22　$L/2$ 节段悬臂施工阶段精细化有限元模型

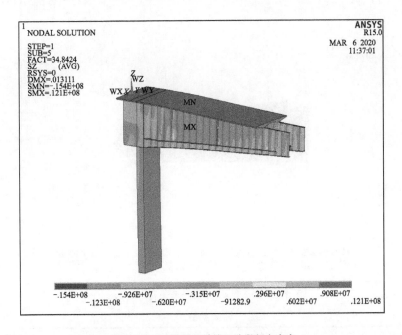

图 6-23　$L/2$ 节段悬臂施工阶段竖向应力

前5阶屈曲变形如图6-25所示,屈曲系数如表6-39所示,钢腹板屈曲系数为34,满足《铁路桥涵设计规范》(TB 10002—2017)要求,最大变形出现在内衬混凝土段与无内衬混凝土交界部位的波形钢腹板上,数值为0.04m。

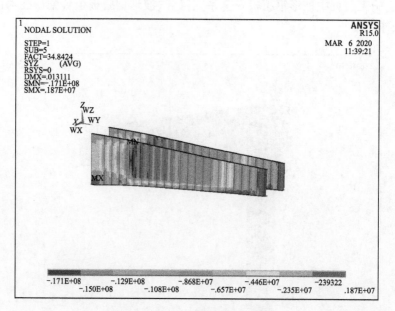

图 6-24　$L/2$ 节段悬臂施工阶段剪应力

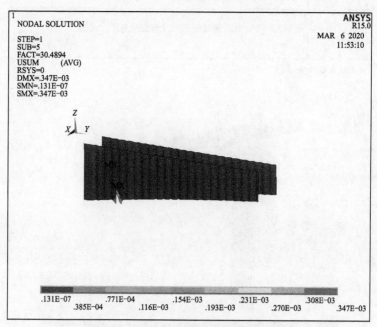

图 6-25　$L/2$ 节段悬臂施工阶段屈曲变形图

**屈曲系数二**　　　　　　　　　　　　　　　表 6-39

| 阶数 | 屈曲系数 | 阶数 | 屈曲系数 |
|---|---|---|---|
| 1 | 30.489 | 4 | 32.904 |
| 2 | 31.093 | 5 | 34.842 |
| 3 | 32.637 |  |  |

### 6.8.3 安装节段5且内衬混凝土未施工的桥梁施工结构稳定性

由图6-26~图6-28所示,在挂篮作用下,波形钢腹板局部竖向应力为10MPa(压应力),最大剪应力出现在内衬混凝土段与无内衬混凝土交界部位的波形钢腹板上,数值为9~11MPa,施工过程中波形钢腹板安全系数符合《波形钢腹板组合梁桥技术标准》(CJJ/T 272—2017)要求。

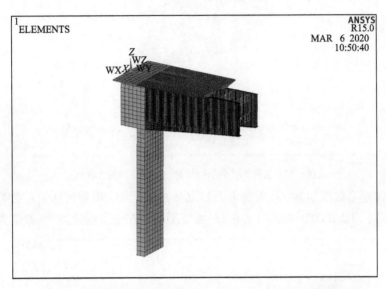

图6-26 安装节段5且内衬混凝土未施工时的精细化有限元模型

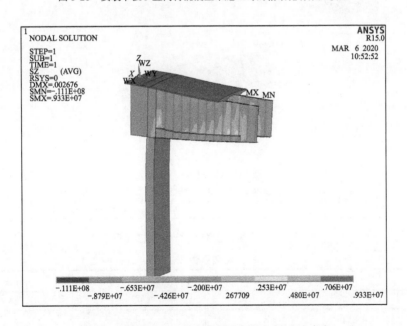

图6-27 安装节段5且内衬混凝土未施工时的竖向应力

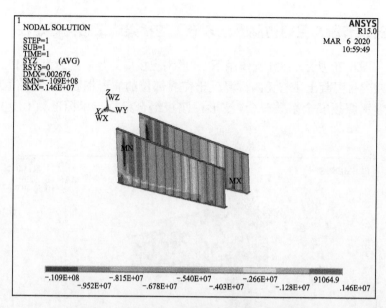

图 6-28　安装节段 5 且内衬混凝土未施工时的剪应力

前 5 阶屈曲变形如图 6-29 所示，屈曲系数如表 6-40 所示，钢腹板屈曲系数为 75，满足《铁路桥涵设计规范》(TB 10002—2017)要求，最大变形出现在中支点位置处，数值为 0.07mm。

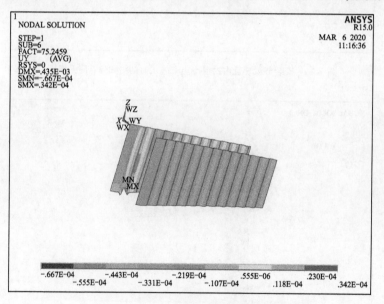

图 6-29　节段 5 悬臂施工阶段屈曲变形图

屈曲系数三　　　　　　　　　　　　　　表 6-40

| 阶数 | 屈曲系数 | 阶数 | 屈曲系数 |
| --- | --- | --- | --- |
| 6 | 75.246 | 9 | 84.086 |
| 7 | 75.840 | 10 | 84.782 |
| 8 | 81.718 | | |

## 6.9 其他计算

根据《公路桥梁设计通用规范》(JTG D60—2015)、《公路钢筋混凝土及预应力混凝土桥涵设计规范》(JTG 3362—2018)等要求,设计单位对广西飞龙大桥下部结构与其他部位进行了详细计算。经验算,本桥主墩抗压承载能力、桥墩裂缝、桥墩抗震、桥墩防撞、桩基、承台等均满足《公路桥梁设计通用规范》(JTG D60—2015)、《公路钢筋混凝土及预应力混凝土桥涵设计规范》(JTG 3362—2018)等要求,因广西飞龙大桥下部结构及其他部位与预应力混凝土连续刚构桥相似,本书不再详述。

## 6.10 计算结论

1. 主桥整体设计

①在抗弯承载能力极限状态计算中,所有截面均满足规范要求。

②在抗剪承载能力极限状态计算时,结构分波形钢腹板段和含内衬混凝土波形钢腹板段进行计算。结果表明,所有截面均能满足设计规范要求。波形钢腹板段最大剪力出现在中跨波形钢腹板段与含内衬混凝土波形钢腹板段的交界处,小于该处设计截面的抗剪承载能力。含内衬混凝土波形钢腹板段最大剪力出现在中支点右截面,小于该处设计截面的抗剪承载能力。

③在抗扭承载能力极限状态计算中,所有截面均能满足规范要求。其中结构最大扭矩出现在中支点右截面,小于该处设计截面的抗扭承载能力。

④持久状况下混凝土法向应力计算满足规范要求。

⑤持久状况下预应力最大拉应力计算满足规范要求。

⑥正常使用极限状态下抗裂强度满足规范要求。本次计算采用全预应力构件,主梁上、下缘不允许出现拉应力,主梁上、下缘最小压应力出现在中支点右截面上缘。

⑦正常使用极限状态下挠度计算满足规范要求。其中中跨频遇组合长期挠度和边跨频遇组合长期挠度均小于规范规定,最大挠度不超过计算跨径的1/600。

⑧短暂状况下混凝土法向应力计算满足规范要求。其中最大法向压应力出现在中支点左截面处,小于 $0.7f'_{ck}=21.56\text{MPa}$。

2. 波形钢腹板设计

①波形钢腹板承载能力极限状态下抗剪强度计算满足规范要求。

②波形钢腹板承载能力极限状态下剪切屈曲计算时分别进行了局部屈曲计算、整体屈曲计算和组合屈曲计算。结果表明,计算均符合规范要求。

③波形钢腹板与顶底板的连接强度满足规范要求。
④波形钢腹板临时连接螺栓满足规范要求。

## 参 考 文 献

[1] 刘玉擎,陈艾荣.组合折腹板桥梁设计模式指南[M].北京:人民交通出版社股份有限公司,2015.

# 第7章
# 结构验算与复算

本章详述了采用有限元软件 ANSYS 基于空间分析模型开展大桥承载能力极限状态、持久状况下正常使用极限状态下的波形钢腹板、桥面板等重要结构计算的复核和验算情况,进一步为大跨径波形钢腹板预应力混凝土组合梁桥创新设计及建设提供保障。

## 7.1 概述

### 7.1.1 基本假定

参考《波形钢腹板组合梁桥技术标准》(CJJ/T 272—2017)、《公路波形钢腹板预应力混凝土梁桥设计指南》(DBJT 45/T 051—2023)❶,对波形钢腹板预应力混凝土组合梁桥按照以下四项基本假定进行结构分析:

①波形钢腹板与混凝土顶、底板共同工作,不会发生相对滑移或剪切连接破坏。
②波形钢腹板不承受轴向力,纵向弯曲时忽略波形钢腹板的纵向弯曲作用,弯矩仅由混凝土顶、底板构成的断面承担。
③箱梁纵向弯曲时符合平截面假定。
④剪力由波形钢腹板承担且剪应力均匀分布。

### 7.1.2 验算与复算内容

为确保项目顺利实施,广西飞龙大桥建设单位广西北投公路建设投资集团有限公司在设计阶段邀请同济大学等对本桥结构设计计算进行验算与复算。同济大学基于建立的空间分析模型,一是对大桥构件承载力进行验算;二是采用作用、作用准永久组合并考虑作用长期效应的影响,对大桥结构的抗裂性和挠度进行验算;三是对大桥波形钢腹板设计进行验算,包括承载能力极限状态下的剪应力验算、钢腹板屈曲强度验算;四是对大桥桥面板、钢腹板与混凝土底板外包结合部等重要部位结构设计进行验算。

---

❶ 本书作者基于国内现有规范及本桥最新研究成果,对波形钢腹板组合梁结构验算进行的优化,因此本章验算采用了新颁布实施的广西壮族自治区交通运输行业地方标准《公路波形钢腹板预应力混凝土梁桥设计指南》(DBJT 45/T 051—2023)的内容。

## 7.2 全桥整体有限元模型

### 7.2.1 模型建立

采用 ANSYS 软件建立广西飞龙大桥三维实体-板壳混合有限元模型。其中,波形钢腹板、上下翼缘板等钢构件采用 SHELL63 单元模拟,顶底板、横梁、横隔板和内衬混凝土等混凝土构件采用 SOLID65 单元模拟,体内束、体外束等预应力构件采用 LINK10 单元模拟。约束上翼缘板和顶板、下翼缘板及外包部分腹板与底板之间的三向自由度,不考虑二者之间的相对滑移。全桥有限元模型如图 7-1 所示,共 69 万个单元,可以较精确地模拟波形钢腹板、内衬混凝土等构造细节。

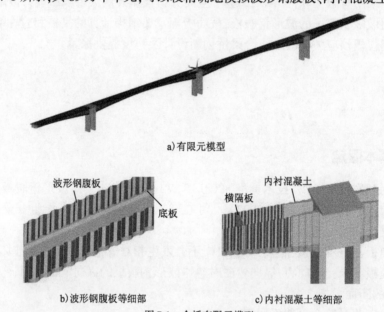

a) 有限元模型

b) 波形钢腹板等细部    c) 内衬混凝土等细部

图 7-1 全桥有限元模型

### 7.2.2 材料特性

主桥箱梁采用 C60 混凝土,主墩、交界墩墩身、交界墩盖梁、引桥盖梁、引桥桥墩、桥面铺装采用 C40 混凝土,主桥、引桥及交界墩桩基础承台采用 C30 混凝土,腹板采用 1800 型 Q420qNH 耐候钢波形钢腹板。各材料参数如表 7-1 所示。

材料参数表　　　　　　　　　　　　　表 7-1

| 构件 | 材料 | 弹性模量/MPa | 密度/(kg/m³) |
|---|---|---|---|
| 主桥箱梁 | C60 | $3.60 \times 10^4$ | 2600 |
| 主墩、引桥桥墩、桥面铺装等 | C40 | $3.25 \times 10^4$ | 2600 |
| 波形钢腹板、上下翼缘 | Q420qNH | $2.1 \times 10^5$ | 7850 |
| 体内束、体外束 | $\phi^j 15$ 钢绞线 | $1.95 \times 10^5$ | 7850 |

### 7.2.3 边界条件

大桥主桥边支座为滑动支座,中部墩梁固结,墩底采用全自由度约束。各自由度约束情况如表7-2所示。

**有限元模型各自由度约束情况**　　　　表7-2

| 编号 | 支点类型 | $U_X$ | $U_Y$ | $U_Z$ | $ROT_X$ | $ROT_Y$ | $ROT_Z$ |
|---|---|---|---|---|---|---|---|
| 1 | 边支点 | × | + | × | + | + | + |
| 2 | 墩底 | × | × | × | × | × | × |
| 3 | 墩底 | × | × | × | × | × | × |
| 4 | 边支点 | × | + | × | + | + | + |

注:1. +表示该自由度放松,×表示该自由度约束。
 2. $U_X$表示顺桥向;$U_Z$表示竖向;$U_Y$表示横桥向;$ROT_X$表示绕顺桥向转角;$ROT_Z$表示绕竖向转角;$ROT_Y$表示绕横桥向转角。

### 7.2.4 荷载取值

考虑的荷载种类如下:一期恒载、二期恒载、预应力效应、汽车荷载、混凝土收缩效应、温度效应、支座沉降效应、挂篮荷载等。各荷载取值依据相关的规范确定,详细如下。

(1)一期恒载

一期恒载根据材料重度进行计算,其中钢材重度取78kN/m³,钢筋混凝土重度取26kN/m³。

(2)二期恒载

桥面铺装为10cm厚沥青混凝土(重度取24.5kN/m³)和10cm厚C50现浇混凝土(重度取24.5kN/m³);防撞栏杆单侧栏杆重量为10kN/m。

(3)预应力效应

本桥采用后张法施加预应力,顶板悬浇束、底板束张拉控制应力$\sigma_{con}$=1150MPa,体外预应力束张拉控制应力$\sigma_{con}$=1395MPa,顶板横向预应力束张拉控制应力$\sigma_{con}$=1302MPa。考虑20%预应力损失。

(4)汽车荷载

整体纵桥向分析时,根据《公路桥涵设计通用规范》(JTG D60—2015),活载按汽车荷载公路-Ⅰ级车道荷载考虑,顺桥向全桥布置,横桥向分别采用对称双车道加载和偏心双车道加载。汽车荷载冲击系数取0.3。

(5)混凝土收缩效应

考虑混凝土的收缩效应,采用将混凝土降温15℃进行模拟。

(6)温度效应

梯度温度荷载考虑结构梯度温度变化,根据《公路桥涵设计通用规范》(JTG D60—2015)第4.3.12条规定,取混凝土顶板以下10cm范围内温度升高7℃,波形钢腹板与混凝土底板等温度保持不变;整体温度荷载考虑升温15℃,整体降温20℃。

(7)支座沉降效应

考虑仅一个中支点(高墩支点或低墩支点)沉降20mm,其余支座保持不变。

(8)挂篮荷载

本桥采用悬臂浇筑施工工艺,取挂篮荷载为600kN。

## 7.3 承载能力极限状态验算

### 7.3.1 抗弯承载力验算

#### 1. 截面承载力计算

波形钢腹板预应力混凝土组合梁桥的波形钢腹板梁段,其混凝土顶、底板简化为矩形截面,仅考虑混凝土顶、底板承受纵向弯矩,进行截面抗弯极限承载力的计算。进行截面抗弯极限承载力计算时,通常设受拉钢筋或预应力筋达到抗拉强度设计值,受压混凝土达到抗压强度设计值。

波形钢腹板预应力混凝土组合梁段正截面混凝土矩形受压区高度 $x$ 按下式计算:

$$f_{sd}A_s + f_{pd1}A_{p1} + f_{pd2}A_{p2} = f_{cd}b_m x + f'_{sd}A'_s + \sigma'_{pa}A'_p \tag{7-1}$$

对受压区普通钢筋合力作用点取矩,可计算抗弯极限承载力,即

$$M_{ud} = f_{sd}A_s(h_s - h'_s) + f_{pd1}A_{p1}(h_{p1} - h'_s) + f_{pd2}A_{p2}(h_{p2} - h'_s) -$$
$$\sigma'_{pa}A'_p(h'_p - h'_s) - f_{cd}b_m x\left(\frac{x}{2} - h'_s\right) \tag{7-2}$$

适用条件为 $x \geq 2h'_s$ 且 $x \leq \xi_b h_0$。其中,截面有效高度为

$$h_0 = \frac{f_{sd}A_s h_s + f_{pd1}A_{p1}h_{p1} + f_{pd2}A_{p2}h_{p2}}{f_{sd}A_s + f_{pd1}A_{p1} + f_{pd2}A_{p2}} \tag{7-3}$$

式中:$h'_p$、$h_{p1}$、$h_{p2}$——分别为受压区预应力钢筋及受拉区体内、体外预应力筋重心至截面受压边缘之间的距离;

$h_0$——截面有效高度;

$\xi_b$——波形钢腹板组合梁相对界限受压区高度。

#### 2. 验算结果

表 7-3 为各不利截面承载能力极限状态下抗弯验算结果,图 7-2 为承载能力极限状态下内力包络与截面抗弯承载力沿桥纵向分布。其中结构重要性系数取 1.1,不考虑内衬混凝土对抗弯承载力的贡献。

各不利截面的抗弯极限承载力设计值均大于该截面在荷载基本组合作用下的弯矩组合设计值,满足抗弯承载能力的要求。

承载能力极限状态下抗弯验算结果    表 7-3

| 设计参数 | $\gamma_0 M_{dmax}/(kN \cdot m)$ | $\gamma_0 M_{dmin}/(kN \cdot m)$ | $M_{u正}/(kN \cdot m)$ | $M_{u负}/(kN \cdot m)$ | 是否满足要求 |
|---|---|---|---|---|---|
| 边跨端支点截面 | -11932 | 19492 | 127825 | 152186 | 是 |
| 边跨 $L/4$ 截面 | -19577 | -25636 | 173219 | 173159 | 是 |
| 边跨跨中截面 | -68377 | -233703 | 546556 | 564108 | 是 |
| 边跨 $3L/4$ 截面 | -175953 | -683740 | 1142490 | 1245466 | 是 |
| 边中墩左截面 | 21487 | -2074099 | 3207786 | 3207786 | 是 |
| 边中墩右截面 | -153157 | -2151314 | 3207786 | 3207786 | 是 |
| 中跨 $L/8$ 截面 | -187140 | -773384 | 1279334 | 1242026 | 是 |
| 中跨 $L/4$ 截面 | -79373 | -313356 | 576434 | 520601 | 是 |
| 中跨跨中截面 | 62785 | 59358 | 424122 | 424120 | 是 |

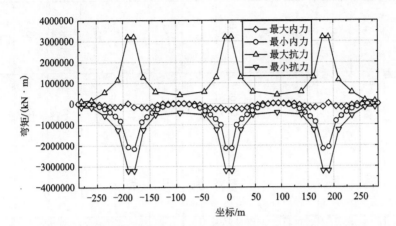

图 7-2 承载能力极限状态下内力包络与截面抗弯承载力纵向分布图

### 7.3.2 抗剪承载力验算

**1. 截面承载力计算**

波形钢腹板预应力混凝土组合梁桥钢腹板梁段,仅考虑钢腹板承受截面剪力,可按下式计算截面抗剪极限承载力设计值 $V_{ud}$,即

$$V_{ud} = V_{wd} + V_{ped} \tag{7-4}$$

式中:$V_{wd}$——钢腹板抗剪承载力设计值;

$V_{ped}$——预应力筋有效预应力竖向分量。

设定波形钢腹板承担全部截面剪力,且剪应力沿高度方向均匀分布。波形钢腹板梁段截面抗剪极限承载力设计值 $V_{ud}$,由钢腹板抗剪极限承载力设计值 $V_{wd}$ 与预应力筋有效预应力竖向分量 $V_{ped}$ 两部分组成,各部分可分别按下列公式进行计算:

$$V_{wd} = n_w f_{vd} h_w t_w \tag{7-5}$$

$$V_{ped} = F_{pe} \sin\theta_p \tag{7-6}$$

式中:$f_{vd}$——钢腹板抗剪强度设计值;

$h_w$——钢腹板高度;

$t_w$——钢腹板厚度;

$n_w$——钢腹板个数;

$F_{pe}$——有效预应力;

$\theta_p$——预应力筋轴向倾角。

**2. 验算结果**

表 7-4 为各不利截面承载能力极限状态下抗剪验算结果,图 7-3 为承载能力极限状态下验算剪力包络与截面抗弯承载力沿桥纵向分布。其中结构重要性系数取 1.1,不考虑内衬混凝土分担剪力。

表7-4 波形钢腹板梁段抗剪承载能力验算结果

| 设计参数 | 单位 | 边跨端支点截面 | 边跨 $L/4$ 截面 | 边跨跨中截面 | 边跨 $3L/4$ 截面 | 中支点左截面 | 中支点右截面 | 中跨 $L/8$ 截面 | 中跨 $L/4$ 截面 | 中跨跨中截面 |
|---|---|---|---|---|---|---|---|---|---|---|
| $h_w$ | mm | 3160 | 3508 | 5044 | 7275 | 9397 | 9397 | 7702 | 5349 | 3160 |
| $t_w$ | mm | 14 | 14 | 24 | 26 | 28 | 28 | 26 | 24 | 14 |
| $n_w$ | 个 | 2 | 2 | 2 | 2 | 2 | 2 | 2 | 2 | 2 |
| $\theta_p$ | ° | 1.1 | 1.5 | 1.8 | 2.5 | 2.6 | 2.6 | 2.5 | 3.2 | 0.0 |
| $f_{vd}$ | MPa | 195 | 195.0 | 185.0 | 185.0 | 185 | 185 | 185.0 | 185.0 | 195.0 |
| $F_{pe}$ | kN | 42535 | 24794 | 21283 | 17741 | 17556 | 23408 | 23654 | 27196 | 0 |
| $V_{wd}$ | kN | 18404 | 19154 | 44793 | 69990 | 103840 | 103843 | 74095 | 47502 | 17254 |
| $V_{ped}$ | kN | 817 | 649 | 668 | 773 | 796 | 1062 | 1031 | 1517 | 0 |
| $V_{ud,max}$ | kN | ±19221 | ±19803 | ±45461 | ±70764 | ±104636 | ±104905 | ±75127 | ±49020 | ±17254 |
| $\gamma_0 V_{d,max}$ | kN | 17929 | -3984 | -14579 | -27727 | -7592 | 101003 | 39234 | 27785 | 10983 |
| $\gamma_0 V_{d,min}$ | kN | -12489 | -6071 | -15381 | -26848 | -75315 | 5879 | 23283 | 14040 | -14511 |
| 是否满足要求 | — | 是 | 是 | 是 | 是 | 是 | 是 | 是 | 是 | 是 |

注:表中符号含义同前。

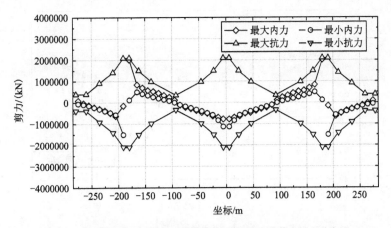

图 7-3 承载能力极限状态下剪力包络与截面抗弯承载力纵向分布图

各不利截面的抗剪极限承载力设计值均大于该截面在荷载基本组合作用下的剪力组合设计值,满足抗剪承载能力的要求。

# 7.4 持久状况下正常使用极限状态验算

公路桥涵预应力混凝土结构的持久状况设计应按正常使用极限状态的要求,采用频遇组合、准永久组合或频遇组合并考虑准永久组合的影响,对结构的抗裂性和挠度进行验算,并使各项计算值不超过《公路钢筋混凝土及预应力混凝土桥涵设计规范》(JTG 3362—2018)规定的各相应限值。在上述各种组合中,车辆荷载效应不计冲击系数。

## 7.4.1 荷载组合

本次持久状况下正常使用极限状态验算中,挠度验算采用频遇组合并考虑荷载长期效应的影响。由于本结构按照全预应力混凝土构件设计,故抗裂性和挠度需采用频遇组合进行验算,挠度验算需考虑荷载长期效应的影响。频遇组合按下式计算:$1.0 \times$ 恒载(包含预应力)$+ 1.0 \times$ 混凝土收缩 $+ 0.7 \times$ 最不利荷载(对称汽车荷载,偏心汽车荷载)$+ 0.8 \times$ 梯度温度荷载 $+ 1.0 \times$ 最不利支点沉降。

## 7.4.2 挠度验算

挠度验算采用荷载频遇组合并考虑荷载长期效应的影响,即按荷载频遇组合计算的挠度乘挠度长期增长系数,长期增长系数取 1.4。图 7-4 为频遇组合(考虑长期效应的影响)下竖向挠度包络曲线,最大挠度 102.2mm,最大挠度未超过计算跨径的 1/600,即 300mm,满足《公路钢筋混凝土及预应力混凝土桥涵设计规范》(JTG 3362—2018)第 6.5.3 条的要求。

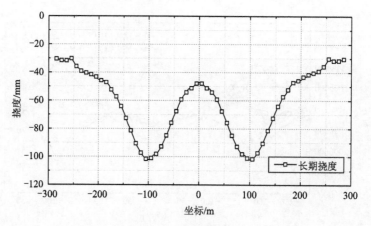

图 7-4　竖向挠度包络曲线

### 7.4.3　正截面抗裂性验算

正截面抗裂性是通过正截面混凝土的法向拉应力来控制的。《公路钢筋混凝土及预应力混凝土桥涵设计规范》(JTG 3362—2018)第 6.3.1 条规定,分段浇筑或砂浆接缝的全预应力混凝土构件正截面抗裂性应满足下列要求:

$$\sigma_{st} - 0.85\sigma_{pc} \leqslant 0 \tag{7-7}$$

式中:$\sigma_{st}$——在荷载频遇组合下,构件抗裂性验算截面边缘混凝土的法向拉应力;

$\sigma_{pc}$——扣除全部预应力损失,预加力在构件抗裂性验算截面边缘产生的混凝土有效预压应力。

(1)混凝土顶板正截面抗裂性验算

图 7-5 为荷载频遇组合下混凝土顶板纵桥向正应力包络曲线,图 7-6 为荷载频遇组合下混凝土顶板纵桥向正应力包络云图。波形钢腹板组合箱梁桥的混凝土桥面板沿全桥纵向基本均处于受压状态,仅在内衬混凝土端部与梗腋交汇处的顶板上表面局部区域存在一定拉应力,拉应力最大值为 1.8MPa,主要是由内衬混凝土端部附加应力效应导致的。

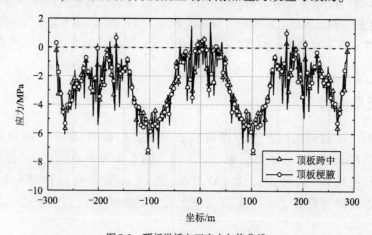

图 7-5　顶板纵桥向正应力包络曲线

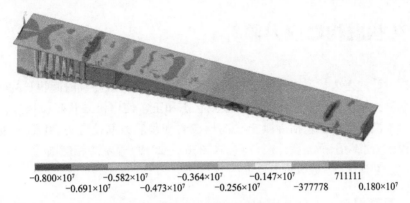

图7-6 顶板纵桥向正应力包络云图(单位:pa)

(2)混凝土底板正截面抗裂性验算

图7-7为荷载频遇组合下混凝土底板纵桥向正应力包络曲线,图7-8为荷载频遇组合下混凝土底板纵桥向正应力包络云图。波形钢腹板组合箱梁桥的混凝土底板沿全桥纵向均处于受压状态,跨中正弯矩区段局部区域存在不超过1MPa的拉应力。

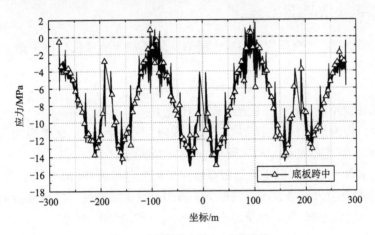

图7-7 底板纵桥向正应力包络曲线

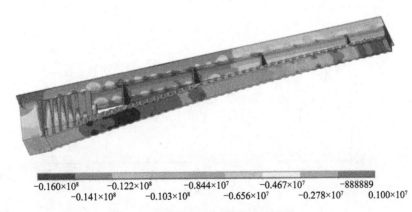

图7-8 底板纵桥向正应力包络云图(单位:Pa)

## 7.5 持久状况构件应力验算

桥涵结构设计的持久状况指桥涵建成后承受自重、车辆荷载持续时间很长的状况,该状况下对预应力混凝土结构除应进行承载能力极限状态和正常使用极限状态设计外,还应进行构件应力验算。本次验算内容包括混凝土法向压应力和预应力筋拉应力,并不得超过《公路钢筋混凝土及预应力混凝土桥涵设计规范》(JTG 3362—2018)规定的相应限值。构件应力计算的实质是构件强度计算,是对承载力计算的补充。

### 7.5.1 荷载组合

持久状况下构件应力验算时,荷载取其标准值,不计分项系数,汽车荷载应考虑冲击系数的影响,即:荷载标准组合(汽车考虑冲击) = 1.0 × 恒载(包含预应力) + 1.0 × 混凝土收缩 + 1.0 × 最不利荷载(对称汽车荷载,偏心汽车荷载) + 1.0 × 梯度温度荷载 + 1.0 × 最不利支点沉降。

### 7.5.2 混凝土法向压应力验算

正常使用极限状态下,全预应力混凝土受弯构件正截面受压区混凝土最大压应力应满足一定限制要求,即:

$$\sigma_{cc} = \sigma_{kc} + \sigma_{pt} \leqslant 0.50 f_{ck} \tag{7-8}$$

式中:$\sigma_{cc}$——正常使用极限状态下受压区最大压应力;

$\sigma_{kc}$——荷载标准组合(不包括初效应和次效应)下混凝土受压边缘最大压应力;

$\sigma_{pt}$——预加力(包括初效应和次效应)产生的混凝土拉应力。

图 7-9 为荷载标准组合下混凝土顶板纵桥向正应力包络曲线,图 7-10 为荷载标准组合下混凝土顶板纵桥向正应力包络云图。波形钢腹板组合箱梁的混凝土桥面板沿全桥纵向均处于受压状态,最大压应力为 16MPa,均满足小于 $0.50 f_{ck} = 19.25$MPa 要求。

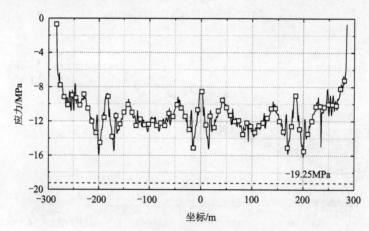

图 7-9 顶板纵桥向正应力包络曲线

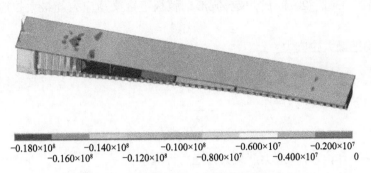

$-0.180×10^8$　　$-0.140×10^8$　　$-0.100×10^8$　　$-0.600×10^7$　　$-0.200×10^7$
　　$-0.160×10^8$　　$-0.120×10^8$　　$-0.800×10^7$　　$-0.400×10^7$　　　0

图 7-10　顶板纵桥向正应力包络云图(单位:Pa)

图 7-11 为荷载标准组合下混凝土底板纵桥向正应力包络曲线,图 7-12 为荷载标准组合下混凝土底板纵桥向正应力包络云图。波形钢腹板组合箱梁的混凝土桥面板沿全桥纵向均处于受压状态,最大压应力约为 18MPa,满足小于 $0.50f_{ck}=19.25\text{MPa}$ 的要求。

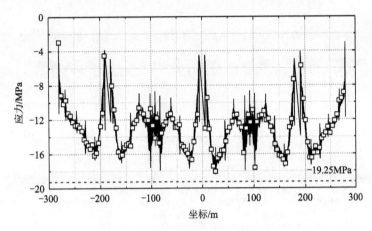

图 7-11　底板纵桥向正应力包络曲线

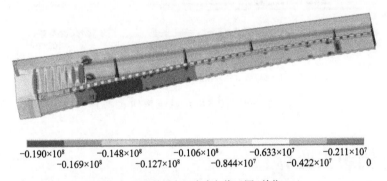

$-0.190×10^8$　　$-0.148×10^8$　　$-0.106×10^8$　　$-0.633×10^7$　　$-0.211×10^7$
　　$-0.169×10^8$　　$-0.127×10^8$　　$-0.844×10^7$　　$-0.422×10^7$　　　0

图 7-12　底板纵桥向正应力包络云图(单位:Pa)

### 7.5.3　预应力筋拉应力验算

为了更有效地发挥体内、外预应力钢筋的作用,根据《公路钢筋混凝土及预应力混凝土桥涵设计规范》(JTG 3362—2018)的规定,波形钢腹板组合梁预应力筋最大拉应力应满足下列要求。

体内预应力筋最大拉应力:

$$\sigma_{p,i} \leqslant 0.65 f_{pk,i} \qquad (7-9)$$

体外预应力筋最大拉应力:

$$\sigma_{p,e} \leqslant 0.65 f_{pk,e} \qquad (7-10)$$

式中:$\sigma_{p,i}$、$\sigma_{p,e}$——体内、外预应力筋最大拉应力计算值;
$f_{pk,i}$、$f_{pk,e}$——体内、外预应力筋的抗拉强度标准值。

计算结果如图 7-13 所示,体外预应力筋在荷载标准组合作用下拉应力最大值为 1166.7MPa,而在标准组合作用下的拉应力最大值为 1151.8MPa。又由于体外预应力筋的抗拉强度标准值 $f_{pk}$ = 1860MPa,则 1166.7MPa < 0.65$f_{pk}$ = 1209MPa,体外预应力筋最大拉应力满足要求。

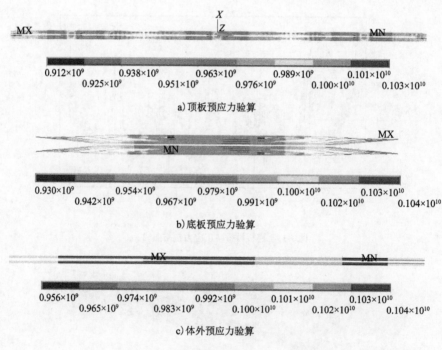

图 7-13 预应力筋拉应力包络云图(单位:Pa)

## 7.6 波形钢腹板验算

波形钢腹板预应力混凝土组合梁桥主要承受截面剪力,由于钢腹板较薄,而在支点附近设置内衬混凝土以提高剪切性能及屈曲稳定性。在内衬与非内衬的结合部需要使截面刚度平缓过渡,避免刚度突变引起波形钢腹板受力集中而发生剪切屈曲失稳。为此,基于波形钢腹板预应力混凝土组合梁桥的全桥有限元模型,进行波形钢腹板设计验算,包括承载能力极限状态下剪应力验算、钢腹板剪切稳定性验算。

### 7.6.1 承载能力极限状态下剪应力验算

根据《公路桥涵设计通用规范》(JTG D60—2015)、《公路钢结构桥梁设计规范》(JTG D64—2015)及《公路波形钢腹板预应力混凝土梁桥设计指南》(DBJT 45/T 051—2023)的规定,承载能力极限状态下波形钢腹板剪应力应满足:

$$\tau_k < [\tau] \tag{7-11}$$

式中:$\tau_k$——荷载基本组合下波形钢腹板的剪应力;

$[\tau]$——钢材的容许剪应力,波形钢腹板采用Q420qNH耐候钢,$[\tau]=185\text{MPa}$。

图7-14为承载能力极限状态下波形钢腹板剪应力包络曲线,图7-15为承载能力极限状态下波形钢腹板剪应力包络云图,波形钢腹板剪应力随桥跨呈反对称分布,其最大剪应力为100MPa,满足上述规范剪应力限值要求。最大剪应力出现在3/8跨径位置处,靠近中墩支点处由于内衬混凝土分担部分剪力,腹板剪应力相对较小。

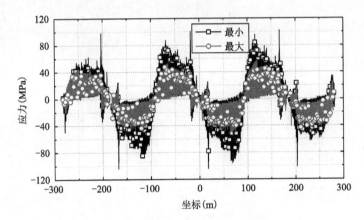

图7-14 波形钢腹板剪应力包络曲线

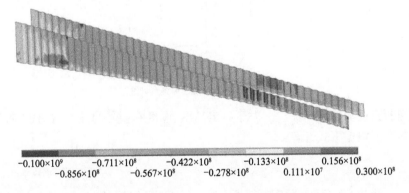

图7-15 波形钢腹板剪应力包络云图(单位:Pa)

### 7.6.2 钢腹板剪切稳定性验算

广西飞龙大桥波形钢腹板剪切稳定性在设计阶段根据《波形钢腹板组合梁桥技术标准》（CJJ/T 272—2017）进行验算结果满足规范要求。本节补充介绍根据新颁布实施的《公路波形钢腹板预应力混凝土梁桥设计指南》（DBJT 45/T 051—2023）❶，波形钢腹板承载能力极限状态下剪切稳定性验算流程如图7-16所示。首先，给定其波形型号 $L_w$、板高 $h_w$、板厚 $t_w$ 和边界条件，由式(7-12)、式(7-13)计算得到各屈曲模态之间的转换高度，比较得到腹板实际发生的剪切屈曲模态；然后从式(7-14)、式(7-15)和式(7-18)中选择相应公式计算弹性剪切屈曲临界应力 $\tau_{cr}$；最后，由式(7-19)计算得到腹板抗剪强度 $\tau_n$。

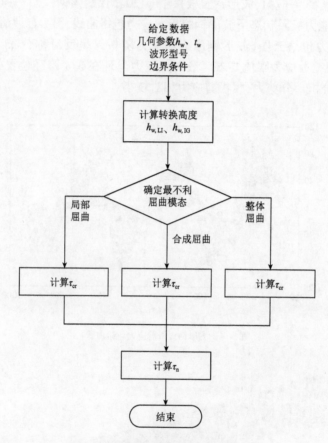

图7-16 波折钢腹板剪切屈曲强度计算流程

①首先判断腹板剪切屈曲类型。对于给定高度、厚度和型号的波形钢腹板，各剪切屈曲模态之间的临界高度根据下式计算：

---

❶ 本书作者基于国内现有规范及本桥最新研究成果，对波形钢腹板组合梁桥结构验算进行的优化，因此本章验算采用了新颁布实施的广西壮族自治区交通运输行业地方标准《公路波形钢腹板预应力混凝土梁桥设计指南》（DBJT 45/T 051—2023）的内容。

$$h_{w,IG} = C_2 t_w^{p_2} \tag{7-12}$$

$$h_{w,LI} = C_1 t_w^{p_1} \tag{7-13}$$

式中：$h_{w,LI}$——波形钢腹板局部屈曲和合成屈曲之间的临界高度；

$h_{w,IG}$——波形钢腹板合成屈曲和整体屈曲之间的临界高度；

$t_w$——波形钢腹板厚度；

$C_1$、$C_2$、$p_1$、$p_2$——屈曲模态转换系数，可通过表 7-5 查得。

屈曲模态转换系数表　　　　表 7-5

| 系数 | 1000 型 | 1200 型 | 1600 型 | 1800 型 |
|---|---|---|---|---|
| $C_1$ | 7955 | 11485 | 21832 | 23315 |
| $p_1$ | -0.673 | -0.726 | -0.839 | -0.796 |
| $C_2$ | 15620 | 20189 | 29923 | 34857 |
| $p_2$ | -0.534 | -0.543 | -0.546 | -0.540 |

②弹性剪切屈曲临界应力 $\tau_{cr}$ 计算。

根据①中计算得到的临界高度判断腹板实际发生的屈曲模态，然后选择以下对应公式计算弹性剪切临界屈曲应力 $\tau_{cr}$。

波形钢腹板弹性局部剪切屈曲应力 $\tau_{cr,L}$ 可按下列公式进行计算：

$$\tau_{cr,L} = k_L \frac{\pi^2 E_s}{12(1-\nu_s^2)} \left(\frac{t_w}{a_w}\right)^2 \tag{7-14}$$

式中：$E_s$——钢板弹性模量；

$\nu_s$——钢板泊松比；

$a_w$——波形钢腹板板条宽度（当斜板宽度 $c_w$ 比平板宽度 $a_w$ 大时取 $c_w$）；

$t_w$——波形钢腹板厚度；

$k_L$——波形钢腹板局部剪切屈曲系数，$k_L = 5.88 + 7.06\left(\frac{a_w}{h_w}\right)^2 - 29.73\frac{t_w}{d_w}$。

波形钢腹板弹性整体剪切屈曲应力 $\tau_{cr,G}$ 可按下列公式进行计算：

$$\tau_{cr,G} = k_G \frac{D_y^{1/4} D_x^{3/4}}{t_w h_w^2} \tag{7-15}$$

式中：

$$D_x = \frac{E_s t_w^3 \left[(d_w/t_w)^2 + 1\right]}{6\alpha_w} \tag{7-16}$$

$$D_y = \frac{E_s t_w^3}{12(1-\nu_s^2)}\alpha_w \tag{7-17}$$

式中：$t_w$——波形钢腹板厚度；

$h_w$——波形钢腹板高度；

$d_w$——波形钢腹板波形高度；

$\alpha_w$——波形钢腹板形状系数，取$(a_w+b_w)/(a_w+c_w)$；

$k_G$——整体屈曲系数，$k_G = 75.62 + 1.31\dfrac{d_w}{t_w} - 5.44\dfrac{h_w}{L_w}$；

$L_w$——波形钢腹板标准波长。

波形钢腹板弹性合成剪切屈曲应力$\tau_{cr,I}$可按下列公式进行计算：

$$\tau_{cr,I} = k_I \frac{D_y^{1/4} D_x^{3/4}}{t_w h_w^2} \tag{7-18}$$

式中：$t_w$——波形钢腹板厚度；

$h_w$——波形钢腹板高度；

$D_x$、$D_y$——波形钢腹板弯曲刚度，按式(7-16)、式(7-17)计算；

$k_I$——合成屈曲系数，$k_I = 6.97 + 52.02\left(\dfrac{h_w}{L_w}\right)^2 \dfrac{t_w}{d_w} - 37.83\left(\dfrac{a_w}{h_w}\right)^2$。

③剪切强度计算。

考虑波形钢腹板材料非线性、残余应力、初始缺陷等因素影响，波形钢腹板剪切屈曲强度按下式计算：

$$\tau_u = \begin{cases} f_v, & \lambda_s < 0.6 \\ [1-0.614(\lambda_s-0.6)]f_v, & 0.6 \leqslant \lambda_s \leqslant \sqrt{2} \\ f_v/\lambda_s^2, & \sqrt{2} < \lambda_s \end{cases} \tag{7-19}$$

式中：$\tau_u$——波形钢腹板剪切屈曲强度；

$\lambda_s$——柔度系数，$\lambda_s = \sqrt{f_v/\tau_{cr}}$；

$f_v$——钢腹板剪切屈服应力；

$\tau_{cr}$——弹性剪切屈曲临界应力。

表7-6为承载能力极限状态下波形钢腹板剪切稳定性验算结果。其中假定腹板承担全部截面剪应力，且剪应力沿板高均匀分布，腹板为四边简支边界条件。表中结果表明，腹板剪切屈曲强度均满足要求。其中最不利的截面为中跨$3L/8$截面，其安全系数为1.62，也满足要求。

承载能力极限状态下波形钢腹板剪切稳定性验算结果

表 7-6

| 设计参数 | 单位 | 边跨 $L/4$ 截面 | 边跨跨中截面 | 边跨内衬混凝土端截面 | 中跨内衬混凝土截面 | 中跨 $L/4$ 截面 | 中跨 $3L/8$ 截面 | 中跨跨中截面 |
|---|---|---|---|---|---|---|---|---|
| $E_s$ | MPa | $2.06 \times 10^5$ | $2.06 \times 10^5$ | $2.06 \times 10^5$ | $2.06 \times 10^5$ | $2.06 \times 10^5$ | $2.06 \times 10^5$ | $2.06 \times 10^5$ |
| $\nu_s$ | — | 0.3 | 0.3 | 0.3 | 0.3 | 0.3 | 0.3 | 0.3 |
| $f_v$ | MPa | 185 | 185 | 185 | 185 | 185 | 195 | 195 |
| $h_w$ | mm | 3489 | 4987 | 8377 | 8377 | 5301 | 3731 | 3160 |
| $t_w$ | mm | 18 | 24 | 28 | 28 | 24 | 18 | 14 |
| $a_w$ | mm | 480 | 480 | 480 | 480 | 480 | 480 | 480 |
| $b_w$ | mm | 420 | 420 | 420 | 420 | 420 | 420 | 420 |
| $c_w$ | mm | 480 | 480 | 480 | 480 | 480 | 480 | 480 |
| $d_w$ | mm | 240 | 240 | 240 | 240 | 240 | 240 | 240 |
| $D_x$ | N·m | 38043792554 | 50725056738 | 59179232861 | 59179232861 | 50725056738 | 38043792554 | 29589616431 |
| $D_y$ | N·m | 93494951 | 221617661 | 351920638 | 351920638 | 221617661 | 93494951 | 43990080 |
| $\alpha_w$ | — | 0.9 | 0.9 | 0.9 | 0.9 | 0.9 | 0.9 | 0.9 |
| $\tau_d$ | MPa | 43.94 | 58.41 | 58.69 | 79.83 | 99.27 | 120.09 | 59.48 |
| $h_{w,LI}$ | mm | 2.34 | 1.86 | 1.64 | 1.64 | 1.86 | 2.34 | 2.85 |
| $h_{w,IG}$ | mm | 7.32 | 6.27 | 5.77 | 5.77 | 6.27 | 7.32 | 8.38 |
| 屈曲模态 | — | 合成 | 合成 | 整体 | 整体 | 合成 | 合成 | 合成 |
| $\tau_{cr}$ | MPa | 808.43 | 1017.06 | 514.64 | 514.64 | 1001.21 | 781.12 | 642.10 |
| $\lambda_s$ | — | 0.48 | 0.43 | 0.60 | 0.60 | 0.43 | 0.50 | 0.55 |
| $\tau_u$ | MPa | 185.00 | 185.00 | 185.00 | 185.00 | 185.00 | 195.00 | 195.00 |
| 安全系数 | — | 4.21 | 3.17 | 3.15 | 2.32 | 1.86 | 1.62 | 3.28 |
| 是否满足要求 | — | 是 | 是 | 是 | 是 | 是 | 是 | 是 |

## 7.7 桥面板设计验算

建立图 7-17 所示节段局部模型，根据《公路钢筋混凝土及预应力混凝土桥涵设计规范》（JTG 3362—2018）规定，对桥面板抗弯承载力、正常使用极限状态下抗弯承载力、正常使用极限状态下抗裂性、持久状况压应力进行验算。施加的荷载包括自重、二期恒载、预应力、混凝土收缩应力、整体和梯度温度荷载、车辆荷载。

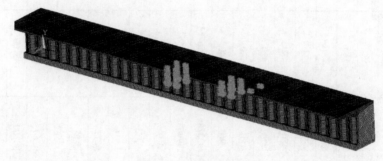

图 7-17 桥面板局部模型

### 7.7.1 抗弯承载能力验算

图 7-18 为承载能力极限状态下内力包络与桥面板抗弯承载力横桥向曲线，可见，各最不利截面的抗弯极限承载力设计值均大于该截面在荷载基本组合作用下的弯矩组合设计值，满足抗弯承载能力的要求。

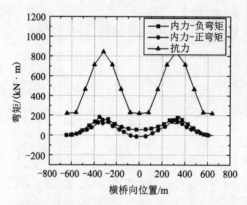

图 7-18 承载能力极限状态下内力包络与桥面板抗弯承载力横向分布图

### 7.7.2 正常使用极限状态抗裂性

图 7-19 为正常使用极限状态下混凝土顶板纵桥向正应力包络曲线。上、下表面混凝土拉应力最大值为 0.3 MPa，均小于规范限值，满足正截面抗裂性要求。

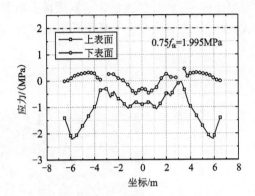

图7-19 混凝土顶板纵桥向正应力包络曲线

### 7.7.3 持久状况下压应力

图7-20为持久状况下混凝土顶板纵桥向正应力包络曲线。由图可见，上、下表面混凝土压应力最大为3MPa，均小于规范限值，满足正截面压应力要求。

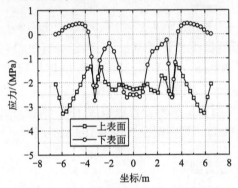

图7-20 混凝土顶板纵桥向正应力包络曲线

## 7.8 钢腹板与混凝土底板外包结合部设计验算

广西飞龙大桥采用新型外包结合部构造，该种结合部易于波形钢腹板定位，且方便底板施工；结合部混凝土自上而下浇筑，混凝土密实性能够得到保证；无须担心结合部渗水等耐久性问题。

关于波形钢腹板与混凝土底板外包结合部中焊钉、开孔板等连接件的布置，当前尚未形成明确设计方法。本书将通过建立考虑外包结合部连接件的有限元模型，验算结合部连接件的受力状况。

### 7.8.1 外包结合部构造

外包结合部为波形钢腹板与混凝土底板的一种新型连接方式，即下翼缘板和波形钢腹板紧贴底板外侧表面包裹住混凝土底板,同时在腹板和下翼缘板上布置开孔钢板和焊钉连接件,如图7-21所示。通过开孔钢板面外抗剪承载性能抵抗顺桥向剪力,以焊钉和开孔板的抗拉拔性能抵抗横向角隅弯矩。

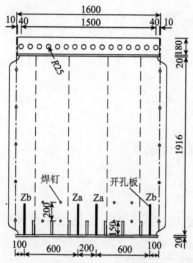
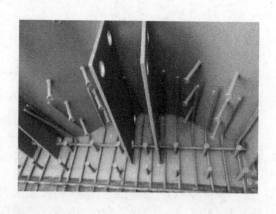

图7-21 广西飞龙大桥结合部构造(尺寸单位:mm)

焊钉布置在波形钢腹板斜板段和下翼缘板上,腹板焊钉设置两列,焊钉直径22mm,长度150mm,竖向和纵桥向间距200mm。波形钢腹板直板段焊接两排梯形开孔板,纵桥向间距200mm,板厚16mm。开孔板分为Zb和Za两种类型,分别焊接在波形钢腹板内凹和外凸的直板段,梯形长边焊接于下翼缘板上。梯形开孔板设置上、下两排开孔,开孔直径70mm,孔中心距离波形钢腹板内侧边缘70mm。贯穿钢筋直径为16mm。

### 7.8.2 结合部有限元模型

建立飞龙大桥三维实体-板壳-弹簧元混合有限元模型,如图7-22所示。其中钢构件采用SHELL63单元模拟,混凝土构件采用SOLID65单元模拟,预应力构件采用LINK10单元模拟。

有限元模型中开孔板和焊钉均采用弹簧单元模拟,赋予弹簧单元不同方向的抗剪和抗拉拔刚度。对于开孔板连接件,在开孔板肋板两侧分别建立接触对,用于模拟肋板与两侧混凝土的接触关系。开孔板的抗剪作用通过肋板两侧的二向弹簧单元模拟,弹簧单元位于钢板和混凝土实体单元之间,弹簧单元节点与实体单元和板壳单元分别建立耦合约束。开孔板的抗剪刚度可通过下式计算:

$$k_s = \alpha_e (0.27 + 0.14 n_E n_d^2) E_c d \tag{7-20}$$

式中: $k_s$ ——单个开孔抗剪刚度;

$n_d$、$n_E$ ——分别为孔中钢筋与孔中混凝土的直径比、弹性模量比;

$E_c$ ——混凝土弹性模量,MPa;

$d$ ——开孔孔径,mm;

$\alpha_e$ ——系数,反映开孔板肋板间距对抗剪刚度的影响,肋板间距为开孔孔径3倍以上时,该系数取1.0。

对于焊钉连接件,焊钉焊接母板与混凝土之间建立接触对,焊钉连接件通过三向弹簧单元模拟,其三向刚度分别采用焊钉抗剪和抗拉拔刚度,按下式计算:

$$k_s = 0.32 d_s E_s^{1/4} E_c^{3/4} \quad (7\text{-}21)$$

$$k_T = \frac{E_s A_s h_s}{h_s^2 + 11.5 n_E A_s} \quad (7\text{-}22)$$

式中:$k_s$、$k_T$——焊钉抗剪刚度和抗拉拔刚度;
$d_s$——焊钉直径;
$E_s$——焊钉材料弹性模量;
$E_c$——混凝土材料弹性模量;
$A_s$——焊钉截面面积;
$n_E$——焊钉与混凝土弹性模量比;
$h_s$——焊钉高度。

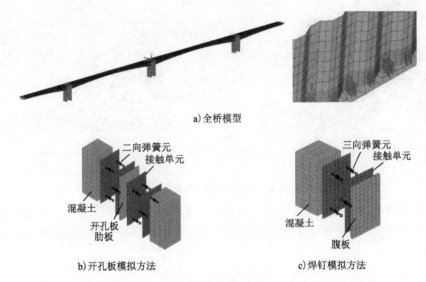

图 7-22 有限元模型

### 7.8.3 验算结果

根据恒载作用下斜板上焊钉剪力分布散点图,焊钉剪力最大为 71kN[图 7-23a)],最大剪力分布在首排焊钉。焊钉同时存在一定拉拔力,最大为 51kN[图 7-23b)]。焊钉受力最不利的区段在距离跨中 10~50m 的范围,剪力和拉拔力最大值均出现在距跨中 30m 位置,恒载时焊钉剪力一般要控制在承载力的一半左右。

根据承载能力极限状态下斜板上焊钉剪力分布散点图,焊钉剪力最大为 100kN[图 7-24a)],最大剪力分布在首排焊钉,斜板焊钉同时存在一定拉拔力,最大为 70kN[图 7-24b)],最大值出现在距跨中 30m 位置。焊钉剪力虽未超出抗剪极限承载力,但安全系数较低,且存在拉剪耦合效应,建议增强该区段焊钉布置。

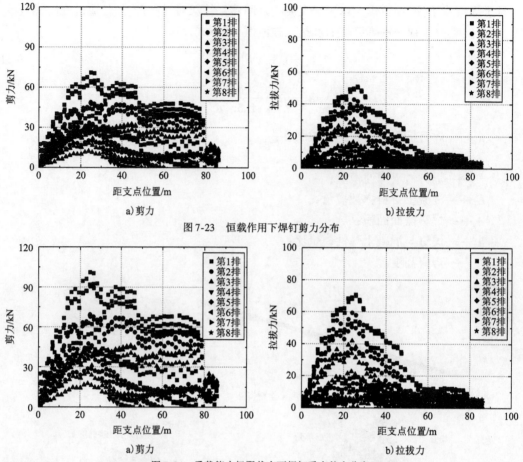

a) 剪力

b) 拉拔力

图 7-23　恒载作用下焊钉剪力分布

a) 剪力

b) 拉拔力

图 7-24　承载能力极限状态下焊钉受力剪力分布

根据波形钢腹板与底板的相对变形(图 7-25),纵桥向钢腹板和底板存在相对滑移,因此焊钉承担水平向剪力,同时每个标准波形靠近跨中侧斜板与底板出现相对剥离,使得斜板焊钉出现一定拉力。

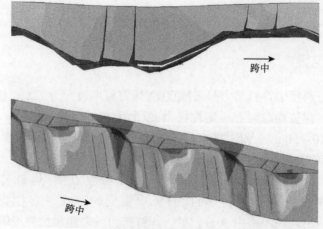

图 7-25　波形钢腹板与底板相对变形示意图

## 7.9 验算结论

### 7.9.1 承载能力极限状态验算

①各最不利截面的抗弯极限承载力设计值均大于该截面在荷载基本组合作用下的弯矩组合设计值,最大为2151314kN·m。满足抗弯承载能力的要求。

②各最不利截面的抗剪极限承载力设计值均大于该截面在荷载基本组合作用下的抗剪组合设计值,最大为195MPa,满足抗剪承载能力的要求。

### 7.9.2 持久状况下正常使用极限状态验算

①荷载频遇组合下,混凝土顶板沿全桥纵向基本均处于受压状态。内衬混凝土端部由于附加应力问题,使得顶板上表面产生了一定的局部拉应力。

②荷载频遇组合下,混凝土底板沿全桥纵向均基本处于受压状态,跨中正弯矩区段局部区域存在不超过1MPa的拉应力。

③荷载标准组合下,混凝土顶、底板纵桥向正应力沿全桥纵向均处于受压状态,纵桥向正应力均满足小于$0.5f_{ck}$的要求。

④荷载频遇组合(考虑长期效应的影响)下最大竖向挠度102.2mm,最大挠度不超过计算跨径的1/600,即300mm。

### 7.9.3 波形钢腹板验算

①荷载基本组合下,波形钢腹板剪应力随桥跨呈反对称分布,其最大剪应力为100MPa,满足剪应力限值要求。

②荷载基本组合下,波形钢腹板剪切屈曲强度均满足要求。其中最不利的截面为中跨$3L/8$截面,其安全系数为1.62,满足规范要求。

### 7.9.4 桥面板验算

①各最不利截面的抗弯极限承载力设计值均大于该截面在荷载基本组合作用下的弯矩组合设计值,满足抗弯承载能力要求。

②混凝土顶、底板上下表面混凝土拉应力最大为0.3MPa,均小于规范要求,满足正截面抗裂性要求。

③混凝土顶、底板上下表面混凝土压应力最大为3MPa,均小于规范要求,满足正截面压应力要求。

### 7.9.5 钢腹板与混凝土底板外包结合部计算

①焊钉剪力最大为100kN,最大剪力分布在首排焊钉,斜板焊钉同时存在一定拉拔力,最

大为 70kN，最大值出现在距跨中 30m 位置。焊钉剪力虽未超出抗剪极限承载力，但安全系数较低，且存在拉剪耦合效应，建议增强该区段焊钉布置。

②纵桥向钢腹板和底板存在相对滑移，因此焊钉承担水平向剪力，同时每个标准波形靠近跨中侧斜板与底板出现相对剥离，使得斜板焊钉出现一定拉力。

# 第8章

# 设计审查

本章详述了广西飞龙大桥设计审查各行业代表及国内波形钢腹板预应力混凝土梁桥专家对该类桥梁设计提出的优化意见及建议,为该类桥型设计提供参考。

## 8.1 审查目的

为进一步加强路网公路勘察设计和建设管理,确保工程质量、安全、进度和投资效益,推动普通公路高质量发展,打造一流公路基础设施,根据公路建设程序要求,广西飞龙大桥勘测与设计成果历经设计方案审查、外业验收、设计咨询、技术审查等多重严格审查后才获得批复立项。设计审查阶段,技术咨询单位、建模验算复算单位及特邀国内行业专家重点对设计深度、国家强制性标准执行情况、工程设计的合理性、结构的安全性、主要结构构造设计是否清楚、受力是否明确等方面进行审查,指导优化设计成果,以优质设计提升质量水平和投资效益,保障项目顺利实施,减少后期不必要的变更。

## 8.2 咨询审查

广西飞龙大桥设计咨询审查由深圳市市政设计研究院有限公司完成,包含初步设计咨询和施工图咨询,咨询审查对设计成果开展全面、全过程审查,并提出了宝贵优化意见及建议。

### 8.2.1 初步设计

1. 总体技术评价

咨询方对大桥设计采用以下技术方式是支持和赞同的。
(1)利用波形钢腹板作悬臂浇筑施工承重结构的异步悬臂浇筑法(RW 工法)
波形钢腹板预应力混凝土组合箱梁桥的一大优点是可施工性好,RW 工法正体现了这点。RW 工法源自日本,波形钢腹板与上、下翼缘板连接后,实际上构成了具有一定抗弯能力的波形钢腹板工字梁,利用该抗弯能力可以简化悬臂施工用挂篮结构,进而改善每一节段悬臂浇筑施工的作业程序,简化施工作业,缩短施工周期。

RW工法较悬臂浇筑工法可使悬臂浇筑挂篮构造简化(结构钢材减少30%),而每一节段循环作业时间由13d减为8.5d,悬臂浇筑作业面由一节段增大为三节段,施工更便利。

广西飞龙大桥设计采用该工法,充分发挥了波形钢腹板预应力混凝土箱梁桥的优点。

(2) 关于耐候钢的应用

我国正在大力发展钢结构桥梁,钢结构防腐问题成为突出的技术关键,现有涂装技术可保证钢结构使用25年或更长,然而难免需要在养护时进行第二次、第三次涂装,应用耐候钢可较彻底、经济地解决此问题。其实,耐候钢的应用在发达国家比较常见,美国耐候钢钢桥占其钢桥总量的45%,日本为10%,加拿大新建钢桥96%采用了耐候钢,欧洲国家亦多有应用,我国耐候波形钢腹板桥亦在迅速推广,如安徽合肥南淝河桥、山西运宝黄河大桥。

为配合耐候钢的应用,国家在原有《高耐候结构钢》(GB/T 4171—2000)和《焊接结构用耐候钢》(GB/T 4172—2000)基础上修编制定了《耐候结构钢》(GB/T 4171—2008),《桥梁用结构钢》(GB/T 714—2015)也相应补充了关于耐候钢的技术条款。《耐候结构钢》(GB/T 4171—2008)、《桥梁用结构钢》(GB/T 714—2015)中所列耐候钢均可用于公路桥梁,《桥梁用结构钢》(GB/T 714—2015)更强调钢材的韧性、耐疲劳性,相应价格亦略高一点。本工程波形钢腹板选择Q420qNH耐候钢,较常规桥梁钢结构选择Q355等级钢材先进,在同等条件下能较Q355等级钢材节约用量10%左右,更能保证桥梁运营期的安全性及耐久性。

(3) 广西飞龙大桥波形钢腹板预应力混凝土组合箱梁横隔板的设置符合常规

波形钢腹板预应力混凝土组合箱梁桥受弯时,因腹板的折皱效应,抗弯断面刚度计算中不考虑腹板,故断面抗扭惯性矩较小。为保证箱梁必要的结构抗扭刚度,在构造设计中规定,波形钢腹板预应力混凝土箱梁必须设置一定数量的横隔板。在波形钢腹板预应力混凝土组合箱梁应用初期,因认识问题,横隔板设置较密(间距较小)。经工程实践与结构试验证实,波形钢腹板预应力混凝土组合箱梁断面抗扭刚度与混凝土箱梁结构抗扭刚度不同,混凝土箱梁结构抗扭刚度取决于预应力混凝土顶底板的连接(中横隔或横撑)。表8-1为截至2022年6月底几座大跨度波形钢腹板预应力混凝土组合箱梁桥中横隔板设置情况。与之对照可知,广西飞龙大桥的横隔板间距为17~19m,符合一般规律。

近年几座大跨度波形钢腹板预应力混凝土箱梁桥中横隔板设置情况　　　　表8-1

| 桥梁表 | 状态 | 边跨跨径、中横隔板数及间距 | | | 主跨跨径、中横隔板数及间距 | | |
|---|---|---|---|---|---|---|---|
| | | 跨径/m | 中横隔板数 | 间距/m | 跨径/m | 中横隔板数 | 间距/m |
| 合肥南淝河大桥 | 已建 | 95 | 3 | 18.4~24.5 | 153 | 6 | 18.4~24.5 |
| 伊朗BR-06大桥 | 已建 | 83 | 3 | 19.2~24.5 | 153 | 6 | 19.2~27.2 |
| 珠海前山大桥 | 已建 | 90 | 3 | 19.2~28.8 | 160 | 6 | 24.0~24.8 |
| 内蒙古景家湾大桥 | 已建 | 44 | 2 | 16.8~17.6 | 80 | 4 | 11.2~17.6 |
| 运宝黄河大桥-副桥 | 已建 | 48 | 2 | 14.4~21.8 | 90 | 4 | 14.4~21.8 |
| 鄄城黄河大桥 | 已建 | 70 | 3 | 9.6~25.6 | 120 | 4 | 22.4~25.6 |
| 宁夏叶盛黄河大桥 | 已建 | 64 | 3 | 14.4~16.0 | 120 | 7 | 14.4~16.0 |

注:表中"间距"为跨中横隔板之间间距及跨中横隔板与中墩中心线间距。

波形钢腹板预应力混凝土组合箱梁桥的横隔板设置是该类型桥梁设计中的一大难点,中横隔板的设置是以端横隔板(墩顶、支点横隔板)设置为前提,墩顶横隔板为传递支点集中荷载是必须设置的,普通预应力混凝土箱梁板或波形钢腹板预应力混凝土组合箱梁墩顶横隔板均为必要的构造,波形钢腹板预应力混凝土箱梁横隔板的设置一方面将增大箱梁抗扭刚度,另一方面会加大箱梁质量,从结构动力刚度出发,这两重作用是此消彼长的,对之可以结合结构动力模态、扭转振动基频作阈值,按中横隔数量1,2,3⋯不同方案作桥梁结构模态分析运算,直至横隔板数量虽增加但扭转基频不再增加为止。合理设置中横隔板数量,这一过程可以在施工图阶段详细分析。

2. 主要审查意见

(1)结构计算复算

①主梁混凝土顶底板结构在承载能力极限状态下的抗弯承载能力、正常使用极限状态下各工况应力及挠度计算结果均满足规范要求,且具有一定的安全系数,建议下阶段设计优化主梁截面及预应力配束,以在安全的情况下尽量采用经济性较高的结构尺寸及配束方式。

②钢腹板抗剪计算大部分截面满足抗剪要求,且具有一定的安全系数,只有少数截面安全系数稍低,建议下阶段设计过程中增大各节段钢腹板厚度。

③钢腹板与混凝土顶、底板连接计算均满足受力需求,且安全系数较大,建议下阶段设计过程中优化顶、底板剪力键构件,以在保证安全的前提下尽量采用经济性较高的构造。

④主墩各桩长均能满足设计要求,其中 $6^\#$、$7^\#$ 墩安全系数较大,建议桩底嵌入中风化砂岩,深度按照规范取值,且不宜小于3倍桩径。计算桩长时未考虑冲刷深度,下阶段计算时应根据防洪评价报告考虑冲刷深度,以保证有效桩长满足规范要求。

(2)总体设计

①耐久性设计中缺少钢腹板耐久性设计内容,本工程采用桥梁用耐候钢,此种钢材分为带涂装使用和裸用,如无景观需要改变耐候钢颜色的要求,建议裸用。

②对于推荐方案主梁标准节段施工描述不太明确:利用已悬出波形钢腹板作承重构件,挂篮前移到位后,$N-1$、$N$、$N+1$ 节段等三个作业面可同期施工,以最大限度地缩短工期,桥面板横向预应力可滞后施工,不占施工顺序时间。

③推荐方案主墩承台厚度4.5m,桩长30m,根据初步估计其安全系数较大,下阶段根据实际受力优化其设计。

④主引桥连接墩墩高20余米,墩身厚2.5m,采用实心矩形墩,经济性较低且不利于下部结构受力,建议下阶段根据受力优化为空心矩形墩。

(3)构造及连接部分设计

①波形钢腹板纵向临时连接根据受力计算需要采用,下阶段设计应根据施工过程受力验证高强螺栓的必要性。

②波形钢腹板连接构造图中PBL开孔钢板中的贯穿钢筋宜尽量居中设置。

(4)预应力设计

①体内预应力束采用15-25型、15-22型、15-19型、15-15型,顶板束由于钢束型号过大,其波纹管净距稍小,建议下阶段根据规范要求最小净距优化预应力排布。

②钢束布置横断面图显示锚具至混凝土边缘距离过小,底板齿块设计不合理,建议下阶段优化。

③部分顶板短束钢束过大,而且位于波纹管多处。张拉短束时,其他波纹管是透空状态,对混凝土截面面积削弱较大,拉力过大容易引起锚下局部应力过大,导致混凝土被压碎破坏。

④中跨底板束16~18截面每截面锚固4束,钢束型号为15-19型,齿块处两束锚点相距30cm,距离稍短。锚下局部压应力过大,而且张拉空间不满足需求。

⑤核对体外索两端的空间是否满足张拉或运营期换索需求。

⑥体外束采用可调可换式锚具,此种锚具构造尺寸较常规锚具尺寸大,体外束锚点间最小距离为33cm,核对其间距是否满足可调可换式锚具布置及体外束的张拉空间需求。

### 8.2.2 施工图设计

**1. 总体技术评价**

咨询方对本工程设计采用以下技术方式是支持和赞同的。

(1)波形钢腹板技术的应用

波形钢腹板预应力混凝土组合梁桥源自法国,盛行于日本,我国于20世纪初引入此技术,在2005年建成国内第一座波形钢腹板预应力混凝土梁桥。时至今日,我国波形钢腹板技术已遍地开花,并应用于梁桥、斜拉桥等桥型,不仅应用于上部主梁,而且应用于跨径较大的盖梁结构。

本工程主跨采用185m跨波形钢腹板预应力混凝土组合箱梁桥,其跨径布置已创世界纪录。本桥设计综合体现了我国波形钢腹板技术已达世界领先水平,对我国波形钢腹板预应力混凝土组合梁桥建设创新起到开拓示范性作用。

(2)耐候钢的应用

本工程波形钢腹板及上、下翼缘板裸用耐候钢,可降低桥梁全寿命周期养护成本,提高桥梁的耐久性,并且便于运营期钢腹板的养护。

(3)利用波形钢腹板作为施工承重构件,采用平行作业施工

波形钢腹板预应力混凝土组合箱梁桥的一大优点是可施工性好。对于中、小跨径现浇梁桥,可利用波形钢腹板作为施工承重构件,达到少支架或无支架施工目的;对于中、大跨径悬臂施工梁桥,也可利用波形钢腹板作为作业平台承台构件来开展多作业面施工,以加快施工速度。

本工程波形钢腹板与混凝土顶、底板的连接均采用带翼缘的连接方式,上、下翼缘板及钢腹板共同组成了具有抗弯能力的波形工字梁,利用其抗弯能力可以简化悬臂施工用挂篮结构,进而改善每一节段悬臂浇筑施工的作业程序,还可以多作业面开展施工,以提高施工效率。本工程每个T构共有19对悬臂浇筑节段,采用将波形钢腹板作为承重构件的平行作业法初步估计可较常规挂篮施工节省悬浇时间45~50d。

**2. 主要审查意见**

(1)有关波形钢腹板的连接

本桥设计与顶板连接采用双开孔钢板连接,与横梁连接采用埋入式连接,这种连接组合是

波形钢腹板预应力混凝土组合梁桥中常用的连接方式,且已成功应用于大部分此类技术的桥梁中,其安全性已被已建桥梁验证。

对于波形钢腹板与底板连接,本工程采用了外包式连接,即下翼缘偏心焊接于波形钢腹板下端,与混凝土连接靠下翼缘板顶面焊接栓钉及钢腹板下端的内侧焊接栓钉和开孔板连接。此种连接方式与施工对钢-混凝土结合部的耐久性较为有利,不存在常规翼缘型连接件混凝土振捣不密实的情况;对于底板混凝土,可配合分层预制+现浇的方式,达到无模板施工底板;且这种连接方式加工、安装都方便,在使用钢腹板作施工承重构件时,有效受力梁较高,可提供更大的抗弯能力。但这种连接方式也有缺点:单价较高,超出底板厚度范围内的钢板需额外布置焊钉或肋板,以提高钢板与混凝土之间的连接能力。因为其安装容错率较低,所以要求安装精度较高。

目前这种连接方式无论是在日本还是在国内应用均不多,且国内相关规范无此种连接方式的计算方法,建议本工程在施工前应对此连接方式作实体分析及试验研究,以验证栓钉及开孔板在此连接中的受力情况,得出合理的连接计算方法,以保证其连接的安全性。

(2)有关波形钢腹板的波形

波形钢腹板一个波形的构造参数有波高、平波长、斜波长、弯折角度等参数,而且各种型号的构造参数基本上是定值,波形分类有1000型、1200型、1600型、1800型,一般中、小跨桥梁选择1200型,中、大跨桥梁选择1600型。在国内《组合结构桥梁用波形钢腹板》(JT/T 784—2010)❶及《波形钢腹板组合梁桥技术标准》(CJJ/T 272—2017)等相关规范中仅包含前三种波形的各种参数及计算方法。

波形钢腹板的几何参数决定着钢腹板本身屈曲强度及钢腹板梁的受力性能,还决定着钢腹板的经济性。根据相关工程应用实例及研究结果,波形钢腹板几何参数对组合梁的挠度影响很小;弯折角度越大,波形越密,组合梁扭转变形越小,正应力、剪应力及翘曲应力也越小。

本工程选择1800型波形,$b=480\text{mm}$,$c=483.7\text{mm}$,$d=420\text{mm}$,$h=240\text{mm}$,不属于国内规范所规定的波形,目前在实际工程中应用较少,也未见其研究结果,咨询方建议在使用前应进行实体分析及试验研究,以验证此种波形的受力是否与理论计算一致,以保证结构的安全性。

(3)有关材料用量指标

工程的材料用量指标是衡量该工程构造设计合理性的重要且较明显的指标,本工程施工图设计阶段主梁材料用量指标与相近规模桥梁的对比如表8-2所示。

主梁材料用量指标与相近规模桥梁的对比表　　　表8-2

| 材料用量指标 | 广西飞龙大桥<br>100m+2×185m+100m | 银洲湖特大桥辅航道桥<br>90m+162m+100m | 珠海前山大桥<br>90m+160m+90m |
| --- | --- | --- | --- |
| 混凝土/(m³/m²) | 1.278 | 1.463 | 1.103 |
| 钢筋/(kg/m²) | 203.8 | 196 | 175 |
| 预应力筋/(kg/m²) | 82.4 | 66.4 | 71.6 |
| 钢板/(kg/m²) | 228.4 | 144.5 | 120.3 |

---

❶ 本标准已作废,被《组合结构桥梁用波形钢腹板》(JT/T 784—2022)替代。

由表 8-2 知,本工程设计主桥上部构造每平方米材料用量指标大部分处于正常范围,除了钢板、预应力筋用量偏高,这说明本项目设计波形钢腹板板厚取值、剪力键构造及主梁预应力束设计均有待优化。对钢板优化时可注意以下几点:

①连续梁桥运营时跨中剪力一般不大,跨中段波形钢腹板板厚可按构造选用 9~12mm 即可满足要求。

②波形钢腹板在剪力作用下,组合屈曲参数 $\lambda_s$ 建议按小于或等于 1 考虑。

③可根据各段的受力情况对除波形钢腹板外的其他钢板进行优化。

(4) 有关施工方案

广西飞龙大桥采用波形钢腹板承重的平行作业法,可以扩大作业面,节省悬浇施工时间。本桥波形钢腹板高度较大,挂篮设计时应考虑钢腹板的吊装及定位问题,建议针对此桥的挂篮系统综合桥址处的河道及栈桥设置情况进行专题设计,且应经过安全评审后方可采用。

(5) 有关各结构的选择

本工程主桥箱梁选择 Q420 级钢材及 C60 混凝土,符合桥梁技术发展的方向。但下部各结构混凝土强度等级选择稍多,给施工带来一定难度,建议:

①基桩可选择 C30 水下混凝土,承台混凝土强度一般高于基桩一个等级,可选择 C35 混凝土,墩、台身选择 C40 混凝土(包含立柱、台身、盖梁、耳墙、背墙等),主桥桥墩可根据受力需求选择 C50 或 C40 混凝土。

②对于主桥支座,本工程选择了抗震型盆式支座,根据使用情况及其他工程对于支座的调研情况,目前常规球型钢支座使用寿命都不少于 50 年,建议选择球型钢支座,以提高支座的耐久性。

(6) 有关结构计算复算

①主梁混凝土顶底板结构在承载能力极限状态下抗弯能力满足规范要求。

②主梁正常使用极限状态下的抗裂验算,墩顶最小压应力为 0.6MPa,主跨跨中下缘压应力为 0.4MPa,满足规范要求。

③钢腹板抗剪计算满足抗剪要求,且具有一定的安全系数,建议优化钢腹板厚度参数值。

④钢腹板与混凝土顶板连接计算均满足受力需求,且安全系数较大,建议适当优化顶板剪力键构件。

⑤钢腹板与底板连接计算在考虑栓钉与加劲肋共同作用时,满足受力要求,鉴于外包式连接的受力机理与常规剪力键不同,建议借助科研课题对该连接作进一步研究,以验证其安全性。

⑥箱梁顶、底板横向抗弯承载能力均满足规范要求,箱梁顶板各截面如按 A 类预应力混凝土构件设计,短期效应组合下顶板顶缘出现拉应力并超出规范要求,长期效应组合下也出现超出规范规定的状况,存在安全风险,建议优化横向预应力钢束的设计。

⑦波形钢腹板与混凝土顶、底板连接横桥向计算满足受力需求,且有一定的安全系数,建议对顶、底板的连接件进行优化设计。

⑧7#~9#墩身验算均满足要求,且为小偏心受压构件,主筋设置稍多,建议优化主墩截面或钢筋布置。

⑨基桩承载力满足受力需求,且安全系数较大,建议可结合抗震计算结果进行优化。

## 8.3 技术评审

广西飞龙大桥初步设计技术审查、施工图设计技术审查会分别于 2019 年 11 月 8 日、2020 年 9 月 17 日在南宁召开，广西壮族自治区交通运输管理部门、公路管理部门、设计单位、建模验算复算单位、抗震验算单位、咨询单位、安全性评价单位及特邀国内波形钢腹板预应力混凝土组合梁桥行业专家等代表出席了会议，与会代表及特邀国内行业技术专家主要从新型钢腹板的加工、生产及运输，结构计算及复算，防撞设计，桥梁健康监测等方面提出了宝贵审查意见与建议。本书整理出比较具有指导性及代表性的意见与建议。

### 8.3.1 初步设计

①建议本桥针对底板外包型与插入式钢-混连接方式作研究比较。目前插入型的连接方式研究成果基本明确，外包型是国内近年来新的连接形式，一些院校专家在作进一步的机理研究，同时外包型连接部位结构工厂加工较为复杂，需进一步优化设计。关于其耐久性方面，部分专家尚有一些疑虑。

②建议施工图阶段进一步计算并优化钢腹板翼缘板、内衬混凝土的设计厚度。桥梁跨度大，悬臂施工时根部受力大，连续箱梁根部钢腹板高度较大，钢腹板外贴混凝土外侧厚度仅 23cm，施工质量较难保证。建议对内衬混凝土段长度及厚度进行复核计算。

③本桥明确采用波形钢腹板自承重异步浇筑施工方案，施工图阶段应有针对性地进行逐跨设计建模计算，有必要选取主要节段进行等比例模型加载试验验证。

④内衬混凝土自由端主拉应力较大，建议采取刚度过渡措施，加强内衬混凝土端部防裂钢筋布置。每一施工段悬臂端部下缘混凝土主拉应力一般都较大，建议加强该位置局部防裂钢筋布置。

⑤国内目前波形钢腹板预应力混凝土组合梁桥，采用的多为 1600 型波形钢腹板，波形钢腹板最大高度以港珠澳大桥为最高，均为河南大建钢构股份有限公司生产。本项目采用的波形钢腹板高度超过 897.1cm。建议设计单位对国内现有波形钢腹板的生产厂家进行调研，确保生产厂家的生产能力满足需要。

⑥本桥支点处波高太大，建议对钢板的运输问题进行调研。

⑦建议适当加大横隔板的厚度，或者采用钢横隔板。

⑧建议根据计算结果优化墩间距，使墩、梁、钢腹板的受力达到合理的状态。

⑨建议调整内衬混凝土的长度，保证钢腹板的锚固长度满足构造要求。

⑩应根据相关单位的复算结果和抗震演算结果，结合设计计算进一步优化结构尺寸、配筋率等，保障结构的安全性和经济性。

### 8.3.2 施工图设计

①施工图设计中体外束张拉控制应力为 1150MPa，约为 $0.6f_{pk}$，可根据规范适当提高张拉

控制应力,减小体外束规格,提升经济性。远期预应力的储备也可通过预留备用管道、锚固块实现。

②复核波形钢腹板与底板连接构造加工操作空间,波形斜腹板底部设置焊钉连接件,波形直腹板底部设置两道竖向开孔加劲肋,二者在加工操作空间上存在相互干扰。

③桥梁建成后,对桥址环境进行为期至少1年的大气湿度、$SO_2$、铬离子沉积率测定,针对Q420qNH耐候钢进行为期至少4年的大气环境暴晒试验,为桥梁服役期间是否有必要重复维护涂装提供判断依据。

④桥面板铺装层、伸缩缝要做好防水处理,防止水渗入箱梁内部;波形钢腹板与底板的连接部位要做好密封处理,底板两侧建议有一定斜度,防止水渗入缝隙。

⑤现浇横隔板可以考虑采用耐候钢焊接结构及螺栓连接,以提高施工效率。

⑥大桥跨越Ⅰ级航道,因此应根据规范或调研给出船舶撞击力,并进行作用效应分析和计算,特别重视局部受力情况。

⑦波形钢腹板与混凝土底板采用侧包+剪力钉+PBL方式连接。在波形钢腹板外侧波峰之间下翼缘的钢板悬臂宽度达到290mm,厚度为20mm,宽厚比为14.5,建议验算其应力水平,特别是压应力较大的区段以及局部稳定性。建议适当加厚根部梁段的波形钢腹板下底翼缘。

⑧FB4~FB9波形钢腹板高度大,为增加其稳定性,增设了竖向加劲肋和2道横向加劲肋。应注意横向加劲肋的影响,采用波形钢腹板的目的是利用其承压时的变形能力,当增加2道横向加劲肋之后,这种变形能力受到制约,在强大的轴向力、温度等作用下,加劲肋可能会产生较大应力,甚至产生屈曲变形。因此建议将横向加劲肋在腹板弯折处沿径向断开,预留10mm左右的间隙,这样在增加稳定性的同时,既能满足变形的要求,又能减少加工梁、节省少量材料(加劲肋等高)。

⑨结合相关课题研究成果,采用1800型波形钢腹板,波形钢腹板与顶板连接采用翼缘型Twin-PBL剪力键连接方式,与底板连接采用钢腹板外包混凝土剪力键连接方式,分别对高度较大的梁端采用外包混凝土和设置横向加劲肋等方式提高腹板屈曲强度,均较为合理,建议根据后续科研成果,进一步优化设计。

⑩波形钢腹板间的纵向连接采用高强螺栓先临时固定后施焊进行连接,高强螺栓不予拆除,由于波形钢腹板采用耐候钢,建议补充高强螺栓对应的耐候材质或措施要求。

⑪说明中对钢腹板制作工艺的要求是采用无牵制模压成型工艺,该工艺属于专利工艺,建议与钢腹板生产厂家沟通后确认采用。

⑫0#块横隔板厚180cm,墩身厚170cm,二者相差10cm,横隔板与墩身表面钢筋存在5cm错位而相叠,不妥,建议横隔板和墩身厚度统一,交叠段钢筋共用一层。

⑬钢腹板作为挂篮的临时承重构件,节段间上下翼缘板及开孔钢板均需进行焊接。此焊缝对桥梁结构设计无关紧要,但对施工阶段挂篮承重安全至关重要,需结合挂篮承重验算提出必要的焊接和构造要求,以及必要的补强措施。

⑭预应力锚具齿板、外缘及防崩钢筋设置合理,但缺少水平向防劈裂钢筋,并需要设置多层,缺少此类钢筋会产生齿板锚固面上的竖向裂缝。预应力锚固齿板开裂情况比较普遍,注意合理配筋。

⑮主墩墩身钢筋配筋量较大,长边侧面主筋采用了多排束筋,造成钢筋密集、空间狭小,非

常不利于混凝土浇筑振捣,同时多排束筋导致主筋的力学效率低下,建议结合上述结构建模优化计算结果进行配筋优化。从资料中可看出,结构建模中采用了墩底直接固结,未考虑桩基部分的柔度,且未考虑合龙前水平预顶推,造成墩身刚度大、变形大,配筋偏于保守。一般高配筋率用在墩顶、底两端有抗震要求的塑性铰区域,建议结合抗震分析结果优化配筋。

⑯主墩墩身直接位于航道侧,薄壁墩身自身防撞能力较弱,尽管设置了附着式消能型防撞设施,但墩身仍然是承受撞击力的主体结构,仍应验算墩身承受消能后的撞击力,需要重点考虑墩身安全。对于本项目,单从桥墩防撞角度考虑,采用高桩承台方案才是最安全的。

⑰波形钢腹板的横向连接十分重要,建议设计单位增加临时横向连接的耳板或孔洞,预留波形钢腹板支撑点位置。

⑱应根据《船撞安全评估及防撞对策研究》进一步优化桥梁防撞设计,确保桥梁安全。

⑲应根据相关单位的复算结果和抗震演算结果,结合设计计算进一步优化结构尺寸、配筋率等,保障结构的安全性和经济性。

⑳建议设计单位对广西飞龙大桥有针对性地提出施工监控要求要点和注意事项。

# 第3篇

# 理论研究篇

# 第9章 简支梁梁端混凝土附加应力研究

本章考虑波形钢腹板的剪切变形以及相关约束，基于各构件变形关系，建立力与变形的平衡方程，推导了波形钢腹板简支梁在不同荷载形式下考虑梁端附加正应力的混凝土顶底板正应力解析解，并与数值模拟结果进行对比，验证波形钢腹板梁端横梁约束下的混凝土存在的附加应力并揭示附加应力的分布规律。

## 9.1 研究目的

波形钢腹板预应力混凝土组合梁桥设计中，混凝土顶底板弯曲应力计算时一般忽略波形钢腹板的贡献，截面的抗弯作用仅由混凝土顶底板提供，并基于应变分布的平截面假定计算截面最不利应力。相比混凝土腹板，波形钢腹板剪切刚度较小，在荷载作用下产生显著纵向剪切变形。在简支梁桥梁端区段，往往需设置刚度较大的端横梁，腹板剪切变形在此处会受到梁端横隔梁的约束，进而在混凝土顶底板中产生附加弯曲应力。考虑到梁端附近截面设计时只考虑支座的局部承压以及梁端抗剪设计，并未计入此附加应力的作用，因而传统设计计算方法下得到的应力在梁端的约束区段会产生较大误差。为探究简支梁梁端混凝土附加应力作用，提出简支梁梁端混凝土正应力的实用简化计算式，为波形钢腹板预应力混凝土组合梁桥设计提供指导。

## 9.2 简支梁传统弯剪理论

自20世纪80年代欧洲建成世界上首座波形钢腹板组合桥——Cognac桥，并大力推广以来，各国学者对该种组合桥梁的弯曲和剪切性能进行了大量的科研工作。Elgaaly等[1]进行了波形腹板工字形钢梁的弯曲和剪切试验，结果显示，波形钢腹板几乎承担全部的剪力，而对截面抗弯的贡献可忽略不计,钢梁的抗弯承载力由翼缘板的屈服强度确定。Metwally 等[2]进行了波形钢腹板预应力混凝土组合梁的弯曲试验,结果表明截面的抗弯作用主要由混凝土顶底板提供,腹板作用较小且可忽略。

现阶段,工程界普遍认为在外荷载作用下波形钢腹板具有轴向易伸缩的特点,几乎不参与截面抗弯,因而此类组合梁抗弯设计时只考虑混凝土顶底板的截面贡献,且混凝土顶底板的正应变满足线性分布模式,此种截面应变分布模式又被称为"拟平截面假定"[3];在剪力作用下,由于两种不同材料的剪切刚度存在差异,不计混凝土顶底板的作用,仅由钢腹板抵抗剪力,且假定剪应力沿截面高度方向大小不变。因此传统混凝土顶底板弯剪作用下的应力分布如图9-1所示,混凝土正应力和波形钢腹板剪应力计算方法见式(9-1)、式(9-2)。

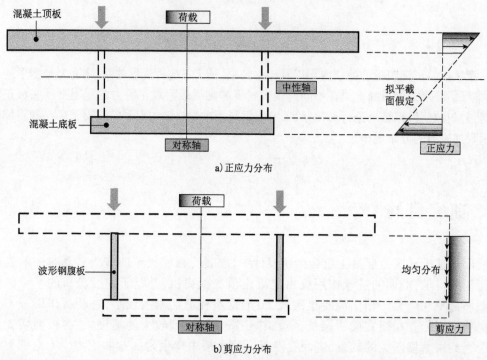

图 9-1 波形钢腹板组合截面应力分布

混凝土正应力:
$$\sigma_{c,tr} = \frac{My_c}{I_c} \tag{9-1}$$

波形钢腹板剪应力:
$$\tau_{tr} = \frac{V_d}{A_w} \tag{9-2}$$

式中:$\sigma_{c,tr}$——混凝土正应力;
$M$——弯矩;
$y_c$——应力位置至截面中性轴的距离;
$I_c$——混凝土顶底板的截面惯性矩;
$\tau_{tr}$——波形钢腹板剪应力;

$V_d$——截面剪力；
$A_w$——波形钢腹板截面面积。

## 9.3 简支梁梁端混凝土板附加应力产生机理

现阶段，在针对波形钢腹板梁应力、应变，以及挠度的相关研究中，均未考虑波形钢腹板简支梁梁端区段端横梁的约束作用，并认为腹板自由发生剪切变形。当不考虑端横梁的约束作用时，波形钢腹板简支梁在支点处会产生梁端转角，波形钢腹板存在显著剪切变形。在此受力状态下，简支梁除外荷载外无其他约束作用，混凝土应变在竖向呈线性分布模式。实际上，由于端横梁的约束作用，梁端区段波形钢腹板的剪切变形会受到约束，进而对混凝土顶底板应力产生影响，形成混凝土附加应力，如图9-2所示。

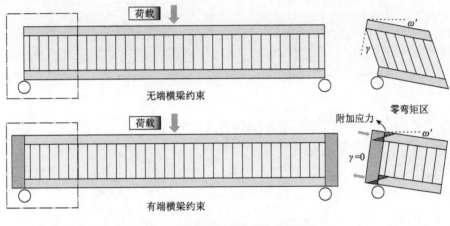

图9-2 梁端混凝土附加应力产生机理

## 9.4 梁端混凝土板附加应力解析解

### 9.4.1 基本假定

以弹性力学理论为基础，分析考虑波形钢腹板剪切变形和复杂边界约束作用下的简支梁的弹性弯曲理论方法，基于各构件变形关系，建立计算方程。提出一种新的考虑梁端附加应力的混凝土顶底板正应力计算方法。后续理论推导分析基于如下基本假定：
①混凝土顶底板截面间转角相同，且独立于整个截面转角；
②波形钢腹板不承担弯矩与轴力；

③只考虑波形钢腹板构件的纵向剪切变形；
④假定截面不发生面内扭曲，不考虑剪力滞效应；
⑤端横梁处钢腹板纵向剪切变形为0；
⑥材料处于弹性范围；
⑦连接件刚度较大，忽略连接件剪切滑移作用。

### 9.4.2 理论推导

图9-3所示为组合梁截面混凝土顶底板与波形钢腹板的内力分布、截面尺寸以及变形示意图。将全截面的内力分解至各组成部分，以此来建立各部分之间的平衡关系。其中$V_t$、$V_w$、$V_b$分别为混凝土顶板、钢腹板、混凝土底板剪力；$M_t$、$M_w$、$M_b$分别为混凝土顶板、钢腹板、混凝土底板弯矩；$N_t$、$N_w$、$N_b$分别为混凝土顶板、钢腹板、混凝土底板轴力。所有内力均按照材料力学标准规定其值的正负。方程中各变量$N$、$M$、$V$等均为纵向坐标$x$的函数，并以固定端为坐标原点。

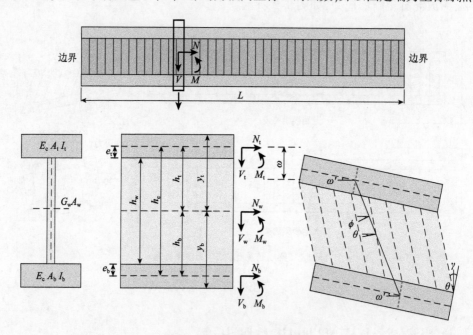

图9-3 组合梁内力及变形示意图

1. 物理方程

$$N_t = E_c A_t h_t \phi' \quad N_b = -E_c A_b h_b \phi' \quad N_w = 0 \tag{9-3}$$

$$M_t = -E_c I_t \omega'' \quad M_b = -E_c I_b \omega'' \quad M_w = 0 \tag{9-4}$$

$$V_t = -E_c I_t \omega''' \quad V_b = -E_c I_b \omega''' \quad V_w = G_w A_w \gamma \tag{9-5}$$

式中：$h_t$、$h_b$——截面形心至混凝土顶、底板形心的距离；
$E_c$——混凝土弹性模量；
$A_t$、$A_b$——混凝土顶、底板截面面积；
$I_t$、$I_b$——混凝土顶、底板惯性矩；

$\omega$——组合梁竖向挠度；
$\gamma$——钢腹板剪切变形；
$\phi$——顶底板形心连线的水平转角；
$G_w$——波形钢腹板等效剪切模量，由式(9-6)计算：

$$G_w = \alpha_w G = \frac{a_w + b_w}{a_w + c_w} G \tag{9-6}$$

式中：$G$——平钢板剪切模量；
$a_w$——波段中直板段长度；
$b_w$——波段中斜板段投影长度；
$c_w$——波段中斜板段长度；
$\alpha_w$——波形钢腹板形状系数。波形尺寸如图9-4所示。

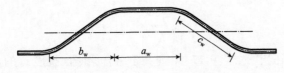

图9-4 波形尺寸示意图

**2. 几何方程**

组合梁竖向挠度$\omega$、转角$\omega'$；钢腹板剪切变形$\gamma$，腹板转角$\theta$；顶底板形心连线的水平转角$\phi$具有如下关系：

$$\gamma + \theta = \omega' \tag{9-7}$$

$$h_c \phi = (e_t + e_b)\omega' + h_w \theta \tag{9-8}$$

$$\phi + (h_w/h_c)\gamma = \omega' \tag{9-9}$$

式中：$e_t$、$e_b$——混凝土顶板形心至下缘和底板形心至上缘的距离；
$h_w$——钢腹板高度；
$h_c$——混凝土顶底板形心间距。

**3. 平衡方程**

各个构件之间利用力的平衡方程，内力与变形的关系为：

$$\begin{aligned} V &= V_t + V_b + V_w \\ &= -E_c I_t \omega''' - E_c I_b \omega''' + G_w A_w \gamma \\ &= -E_c I_{c1} \omega''' + G_w A_w \gamma \end{aligned} \tag{9-10}$$

$$\begin{aligned} M &= M_t + M_b - N_t h_t + N_b h_b \\ &= -E_c I_{c1} \omega'' - E_c I_{c2} \phi' \end{aligned} \tag{9-11}$$

式中，

$$I_{c1} = I_t + I_b$$

$$I_{c2} = A_t h_t^2 + A_b h_b^2 \tag{9-12}$$

**4. 方程联立及求解**

对式(9-10)三次求导得：

$$V''' = -E_c I_{c1} \omega^{(6)} + G_w A_w \gamma''' \tag{9-13}$$

即：

$$\gamma''' = \frac{V'''}{G_w A_w} + \frac{E_c I_{c1}}{G_w A_w} \omega^{(6)} \tag{9-14}$$

对式(9-11)二次求导得：

$$M'' = V' = -E_c I_{c1} \omega^{(4)} - E_c I_{c2} \phi''' \tag{9-15}$$

即：

$$\phi''' = -\frac{I_{c1}}{I_{c2}} \omega^{(4)} - \frac{V'}{E_c I_{c2}} \tag{9-16}$$

对式(9-9)三次求导得：

$$\phi''' + \frac{h_w}{h_c} \gamma''' = \omega^{(4)} \tag{9-17}$$

将式(9-14)、式(9-16)代入式(9-17)得到关于组合梁竖向挠度 $\omega$ 的六阶微分方程式：

$$\omega^{(6)} - \xi^2 \omega^{(4)} - \frac{\xi^2 V'}{E_c I_c} + \frac{V'''}{E_c I_{c1}} = 0 \tag{9-18}$$

式中：

$$I_c = I_{c1} + I_{c2}$$

$$\xi = \sqrt{\frac{G_w A_w I_c h_c}{E_c I_{c1} I_{c2} h_w}} \tag{9-19}$$

不同荷载条件下式(9-18)分别为
集中荷载：

$$\omega^{(6)} - \xi^2 \omega^{(4)} = 0$$

均布荷载：

$$\omega^{(6)} - \xi^2 \omega^{(4)} + \frac{\xi^2 q}{E_c I_c} = 0 \tag{9-20}$$

结果显示，表示组合梁竖向挠度 $\omega$ 的微分方程式(9-18)在不同荷载条件下均为六阶微分方程，因而挠度 $\omega$ 的解中包含6个未知数 $A_1 \sim A_6$。

求解式(9-18)得到方程的解为

$$\omega = A^* x^4 + A_1 + A_2 x + A_3 x^2 + A_4 x^3 + A_5 \cosh\xi x + A_6 \sinh\xi x \tag{9-21}$$

式中，$A^* x^4$ 为挠度方程式(9-21)的特解，考虑到不同荷载作用下微分方程解析式(9-20)常数项不同，即常数 $A^*$ 取值依据不同方程而定。当结构承受集中荷载时，$q=0$，则 $A^*=0$；当结构承受均布荷载时，$A^* = \dfrac{q}{24 E_c I_c}$。

联立式(9-9)、式(9-10)得 $\phi'$ 的解析式：

$$\phi' = \omega'' - \frac{I_c}{\xi^2 I_{c2}} \omega^{(4)} - \frac{h_w V'}{G_w A_w h_c} \tag{9-22}$$

由式(9-21)得:

$$\begin{cases} \omega'' = 2A_3 + 6A_4 x + 12A^* x^2 + \xi^2 A_5 \cosh(\xi x) + \xi^2 A_6 \sinh(\xi x) \\ \omega^{(4)} = 24A^* + \xi^4 A_5 \cosh(\xi x) + \xi^4 A_6 \sinh(\xi x) \end{cases} \quad (9-23)$$

联立式(9-4)、式(9-5)和式(9-21)~式(9-23),即可得到混凝土顶底板各个截面的内力分布。以混凝土顶板为例,截面内力 $M_t$、$N_t$ 如下所示:

$$M_t = -E_c I_t \omega'' = -E_c I_t (2A_3 + 6A_4 x + 12A^* x^2 + A_5 \xi^2 \cosh\xi x + A_6 \xi^2 \sinh\xi x) \quad (9-24)$$

$$N_t = E_c A_t h_t \phi' = E_c A_t h_t \left[ \left(2A_3 - \frac{24I_c A^*}{I_{c2}\xi^2}\right) + 6A_4 x + 12A^* x^2 + \left(1 - \frac{I_c}{I_{c2}}\right)\xi^2 (A_5 \cosh\xi x + A_6 \sinh\xi x) - \frac{h_w V'}{G_w A_w h_c} \right] \quad (9-25)$$

当计算得到混凝土顶底板截面的内力后,即可计算分别由顶底板轴力与弯矩引起的应力分布,顶底板正应力的解析解由轴力与弯矩产生的应力进行叠加,即可得到考虑腹板剪切变形的混凝土正应力解析解,以顶板为例可得:

$$\sigma_c = -\frac{M_t y_t}{I_t} + \frac{N_t}{A_t} \quad (9-26)$$

式中: $\sigma_c$ ——混凝土顶板截面正应力的解析解;
$y_t$ ——计算点至混凝土顶板中性轴的距离。

因此,当荷载形式与边界条件确定后,建立方程组求解得到系数 $A_1 \sim A_6$ 的取值,并代入式(9-24)~式(9-26),即可得到混凝土正应力的解析解:

$$\sigma_c = 2E_c y_t A_3 + \left(2A_3 - \frac{24I_c A^*}{I_{c2}\xi^2}\right) E_c h_t + 6A_4 E_c (y_t + h_t) x + 12A^* E_c (y_t + h_t) x^2 - \frac{E_c h_t h_w V'}{G_w A_w h_c} + E_c \left[y_t + h_t \left(1 - \frac{I_c}{I_{c2}}\right)\right] (A_5 \xi^2 \cosh\xi x + A_6 \xi^2 \sinh\xi x) \quad (9-27)$$

### 9.4.3 简支梁典型边界条件解析解

如表9-1所示,研究梁端约束作用下简支梁的不同受力情况,考虑实际荷载的施加情况,分为两种工况。

典型边界条件及荷载  表9-1

| 工况 | 体系 | 力学与边界图示 |
|---|---|---|
| 1 | 简支梁中点受集中荷载 $P$ | |

续上表

| 工况 | 体系 | 力学与边界图示 |
|---|---|---|
| 2 | 简支梁受均布荷载 $q$ | 简支梁受均布荷载 $q$，跨度 $L$ |

以工况 1 为例，给出正应力解析解计算过程。当跨中受集中荷载 $P$ 作用时，梁端位移为 0；腹板剪切变形受到混凝土端梁的约束，腹板剪切变形为 0，综合考虑式(9-9)，即模拟了梁端对混凝土与钢腹板的约束作用。固定端剪力 $V = -P/2$；跨中由于具有对称性，组合梁转角与混凝土顶底板连线转角均为 0；跨中剪力 $V = P/2$。综上所述，力的边界条件与位移边界条件见式(9-28)~式(9-33)。

$$\omega(0) = 0 \tag{9-28}$$

$$\gamma(0) = 0 \tag{9-29}$$

$$M(x) = \frac{Px}{2} \tag{9-30}$$

$$V(x) = \frac{P}{2} \tag{9-31}$$

$$\omega'\left(\frac{L}{2}\right) = 0 \tag{9-32}$$

$$\phi\left(\frac{L}{2}\right) = 0 \tag{9-33}$$

利用边界条件式(9-28)，可得到下式：

$$A_1 + A_5 = 0 \tag{9-34}$$

利用边界条件式(9-30)、式(9-31)，可得到下式：

$$M(x) = -2E_c I_c A_3 - 6E_c I_c A_4 x - 12E_c I_c A^* x^2 + 24E_c I_c A^* / \xi^2 = \frac{Px}{2} \tag{9-35}$$

进而得到 $A_3$、$A_4$ 表达式：

$$A_3 = 0 \tag{9-36}$$

$$A_4 = \frac{-P}{12E_c I_c} \tag{9-37}$$

利用边界条件式(9-29)，可得到下式：

$$\frac{I_c}{\xi^2 I_{c2}}(6A_4 + \xi^3 A_6) + \frac{h_w P}{2G_w A_w h_c} = 0 \tag{9-38}$$

解得 $A_6$ 表达式：

$$A_6 = \frac{(I_{c1} - I_c)P}{2E_c I_c I_{c1} \xi^3} \tag{9-39}$$

利用边界条件式(9-33)，可得到 $A_2$ 表达式：

$$A_2 = \frac{PL^2}{16E_c I_c} + \frac{(-I_{c1} + I_c)P}{2E_c I_c I_{c1} \xi^2} \tag{9-40}$$

利用边界条件式(9-32)，可得到下式：

$$\xi^3 A^* \sinh\frac{\xi L}{2} + \xi^3 A_5 \cosh\frac{\xi L}{2} = \frac{(I_{c1} - I_c)P}{2E_c I_c I_{c1}} \tag{9-41}$$

进而得到 $A_5$ 表达式：

$$A_5 = \frac{P(I_{c1} - I_c)\left(1 - \cosh\frac{\xi L}{2}\right)}{2E_c I_c I_{c1} \xi^3 \sinh\frac{\xi L}{2}} \tag{9-42}$$

将式(9-42)代入式(9-34)，即可得到 $A_1$ 表达式：

$$A_1 = \frac{P(I_c - I_{c1})\left(1 - \cosh\frac{\xi L}{2}\right)}{2E_c I_c I_{c1} \xi^3 \sinh\frac{\xi L}{2}} \tag{9-43}$$

基于以上分析，即可得到组合梁中点受集中荷载 $P$ 作用时，考虑腹板剪切变形下的混凝土顶板正应力解析解：

$$\sigma_c = -\frac{P}{2I_c}(y_t + h_t)x + \left[y_t + h_t\left(1 - \frac{I_c}{I_{c2}}\right)\right]\left[\frac{P(I_{c1} - I_c)\left(1 - \cosh\frac{\xi L}{2}\right)}{2I_c I_{c1}\xi \sinh\left(\frac{\xi L}{2}\right)}\cosh\xi x + \frac{(I_{c1} - I_c)P}{2I_c I_{c1}\xi}\sinh\xi x\right] \tag{9-44}$$

同理，在明确各工况边界条件时，即可得到工况 2 下，考虑腹板剪切变形的混凝土正应力解析解。推导及求解过程在此不再赘述。工况 1、工况 2 下典型边界条件及系数解总结如表 9-2 所示。

典型边界条件及系数解　　　　　　　表9-2

| 工况 | 边界条件 | | 系数解 |
|---|---|---|---|
| 工况1 | $\omega(0) = 0$<br>$\gamma(0) = 0$<br>$M(x) = \dfrac{Px}{2}$<br>$V(x) = \dfrac{P}{2}$<br>$\omega'\left(\dfrac{L}{2}\right) = 0$<br>$\phi\left(\dfrac{L}{2}\right) = 0$ | $A_1$ | $\dfrac{P(I_c - I_{c1})\left(1 - \cosh\dfrac{\xi L}{2}\right)}{2E_c I_c I_{c1} \xi^3 \sinh\dfrac{\xi L}{2}}$ |
| | | $A_2$ | $\dfrac{PL^2}{16E_c I_c} + \dfrac{(-I_{c1} + I_c)P}{2E_c I_c I_{c1} \xi^2}$ |
| | | $A_3$ | 0 |
| | | $A_4$ | $\dfrac{-P}{12E_c I_c}$ |
| | | $A_5$ | $\dfrac{P(I_{c1} - I_c)\left(1 - \cosh\dfrac{\xi L}{2}\right)}{2E_c I_c I_{c1} \xi^3 \sinh\dfrac{\xi L}{2}}$ |
| | | $A_6$ | $\dfrac{(I_{c1} - I_c)P}{2E_c I_c I_{c1} \xi^3}$ |

续上表

| 工况 | 边界条件 | 系数解 | |
|---|---|---|---|
| 工况2（均布荷载 $q$，跨度 $L$） | $\omega(0)=0$<br>$\gamma(0)=0$<br>$M(x)=\dfrac{qLx}{2}-\dfrac{qx^2}{2}$<br>$V(x)=\dfrac{qL}{2}-qx$<br>$\omega'\left(\dfrac{L}{2}\right)=0$<br>$\phi\left(\dfrac{L}{2}\right)=0$ | $A_1$ | $\dfrac{(I_{c1}-I_c)qL\cosh\dfrac{\xi L}{2}}{2E_cI_cI_{c1}\xi^3\sinh\dfrac{\xi L}{2}}$ |
| | | $A_2$ | $\dfrac{(I_c-I_{c1})qL}{2E_cI_cI_{c1}\xi^2}$ |
| | | $A_3$ | $\dfrac{q(I_{c1}-I_c)}{2E_cI_cI_{c1}\xi^2}$ |
| | | $A_4$ | $-\dfrac{qL}{12E_cI_c}$ |
| | | $A_5$ | $\dfrac{(I_c-I_{c1})qL\cosh\dfrac{\xi L}{2}}{2E_cI_cI_{c1}\xi^3\sinh\dfrac{\xi L}{2}}$ |
| | | $A_6$ | $\dfrac{(I_{c1}-I_c)qL}{2E_cI_cI_{c1}\xi^3}$ |

## 9.5 混凝土附加应力解析解验证与分布特点

### 9.5.1 有限元数值模型

为验证提出的简支梁梁端区段在端横梁约束作用下的混凝土附加应力解析解的准确性，利用有限元数值模拟软件建立设置端横梁的简支梁实体模型。

算例简支梁结构尺寸及有限元数值模型如图9-5所示。结构跨度 $L=20\text{m}$，梁高 $h=3\text{m}$，混凝土顶底板截面尺寸为 $1.8\text{m}\times0.4\text{m}$，波形钢腹板采用1600型，直板段430mm，斜板段投影长370mm，波高220mm，总长1600mm，钢板厚度20mm。混凝土板和端横梁采用SOLID45单元模拟；波形钢腹板采用SHELL63单元模拟。波形钢腹板上、下边缘与钢翼缘板建立约束关系，钢翼缘板与混凝土顶底板建立耦合约束方程，实现钢混结合部的有效连接（忽略连接件滑移），将端横梁与混凝土顶底板、钢腹板自由度耦合。所有材料均为理想线弹性材料，不考虑结构非线性。约束竖向自由度模拟简支梁支座。

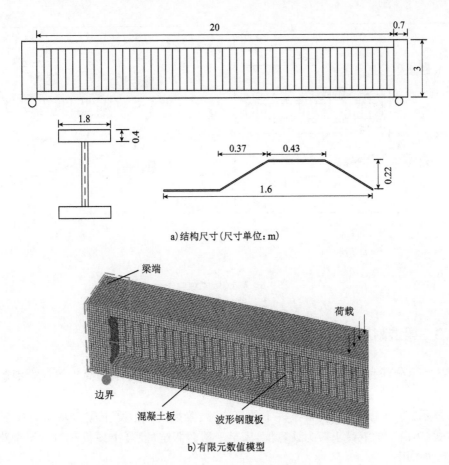

图 9-5 结构尺寸及有限元数值模型

## 9.5.2 解析解验证

图 9-6 所示为简支梁在集中荷载和均布荷载作用下混凝土顶板应力对比。有限元计算结果、本书解析解在梁端一定范围内均大于传统计算方法结果,且应力为拉应力;随着与梁端距离的增大,三条曲线逐渐重合,逐渐满足式(9-1)的计算结果,说明梁端区段由于波形钢腹板的剪切变形受约束而在顶底板中产生附加应力,随着与梁端距离的增大,附加应力逐渐减小至 0。

对于工况 1,梁端混凝土顶板正应力值为 2.18MPa,传统计算方法得到的正应力值为 0。由于附加应力的作用,波形钢腹板组合简支梁在梁端区域产生了与混凝土顶板压应力方向相反的拉应力。当距离固定端 $1.7m(0.6h)$ 时,附加应力基本为 0,三条曲线重合。同理,对于工况 2,在简支梁梁端区域混凝土顶板产生 2.53MPa 的拉应力。

综上所述,本书提出的混凝土顶底板应力的理论计算式与 FEA(有限元分析)数值模拟结果基本重合,因此可认为本书提出的计算方法是有效且可靠的,适用于端横梁约束下的简支梁梁端区段混凝土附加应力的计算。

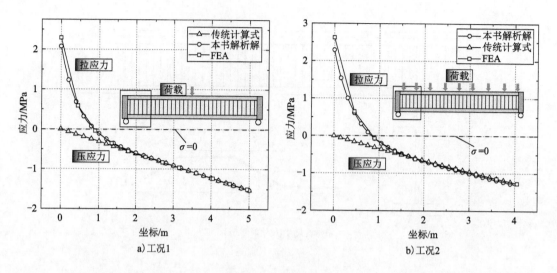

图 9-6 解析解的数值验证

### 9.5.3 梁端附加应力分布特征

图 9-7 所示分别为设置(左)与不设置(右)端横梁约束条件下的简支梁梁端混凝土顶板应力云图。

结果显示,对于无端横梁约束条件下的简支梁,梁端区域混凝土应力基本为 0,符合传统计算方法式(9-1)下的混凝土应力计算值,满足平截面假定,混凝土顶板在简支梁全跨范围内受压,无附加作用。

而在有端横梁约束条件下,简支梁梁端区段一定范围内存在复杂的应力场,即存在局部的混凝土附加应力。在混凝土顶板上 1/2 厚度范围内,附加应力为局部拉应力,本应全截面受压的混凝土顶板应力出现局部反号的现象;在混凝土顶板下 1/2 厚度范围内,附加应力为局部压应力,增大了混凝土顶板局部应力峰值。因此,混凝土附加应力竖向分布呈现混凝土顶板上缘为附加拉应力,下缘为附加压应力,中性轴处附加应力为 0 的分布规律。同理,对于混凝土底板,其附加应力的分布规律与顶板相同。

定义附加应力为混凝土的实际应力与传统基于平截面假定的计算式结果的差值,如下式所示:

$$\sigma_{c,ad} = \sigma_c - \sigma_{c,tr} \tag{9-45}$$

式中:$\sigma_{c,ad}$——混凝土顶底板附加应力;

$\sigma_c$——梁端区段顶底板的实际应力;

$\sigma_{c,tr}$——基于传统计算方法式(9-1)计算的混凝土应力。

为研究附加应力沿简支梁横截面竖向的分布规律,提取如图 9-8 所示的 6 条路径上的混凝土应力沿梁纵向的分布,研究路径分别位于顶底板的顶面、底面以及中性轴。

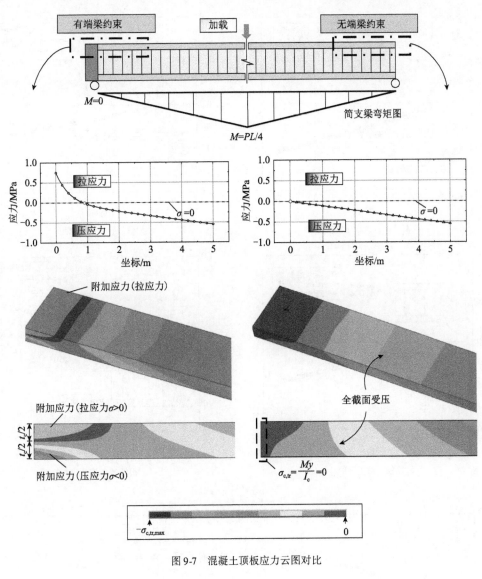

图 9-7 混凝土顶板应力云图对比

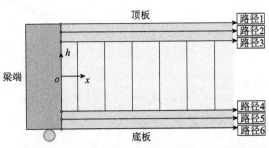

图 9-8 混凝土应力提取路径

图 9-9 所示分别为 6 条路径下的混凝土纵向应力分布,并基于式(9-45)计算附加应力大小,得到如图 9-10 所示波形钢腹板简支梁混凝土附加应力纵向与竖向分布。

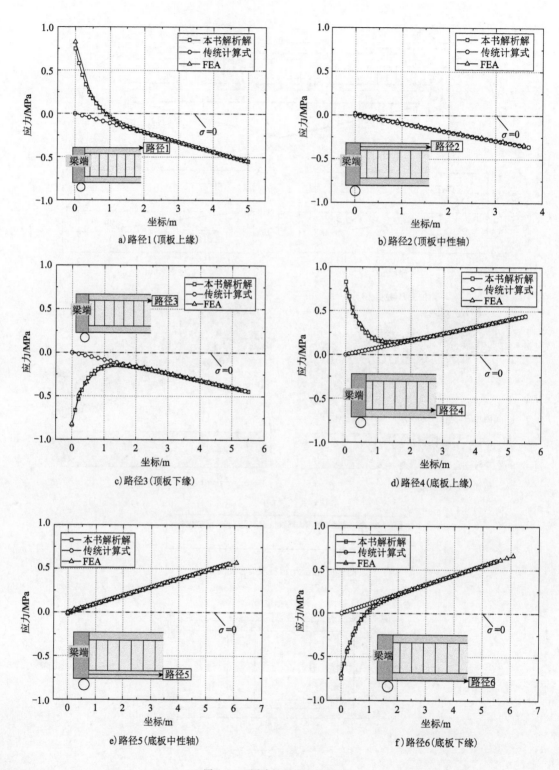

图9-9 不同路径混凝土应力分布

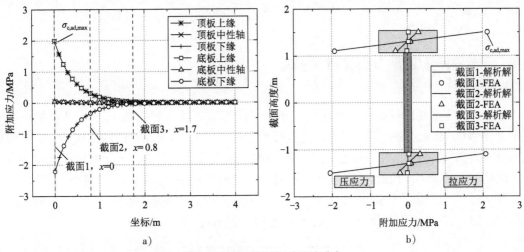

图 9-10 附加应力纵向与竖向分布

结果显示,由于约束的影响,梁端混凝土在一定范围内应力分布复杂。在顶底板上缘(路径1、路径4),附加应力为拉应力;在顶底板下缘(路径3、路径6),附加应力为压应力;在顶底板中性轴处(路径2、路径5),附加应力为0。同一截面顶底板顶面与底面的附加应力大小相等,方向相反,竖向呈线性分布。由于附加应力的存在,平截面假定在梁端不再成立。全截面不同高度处的混凝土附加应力随着与梁端距离的增大呈非线性减小,当与固定端有一定距离后(截面3),附加拉应力与附加压应力同时减小为0,各高度应力计算均满足式(9-1)。

综上,对于简支梁,由于端横梁的约束,局部混凝土会产生附加应力,混凝土顶板上表面出现附加拉应力,底板下表面出现附加压应力。相比于底板下缘,顶板上缘出现的附加拉应力对结构更为不利。因此,混凝土最不利应力(顶板上表面)组成如图9-11所示,在传统计算方法下混凝土顶板全截面受压,而实际上由于端横梁的约束作用,会在梁端约束处产生局部拉应力(附加应力)。

简支梁的设计中,一般抗裂性设计只考虑跨中混凝土底板的最大拉应力;此外,梁端附近截面设计时只考虑支座的局部承压以及梁端抗剪,并未考虑附加应力的作用。因此,设计时需考虑梁端区域混凝土顶板存在的附加应力(拉应力),采取相应的抗裂措施,防止混凝土顶板在梁端约束处开裂。

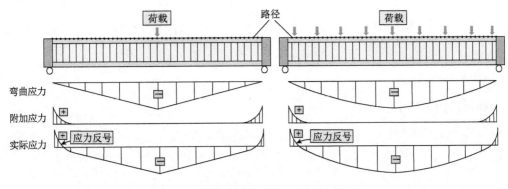

图 9-11 混凝土顶板上表面最不利应力组成图

## 9.6 梁端附加应力设计建议

考虑到简支梁梁端混凝土应力在基于传统平截面假定计算时的结果为 0,且顶板全跨受压应力,因而实际设计时并未进行顶板抗裂性设计。实际上,由于端梁的约束作用会产生顶板附加拉应力,对设计产生不利的效果,而现阶段波形钢腹板预应力混凝土组合梁桥设计中并未计入此部分附加应力。因此,本节基于验证过的理论解析解,提出梁端附加应力,以供设计参考。图 9-12 为附加应力分布模式,其中 $\sigma_{c,ad}$ 为附加应力沿梁纵向 ($x$) 分布,$\sigma_{c,ad,max}$ 为梁端最大附加拉应力,其值可用于指导实桥梁端混凝土抗裂设计。

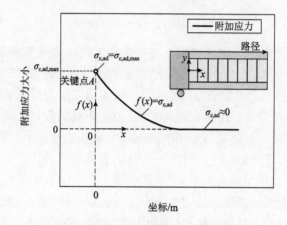

图 9-12 梁端混凝土附加应力实用简化表达

对于工况 1,传统基于平截面假定的混凝土应力计算式为

$$\sigma_{c,tr} = \frac{My}{I_c} = \frac{P(y_t + h_t)x}{2I_c} \tag{9-46}$$

因此,利用式(9-45),即可求得简支梁梁端混凝土附加应力:

$$\sigma_{c,ad} = \sigma_c - \sigma_{c,tr} = E_c\left[y_t + h_t\left(1 - \frac{I_c}{I_{c2}}\right)\right]\left[\frac{(I_{c1} - I_c)P\left(1 - \cosh\frac{\xi L}{2}\right)}{2E_c I_c I_{c1} \xi \sinh\frac{\xi L}{2}}\cosh\xi x + \frac{(I_{c1} - I_c)P}{2E_c I_c I_{c1} \xi}\sinh\xi x\right] \tag{9-47}$$

考虑到式(9-47)中,

$$\sinh(\xi L/2) \approx \cosh(\xi L/2) \gg 1 \tag{9-48}$$

则

$$\frac{1-\cosh\frac{\xi L}{2}}{\sinh\frac{\xi L}{2}} = -1 \tag{9-49}$$

梁端附加应力最大值即当 $x=0$ 时,则 $\sigma_{c,ad,max}$ 计算式可简化为

$$\sigma_{c,ad,max} = \frac{(yI_{c2}-I_{c1}h_t)P}{2I_cI_{c1}\xi} \tag{9-50}$$

同理即可得到工况 2 下,考虑梁端混凝土附加应力的正应力解析解。

工况 2 下简支梁梁端混凝土顶板应力解析解、附加应力解析解以及附加应力最大值分别见式(9-51)~式(9-53):

$$\sigma_c = \frac{q(I_{c1}-I_c)(I_{c2}y_t+I_{c2}h_t-Ih_t)}{I_cI_{c1}I_{c2}\xi^2} - \frac{qL}{2I_c}(y_t+h_t)x + \frac{q}{2I_c}(y_t+h_t)x^2 + E_c\left[y_t+h_t\left(1-\frac{I_c}{I_{c2}}\right)\right]$$
$$\left[\frac{(I_c-I_{c1})qL\cosh\frac{\xi L}{2}}{2E_cI_cI_{c1}\xi\sinh\frac{\xi L}{2}}\cosh\xi x + \frac{(I_{c1}-I_c)qL}{2E_cI_cI_{c1}\xi}\sinh\xi x\right] \tag{9-51}$$

$$\sigma_{c,ad} = \frac{q(I_{c1}-I_c)(I_{c2}y_t+I_{c2}h_t-Ih_t)}{I_cI_{c1}I_{c2}\xi^2} + E_c\left[y_t+h_t\left(1-\frac{I_c}{I_{c2}}\right)\right]$$
$$\left[\frac{(I_c-I_{c1})qL\cosh\frac{\xi L}{2}}{2E_cI_cI_{c1}\xi\sinh\frac{\xi L}{2}}\cosh\xi x + \frac{(I_{c1}-I_c)qL}{2E_cI_cI_{c1}\xi}\sinh\xi x\right] \tag{9-52}$$

$$\sigma_{c,ad,max} = \frac{q(2I_c^2h_wh_t-I_{c2}^2h_ch-2I_cI_{c1}h_th_c)}{2I_cI_{c1}I_{c2}\xi^2h_c} + \frac{(yI_{c2}-I_{c1}h_t)qL}{2I_cI_{c1}\xi} \tag{9-53}$$

## 9.7 本章小结

①端横梁的约束作用,使简支梁梁端区段波形钢腹板的剪切变形会受到约束,进而对局部混凝土应力产生二次作用,形成混凝土附加弯曲应力,其纵向分布长度约为梁高的 60%。

②随着与固定端距离的增大,混凝土附加应力由梁端处的最大值逐渐非线性减小至 0。

③简支梁梁端区段混凝土附加应力竖向分布呈现混凝土顶底板上缘为附加拉应力,下缘为附加压应力,中性轴处为 0 的线性分布规律。

④在混凝土顶板上 1/2 厚度范围内,附加应力为局部拉应力,使得混凝土顶板应力出现局部反号的现象,实际设计中应考虑附加应力影响,对梁端区域混凝土顶板采取相应的抗裂措施。

⑤基于理论解析解,提出简支梁梁端混凝土顶底板附加正应力的计算式,为波形钢腹板预应力混凝土组合梁桥设计提供指导。

## 参 考 文 献

[1] ELGAALY M,SESHADRI A,HAMILTON R W. Bending strength of steel beams with corrugated webs[J]. Journal of structural engineering,1997,123(6):772-782.

[2] METWALLY A E,LOOV R E. Corrugated steel webs for prestressed concrete girders[J]. Materials and structures,2003,36:127-134.

[3] 吴文清,叶见曙,万水,等.波形钢腹板-混凝土组合箱梁截面变形的拟平截面假定及其应用研究[J].工程力学,2005(5):177-180,198.

# 第 10 章

# 连续刚构(梁)中支点区段混凝土附加应力研究

第 9 章已经基于理论推导和数值模拟验证了简支梁梁端混凝土存在附加应力的现象,揭示了附加应力的分布规律,并证明了本书计算方法在简支梁梁端的准确性与合理性。为研究连续梁(刚构)中支点区段混凝土附加应力问题,本章通过数值模拟和结构试验,对连续刚构(梁)中支点区段混凝土附加应力规律考虑腹板剪切变形的波形钢腹板梁理论和计算方法进行研究。

## 10.1 研究目的

在波形钢腹板预应力混凝土组合梁桥设计中,考虑到连续刚构(梁)中支点处会设置刚度较大的横梁,同理亦会约束波形钢腹板的剪切变形,进而连续刚构(梁)负弯矩区混凝土顶底板与腹板间产生相互作用,形成混凝土附加应力,如图 10-1 所示。

图 10-1 负弯矩区附加作用机理

本章基于前文提出的考虑腹板剪切变形的相关理论,推导了连续刚构(梁)梁在不同荷载形式和边界条件下负弯矩区混凝土顶底板正应力的解析解,验证了波形钢腹板组合梁负弯矩区混凝土存在附加应力,并利用数值模拟和结构试验,进行准确性验证。然后探究负弯矩区混凝土附加应力沿梁纵向与截面竖向的分布规律,同时揭示波形钢腹板剪应变和剪力分担比沿梁纵向的分布规律。最后基于提出的连续刚构(梁)负弯矩区混凝土附加应力解析解,引入应

力增大系数 $\lambda_a$ 与附加应力分布系数 $\alpha_a$ 修正传统计算方法以考虑附加应力对弯曲应力的影响，建立支点区段顶底板正应力实用简化计算方法。根据理论公式求解了不同边界和荷载条件下中支点应力增大系数 $\lambda_{a,\max}$ 的精确解，通过参数分析拟合附加应力分布系数 $\alpha_a$ 的表达式，为预应力混凝土梁桥中支点区段截面抗弯设计提供指导。

## 10.2 中支点区段混凝土板附加应力产生机理

波形钢腹板预应力混凝土组合桥梁中支点位置一般需要设置横隔梁，横隔梁区段一定范围内腹板剪切变形受到横隔梁的约束，进而产生混凝土附加应力。如图 10-2 所示，中支点位置波形钢腹板组合梁一端与横梁固定，另一端承受竖向荷载 $V$。在弯剪作用下，若释放横隔梁约束，波形钢腹板会产生剪切变形 $\gamma$，实际上该部分变形受到顶底板及横隔梁的约束，使得混凝土顶板与波形钢腹板产生竖向的分布拉力，底板与波形钢腹板产生分布压力，从而在横隔梁区段一定范围内的混凝土顶底板中产生附加弯矩，该附加弯矩作用在顶底板中产生混凝土附加应力。附加弯矩与竖向剪力在该位置产生的负弯矩方向相同，使得顶板上表面拉应力和底板下表面压应力进一步增大，传统理论公式(9-1)计算的顶底板应力均偏小，使设计较为不利。

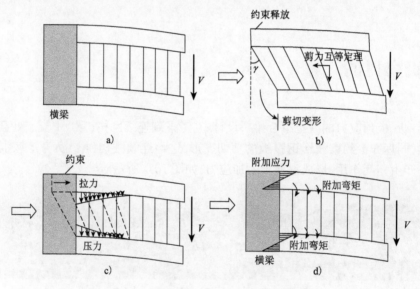

图 10-2 负弯矩区混凝土附加应力产生机理

## 10.3 中支点区段混凝土板附加应力解析解

本节基本假定与 9.4.1 一致，理论推导过程与 9.4.2 一致，在此不赘述，仅介绍中支点区段典型边界条件解析解。

大跨径波形钢腹板预应力混凝土组合梁桥多为连续梁或连续刚构,一般采用悬臂施工法,并于桥墩支座处设置刚度较大的横梁,施工过程中 T 构一侧主梁可以等效成悬臂梁结构;成桥状态下考虑到主跨受力相比于边跨较为不利,偏安全地只针对主跨进行研究,将两横梁之间的主跨偏安全地等效成两端固结梁。

考虑成桥状态的桥梁主跨(两端固结)与施工状态(一端固结、一端悬臂)两种常用边界条件,以及结构验算中最常考虑的均布荷载与集中荷载两种情况。因此,分别计算在集中荷载与均布荷载下中支点区段顶底板的应力分布。四种工况描述及示意如表 10-1 所示。

**典型边界条件及体系示意**          表 10-1

| 工况 | 体系 | 力学与边界图示 |
| --- | --- | --- |
| 1 | 固定端梁中点受集中荷载 $P$ | 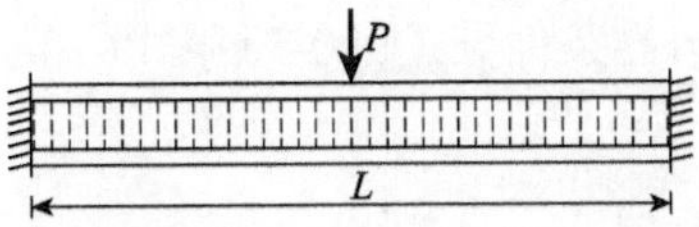 |
| 2 | 固定端梁受均布荷载 $q$ | 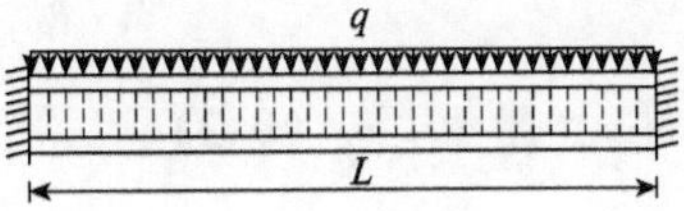 |
| 3 | 悬臂梁端部受集中荷载 $P$ | 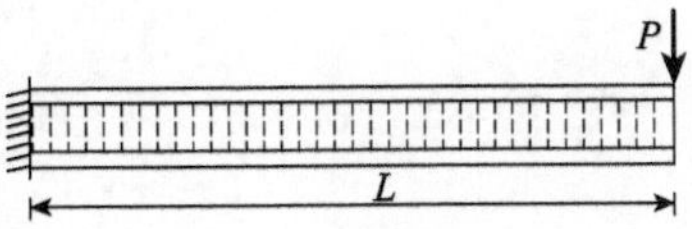 |
| 4 | 悬臂梁受均布荷载 $q$ | 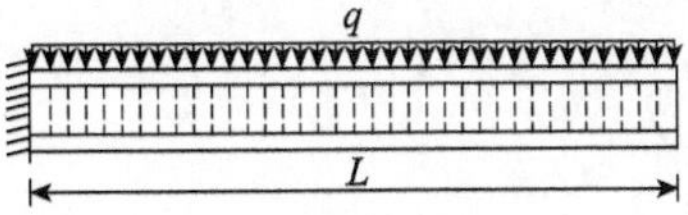 |

对于工况 1,当跨中作用集中荷载 $P$ 时,梁固定端与跨中变形如图 10-3 所示,由于约束作用,固定端位移与转角均为 0;腹板剪切变形受到混凝土的约束,腹板剪切变形为 0,固定端剪力 $V = -P/2$;跨中由于对称性,组合梁转角与混凝土顶底板连线转角均为 0;跨中剪力 $V = P/2$。则力的边界条件与位移边界条件见式(10-1)~式(10-7)。

对于梁固定端,边界条件见式(10-1)~式(10-4):

$$\omega(0) = 0 \tag{10-1}$$

$$\omega'(0) = 0 \tag{10-2}$$

$$\gamma(0) = 0 \tag{10-3}$$

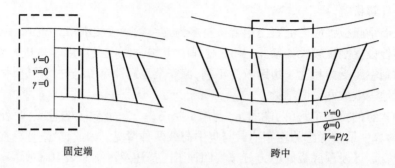

图 10-3　梁端与跨中变形图示

$$V(0) = -P/2 \tag{10-4}$$

对于跨中,边界条件见式(10-5)~式(10-7):

$$\omega'(L/2) = 0 \tag{10-5}$$

$$\phi(L/2) = 0 \tag{10-6}$$

$$V(L/2) = P/2 \tag{10-7}$$

利用边界条件式(10-1)、式(10-2),可得到式(10-8)、式(10-9):

$$A_1 + A_5 = 0 \tag{10-8}$$

$$A_2 + \xi A_6 = 0 \tag{10-9}$$

利用边界条件式(10-4)、式(10-7)可得到式(10-10):

$$M(x) = -2E_c I_c A_3 - 6E_c I_c A_4 x - 12E_c I_c A^* x^2 + \frac{24E_c I_c A^*}{\xi^2} = -\frac{PL}{8} + \frac{Px}{2} \tag{10-10}$$

进而得到 $A_3$、$A_4$ 解析解:

$$A_3 = \frac{PL}{16E_c I_c} \tag{10-11}$$

$$A_4 = \frac{-P}{12E_c I_c} \tag{10-12}$$

利用边界条件式(10-3),可得到式(10-13):

$$E_c(I_{c1} - I_c)(6A_4 + \xi^3 A_6) + \frac{E_c I_c}{\xi^2} \xi^5 A_6 = 0 \tag{10-13}$$

解得 $A_6$ 解析解:

$$A_6 = \frac{(I_{c1} - I_c)P}{2E_c I_c I_{c1} \xi^3} \tag{10-14}$$

利用边界条件式(10-9),可得到 $A_2$ 解析解:

$$A_2 = \frac{(-I_{c1} + I_c)P}{2E_c I_c I_{c1} \xi^2} \tag{10-15}$$

利用边界条件式(10-5),可得到式(10-16):

$$A_2 + 2A_3 \frac{L}{2} + 3A_4 \frac{L^2}{4} + 4A^* \frac{L^3}{8} + \xi A_5 \sinh\frac{\xi L}{2} + \xi A_6 \cosh\frac{\xi L}{2} = 0 \tag{10-16}$$

进而得到 $A_5$ 解析解:

$$A_5 = \frac{P(I_{c1} - I_c)\left(1 - \cosh\frac{\xi L}{2}\right)}{2E_c I_c I_{c1} \xi^3 \sinh\frac{\xi L}{2}} \tag{10-17}$$

将式(10-17)代入式(10-8),即可得到 $A_1$ 解析解:

$$A_1 = \frac{P(I_c - I_{c1})\left(1 - \cosh\frac{\xi L}{2}\right)}{2E_c I_c I_{c1} \xi^3 \sinh\frac{\xi L}{2}} \tag{10-18}$$

基于以上分析,即可得到固端梁中点受集中荷载 $P$ 作用下,考虑腹板剪切变形下的混凝土正应力解析解,如式(10-19)所示。

$$\sigma_c = \frac{PLy_t}{8I_c} + \frac{PLh_t}{8I_c} - \frac{P}{2I_c}(y_t + h_t)x + E_c\left[y_t + h_t\left(1 - \frac{I_c}{I_{c2}}\right)\right]$$

$$\left[\frac{P(I_{c1} - I_c)\left(1 - \cosh\frac{\xi L}{2}\right)}{2E_c I_c I_{c1} \xi \sinh\frac{\xi L}{2}}\cosh\xi x + \frac{(I_{c1} - I_c)P}{2E_c I_c I_{c1} \xi}\sinh\xi x\right] \tag{10-19}$$

同理,在明确各工况边界条件时,即可得到工况2~工况4下,考虑腹板剪切变形的混凝土正应力解析解。

其余三个工况推导以及求解过程在此不再赘述,工况1~工况4下典型边界条件及系数解总结如表10-2所示。

典型边界条件及系数解 表10-2

| 图示 | 边界条件 | | 系数解 |
|---|---|---|---|
| 工况1 (P, L) | $\omega(0)=0$<br>$\omega'(0)=0$<br>$\gamma(0)=0$<br>$\omega'(L/2)=0$<br>$\phi(L/2)=0$<br>$V(0)=-P/2$<br>$V(L/2)=P/2$ | $A_1$ | $\dfrac{P(I_c - I_{c1})\left(1 - \cosh\frac{\xi L}{2}\right)}{2E_c I_c I_{c1} \xi^3 \sinh\frac{\xi L}{2}}$ |
| | | $A_2$ | $\dfrac{(I_c - I_{c1})P}{2E_c I_c I_{c1} \xi^2}$ |
| | | $A_3$ | $\dfrac{PL}{16E_c I_c}$ |
| | | $A_4$ | $-\dfrac{P}{12E_c I_c}$ |

续上表

| 图示 | 边界条件 | | 系数解 |
|---|---|---|---|
| 工况 1 | $\omega(0)=0$<br>$\omega'(0)=0$<br>$\gamma(0)=0$<br>$\omega'(L/2)=0$<br>$\phi(L/2)=0$<br>$V(0)=-P/2$<br>$V(L/2)=P/2$ | $A_5$ | $\dfrac{P(I_{c1}-I_c)\left(1-\cosh\dfrac{\xi L}{2}\right)}{2E_cI_cI_{c1}\xi^3\sinh\dfrac{\xi L}{2}}$ |
| | | $A_6$ | $\dfrac{(I_{c1}-I_c)P}{2E_cI_cI_{c1}\xi^3}$ |
| 工况 2 | $\omega(0)=0$<br>$\omega'(0)=0$<br>$\gamma(0)=0$<br>$\omega'(L/2)=0$<br>$\phi(L/2)=0$<br>$V(0)=-qL/2$<br>$V(L/2)=qL/2$ | $A_1$ | $\dfrac{(I_{c1}-I_c)qL\cosh\dfrac{\xi L}{2}}{2E_cI_cI_{c1}\xi^3\sinh\dfrac{\xi L}{2}}$ |
| | | $A_2$ | $\dfrac{(I_c-I_{c1})qL}{2E_cI_cI_{c1}\xi^2}$ |
| | | $A_3$ | $\dfrac{qL^2}{24E_cI_c}+\dfrac{q(I_{c1}-I_c)}{2E_cI_cI_{c1}\xi^2}$ |
| | | $A_4$ | $-\dfrac{qL}{12E_cI_c}$ |
| | | $A_5$ | $\dfrac{(I_c-I_{c1})qL\cosh\dfrac{\xi L}{2}}{2E_cI_cI_{c1}\xi^3\sinh\dfrac{\xi L}{2}}$ |
| | | $A_6$ | $\dfrac{(I_{c1}-I_c)qL}{2E_cI_cI_{c1}\xi^3}$ |
| 工况 3 | $\omega(0)=0$<br>$\omega'(0)=0$<br>$\gamma(0)=0$<br>$M(L)=0$<br>$N(L)=0$<br>$V(0)=P$<br>$V(L)=P$ | $A_1$ | $\dfrac{\sin\xi L(I_{c1}-I_c)P}{\cos\xi L\ E_cI_cI_{c1}\xi^3}$ |
| | | $A_2$ | $\dfrac{-(I_{c1}-I_c)P}{E_cI_cI_{c1}\xi^2}$ |
| | | $A_3$ | $\dfrac{PL}{2E_cI_c}$ |
| | | $A_4$ | $\dfrac{-P}{6E_cI_c}$ |
| | | $A_5$ | $-\dfrac{\sin\xi L(I_{c1}-I_c)P}{\cos\xi L\ E_cI_cI_{c1}\xi^3}$ |
| | | $A_6$ | $\dfrac{(I_{c1}-I_c)P}{E_cI_cI_{c1}\xi^3}$ |

续上表

| 图示 | 边界条件 | 系数解 | |
|---|---|---|---|
| 工况 4<br>$q$<br>$\longleftarrow L \longrightarrow$ | $\omega(0)=0$<br>$\omega'(0)=0$<br>$\gamma(0)=0$<br>$M(L)=0$<br>$N(L)=0$<br>$V(0)=qL$<br>$V(L)=0$ | $A_1$ | $\dfrac{q}{E_c\xi^4\cos\xi L}\left(\dfrac{1}{I_c}-\dfrac{1}{I_{c1}}\right)$<br>$+\dfrac{(I_{c1}-I_c)qL\sin\xi L}{E_cI_cI_{c1}\xi^3\cos\xi L}$ |
| | | $A_2$ | $\dfrac{-(I_{c1}-I_c)qL}{E_cI_cI_{c1}\xi^2}$ |
| | | $A_3$ | $\dfrac{qL^2}{4E_cI_c}-\dfrac{q(I_c-I_{c1})\cosh\xi L}{2E_cI_cI_{c1}\xi^2\sinh\xi L}$ |
| | | $A_4$ | $\dfrac{-qL}{6E_cI_c}$ |
| | | $A_5$ | $-\dfrac{q}{E_c\xi^4\cos\xi L}\left(\dfrac{1}{I_c}-\dfrac{1}{I_{c1}}\right)$<br>$-\dfrac{(I_{c1}-I_c)qL\sin\xi L}{E_cI_cI_{c1}\xi^3\cos\xi L}$ |
| | | $A_6$ | $\dfrac{(I_{c1}-I_c)qL}{E_cI_cI_{c1}\xi^3}$ |

## 10.4 模型试验方案

### 10.4.1 试件设计

为验证混凝土附加应力现象以及本书提出的混凝土附加应力计算方法的合理性,开展模拟中支点区段在集中荷载下(工况3)的波形钢腹板组合 I 形悬臂梁的面内横向弯曲加载试验,测试悬臂根部区段混凝土板弹性阶段正应力大小,探究混凝土附加弯曲应力沿梁长度的分布规律。图10-4 所示为试验试件的构造尺寸。试件总高度为4150mm,其中包含高度950mm的混凝土矩形固定端基础,用以模拟连续梁或连续刚构中支点处限制主梁变形的刚性横隔梁。组合梁受弯悬臂长度为3200mm,高度1810mm,试件高跨比为1810/3200≈0.57,混凝土翼缘尺寸为宽560mm,高300mm。

波形钢腹板一个波段的单位长度为400mm,其中水平板和斜板的尺寸均为110mm,斜板纵向投影长度为90mm,横向投影长度为55mm。钢板厚度为6mm。腹板在顶部和底部钢翼缘板上焊接两块横向间距为75mm 的开孔板作为剪力连接件,相邻穿孔钢筋纵向间距为80mm。钢翼缘板宽125mm,厚5mm,穿孔钢筋和贯穿钢筋的直径分别为25mm 和14mm。

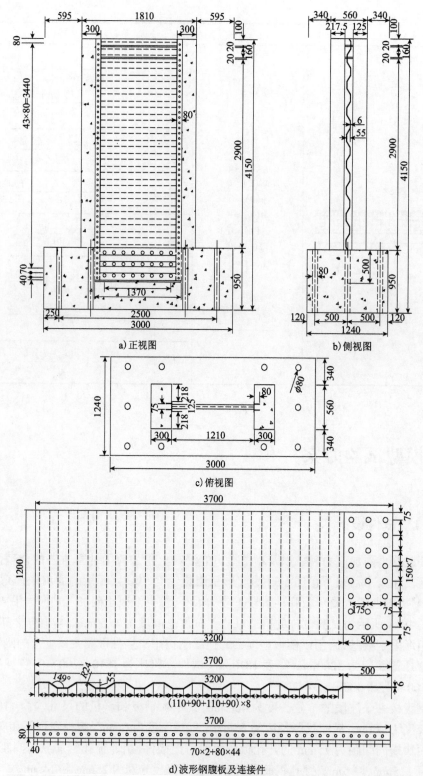

a) 正视图　　b) 侧视图

c) 俯视图

d) 波形钢腹板及连接件

图 10-4　试件尺寸(尺寸单位:mm)

### 10.4.2 材料特性

混凝土强度等级为C55,按要求养护一定天数,并依据相关材性试验(图10-5)测量材料弹性模量。钢材材料等级为Q345qD桥梁结构钢,钢筋牌号等级为HRB335。钢板与普通钢筋取3个试样。材料参数具体如表10-3所示。

图10-5 材性试验

材料参数    表10-3

| 构件 | 材料 | 弹性模量/MPa | 泊松比 | 密度/(kg/m³) |
|---|---|---|---|---|
| 混凝土 | C55 | $3.36 \times 10^4$ | 0.2 | $2.6 \times 10^3$ |
| 钢板 | Q345qD | $19.4 \times 10^4$ | 0.2 | $2.6 \times 10^3$ |
| 钢筋 | HRB335 | $20.3 \times 10^4$ | 0.3 | $7.85 \times 10^3$ |

### 10.4.3 加载方案

本次组合梁试验模拟前文工况3,采用悬臂结构横向加载方式。

试件的自由端连接在最大负载能力为5000kN的水平液压伺服作动器上,液压伺服作动器另一端连接至试验室反力墙上,以实现作动器对悬臂梁端部横向加载。为保证作动器水平力作用能够均匀加载至主梁上,作动器端部设有转动系统和荷载分配梁。其中组合梁悬臂长度为3200mm,加载点至混凝土底座的有效长度为3000mm。加载示意与试件照片如图10-6所示。

图10-7所示为作动器横向加载历程示意。首先进行小荷载下的预加载,此后进入正式试验,初始阶段基于荷载控制,随后调整为位移加载控制进行加载直至试件失效。当试件下降段曲线达到试件极限承载力的85%时停止加载,试验结束。

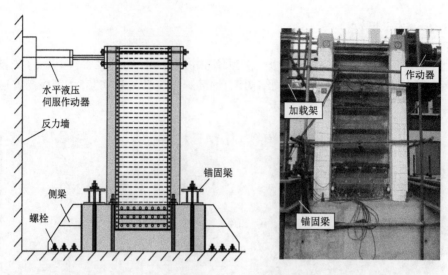

图 10-6 加载示意与试件照片

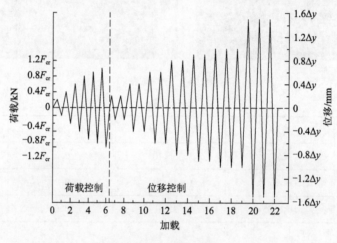

图 10-7 加载历程

### 10.4.4 测试方案

位移计布置如图 10-8 所示。在悬臂结构弯曲方向的两侧分别布置 3 个位移计。其中位移计 W2、W3 布置于加载头一侧的混凝土悬臂端,位移计 W1 布置于加载头的反向侧混凝土悬臂端中点位置。基于多个位移计读数的平均值考虑梁端精确变形,以减小系统误差。位移计 W4~W6 用以监测基础完全刚性,不产生变位与转角。

如图 10-9 所示,为测量横向弯曲荷载作用下固定端附近混凝土应变,沿试件混凝土板表面纵向布置 3 个间距为 400mm 的纵向应变片,横向位置位于混凝土中部,其中第一个应变片测点距离固定端基础表面 100mm。

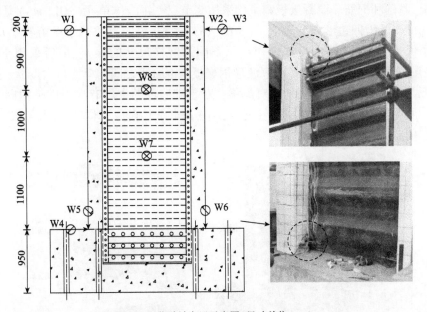

图 10-8　位移计布置示意图(尺寸单位:mm)

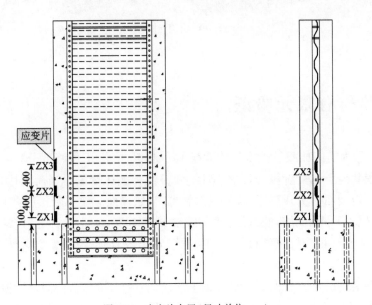

图 10-9　应变片布置(尺寸单位:mm)

## 10.5　有限元模型

为进一步验证本书考虑附加应力的混凝土正应力解析解的准确性,基于有限元进行结构数值模拟验证分析。如图 10-10 所示,有限元程序模拟了本试件的主要构件,包括混凝土板、波形钢腹板、基础和钢筋。混凝土板和基础采用 8 节点三维实体单元（SOLID45）模拟；波形钢腹板采用四节点二维四边形分层壳单元（SHELL63）模拟；钢筋采用两节点桁架单元（LINK8）模拟。为了保证模型的可靠性，首先探究了不同的网格尺寸的误差，最后采用全局尺寸为 20mm 的矩形网格。利用约束方程约束波形钢腹板与混凝土之间的单元自由度 $u_x$、$u_y$、$u_z$，忽略波形钢腹板与混凝土顶底板之间的相对滑移。对基础底部约束所有自由度模拟固结，以模拟边界条件。所有材料均为理想的线弹性材料，不考虑非线性阶段，材料特性取值依据前文材性试验结果。横向荷载施加在梁的自由端。

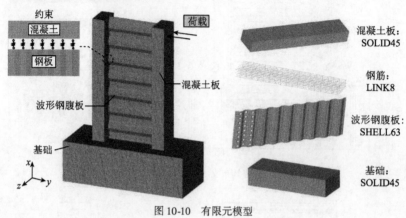

图 10-10　有限元模型

## 10.6　试验与有限元验证

图 10-11 所示为横向加载试验得到的荷载-位移包络曲线（正位移部分）。结果表明，结构加载至失效过程共经历三个阶段，即材料弹性、弹塑性和破坏阶段。当荷载达到 120kN 时，固定端附近混凝土板表面首次开裂；随着荷载的施加，初始横向裂纹不断扩展并竖向贯通至整块板件，同时其余位置不断出现新的裂纹；当荷载加载至 1450kN 时，试件固定端处钢筋进入屈服状态；当加载至 1840kN 时，试件材料达到极限破坏承载力，钢腹板发生剪切失稳破坏，混凝土受压破坏。

考虑到本书主要研究波形钢腹板组合梁正常使用状态下的应力，即弹性阶段弯曲作用下混凝土附加应力，因此本书仅研究材料处于弹性阶段时的混凝土应变状态，不考虑结构非线性阶段的力学行为。图 10-11 显示材料弹性阶段试验与有限元（FEA）数值模拟较为吻合。

提取弹性阶段特定荷载下混凝土应变大小，得到应力分布云图。将应力分布云图比例尺限值设定为传统计算式（9-1）计算的应力峰值。图 10-12a）为混凝土正应力云图。结果显示，最大应力峰值分别出现在混凝土顶板上边缘和混凝土底板下边缘靠近固定端的区域（灰色区域），此区域应力大于传统计算方法计算的峰值应力 $\sigma_{c,tr,max}$［式（9-1）］；此外，在顶板下缘与底板上缘，存在局部的应力反号现象。这就证明了此范围内存在附加应力，附加应力作用效果为顶板上缘和底板下缘应力峰值增大，顶板下缘和底板上缘应力减小甚至出现反号。

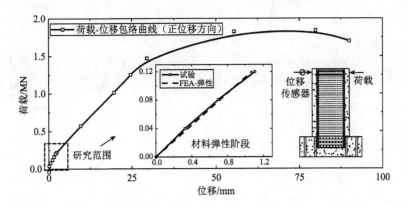

图 10-11　荷载-位移包络曲线(正位移部分)

在图 10-12a)中显示出了一条混凝土表面路径。提取沿路径的混凝土应力,并对不同计算方法下的混凝土应力进行了对比分析。图 10-12b)和 c)分别绘制了施加荷载为 45kN 和 55kN 时,试验、有限元数值模拟、本书提出的计算方法以及传统计算方法[式(9-1)]下定义路径上的混凝土应力对比。结果显示,在不同荷载下,试验结果与本书解析解的最大误差分别为 5.66% 和 4.97%,提出的解析解与数值分析结果基本重合。因此,可认为本书提出的计算方法准确、可靠,适用于混凝土正应力的计算。

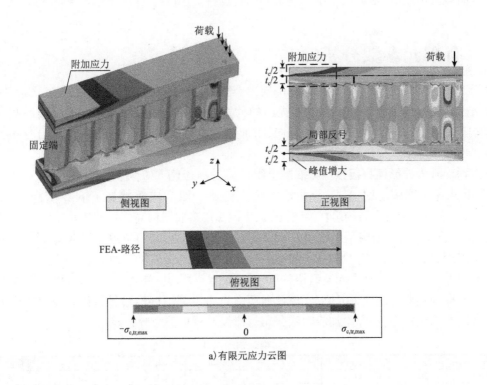

a) 有限元应力云图

图 10-12

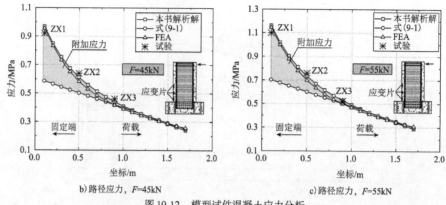

b) 路径应力，$F=45$ kN    c) 路径应力，$F=55$ kN

图 10-12　模型试件混凝土应力分析

有限元计算结果、本书解析解和试验结果在固定端一定范围内均大于传统计算方法[式(9-1)]计算结果，表明中支点区段由于波形钢腹板的剪切变形受约束而在顶底板中产生附加应力。随着与固定端距离的增大，附加应力逐渐减小至 0，三条曲线逐渐重合。当荷载加载至 45kN 时，混凝土实际最大应力为 0.97MPa，传统方法下式(9-1)计算结果为 0.59MPa，固定端处顶板上表面附加应力峰值为 0.38MPa，混凝土正应力增大 64%。距离固定端 1.05m(0.6h)范围外，有限元计算结果、本书解析解以及传统计算方法的计算结果基本一致，混凝土应力可不考虑附加应力的影响。不同荷载等级下，试验值与本书解析解误差较小，且有限元计算结果与本书解析解曲线基本重合，这证明了本书解析解的合理性。

## 10.7　有限元参数分析

由于试验研究具有局限性，混凝土内部应力及其余工况的数据难以实测获得。因此，下文通过数值模拟分析进一步验证了本书所提出的计算方法在前文所有工况下的准确性和有效性，并基于解析解研究了附加应力沿梁纵向、附加应力沿截面高度竖向、混凝土剪力分担比以及腹板剪切变形沿梁纵向的分布规律。

考虑到现阶段波形钢腹板预应力混凝土组合梁桥高跨比 $h/L$ 大多集中在 1/30～1/10 之间，当采用悬臂对称施工时，施工合龙段结构高跨比一般为成桥状态下的 2 倍，即 $h/L > 1/15$[1-2]。因此，对于两端固结的组合梁(工况1、工况2)，选取结构高跨比 $h/L = 0.05$；对于悬臂梁(工况3、工况4)，选取结构高跨比 $h/L = 0.2$，分别进行四种工况下的验证。有限元数值模型跨度 $L$ 均采用 20m，梁高 $h$ 分别为 1m 和 4m。上、下翼缘混凝土尺寸为 $1.8m \times 0.4m$，波形钢腹板波形型号为 1600 型，有限元模型相关尺寸如表 10-4 所示。不考虑连接件间的相对滑移，即在相交处耦合两者自由度，用约束实体单元所有自由度模拟固定边界条件。提取相应的混凝土应力以及钢板剪力，探究附加应力的分布规律以及钢板剪力分布规律。

有限元模型相关尺寸　　　　　　表 10-4

| 工况 | $L$/m | $h$/m | $h/L$ | $b_c$/m | $t_c$/m | $t_w$/mm | 腹板型号 |
|---|---|---|---|---|---|---|---|
| 工况 1 | 20 | 1 | 1/20 | 1.8 | 0.4 | 20 | 1600 |
| 工况 2 | 20 | 1 | 1/20 | 1.8 | 0.4 | 20 | 1600 |
| 工况 3 | 20 | 4 | 1/5 | 1.8 | 0.4 | 20 | 1600 |
| 工况 4 | 20 | 4 | 1/5 | 1.8 | 0.4 | 20 | 1600 |

### 10.7.1 附加应力纵向分布特点

在桥梁设计安全性验算中,一般重点关注截面上、下边缘出现的峰值应力。图 10-13 所示为四种工况下采用本书解析解、传统计算式(9-1),以及 FEA 数值模拟计算得到的固定端附近的混凝土顶板上边缘和混凝土底板下边缘的正应力结果。

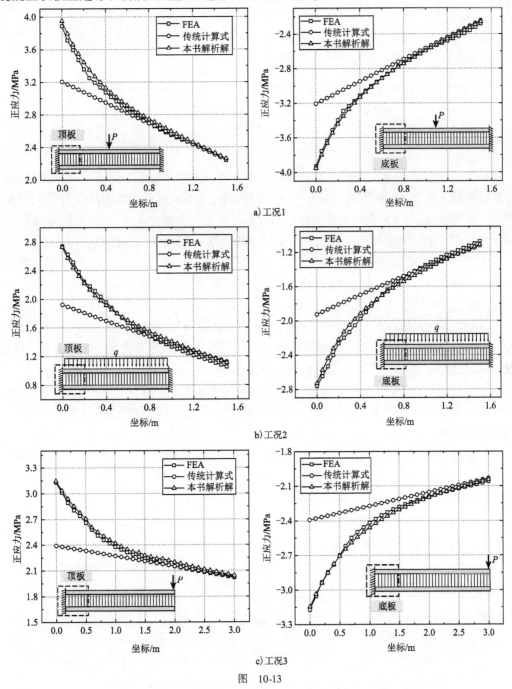

图 10-13

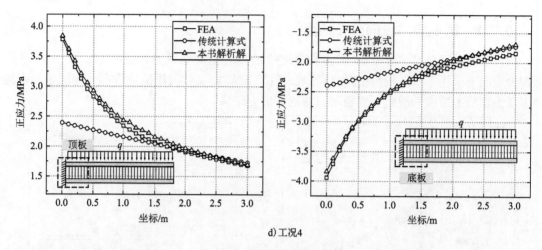

d) 工况4

图 10-13 附加应力纵向分布

结果显示,应力解析解与有限元数值模拟应力分布曲线基本重合。另外,在固定端附近,两者计算结果都大于传统计算方法[式(9-1)]得到的结果,表明该区域存在附加应力,基于平截面假定的计算方法[式(9-1)]会产生较大误差。随着与固定端距离的增加,三条曲线逐渐重合,即附加应力只存在于固定端附近,且附加应力随着与固定端距离的增大而逐渐减小至0。

对于工况1,固定端的混凝土实际正应力值为3.9MPa,传统方法[式(9-1)]计算得到的混凝土正应力值为3.2MPa。基于式(9-45)计算得到的附加应力大小为 $\sigma_{c,ad}=3.9-3.2=0.7$(MPa),混凝土应力峰值相比于传统方法增大了 $0.7/3.2=21.9\%$。当距离固定端0.7m($0.7h$)时,附加应力减小至0。对于工况2,由于附加应力的作用,混凝土应力峰值增大了44%。工况3、工况4的附加应力分布规律与工况1、工况2相似,由于附加应力的作用,工况3、工况4固定端混凝土应力峰值分别增大44%和61%。

综上所述,提出的考虑混凝土附加应力的正应力解析解可以有效计算所有工况下固定端处附加应力大小与分布。可认为本书提出的计算方法是有效、可靠的,适用于负弯矩区混凝土附加应力的计算。

波形钢腹板组合梁负弯矩区混凝土顶底板弯曲应力沿组合梁纵向分布情况如图10-14所示。附加应力增大了截面混凝土顶底板应力峰值,在梁纵向呈现出在固定端处附加应力为峰值,并随着与固定端距离的增大而逐渐降低的纵向分布规律。

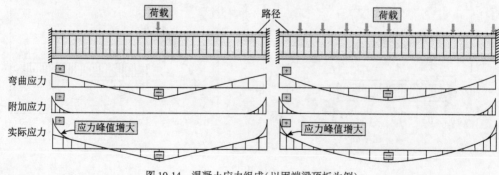

图 10-14 混凝土应力组成(以固端梁顶板为例)

## 10.7.2 附加应力竖向分布特点

为研究附加应力沿组合梁横截面竖向的分布规律,基于 10.6 节有限元数值模型,提取如图 10-15 所示的 6 条路径上的混凝土应力分布,并依据前文式(9-45)计算附加应力大小。路径同样选取为顶底板的顶面、底面及中性轴。

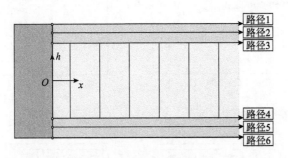

图 10-15 混凝土应力提取路径

图 10-16 所示分别为 6 条路径下的混凝土竖向应力分布,图 10-17 所示为混凝土顶底板附加应力沿 5 个截面梁高方向分布曲线。结果显示,附加应力沿竖向基本为线性分布,在顶底板上缘(路径 1、路径 4),附加应力为拉应力,在顶底板下缘(路径 3、路径 6),附加应力为压应力;在顶底板中性轴处(路径 2、路径 5),附加应力为 0。附加应力大小关于中性轴呈反对称分布,且附加应力随着与固定端距离的增大而逐渐减小至 0(截面 5)。可见连续梁/刚构中支点区与简支梁梁端区段附加应力分布规律一致。

波形钢腹板简支梁梁端区段与连续梁/刚构负弯矩区附加应力分布规律为:顶底板上缘为拉应力,下缘为压应力,中性轴处附加应力为 0。但不同于前文简支梁梁端附近产生的最不利作用效应(本应全截面受压的顶板,上缘出现拉应力),在连续梁/刚构中支点区混凝土附加应力方向与整体弯曲应力方向相同,因而附加应力最不利作用效应为截面混凝土上下缘应力峰值的增大,传统设计偏不安全。

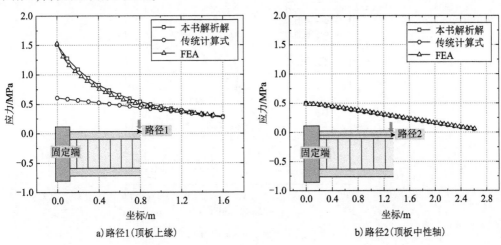

a) 路径 1(顶板上缘)　　　　b) 路径 2(顶板中性轴)

图 10-16

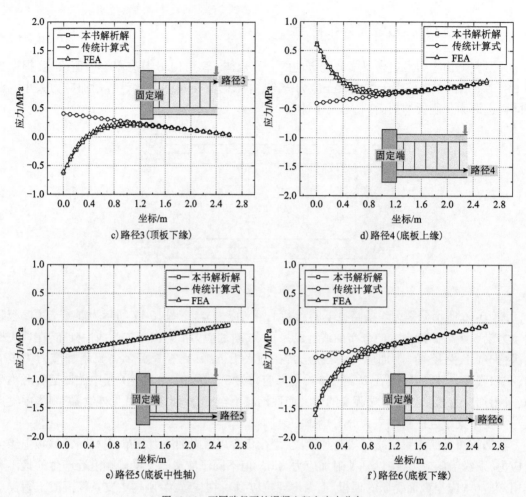

图 10-16　不同路径下的混凝土竖向应力分布

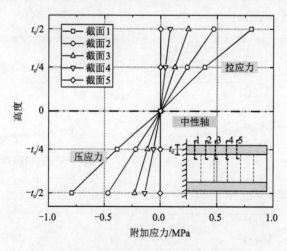

图 10-17　附加应力竖向分布规律

因此,波形钢腹板连续梁/刚构中支点区段混凝土应力分布组成模式可简化成图 10-18,混凝土实际应力为弯曲应力和附加应力两部分的叠加,截面混凝土上下缘应力峰值由于叠加作用而增大。拟平截面假定不再适用于中支点附近的混凝土应变分布规律。随着与固定端距离的增加,横梁对钢腹板剪切变形的约束作用减弱,附加应力逐渐减小。当附加应力减小到零时,拟平截面假定再次适用。附加应力增大了截面混凝土正应力峰值,使得结构受力更为不利,传统设计方法偏不安全,因而设计中需要考虑此部分应力。

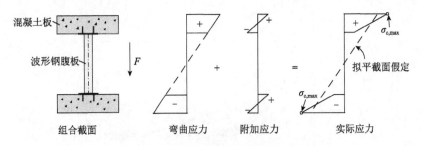

图 10-18　负弯矩区混凝土实际应力组成

## 10.8　附加应力计算式

### 10.8.1　附加应力简化计算式

考虑到负弯矩区混凝土附加应力计算解析解相较于前文简支梁较为复杂,难以在实际工程设计中直接应用,因此需要提出简化的实用计算方法。以前文提出的考虑混凝土附加应力的正应力解析解为基础,引入应力增大系数 $\lambda_a$,$\lambda_a$ 为至固定端一定距离的混凝土顶板上表面实际应力与传统计算结果的比值。通过与传统计算结果建立联系的方法,基于应力增大系数 $\lambda_a$ 修正传统方法来考虑中支点区段混凝土顶底板的附加应力。

$$\lambda_a = \frac{\sigma_c}{\sigma_{c,tr}} \tag{10-20}$$

式中:$\sigma_c$、$\sigma_{c,tr}$——中支点区段顶、底板实际应力和不考虑附加应力的传统计算方法的计算结果。

图 10-19 所示为不同边界条件与荷载形式下基于式(10-20)计算的 $\lambda_a$ 的分布图。结果显示,$\lambda_a$ 的大小从梁端部的最大值 $\lambda_a = \lambda_{a,\max}$ 逐渐非线性降低至 $\lambda_a = 1$,在固定端一定范围内,混凝土附加应力的影响较为显著;而此范围外 $\lambda_a = 1$,附加应力基本为 0。不同边界条件和荷载形式下,固定端处 $\lambda_{a,\max}$ 值及固定端附近 $\lambda_a > 1$ 的区域分布长度各不相同。

定义附加应力区段长度 $L_a$,并将其与组合梁梁高建立关系式:

$$L_a = \alpha_a h \tag{10-21}$$

式中：$L_a$——附加应力区段长度，其值为实际应力与不考虑附加应力的传统计算式(9-1)计算结果误差大于5%的区段长度；

$h$——组合梁梁高；

$\alpha_a$——附加应力分布长度系数，建立附加应力区段长度与梁高的关系，即 $L_a$ 与 $h$ 的比值。

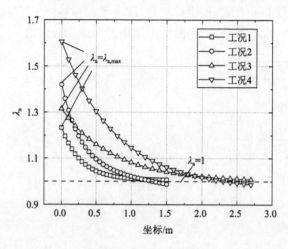

图 10-19 $\lambda_a$ 分布

由图 10-19 可知，随着与固定端距离的增加，参数 $\lambda_a$ 呈非线性趋势逐渐减小至 1。设计中为简化计算，可偏安全地将 $\lambda_a$ 简化为图 10-20 所示，由关键点 $A$、$B$ 组成的分布图形，即从梁端 $x=0$ 处的峰值 $\lambda_a=\lambda_{a,\max}$ 线性降低至 $x=L_a$ 处的 $\lambda_a=1$。其中 $A$ 点的纵坐标值 $\lambda_{a,\max}$ 可用于指导设计，$B$ 点的横坐标值 $L_a$ 用于确定附加应力分布长度。

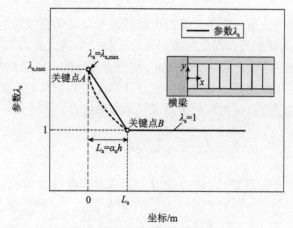

图 10-20 $\lambda_a$ 实用简化表达

因此，在波形钢腹板连续梁/刚构抗弯设计中，中支点区段顶底板考虑附加应力的实际应力可采用基于系数 $\lambda_{a,\max}$ 与 $L_a$ 修正后的传统计算式计算，修正后的计算式为：

$$\sigma_c = \begin{cases} \left(\dfrac{1-\lambda_{a,\max}}{L_a}x + \lambda_{a,\max}\right)\sigma_{c,\mathrm{tr}} & (0 \leqslant x \leqslant L_a) \\ \sigma_{c,\mathrm{tr}} & (x \geqslant L_a) \end{cases} \quad (10\text{-}22)$$

由式(10-22)可知,考虑附加应力的实际混凝土应力大小可表示成应力增大系数 $\lambda_{a,max}$ 与附加应力分布长度系数 $\alpha_a$ 的函数,即利用两参数 $\lambda_{a,max}$ 与 $\alpha_a$ 修正传统计算方法进行组合梁抗弯设计。此简化公式避免了复杂的求解过程,只需确定 $\lambda_{a,max}$、$\alpha_a$ 的值与边界条件、荷载形式、高跨比等参数的关系,即可在设计中得到混凝土附加应力实用简化计算式。

### 10.8.2 $\lambda_{a,max}$ 计算式

由于 $\lambda_{a,max}$ 为固定端处混凝土实际应力峰值与传统计算方法结果的比值,即 $x=0$ 处的相应解,因此只需将 $x=0$ 代入前文理论公式即可,由式(9-24)~式(9-26)可得:

$$\sigma_{c,max} = \sigma_{cM,max} + \sigma_{cN,max} \quad (10\text{-}23)$$

$$\sigma_{cM,max} = -\frac{M_t(y_t - h_t)}{I_t} = E_c(y_t - h_t)(2A_3 + \xi^2 A_5) \quad (10\text{-}24)$$

$$\sigma_{cN,max} = \frac{N_t}{A_t} = E_c h_t \left[ 2A_3 - \frac{24 I_c A^*}{I_{c2}\xi^2} + \left(1 - \frac{I_c}{I_{c2}}\right)\xi^2 A_5 - \frac{h_w V'}{G_w A_w h_c} \right] \quad (10\text{-}25)$$

考虑到应力峰值 $\sigma_{c,max}$ 发生在混凝土顶板上缘(混凝土底板下缘),即 $y_t$ 为混凝土顶板上缘(混凝土底板下缘)至截面形心的距离,将式(10-24)与式(10-25)代入式(10-23),$\sigma_{c,max}$ 可表示为

$$\sigma_{c,max} = 2E_c y_t A_3 + E_c \xi^2 A_5 \left(y_t - \frac{h_t I_c}{I_{c2}}\right) - \frac{24 I_c E_c h_t A^*}{I_{c2}\xi^2} - \frac{E_c h_t h_w V'}{G_w A_w h_c} \quad (10\text{-}26)$$

传统计算方法的结果如下:

$$\sigma_{c,tr,max} = \frac{M y_t}{I_c} \quad (10\text{-}27)$$

则 $\lambda_{a,max}$ 可由下式表示:

$$\lambda_{a,max} = \frac{\sigma_{c,max}}{\sigma_{c,tr,max}} \quad (10\text{-}28)$$

对于工况1(固定端梁中点受集中荷载 $P$ 作用),将表10-2中系数解代入式(10-26),则考虑附加应力的混凝土应力峰值可表示为

$$\sigma_{c,max} = \frac{PL y_t}{8 I_c} + \frac{P(I_{c1} - I_c)[1 - \cosh(\xi L/2)]}{2 I_c I_{c1} \xi \sinh(\xi L/2)} \left(y_t - \frac{h_t I_c}{I_{c2}}\right) \quad (10\text{-}29)$$

考虑到 $\sinh(\xi L/2) \approx \cosh(\xi L/2) \gg 1$,则可得以下关系式:

$$\frac{1 - \cosh(\xi L/2)}{\sinh(\xi L/2)} = -1 \quad (10\text{-}30)$$

则式(10-29)可简化为

$$\sigma_{c,max} = \frac{PL y_t}{8 I_c} + \frac{P(I_c - I_{c1})}{2 I_c I_{c1} \xi} \left(y_t - \frac{h_t I_c}{I_{c2}}\right) \quad (10\text{-}31)$$

传统计算方法的结果如下:

$$\sigma_{c,tr,max} = \frac{PL y_t}{8 I_c} \quad (10\text{-}32)$$

将式(10-31)、式(10-32)代入式(10-28),得到 $\lambda_{a,max}$ 的表达式:

$$\lambda_{a,max} = \frac{\sigma_{c,max}}{\sigma_{c,tr,max}} = 1 + \frac{4(I_c - I_{c1})}{Ly_t I_{c1}\xi}\left(y_t - \frac{h_t I_c}{I_{c2}}\right) = 1 + \frac{4}{LI_{c1}\xi}\left(I_{c2} - \frac{h_t I_c}{y_t}\right) \quad (10\text{-}33)$$

同理,对于工况 2~工况 4,给出不同边界条件和荷载形式下的 $\lambda_{a,max}$ 表达式,如式(10-36)、式(10-39)、式(10-42)所示。

工况 2:固定端梁中点受均布荷载 $q$。

$$\sigma_{c,max} = \frac{qy_t L^2}{12 I_c} - \frac{qy_t(I_{c1} - I_c)}{I_c I_{c1}\xi^2} - \left(y_t - \frac{h_t I_c}{I_{c2}}\right)\frac{qL(I_{c1} - I_c)}{2I_c I_{c1}\xi} - \frac{qh_t}{I_{c2}\xi^2} + \frac{E_c q h_t}{G_w t_w h_c} \quad (10\text{-}34)$$

$$\sigma_{c(x=0).\,Eq(9\text{-}1)} = \frac{qy_t L^2}{12 I_c} \quad (10\text{-}35)$$

$$\lambda_{a,max} = 1 + \frac{6}{LI_{c1}\xi}\left(I_{c2} - \frac{h_t I_c}{y_t} - \frac{2 I_{c2}}{\xi L} - \frac{2 h_t I_{c1}}{\xi y_t L} + \frac{I_c^2 h_c}{\xi y_t L I_{c2}}\right) \quad (10\text{-}36)$$

工况 3:悬臂梁端部受集中荷载 $P$。

$$\sigma_{c,max} = \frac{Py_t L}{I_c} + \frac{Py_t(I_c - I_{c1})}{I_c I_{c1}\xi} - \frac{Ph_t}{I_{c1}\xi} \quad (10\text{-}37)$$

$$\sigma_{c(x=0).\,Eq(9\text{-}1)} = \frac{Py_t L}{I_c} \quad (10\text{-}38)$$

$$\lambda_{a,max} = 1 + \frac{1}{LI_{c1}\xi}\left(I_{c2} - \frac{h_t I_c}{y_t}\right) \quad (10\text{-}39)$$

工况 4:悬臂梁受均布荷载 $q$。

$$\sigma_{c,max} = \frac{qy_t L^2}{2 I_c} - \frac{qy_t I_{c2}}{I_c I_{c1}\xi} + \left(y_t - \frac{h_t I_c}{I_{c2}}\right)\frac{qL I_{c2}}{I_c I_{c1}\xi} - \frac{qh_t}{I_{c2}\xi^2} + \frac{E_c q h_t}{G_w t_w h_c} \quad (10\text{-}40)$$

$$\sigma_{c(x=0).\,Eq(9\text{-}1)} = \frac{qy_t L^2}{2 I_c} \quad (10\text{-}41)$$

$$\lambda_{a,max} = 1 + \frac{2}{LI_{c1}\xi}\left(I_{c2} - \frac{I_{c2}}{\xi L} - \frac{h_t I_c}{y_t} + \frac{h_c I_c}{h\xi L}\right) \quad (10\text{-}42)$$

式(10-33)、式(10-36)、式(10-39)、式(10-42)的结果表明,所有工况下系数 $\lambda_{a,max}$ 均由两部分组成:第一部分为 1,与传统计算方法一致,即外荷载作用下的混凝土弯曲应力;第二部分为由中支点区段截面参数 $h_c$、$I_c$,跨径 $L$ 等组成的表达式,反映了混凝土附加应力的影响。传统计算方法忽略了第二项,导致应力计算结果偏小。对于施工阶段高跨比较大的悬臂梁结构,组合梁端部附加应力超过整体弯曲应力的 30%,忽略该应力可能造成混凝土顶底板开裂,使得截面设计偏不安全;随着与固定端距离的增大,反映附加应力的第二部分逐渐减小至 0,此时可忽略附加应力的影响。

图 10-21 所示为有限元计算结果和上述计算公式得到的参数 $\lambda_{a,max}$ 对比分析。以工况 1 为例,$\lambda_{a,max}$ 数值分析计算结果与解析解结果比值的平均值为 1.005,标准差为 0.059;且数值分析计算结果与本书解析解的误差均分布在 2 倍标准差范围内,说明本书解析解具有较高的准确性,可用来计算不同构造尺寸下的应力增大系数 $\lambda_{a,max}$。

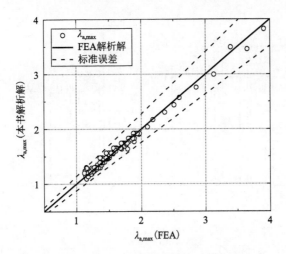

图 10-21 $\lambda_{a,max}$ 有限元与理论对比验证

## 10.8.3 $\alpha_a$ 计算式

考虑到从解析解中直接解出 $\alpha_a$ 为高次方程的逆向求解,求解过程较为困难,因而很难求得 $\alpha_a$ 的精确解。因此,本节通过大量模型的参数分析讨论 $\alpha_a$ 随结构尺寸的变化规律,并提出简化计算式。

波形钢腹板组合梁的结构尺寸可以近似由跨径 $L$、高跨比 $h/L$、混凝土厚度与高度的比 $t_c/h$ 以及混凝土宽度 $b_c$ 四个参数决定。因此,通过拟合附加应力分布长度系数 $\alpha_a$ 与上述参数的关系,建立 $\alpha_a$ 的简化表达式。

为获取常用桥梁构造尺寸参数,首先调研国内外著名波形钢腹板预应力混凝土组合梁桥的跨径、截面尺寸等数据。表 10-5 所示为世界上已建的典型波形钢腹板预应力混凝土组合梁桥的构造尺寸参数,除个别国外桥梁外,国内波形钢腹板连续梁/刚构桥中支点处混凝土厚度与高度的比 $t_c/h$ 大多集中于 0.1~0.13,箱梁顶板宽度大多集中于 10~16m,高跨比 $h/L$ 大多集中于 1/19~1/15,如图 10-22 所示。

国内外波形钢腹板预应力混凝土组合桥梁构造尺寸参数　　　　表10-5

| 编号 | 桥梁 | 国家 | $b_c$/m | $t_c$/m | $h$/m | $L$/m | $t_c/h$ | $h/L$ |
|---|---|---|---|---|---|---|---|---|
| 1 | 前山河特大桥 | 中国 | 15.70 | 1.20 | 9.5 | 160.0 | 0.126 | 1/16.80 |
| 2 | 鄄城黄河公路大桥 | 中国 | 13.50 | 0.80 | 7.0 | 120.0 | 0.114 | 1/17.14 |
| 3 | 奉化江大桥 | 中国 | 23.55 | 1.10 | 9.5 | 160.0 | 0.116 | 1/16.80 |
| 4 | 相川桥 | 日本 | 10.65 | 1.10 | 11.5 | 170.0 | 0.096 | 1/14.78 |
| 5 | 亡五津久见桥 | 日本 | 10.65 | 0.90 | 7.0 | 119.3 | 0.128 | 1/17.03 |
| 6 | 本谷桥 | 日本 | 11.04 | 0.55 | 6.4 | 97.2 | 0.086 | 1/15.19 |
| 7 | 白兰地桥 | 法国 | 12.10 | — | 2.6 | 43.0 | — | 1/16.54 |
| 8 | 阿尔特维普夫圆桥 | 德国 | 14.25 | 1.10 | 6.0 | 115.0 | 0.183 | 1/19.17 |

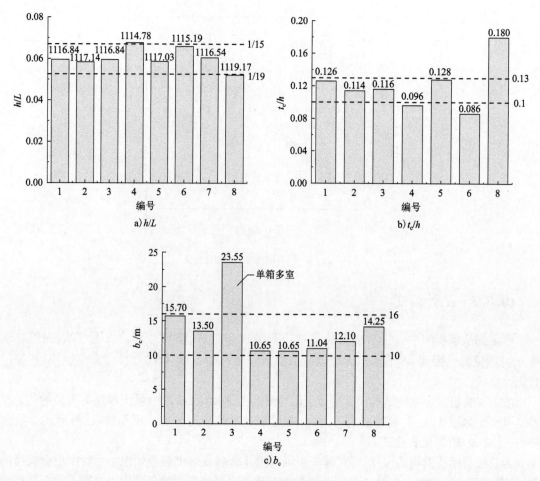

图 10-22 不同桥梁参数分布

选取典型结构参数进行参数分析,图 10-23 所示为附加应力分布长度系数 $\alpha_a$ 随不同跨径 $L$、混凝土厚度与高度的比 $t_c/h$、混凝土宽度 $b_c$ 以及高跨比 $h/L$ 的变化规律。

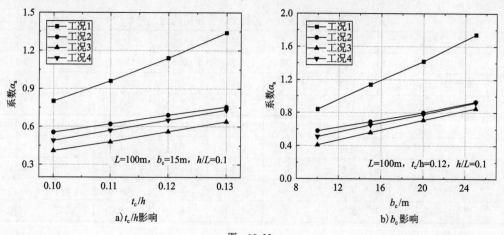

图 10-23

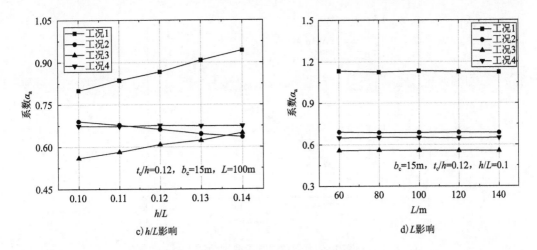

图 10-23 系数 $\alpha_a$ 随不同参数的变化规律

结果显示，系数 $\alpha_a$ 随上述几何参数的变化基本均呈现线性变化。其中，$\alpha_a$ 随混凝土厚高比 $t_c/h$ 或混凝土宽度 $b_c$ 的增大而增大；在集中荷载作用下，$\alpha_a$ 随高跨比 $h/L$ 的增大而线性增大，但在均布荷载作用下，$\alpha_a$ 随高跨比 $h/L$ 的增大而线性减小；跨径 $L$ 对 $\alpha_a$ 的影响很小。因此，可认为在实际桥梁中，附加应力分布长度系数 $\alpha_a$ 为高跨比 $h/L$、$t_c/h$ 及混凝土宽度 $b_c$ 的函数。$\alpha_a$ 的表达式如式（10-43）所示：

$$\alpha_a = \left(k_1 \frac{h}{L} + b_1\right)\left(k_2 \frac{t_c}{h} + b_2\right)(k_3 b_c + b_3) \tag{10-43}$$

式中：$k_1$、$k_2$、$k_3$、$b_1$、$b_2$、$b_3$——未知常数。

基于参数分析，利用常用的桥梁尺寸对 $\alpha_a$ 进行拟合。综合考虑前文实桥下的常用尺寸，选取高跨比 $h/L$ 取值范围为 0.05~0.15，混凝土宽度 $b_c$ 取值为 6m、10m、14m、18m、22m 和 26m，混凝土厚高比 $t_c/h$ 取值为 0.10、0.11、0.12、0.13，共计 $6 \times 6 \times 4 = 144$ 个几何模型进行参数分析拟合。拟合结果如表 10-6 所示。

参数拟合结果　　　　　　　　　　表 10-6

| 工况 | $k_1$ | $b_1$ | $k_2$ | $b_2$ | $k_3$ | $b_3$ |
|---|---|---|---|---|---|---|
| 工况 1 | 7.550 | 0.590 | 14.010 | −0.820 | 0.050 | 0.250 |
| 工况 2 | −1.490 | 0.900 | 9.020 | −0.170 | 0.023 | 0.655 |
| 工况 3 | 3.210 | 0.300 | 12.750 | −0.660 | 0.040 | 0.325 |
| 工况 4 | −0.570 | 0.840 | 11.030 | −0.430 | 0.035 | 0.475 |

图 10-24 所示为有限元计算结果和拟合公式得到的系数 $\alpha_a$ 对比分析。以工况 1 为例，$\alpha_a$ 有限元计算结果与式（10-43）结果比值的平均值为 0.97，标准差为 0.108。数据点均在 2 倍标准差范围内，说明本书提出的拟合公式精度较高，可用来计算实际桥梁不同构造尺寸下的附加应力分布长度系数 $\alpha_a$。

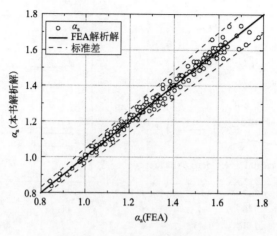

图10-24 $\alpha_a$有限元与理论对比验证

## 10.9 中支点区段附加应力设计建议

上述通过理论推导、试验和有限元分析验证了附加应力的存在并提出理论公式的合理性。因此,在波形钢腹板连续梁/刚构桥的设计中,需要考虑中支点区段混凝土顶底板的附加应力。基于上述提出的实用简化计算式,考虑桥梁常用尺寸范围,给出中支点区段附加应力增大系数 $\lambda_{a,max}$ 和附加应力分布长度系数 $\alpha_a$ 的设计曲线。

波形钢腹板组合梁桥中支点处混凝土厚高比 $t_c/h$ 大多集中于 $0.10\sim0.13$,且 $\lambda_{a,max}$ 和 $\alpha_a$ 随 $t_c/h$ 的增大而增加,设计时建议偏安全地取 $0.13$;上节计算得到同一高跨比 $h/L$ 下,跨径 $L$ 对系数 $\alpha_a$ 的影响较小;由式(10-34)~式(10-42)可知,同一高跨比 $h/L$ 下,跨径 $L$ 对参数 $\lambda_{a,max}$ 的影响也较小。因此,影响 $\lambda_{a,max}$ 和 $\alpha_a$ 的主要参数为高跨比 $h/L$ 和混凝土板宽度 $b_c$。不同宽度 $b_c$ 和高跨比 $h/L$ 下,参数 $\lambda_{a,max}$ 和 $\alpha_a$ 的变化曲线如图10-25所示。其中,两端固结条件下高跨比 $h/L$ 取 $1/25\sim1/10$,悬臂条件下高跨比 $h/L$ 取 $1/20\sim1/5$。

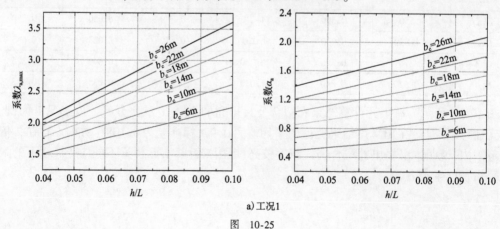

a) 工况1

图 10-25

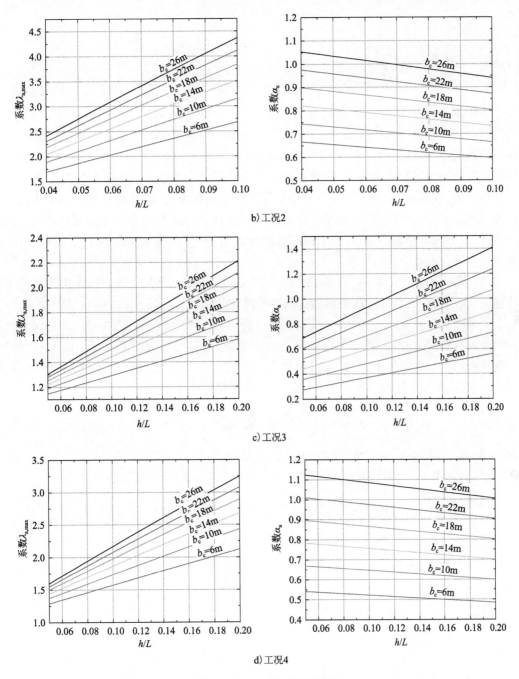

图 10-25 $\lambda_{a,max}$ 和 $\alpha_a$ 设计参数

综合考虑国内常用桥梁尺寸参数以及主要荷载受力体系,认为系数 $\alpha_a$ 的结果大多集中在 0.5~0.7。因此,在实际设计时,系数 $\alpha_a$ 可近似取值为0.7,即认为附加应力存在于固定端附近至少70%梁高范围内,此范围内需考虑附加应力引起的应力峰值增大的现象。

## 10.10 本章小结

①波形钢腹板组合连续梁/刚构中支点位置一般需要设置横隔梁,波形钢腹板由于其较小的剪切刚度而产生显著剪切变形,横隔梁区段一定范围内腹板剪切变形受到混凝土顶底板及横隔梁的约束,从而在梁端一定区域内产生混凝土附加应力,传统应力计算方法不再适用。

②随着与固定端距离的增大,附加应力由固定端处的峰值逐渐非线性减小至0。

③负弯矩区混凝土附加应力竖向分布呈现混凝土顶底板上缘为附加拉应力、下缘为附加压应力、中性轴处附加应力为0的线性分布规律,与弯曲应力同号,会增大截面混凝土应力峰值,传统计算方法结果偏不安全,本书提出的解析解与试验/有限元吻合良好,适用于连续梁/刚构中支点区段混凝土应力计算。

④为考虑附加应力的影响,提出了采用系数 $\lambda_{a,max}$ 与 $\alpha_a$ 修正后的传统计算式计算波形钢腹板连续梁/刚构中支点区段顶底板实际应力的简化计算式。

⑤应力增大系数 $\lambda_{a,max}$ 由两部分组成,第一部分为1,与传统计算方法一致,即外荷载作用下的混凝土弯曲应力;第二部分为支点区段截面参数的表达式,反映了混凝土附加应力的影响。在常用桥梁尺寸参数下,系数 $\alpha_a$ 的结果为 $0.5\sim0.7$。因此,在实际设计时,可取系数 $\alpha_a$ 的值为0.7,即近似认为附加应力存在于距离固定端70%梁高范围内。

### 参 考 文 献

[1] 刘玉擎.组合结构桥梁[M].北京:人民交通出版社,2005.
[2] 刘玉擎,陈艾荣.组合折腹桥梁设计模式指南[M].北京:人民交通出版社股份有限公司,2015.

# 第11章

# 多室组合箱梁剪力滞效应有限元分析

波形钢腹板在纵向能够自由变形,具有折叠效应,一般认为其轴向及弯曲刚度可忽略不计。但对于翼缘较宽的多室波形钢腹板薄壁组合箱梁来说,"剪力滞效应"规律是反向判定波形钢腹板组合箱梁设计平截面理论假定成立的关键,也是判断波形钢腹板组合箱梁理论计算正确性的关键。本章应用有限元软件 ANSYS 对波形钢腹板组合箱梁的线弹性受力行为进行数值分析,应用有限元方法对多室波形钢腹板组合箱梁进行了剪力滞效应的研究,提出有效宽度简化计算方法。

## 11.1 研究目的

对称弯曲荷载作用下,如果箱梁翼板具有初等梁弯曲理论假定的无限抗剪刚度(即严格满足平截面假定),则翼板中所产生的弯曲应力沿横桥向均匀分布。然而大多数情况下,特别是对于翼缘较宽的薄壁箱梁来说,翼板面内剪切变形导致翼板不可能同腹板一样满足平截面理论假定,弯曲应力沿横桥向呈不均匀分布,存在传力的滞后现象,这种与初等梁弯曲理论所表示的应力之间的差异,称为"剪力滞效应",如图 11-1 所示。翼板中的弯曲应力呈曲线分布,通常情况下,靠近腹板的翼缘板弯曲应力要大些,而远离腹板的翼缘板弯曲应力逐渐减小,称为"正剪力滞";反之,则称为"负剪力滞"。这两种剪力滞现象足以使箱梁局部产生应力集中,甚至使得混凝土板开裂,因此不容忽视。

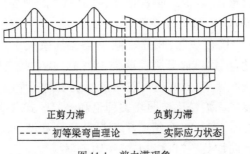

图 11-1　剪力滞现象

为了简单地描述箱梁剪力滞效应的影响,能直观地反映应力增大程度,引入剪力滞系数 $\lambda$,并将其定义为:

$$\lambda = \frac{考虑剪力滞效应所得的正应力}{按初等梁弯曲理论求得的正应力} \tag{11-1}$$

与普通混凝土箱梁相比,波形钢腹板组合箱梁腹板较薄,加之其存在手风琴效应,基本上忽略钢腹板的抗弯刚度贡献,但两者的剪力滞效应的分布规律基本相同。目前针对单箱单室、单箱多室的简支或悬臂的普通混凝土箱梁,因结构设计、材料特性等参数的变化对剪力滞效应的影响已有较多的研究[1-5],但对于宽箱多室波形钢腹板组合箱梁的剪力滞效应研究较少。

为此,本章首先建立多室波形钢腹板组合箱梁有限元模型,结合文献[6]中的试验结果进行对比分析,验证数值分析方法的可靠性。然后以单箱三室波形钢腹板组合箱梁为例,采用有限元分析方法分别对简支梁、悬臂梁和连续梁三种结构形式进行剪力滞效应变化规律分析。接着以简支波形钢腹板组合箱梁为例,对影响剪力滞效应的主要因素进行参数分析,其中包含宽跨比、箱梁跨高比、界面刚度、横隔板数量以及波形钢腹板和顶、底板几何参数等。

## 11.2　多室组合箱梁有限元模型

鉴于 ANSYS 通用有限元软件参数化建模的高效率与线性分析的高精度特点[7],本节采用 ANSYS 12.0 对波形钢腹板组合箱梁进行力学分析,与文献[6]中的相关试验结果进行对比分析,验证有限元分析方法的准确性,为后续参数分析研究奠定基础。

### 11.2.1　有限元模型建立

弹性阶段分析中,认为所有材料均为线弹性的,不考虑材料非线性和几何非线性。以文献[6]中单箱单室波形钢腹板组合箱梁为例,验证有限元模型的准确性。对于波形钢腹板组合箱梁,由于构件受力特性及厚度不同,采用两种不同类型的单元进行模拟,即板壳单元和三维实体单元。

顶、底板采用八节点六面体实体单元 SOLID65 模拟。因波形钢腹板厚度仅 1mm,采用板壳单元模拟较好,本书采用四节点板壳单元 SHELL63 建模,建模时应注意波形钢腹板的波形线与顶、底板的波形线完全重合,以保证腹板与顶、底板的节点吻合。横隔板较厚,用三维实体单元模拟,同样采用 SOLID65 模拟,要注意横隔板与顶、底板的衔接吻合。为模拟实际情况,横隔板与钢腹板之间没有连接在一起,相互之间不存在约束关系。根据文献[6]中的试验数据,分析荷载在 0~25kN 之间,而试验开裂荷载为 45~55.5kN,故有限元分析中可不计入初始预应力,忽略预应力筋的二次效应,同时也可忽略混凝土中钢筋作用。钢筋和混凝土材料均假设为线弹性材料,其弹性模量和泊松比按照相关理论和经验公式取值。

文献[6]中单箱单室波形钢腹板组合箱梁模型设计尺寸如图 11-2 所示。纵向加载采用跨中截面的单点加载方式,横向加载按对称和偏载作用于顶板与腹板交界处,分别验证对称荷载和偏心荷载模型的准确性。加载方式为分级加载,荷载大小为10kN、15kN、20kN和25kN四个等级,横向加载示意如图11-3所示。为测量正应力的分布情况和挠度,在跨中截面顶板的顶面和底板的底面沿横向布置混凝土应变片,在跨中和支座处布设百分表测量试验过程中构件的挠度及支座沉降。试验梁跨中截面应变片布置如图11-4所示。

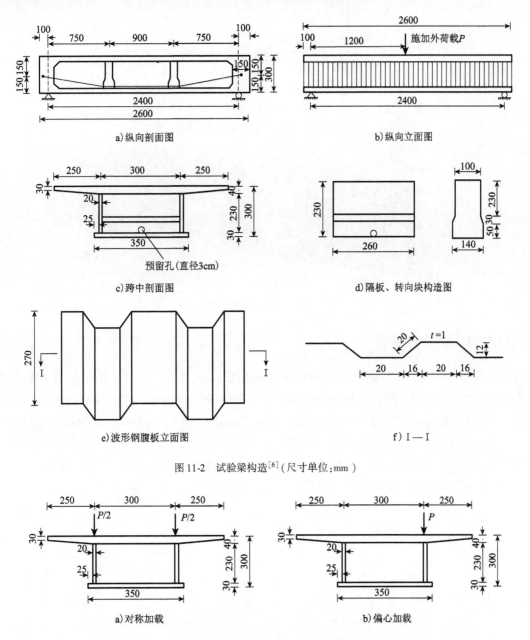

图11-2 试验梁构造[6](尺寸单位:mm)

图11-3 试验梁加载方式[6](尺寸单位:mm)

建立如图11-5所示的ANSYS有限元模型,采用映射网格划分技术,模型节点总数为36842,单元总数为25878,其中三维实体单元数为21528,板壳单元数为4350。

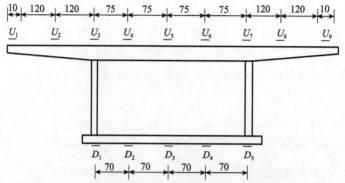

图 11-4 试验梁跨中截面应变片布置[6]（尺寸单位：mm）

注：$U_i$ 表示顶板应变片位置；$\overline{D}_i$ 表示底板应变片位置。

图 11-5 试验梁线弹性有限元分析模型

### 11.2.2 准确性验证

对称荷载作用下试验梁跨中截面的计算结果如图 11-6 所示。从图中可知，对称荷载作用下，各级荷载作用下的有限元计算结果和文献[3]试验测试结果吻合良好；在较小的荷载作用范围内，其应力呈线性增长；顶、底板截面正应力横向不均匀分布，翼板与腹板交界处应力大于其他位置的应力值，出现典型的正剪力滞现象。此外，本书对比分析了对称荷载作用下跨中截面挠度-荷载曲线，结果吻合较好，如图 11-7 所示。荷载在 0~25kN 之间，挠度-荷载曲线保持线性分布规律，结构处于良好的弹性阶段。

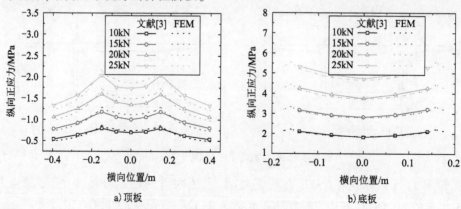

a）顶板   b）底板

图 11-6 试验梁对称荷载作用下跨中截面应力对比

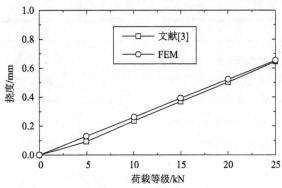

图 11-7 试验梁对称荷载作用下跨中截面挠度-荷载曲线

偏心荷载作用于一侧腹板与顶板交界处,试验梁跨中截面应力对比如图 11-8 所示。从图中可知,有限元计算结果和试验测试值较吻合,应力横向分布规律一致,偏心荷载作用侧翼板的应力值明显高于其他位置。

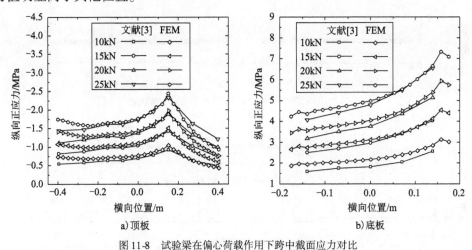

a) 顶板　　b) 底板

图 11-8 试验梁在偏心荷载作用下跨中截面应力对比

综上可知,对称荷载和偏心荷载下的有限元计算结果与文献[6]中的试验结果吻合良好,可以采用有限元法作为分析剪力滞效应的辅助手段和验证方法。

## 11.3　多室组合箱梁剪力滞效应变化规律分析

本节研究重点是单箱多室波形钢腹板组合箱梁,结构形式分为简支梁、悬臂梁和两跨连续梁,考察其在纵向移动集中荷载和满布均布荷载两种加载模式下的剪力滞效应。其中简支梁纵向受力模式如图 11-9 所示,悬臂梁和两跨连续梁分别按图 11-10 和图 11-11 加载,荷载横向按图 11-12 对称布置于各道腹板对应的翼板上。为了更好地认识波形钢腹板组合箱梁对称荷载作用下的受力特点,应用 11.2 节介绍的有限元建模方法,对单箱多室波形钢腹板组合箱梁剪力滞效应分布规律展开系统研究。模型截面尺寸参照图 11-13,计算跨径 $l = 23.8 \mathrm{m}$。

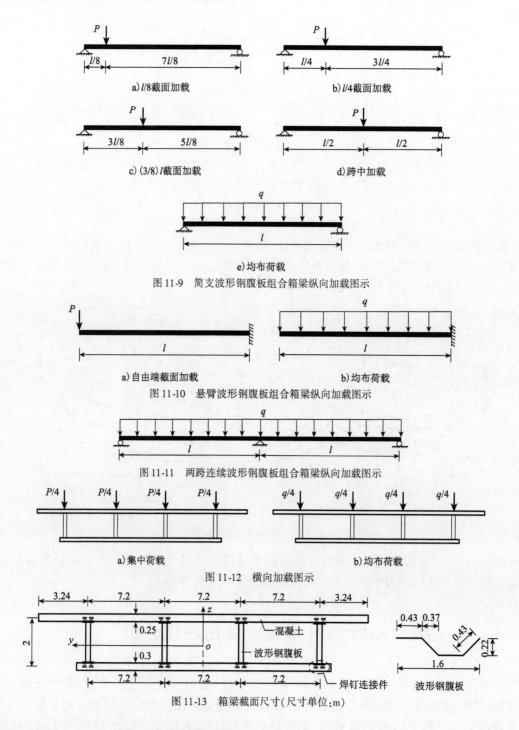

图 11-9 简支波形钢腹板组合箱梁纵向加载图示

图 11-10 悬臂波形钢腹板组合箱梁纵向加载图示

图 11-11 两跨连续波形钢腹板组合箱梁纵向加载图示

图 11-12 横向加载图示

图 11-13 箱梁截面尺寸(尺寸单位:m)

## 11.3.1 剪力滞效应纵向变化规律

**1. 简支梁**

以下研究简支梁单点集中荷载沿箱梁纵向移动和满布均布荷载作用下各截面顶板剪力滞

系数沿纵向分布规律。其中 $x$ 坐标以箱梁左端点为坐标原点。图 11-14 所示为移动集中荷载作用翼板剪力滞系数沿纵向的变化规律,图 11-15 所示为均布荷载作用翼板剪力滞系数纵向分布规律。

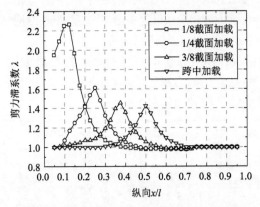

图 11-14　简支梁在移动集中荷载作用下翼板剪力滞系数 $\lambda$ 变化

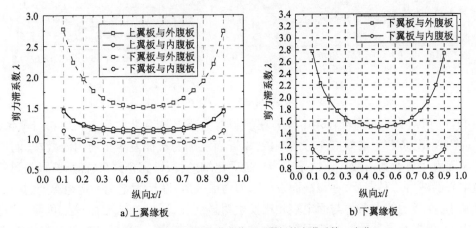

图 11-15　简支梁在均布荷载作用下翼板剪力滞系数 $\lambda$ 变化

不同类型荷载作用下,各截面均发生正剪力滞效应,剪力滞系数沿纵向分布规律和大小均不同。从图 11-14 中可以看出,集中荷载作用下剪力滞效应纵向影响区较窄,因受载截面的剪力方向有突变,翼板纵向剪切变形比较严重,剪力滞系数变化剧烈。当荷载作用点靠近支点时,剪力滞系数逐渐增大。

由图 11-15 可知,均布荷载作用下,剪力滞系数从左三分点截面至右三分点截面变化不大。靠近支点时,截面剪力滞系数逐渐增加;远离支点截面时,剪力滞效应逐渐趋于缓解,这是因为简支梁跨中截面剪力趋近于 0,而支点截面剪力最大。均布荷载作用下的剪力滞效应是无限个集中荷载的叠加,但由于均布荷载下的简支梁剪力沿梁长方向均匀变化而无突变,故均布荷载产生的剪力滞效应不如集中荷载显著。从图 11-15 中还可以看出,对于悬翼比(悬臂板宽度 $b_3$ 和外室顶板的宽度 $b_2$ 的比值)为 0.45、等腹板间距的波形钢腹板组合箱梁,顶板与内、外腹板交界处的剪力滞系数比较接近,而底板与内、外腹板交界处的剪力滞系数差异比较明显,应引起重视。

2. 悬臂梁

对负剪力滞效应的研究在近二十年逐渐受到工程师的重视，其中，最为常见的就是连续梁悬臂施工过程中的悬臂结构出现的负剪力滞问题，对于采用悬臂施工的波形钢腹板组合连续梁也不例外。因此，在结构设计和预应力布置中必须注意负剪力滞效应。现以承受均布荷载和端部集中荷载的等截面悬臂梁为例对其进行研究。

图 11-16 所示为集中荷载作用下悬臂梁翼板剪力滞系数沿梁轴向分布。从图中可知，集中荷载与均布荷载作用下的悬臂梁剪力滞效应不同，各截面均发生正剪力滞效应，且靠近荷载作用点和固定端截面的剪力滞效应较为明显。

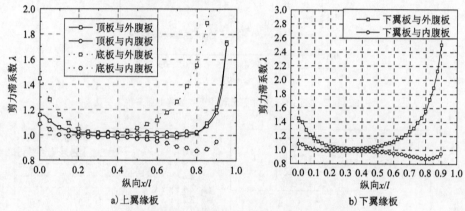

图 11-16 集中荷载作用下悬臂梁梁端各截面顶板剪力滞系数 $\lambda$ 变化

图 11-17 所示为均布荷载作用下悬臂梁翼板剪力滞系数沿纵向分布。均布荷载作用下，箱梁纵向出现正、负剪力滞效应交替的现象，靠近固定端的截面发生正剪力滞效应，而远离固定端的截面发生负剪力滞效应。这是因为靠近固定端处，板被完全约束，而从腹板与翼板交界处往板中心的剪力总是滞后，在该截面发生正剪力滞效应；在至固定端一定距离处的截面剪力流强度减小，而板的约束条件与固定端相比发生明显变化，因此在该截面发生负剪力滞效应。顶板与内、外腹板交界处的剪力滞系数较为接近，而底板与内、外腹板交界处的剪力滞系数相差较大，在 1/4 截面附近两者相同，均为负剪力滞效应。

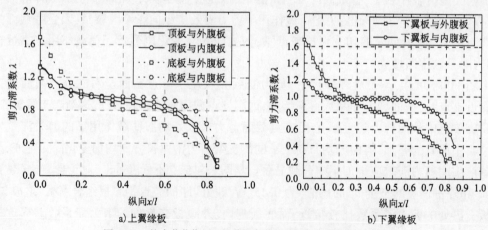

图 11-17 均布荷载作用下悬臂梁各截面顶板剪力滞系数 $\lambda$ 变化

## 3. 两跨连续梁

图 11-18 给出了连续梁在均布荷载作用下翼板剪力滞系数纵向分布规律。从图中可知，正弯矩区发生正剪力滞效应，而在靠近弯矩零点的负弯矩区发生负剪力滞效应，且负剪力滞区域较窄。可以将靠近中支点的负弯矩区等效为悬臂梁，由于零弯矩点弯矩为零，而剪力较大，该点剪力滞系数突变。

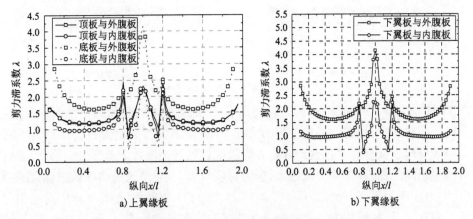

图 11-18 均布荷载作用下连续梁各截面顶板剪力滞系数 $\lambda$ 变化

### 11.3.2 关键截面剪力滞效应横向分布规律

#### 1. 简支梁

在图 11-19 荷载作用模式下，考察 1/4 截面剪力滞系数横向分布规律。多室波形钢腹板组合箱梁均布荷载和跨中集中荷载作用下，上、下翼缘板中性层各计算点的剪力滞系数横向分布规律见图 11-20。图中 $y$ 坐标以截面竖向对称轴为原点，$b_u$ 为上翼缘板宽度的一半，$b_b$ 为下翼缘板宽度的一半。

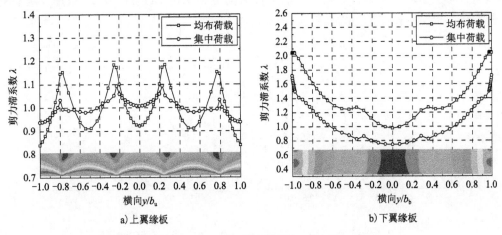

图 11-19 1/4 截面剪力滞系数 $\lambda$ 横向分布

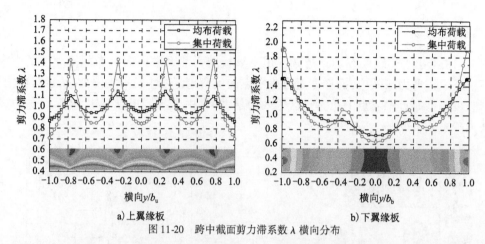

a) 上翼缘板　　　　　　　　　b) 下翼缘板

图 11-20　跨中截面剪力滞系数 $\lambda$ 横向分布

从图 11-19 和图 11-20 可知,两种荷载模式下,简支梁 1/4 截面和跨中截面均发生正剪力滞效应,翼板和腹板交界处剪力滞效应较为显著,与单箱单室波形钢腹板组合箱梁不同的是,底板剪力滞效应较顶板显著,且底板与内、外腹板交界处剪力滞效应差异较为明显。结合上节理论分析,翼板和腹板交界处剪力流最大,应力梯度较大,发生最大剪力滞效应;而在各翼板剪力流零点,应力梯度为零,该处应力低于平均应力。对于 1/4 截面,与跨中集中荷载相比,均布荷载作用下简支梁顶、底板的剪力滞效应较为明显。均布荷载作用下,顶板最大剪力滞系数为 1.18,底板为 2.04。集中荷载作用下,顶板最大剪力滞系数为 1.09,底板为 1.72。而对于跨中截面,跨中集中荷载产生的剪力滞效应较均布荷载显著。均布荷载作用下,顶板最大剪力滞系数为 1.14,底板为 1.50。集中荷载作用下,顶板最大剪力滞系数为 1.43,底板为 1.89。

为进一步探究顶、底板剪力滞系数横向分布差异,现以均布荷载为例,考察布置双层悬臂板和布置单层悬臂板的波形钢腹板组合梁顶、底板剪力滞横向分布规律,结果如图 11-21 和图 11-22 所示。从图中可知,下层悬臂板对顶板剪力滞效应影响较小,而对底板剪力滞效应的横向分布影响较大。主要原因是下层悬臂板对顶板剪力流的大小影响较小,对底板剪力流的大小有较大影响。布置下层悬臂板可缓解底板与外腹板交界处的剪力滞效应,从而使得应力在横向分布更为均匀。结合底板剪力滞系数纵向分布图(图 11-23)可知,布置双层悬臂板可显著削弱底板沿顺桥向的剪力滞效应。

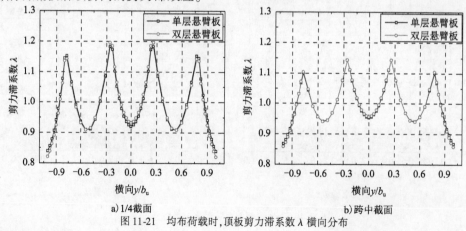

a) 1/4 截面　　　　　　　　　b) 跨中截面

图 11-21　均布荷载时,顶板剪力滞系数 $\lambda$ 横向分布

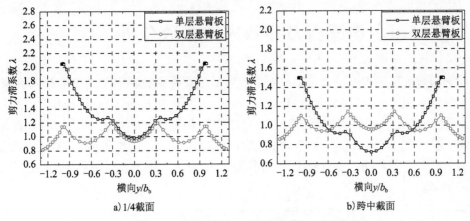

a) 1/4截面

b) 跨中截面

图 11-22 均布荷载作用下底板剪力滞系数 $\lambda$ 横向分布

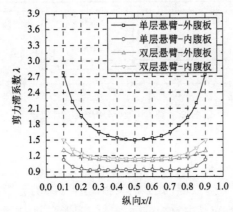

图 11-23 均布荷载作用下底板剪力滞系数 $\lambda$ 纵向分布

**2. 悬臂梁**

从图 11-24 可知,靠近固定端的 1/10 截面顶、底板均发生剪力滞效应,而靠近自由端的 5/6 截面发生负剪力滞效应。

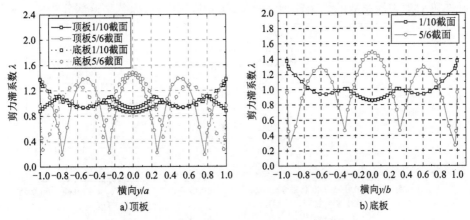

a) 顶板

b) 底板

图 11-24 均布荷载作用下剪力滞系数 $\lambda$ 横向分布

## 11.4 多室组合箱梁剪力滞效应的参数分析

为明确影响波形钢腹板组合箱梁剪力滞效应的主要参数,应用 11.2 节介绍的有限元法,以简支波形钢腹板组合梁为例,考查结构参数如翼板厚度、顶板悬翼比、界面刚度、宽跨比、箱梁跨高比等参数对剪力滞效应的影响。结合 11.3 节分析可知,跨中集中荷载纵向影响区较窄,均布荷载下左三分点截面至右三分点截面剪力滞效应变化不大,故本节主要考查上述参数对跨中截面剪力滞效应的影响。参数分析中,计算跨径取 23.8m,截面尺寸参照图 11-25,简支梁按图 11-9d)和 e)分别加载。

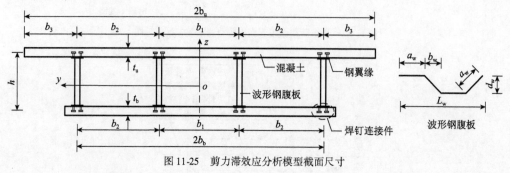

图 11-25 剪力滞效应分析模型截面尺寸

### 11.4.1 翼板厚度

由于波形钢腹板存在手风琴效应,波形钢腹板组合箱梁的弯矩主要由顶、底板承担,剪力由腹板承担,翼板的剪力滞效应是由翼板的面内剪切变形引起的,而剪切变形的大小与翼板的剪切刚度有关,因而有必要研究翼板厚度对截面剪力滞效应的影响。现以底板厚度为参数进行研究,腹板间距 $b_1$ 和 $b_2$ 均为 7.2m,顶板厚度为 0.25m,底板厚度分别为 0.20m、0.25m、0.30m、0.35m、0.40m、0.45m 和 0.50m。

如图 11-26 所示,翼板厚度从 0.20m 增加至 0.50m,剪力滞系数变化幅度不超过 5%,可以认为翼板厚度对剪力滞系数的影响较小。因此,实际应用中,可以忽略这部分变化。

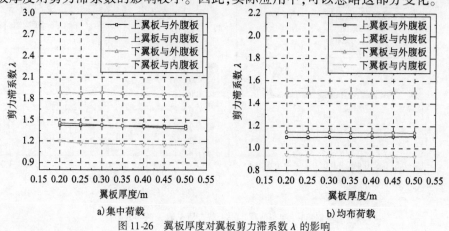

图 11-26 翼板厚度对翼板剪力滞系数 $\lambda$ 的影响

### 11.4.2 顶板悬翼比

通常,波形钢腹板组合箱梁的悬臂板和外室顶板不等宽悬翼比变化可能对剪力滞效应产生影响。设内室翼板的宽度 $b_1 = b_2 = 7.2\text{m}$,变化悬臂板的宽度 $b_3 = 0.72\text{m}$、$2.16\text{m}$、$3.60\text{m}$、$5.04\text{m}$、$6.48\text{m}$,即悬翼比分别为 $0.1$、$0.3$、$0.5$、$0.7$ 和 $0.9$。集中荷载和均布荷载作用下跨中截面剪力滞系数随悬翼比的变化如图 11-27 所示。图 11-28 给出了集中荷载和均布荷载作用下,顶板剪力滞系数横向分布规律随悬翼比的变化。

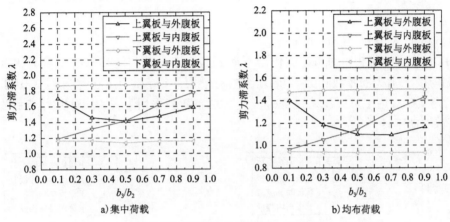

图 11-27 不同荷载作用下翼缘板剪力滞系数 $\lambda$ 与悬翼比 $b_3/b_2$ 的关系

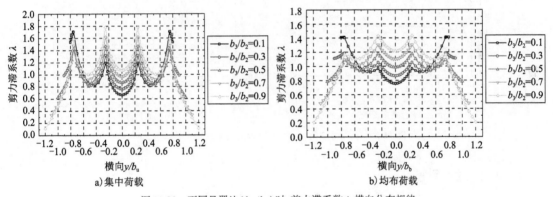

图 11-28 不同悬翼比($b_3/b_2$)时,剪力滞系数 $\lambda$ 横向分布规律

由图 11-27 可知,悬翼比 $b_3/b_2$ 对顶板剪力滞效应影响较为明显,而对底板剪力滞效应影响较小,可以忽略不计。结合图 11-28,当悬翼比为 0.5 时,顶板与内、外腹板交界点的峰值剪力滞系数较为接近,且剪力滞系数变化幅度相对较小,说明顶板正应力分布较为均匀。因此,从波形钢腹板组合箱梁纵向受力的角度,建议采用 0.5 的悬翼比。

### 11.4.3 界面刚度

为简化分析,本书波形钢腹板与上、下混凝土翼板均采用焊钉连接件,焊钉横向和纵向间距均为 $0.2\text{m}$,通过调整单根焊钉连接件的抗剪刚度 $k_s$ 来改变波形钢腹板与翼板交界面单位长度上的滑移刚度值。在参数分析中,腹板间距 $b_1$ 和 $b_2$ 均为 7.2m,顶板厚度为 0.25m,底板厚度为 0.3m,悬翼比 $b_3/b_2$ 为 0.45,界面单位长度上的滑移刚度 $K$ 取 $0.1K_s \sim 10K_s$($K_s$ 为原有模型的滑移刚度),研究翼板剪力滞系数与界面刚度的关系。其中,$K_s$ 按下式进行计算:

$$K_s = n_s \frac{k_s}{p} K_0, \quad k_s = 0.32 d_s E_s^{\frac{1}{4}} E_c^{\frac{3}{4}}{}^{[8]} \tag{11-2}$$

式中:$n_s$——同一截面焊钉数量;

$k_s$——单个焊钉连接件的抗剪刚度;

$p$——焊钉纵向间距;

$K_0 = 1/\text{mm}$。

本节分析中,$K_s = 15.3 \times 10^3 \text{N/mm}^2$。

图 11-29 为集中荷载和均布荷载作用下底板剪力滞系数与滑移刚度比值 $K/K_s$ 的关系。集中荷载作用下,剪力滞系数随 $K/K_s$ 的增大略有增大,当 $K/K_s$ 从 0.5 增加至 2.0 时,$\lambda$ 约增加 5.3%,在实际应用中可以忽略这部分变化。均布荷载作用下,$K/K_s$ 对剪力滞系数的影响基本上可以忽略不计。

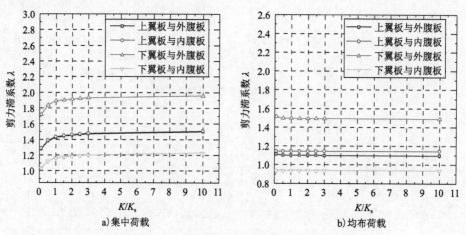

图 11-29 $b/l = 0.3$ 时,$K/K_s$ 对翼板剪力滞系数 $\lambda$ 的影响

### 11.4.4 宽跨比

定义箱室间距的一半与跨径的比值为宽跨比。在参数分析中,取悬翼比为 0.45,各箱室间距相同($b_2 = b_1$),设计箱室间距分别为 2.4m、4.8m、7.2m、9.6m 和 12m,即考虑宽跨比分别为 0.05、0.10、0.15、0.20 和 0.25,考查不同宽跨比对单箱三室波形钢腹板组合箱梁剪力滞效应的影响。图 11-30a)和 b)分别为集中荷载和均布荷载作用下的计算结果。

由图 11-30 可知,宽跨比对多室波形钢腹板组合箱梁剪力滞效应影响较为显著。集中荷载和均布荷载作用下,顶板与内、外腹板交界处的剪力滞系数随宽跨比的变化规律非常接近,当宽跨比从 0.05 增加至 0.25 时,剪力滞系数 $\lambda$ 从 1.01 变化至 1.37。而底板与内、外腹板交界处的剪力滞系数随宽跨比变化规律不同,其剪力滞系数的差异随宽跨比的增大而逐渐增大。底板与外腹板的剪力滞效应较为显著,当宽跨比从 0.05 增加至 0.25 时,均布荷载作用下,其剪力滞系数从 1.02 增加至 2.37,集中荷载作用下其剪力滞系数从 1.10 变化至 3.06,变化显著;底板与内腹板的剪力滞系数随宽跨比的增加变化幅度相对较小。因此,工程设计时应注意底板与内、外腹板剪力滞效应的这种差异。

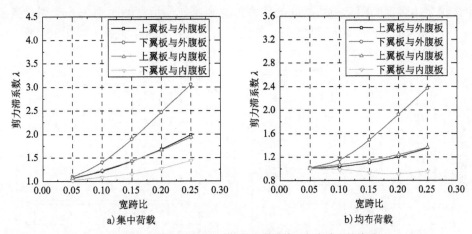

图 11-30  不同荷载作用下翼板剪力滞系数 $\lambda$ 与宽跨比的关系

### 11.4.5 箱梁跨高比

通常,波形钢腹板组合箱梁跨高比大多集中在 $1/35 \sim 1/10$[9]。为考查多室波形钢腹板组合箱梁跨高比 $l/h$ 对剪力滞效应的影响,保持箱梁计算跨径 23.8m 不变,箱室间距 $b_1$ 和 $b_2$ 均为 7.2m,分别取箱梁高度 $h$ 为 0.48m、0.6m、0.8m、1.0m、1.2m、1.6m、2.0m、2.4m 和 3.0m,即跨高比 $l/h$ 为 50、40、30、24、20、15、12、10、8。图 11-31a)为箱梁在跨中集中荷载作用下的计算结果,图 11-31b)为箱梁在均布荷载作用下的计算结果。

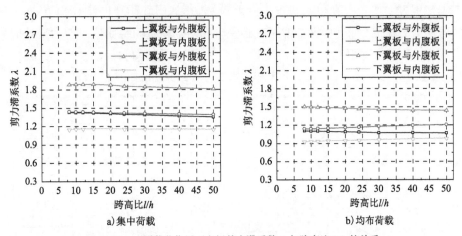

图 11-31  不同荷载作用下底板剪力滞系数 $\lambda$ 与跨高比 $l/h$ 的关系

从图 11-31 可知,随箱梁跨高比增大,剪力滞系数逐渐减小,当箱梁跨高比从 8 变化至 50 时,顶、底板剪力滞系数变化幅度不超过 6%。因此,可以认为箱梁跨高比对剪力滞效应影响较小。

### 11.4.6 箱梁宽高比

由前文可知,箱梁跨高比对箱梁剪力滞效应影响不大,现研究箱梁宽高比对剪力滞效应的影响,定义箱梁的腹板间距与截面高度的比值为宽高比。取箱室间距为 3.6m,箱梁高度分别为 0.8m、1m、2m、4m、6m 和 10m,即宽高比分别为 4.5、3.6、1.8、0.9、0.6 和 0.36。图 11-32 为计算结果。

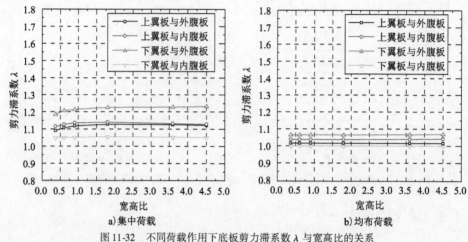

图 11-32 不同荷载作用下底板剪力滞系数 $\lambda$ 与宽高比的关系

由图 11-32 可以看出,波形钢腹板组合箱梁宽高比对翼板剪力滞效应影响较小,可认为在计算波形钢腹板组合箱梁剪力滞效应时不用考虑箱梁高度的影响。

### 11.4.7 内外箱室间距比值

实际工程中可能遇到内外箱室间距不等的特殊情况,内外箱室间距比值 $b_2/b_1$ 的不同会影响截面弯曲剪力流的分布和大小,因而有必要研究内外箱室间距比值对剪力滞效应的影响。悬翼比为 0.45(截面全宽不变),固定外腹板的位置,不断调整内腹板的位置,使 $b_2/b_1$ 分别取 0.1、0.3、0.5、0.7、0.9、1.0、1.1、1.3、1.5 和 1.7。计算结果如图 11-33 所示。

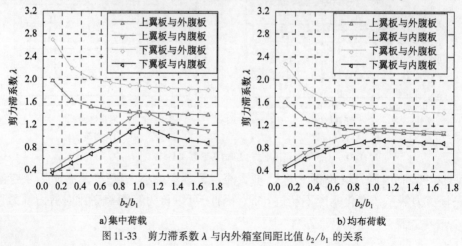

图 11-33 剪力滞系数 $\lambda$ 与内外箱室间距比值 $b_2/b_1$ 的关系

从图 11-33 可知,内外箱室间距比值 $b_2/b_1$ 对单箱三室波形钢腹板组合箱梁剪力滞效应影响较大。集中荷载和均布荷载作用下,顶、底板与外腹板交界处的剪力滞效应随 $b_2/b_1$ 的增大而逐渐减小,当 $b_2/b_1 > 1.0$ 时,剪力滞系数趋于稳定;集中荷载作用下,当 $b_2/b_1 \leqslant 1.0$ 时,顶、底板与内腹板交界处的剪力滞系数随 $b_2/b_1$ 的增大而增大,当 $b_2/b_1 > 1.0$ 时逐渐减小;均布荷载作用下,顶、底板与内腹板交界处的剪力滞系数随 $b_2/b_1$ 的增大而增大,当该 $b_2/b_1 > 1.0$ 时剪力滞系数趋于稳定。总体上,当内外箱室间距 $b_2 = b_1$ 时,集中荷载和均布荷载作用下,顶板与内、外腹板交界处的剪力滞系数均较为接近,底板与内、外腹板交界处也是如此,因此,建议采用等腹板间距的单箱三室截面,以提高截面"有效"利用率。

### 11.4.8 波形钢腹板形状系数和厚度

为考查波形钢腹板形状系数和厚度变化对剪力滞效应的影响,本书统计了国内外多座波形钢腹板组合箱梁桥的几何参数,如表 11-1 所示。统计发现,波形钢腹板形状系数 $\alpha_w$ 主要分布在 0.9~0.98 之间。根据文献[9],波形钢腹板组合箱梁钢腹板厚度使用范围多在 8~28mm。因此,本书以常用的 1600 型波形钢腹板为基础,分别设计了波高 $d_w$ 为 0(平钢板)、50mm、100mm、150mm、200mm、250mm 及 300mm,如图 11-34 所示,形状系数在 0.88~1.0 之间,厚度为 8mm、16mm、24mm、32mm 及 40mm 的波形钢腹板箱梁。图 11-35 为顶、底板剪力滞系数与波形钢腹板波高的关系。图 11-36 为顶、底板剪力滞系数与波形钢腹板厚度的关系。

国内外已建波形钢腹板组合桥梁波形钢腹板几何参数　　　　表 11-1

| 桥名 | 直板段长度 $a_w$/mm | 斜板投影长度 $b_w$/mm | 斜板段长度 $c_w$/mm | 波高 $d_w$/mm | 波长 $L_w$/mm | 形状系数 $\alpha_w$ |
|---|---|---|---|---|---|---|
| 鄄城黄河公路大桥 | 430 | 370 | 430 | 220 | 1600 | 0.930 |
| 奉化江大桥 | 430 | 370 | 430 | 220 | 1600 | 0.930 |
| 英峪沟桥 | 330 | 270 | 330 | 200 | 1200 | 0.909 |
| 银座人行桥 | 250 | 200 | 250 | 150 | 900 | 0.9 |
| 银山御幸桥 | 300 | 260 | 300 | 150 | 1120 | 0.933 |
| 本谷桥 | 330 | 270 | 330 | 200 | 1200 | 0.909 |
| 锅田高架桥 | 430 | 370 | 430 | 220 | 1600 | 0.930 |
| 中子沢桥 | 300 | 260 | 300 | 150 | 1120 | 0.933 |
| 小河内川桥 | 430 | 370 | 430 | 220 | 1600 | 0.930 |
| 前谷桥 | 430 | 370 | 430 | 220 | 1600 | 0.930 |
| 中野高架桥 | 330 | 270 | 330 | 200 | 1200 | 0.909 |
| 兴津川桥 | 454 | 488 | 512 | 150 | 1884 | 0.975 |
| 日见梦大桥 | 410 | 370 | 430 | 220 | 1560 | 0.929 |
| 黑部川桥 | 400 | 350 | 403 | 200 | 1500 | 0.934 |
| 谷川桥 | 325 | 275 | 323.3 | 170 | 1200 | 0.925 |
| 鹤卷桥 | 335 | 265 | 332 | 200 | 1200 | 0.900 |
| Maupre Bridge | 284 | 241 | 284 | 150 | 1050 | 0.924 |

续上表

| 桥名 | 直板段长度 $a_w$/mm | 斜板投影长度 $b_w$/mm | 斜板段长度 $c_w$/mm | 波高 $d_w$/mm | 波长 $L_w$/mm | 形状系数 $\alpha_w$ |
|---|---|---|---|---|---|---|
| Cognac Bridge | 353 | 319 | 353 | 150 | 1344 | 0.952 |
| Altwipfergrund Bridge | 360 | 288 | 360 | 216 | 1296 | 0.9 |

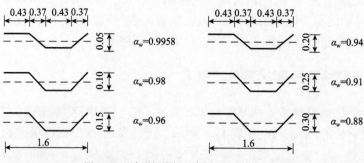

图 11-34 波形钢腹板示意图(尺寸单位:m)

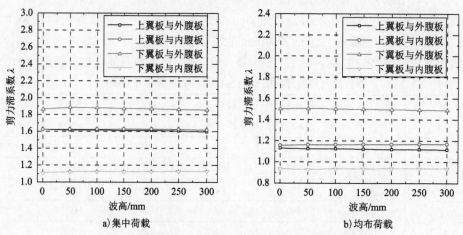

图 11-35 不同荷载作用下剪力滞系数 $\lambda$ 与波形钢腹板波高的关系

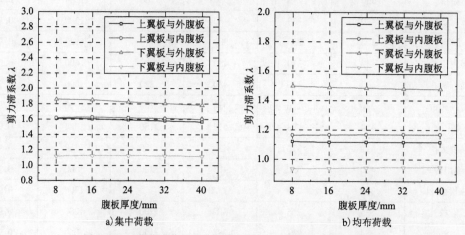

图 11-36 不同荷载作用下剪力滞系数 $\lambda$ 与波形钢腹板厚度的关系

从图 11-35、图 11-36 可知，两种荷载模式下，波形钢腹板组合箱梁波高从 0（平钢板）变化为 300mm，板厚从 8mm 增加到 40mm，跨中截面剪力滞系数变化很小，可以忽略这部分变化。这主要是因为波形钢腹板主要承担剪力，腹板剪切变形对剪力滞效应无影响，且波形钢腹板对抗弯贡献较小，剪力滞发生在承受弯矩的翼板上。

### 11.4.9 荷载横向分配比例

前述研究均是将外荷载等比例加载于腹板上，实际上对于单箱多室波形钢腹板组合箱梁各道腹板分配的荷载比例并不一定相同，而且对称活载也存在一个横向分布。因此，有必要研究荷载横向分配比例对剪力滞效应的影响。现以均布荷载为例，设边腹板荷载与中腹板荷载的比值为 $\alpha_p$，取 $\alpha_p$ 分别为 0、0.4、0.8、1.2、1.6 和 2.0。图 11-37 为跨中截面剪力滞系数与荷载横向分配比例的关系图。由此可知，荷载横向分配比例对剪力滞效应影响比较明显，随着内腹板的卸载，顶、底板与外腹板交界处的剪力滞系数逐渐增大，而内腹板的剪力滞系数逐渐减小。

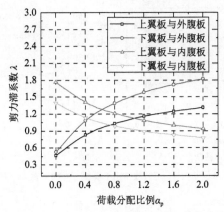

图 11-37　不同荷载作用下翼板剪力滞系数 $\lambda$ 与荷载横向分配比例的关系

### 11.4.10 梗肋

箱梁的受力不仅需要满足纵向的受力要求，同时在车轮局部荷载的作用下为不产生过大的应力集中，使力线过渡比较缓和，实际工程应用中常在翼板与腹板交界处设置梗肋。梗肋的设置使得翼板面内抗剪刚度沿宽度方向呈不均匀分布，且前述翼板厚度对剪力滞效应的研究也是在等厚度的情形下进行的。因而有必要研究梗肋对剪力滞效应的影响。

现取悬翼比为 0.45，各箱室间距相同，$b_2 = b_1 = 7.2\text{m}$，分别对上、下翼缘板设置梗肋，梗肋高度为 0.10m、0.20m、0.30m、0.40m、0.50m 和 0.60m，梗肋水平长度 $b_h$ 按 3 倍梗肋根部高度 $h_h$ 设置，如图 11-38 所示。计算结果如图 11-39 和图 11-40 所示。

可以看出，顶板设置梗肋对底板剪力滞效应影响较小，而对顶板剪力滞效应有影响，梗肋相当于增大了翼板和腹板交界处的面内抗剪刚度，使得交界处的应力分布更均匀，从而削弱了翼板的剪力滞效应。同样，底板设置梗肋对顶板剪力滞效应影响较小，可以忽略这部分影响。

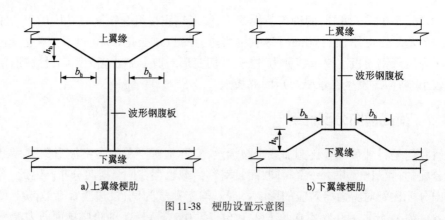

图 11-38 梗肋设置示意图

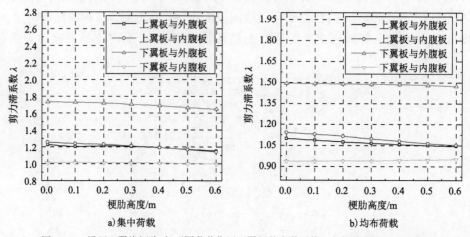

图 11-39 设置上翼缘梗肋时,不同荷载作用下翼板剪力滞系数 $\lambda$ 与梗肋高度 $h_h$ 的关系

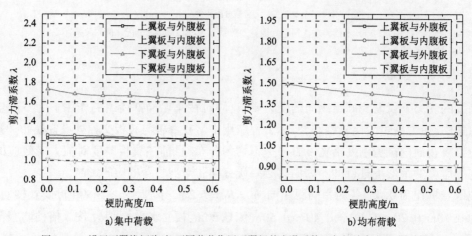

图 11-40 设置下翼缘梗肋时,不同荷载作用下翼板剪力滞系数 $\lambda$ 与梗肋高度 $h_h$ 的关系

实际工程中,可能会遇到不同梗肋倾角的情形,因而有必要研究梗肋倾角对剪力滞效应的影响。以顶板梗肋高度为 0.30m、腹板间距为 7.2m 和 12m 为例,考虑到腹板间距的限制,分别设置 1∶1、1∶2、1∶3、1∶4、1∶5、1∶6、1∶7、1∶8、1∶9 的梗肋单侧高长比,即 $b_h:h_h$ 分别等于 1、2、3、4、5、6、7、8 和 9。计算结果如图 11-41 和图 11-42 所示。

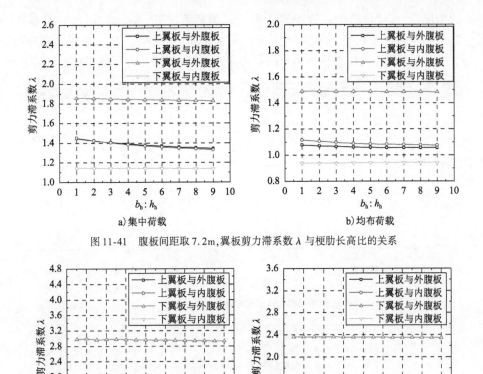

图 11-41　腹板间距取 7.2m,翼板剪力滞系数 $\lambda$ 与梗肋长高比的关系

图 11-42　腹板间距取 12m,翼板剪力滞系数 $\lambda$ 与梗肋长高比的关系

从图 11-41 和图 11-42 可知,当梗肋高度一定时,顶板与外腹板交界处的剪力滞系数随着梗肋水平长度的增加而减小,梗肋水平长度约为梗肋高度的 6 倍时,梗肋水平长度对剪力滞效应的削弱效应逐渐趋于平缓,且梗肋水平长度变化时剪力滞系数的减小值不超过 10%。

### 11.4.11　横隔板

上述研究均是在无横隔板的情况下进行的,实际上横隔板对翼板的剪力滞效应有削弱效果[10]。现取悬翼比为 0.45,各箱室间距相同($b_2 = b_1 = 2b$),模型中分别设置 0 道横隔板(不设置横隔板)、2 道横隔板(两端)、3 道横隔板(两端及跨中)和 5 道横隔板(两端、跨中及两个 1/4 截面)作为对比研究对象,其中横隔板厚度取 0.3m,同时设置宽跨比 $b/l$ 分别为 0.05、0.1、0.15、0.2 和 0.25,以考查横隔板对不同宽跨比波形钢腹板组合箱梁剪力滞效应的影响程度。图 11-43 ~ 图 11-47 为计算结果。

根据图 11-43 ~ 图 11-47 的计算结果可知,横隔板的设置可以有效改善下翼缘的剪力滞效应,其改善程度与横隔板数量和箱梁宽跨比有关,当横隔板数量从 0 道增加到 3 道时,剪力滞系数逐渐减小,超过 3 道后,剪力滞系数基本保持不变,因此从改善下翼缘与外腹板交界处剪力滞效应的角度看,仅设置跨中一道横隔板即可。当宽跨比 $b/l \leqslant 0.1$ 时,剪力滞系数降低幅度不超过 5%;当宽跨比 $b/l > 0.1$ 时,可使其剪力滞系数降低 11%~21%,且降低幅度随宽跨比的增加而增加。而上翼缘与内腹板交界点的剪力滞系数稍有提高,最大提高幅度不超过 7%。

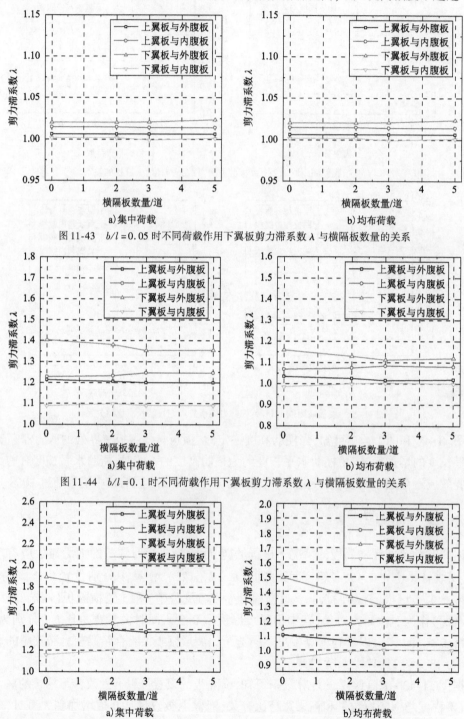

图 11-43　$b/l=0.05$ 时不同荷载作用下翼板剪力滞系数 $\lambda$ 与横隔板数量的关系

图 11-44　$b/l=0.1$ 时不同荷载作用下翼板剪力滞系数 $\lambda$ 与横隔板数量的关系

图 11-45　$b/l=0.15$ 时不同荷载作用下翼板剪力滞系数 $\lambda$ 与横隔板数量的关系

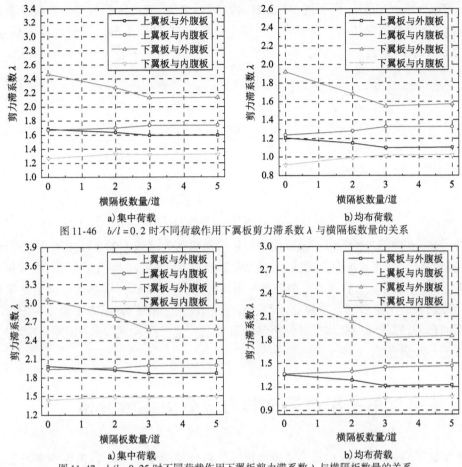

图 11-46　$b/l=0.2$ 时不同荷载作用下翼板剪力滞系数 $\lambda$ 与横隔板数量的关系

图 11-47　$b/l=0.25$ 时不同荷载作用下翼板剪力滞系数 $\lambda$ 与横隔板数量的关系

以下研究箱梁跨内横隔板厚度对波形钢腹板组合箱梁剪力滞效应的影响。现以宽跨比 $b/l=0.15$ 为例,设置 3 道横隔板(跨中及两端),其厚度分别为 0.1m、0.2m、0.3m 和 0.4m。图 11-48 为计算结果。从图 11-48 可知,横隔板厚度在 0.1~0.4m 范围内时,横隔板厚度对翼板剪力滞效应影响较小,计算时可以忽略这部分影响。

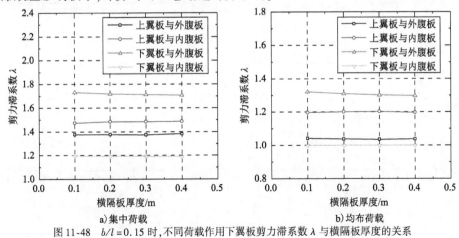

图 11-48　$b/l=0.15$ 时,不同荷载作用下翼板剪力滞系数 $\lambda$ 与横隔板厚度的关系

端横隔板对剪力滞效应削弱机理(图 11-49)可解释为:波形钢腹板组合箱梁端部设置较强的端横梁时,梁端截面转角和翼板面内变形将受到抑制,从而削弱了翼板的剪力滞效应,翼板正应力分布趋于均匀。

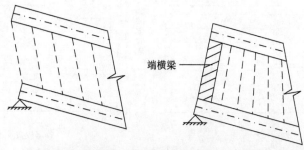

图 11-49 端横隔板对翼板剪力滞效应削弱机理图示

综合上述分析可知,影响多室波形钢腹板组合箱梁剪力滞效应的参数主要有宽跨比、悬翼比、内外箱室间距比、荷载横向分配比例、梗肋以及横隔板。结合实际工程应用,在常用的悬翼比 0.5、箱室间距相同以及横隔板至少布置 3 道的情况下,可以认为影响多室波形钢腹板组合箱梁剪力滞效应的主要参数有宽跨比、荷载横向分配比例。限于篇幅,本书暂不考虑荷载横向分配比例的影响,即认为荷载均等分配至各道腹板上。关于荷载横向分配比例引起的剪力滞模式有待进一步研究。

## 11.5 多室与单室组合箱梁剪力滞效应比较分析

由于增加了腹板的个数,单箱多室波形钢腹板组合箱梁空间效应较单箱单室波形钢腹板组合箱梁更为显著,因而有必要对比研究多室与单室波形钢腹板组合箱梁剪力滞效应的差异。以单箱三室和单箱单室波形钢腹板组合简支梁为例,计算跨径取 23.8m,不断改变箱室间距,使宽跨比分别为 0.05、0.10、0.15、0.20 和 0.25。宽跨比相同时,计算模型除箱室数量不同外,其余参数均保持一致,可参考图 11-13,计算结果如图 11-50 所示。

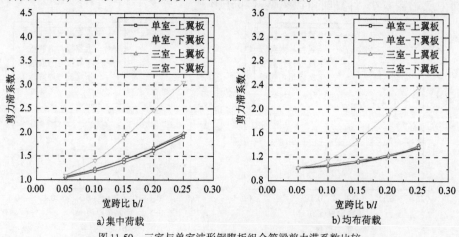

a) 集中荷载　　　　b) 均布荷载

图 11-50 三室与单室波形钢腹板组合箱梁剪力滞系数比较

从图 11-50 可知,两种荷载模式下,单室波形钢腹板组合箱梁顶、底板剪力滞系数比较接近,顶板剪力滞系数稍大于底板剪力滞系数;单箱三室波形钢腹板组合箱梁顶板剪力滞系数与单箱单室波形钢腹板组合箱梁顶板剪力滞系数比较接近,而底板剪力滞系数明显大于顶板剪力滞系数,且这种差异随宽跨比的增大而增大,这主要是因为底板无下层悬臂板,剪力流较大。因此,三室波形钢腹板组合箱梁与单室波形钢腹板组合箱梁剪力滞效应主要差异在于底板,可以忽略顶板的差异。

## 11.6 波形钢腹板组合箱梁与混凝土箱梁剪力滞效应比较分析

波形钢腹板组合箱梁由于波形钢腹板存在手风琴效应,一般忽略波形钢腹板的抗弯贡献,其翼板受力较混凝土箱梁大,因而有必要研究波形钢腹板组合箱梁与普通混凝土箱梁剪力滞效应之间的差异。为比较波形钢腹板组合箱梁与混凝土箱梁之间的这种差异,分别以单箱三室和单箱单室波形钢腹板组合简支梁为例,与相应混凝土箱梁进行比较分析。其中计算跨径取 23.8m,波形钢板厚 12mm,混凝土腹板厚取 300mm,不断改变箱室间距,使宽跨比分别为 0.05、0.10、0.15、0.20 和 0.25。宽跨比相同时,计算模型除箱室数量不同外,其余参数均保持一致,可参考图 11-13。计算结果如图 11-51 和图 11-52 所示。

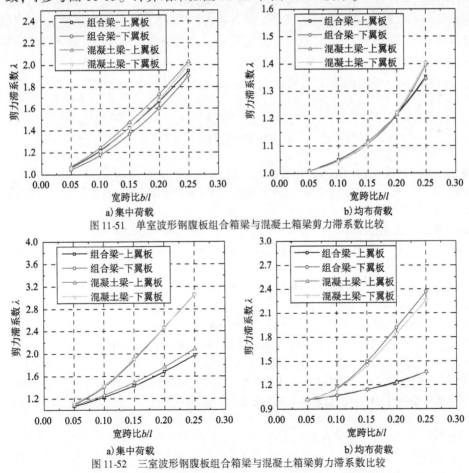

图 11-51 单室波形钢腹板组合箱梁与混凝土箱梁剪力滞系数比较

图 11-52 三室波形钢腹板组合箱梁与混凝土箱梁剪力滞系数比较

从图 11-51 可知,集中荷载作用时,混凝土箱梁剪力滞系数稍大于单室波形钢腹板组合箱梁;均布荷载作用时,两者之间的差异较小。从图 11-52 可知,集中荷载作用时,三室混凝土箱梁顶板剪力滞系数稍大于波形钢腹板组合箱梁顶板剪力滞系数,而二者底板剪力滞系数差异较小;均布荷载作用时,顶板剪力滞系数差异较小,而三室混凝土箱梁底板剪力滞系数稍小于波形钢腹板组合箱梁底板剪力滞系数。从工程应用角度出发,可以认为波形钢腹板组合箱梁和混凝土箱梁剪力滞效应相当。

## 11.7 本章小结

①以文献[6]中的试验模型为例,对多室组合箱梁有限元模型进行了验证。本章所介绍的有限元分析方法可用于后续弹性分析中对理论计算进行补充和修正,并开展参数化分析。

②通过对简支梁、悬臂梁和连续梁三种典型结构形式的剪力滞效应纵向和横向变化规律进行分析,得到了正、负剪力滞效应的分布规律,并验证了顶、底板剪力滞效应横向分布差异的主要原因是剪力流的分布和大小的不同。

③剪力滞效应参数分析中,对宽跨比、箱梁跨高比、界面刚度、横隔板数量以及波形钢腹板和顶、底板几何参数的影响等进行了研究。结果表明:不宜使悬臂板与外室顶板的一半以及顶板内外箱室腹板间距相差太大;当箱梁宽跨比较大时,为缓和剪力滞效应,除梁端横隔梁外,宜在跨中设置一道横隔板。在常用的悬翼比为 0.5、箱室间距相同以及至少布置 3 道横隔板的情况下,可以认为影响多室波形钢腹板组合箱梁剪力滞效应的主要参数有宽跨比、荷载横向分配比例。

## 参 考 文 献

[1] 张杨永. 连续刚构箱梁桥剪力滞效应的参数分析[J]. 公路工程,2008,33(4):58-60,66.
[2] 孙学先,延力强,刘志锋. 箱梁几何参数变化对剪力滞效应的影响分析[J]. 水利与建筑工程学报,2009,7(1):29-31.
[3] 毛旭光,黄永庭. 双室连续箱梁剪力滞效应参数研究[J]. 福建建材,2012(2):15-16,21.
[4] 吴海林,季文玉,许克宾. 箱梁剪力滞效应影响参数分析[C]//第九届全国结构工程学术会议. 2000:580-585.
[5] 曹国辉,方志,周先雁,等. 影响薄壁箱梁剪力滞系数的几何参数分析[J]. 中外公路,2003,23(1):39-41.
[6] 吴文清. 波形钢腹板组合箱梁剪力滞效应问题研究[D]. 南京:东南大学,2002.
[7] 王新敏. ANSYS 工程结构数值分析[M]. 北京:人民交通出版社,2007.
[8] 蔺钊飞. 组合桥梁钢-混凝土结合部设计方法研究[D]. 上海:同济大学,2016.
[9] 刘玉擎. 组合结构桥梁[M]. 北京:人民交通出版社,2005.
[10] 罗旗帜,刘喜元,黄君毅. 横隔板及角隅承托对薄壁箱形梁剪力滞影响的研究[C]//广东省公路学会桥梁工程专业委员会 2004 年年会暨学术交流会. 2004:48-55.

# 第12章

# 剪力滞效应的实用计算方法研究

本章进行了单箱多室波形钢腹板组合箱梁剪力滞效应的理论研究和数值模拟分析,总结出基于有效宽度的剪力滞效应实用计算方法和同时考虑剪力滞效应与剪切变形的挠度简化计算公式,可用于实际工程设计参考。

## 12.1 研究目的

工程设计中,用精确的理论来分析翼缘应力的不均匀分布规律显得不切实际,为了既能采用初等梁理论计算公式,又能将峰值应力"包住",满足结构安全性能要求,从而引入"有效宽度"的概念。薄壁箱梁的有效宽度,实质是基于剪力滞理论,根据应力面积等效的原理换算而来。此外,箱梁的剪力滞效应和腹板剪切变形均降低了箱梁的刚度,会增大箱梁的挠度。

目前,国内外学者对组合箱梁剪力滞效应研究多集中于单箱单室箱梁[1-3]和组合钢板梁[4-7],各国规范基于组合钢板梁提出了组合梁桥有效宽度的计算公式,考虑的因素也不尽相同[8]。针对同样截面尺寸的组合箱梁,根据不同国家规范计算得到的有效宽度值甚至可能相差好几倍[9],且国内外规范未区分荷载类型,因而能否将其应用于单箱多室波形钢腹板组合箱梁有待进一步研究。与此同时,用基于截面应力状态得到的有效宽度来计算组合箱梁挠度存在不合理之处。

为此,本章首先以单箱三室波形钢腹板组合简支梁为例,基于箱梁竖向弯曲时翼板剪切变形规律,应用能量变分原理,考虑截面轴力平衡,建立了单箱多室波形钢腹板组合箱梁剪力滞效应分析模型,并推导了简支波形钢腹板组合箱梁在典型荷载作用下的解析解,且通过理论解析解得到了有限元方法的有效验证。然后结合剪力滞效应有限元分析,总结基于宽跨比的波形钢腹板组合简支梁桥有效宽度简化计算公式,并将有效宽度计算方法从正弯矩作用下的波形钢腹板组合简支梁,推广到实际应用中的波形钢腹板组合箱梁结构体系,如施工状态的悬臂梁、成桥状态的连续梁等。结合本书提出的有效宽度简化计算方法,与有限元计算方法及各国规范比较,验证了本书提出公式的合理性和准确性。最后在挠度影响分析中,结合理论推导和有限元计算,引入剪力滞效应影响系数和剪切变形影响系数,提出了同时考虑剪力滞效应和剪切变形的挠度简化计算式。

## 12.2 剪力滞效应分析模型

本章的考查对象为单箱三室波形钢腹板组合箱梁,腹板和顶、底板通过焊钉连接件组成整体,如图12-1所示。为便于分析,引入直角坐标系 $Oxyz$,使 $x$ 轴平行于变形前的组合梁,$xz$ 平面与组合梁竖向对称面重合。定义 $w(x)$ 为横截面任意点的竖向挠曲位移,$w'(x)$ 为相应截面转角,$u(x,y,z)$ 为纵向位移,$\psi(x,y)$ 为截面的剪滞翘曲位移函数,$u(x)$ 为翼板剪切转角的最大差值。各变量的正方向为:线位移以图12-1所示坐标方向为正,截面转角以底板纤维拉伸时为正。在弹性力学范畴内,组合梁任意点的位移满足线性叠加原理,因而截面的弯翘轴向位移可以表示为:

$$u(x,y,z) = -zw' + \psi(x,y)u(x) \tag{12-1}$$

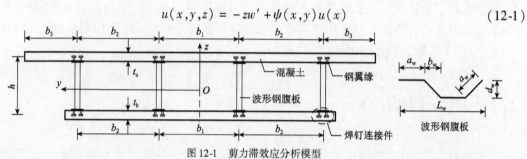

图12-1 剪力滞效应分析模型

限于篇幅,本书分析最简单的边界情况:假设组合梁两端简支。实际结构中线荷载和集中荷载作用于上翼缘板上。本章中,主要分析上、下翼缘板中 $x$ 方向应力和应变,故荷载均加载于钢腹板上,以削弱荷载局部集中效应[9]。实际上,不同荷载形式产生的剪力滞效应并不相同[10-11]。本书主要采用两种典型荷载:均布线荷载和跨中集中荷载。

## 12.3 多室组合箱梁剪力滞效应分析理论

### 12.3.1 基本假定

本章理论推导主要基于以下基本假定:
①外荷载产生的弯矩由顶、底板承担,而剪力由波形钢腹板承担,且剪应力沿梁高方向均匀分布;
②只计入混凝土翼板纵向正应变和面内剪切应变,混凝土翼板面外应变和横向应变忽略不计;
③各道腹板分配的剪力相同,即每道腹板承担1/4的外荷载;
④忽略顶、底板与波形钢腹板之间滑移的影响;
⑤箱梁在弹性工作范围内,并且忽略普通钢筋和预应力筋的影响;
⑥假定混凝土翼板的翘曲变形沿翼板厚度方向均匀分布,沿横向按余弦函数分布。

## 12.3.2 波形钢腹板组合箱梁竖弯下的翼板剪切变形规律

由剪力滞效应的基本概念可知,剪力滞效应是箱梁在竖向弯曲(无扭转)时,翼板的剪切变形引起的弯曲应力沿横桥向不均匀分布的现象。在竖向弯曲荷载作用下,闭口箱形截面的剪切变形可以表示为:

$$\gamma = \frac{q_0 + q}{Gt} \tag{12-2}$$

式中:$\gamma$——剪切变形;
$q_0$——对箱梁进行虚拟开孔后的剪力流;
$q$——翼板由于开孔而产生的附加剪力流;
$G$——剪切模量;
$t$——壁厚。

从式(12-2)可以看出,翼板的剪切变形主要由其剪力流大小决定[12]。分析单箱三室波形钢腹板组合箱梁剪力滞效应时,外荷载对称作用于箱梁截面上,此时剪切中心位于对称轴上,如果将切开处取在截面对称轴上,可使超静定剪力流为零。

对于图12-2中的箱形截面,截面中性轴与顶、底板各中性轴的距离分别为$z_u$和$z_b$,假定剪力流逆时针为正,按上述方法分别计算图12-2中各控制点的剪力流大小。在对称荷载作用下,剪力流关于截面中心线对称分布,故取1/2截面进行分析。

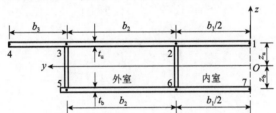

图12-2 1/2单箱三室波形钢腹板组合箱梁截面

① 依据基本假定①和②,各道腹板承担1/4的外荷载,则每道腹板承担的剪力流大小为:

$$q_{w,i} = \frac{Q}{4h_w} \quad (i = 1、2) \tag{12-3}$$

式中:$q_{w,i}$——各道腹板承担的剪力流;
$Q$——截面剪力;
$h_w$——腹板高度。

② 内室翼板在角点2和角点6的剪力流大小分别记为$q(2_R)$和$q(6_R)$,则:

$$q(2_R) = \frac{QS_y(2_R)}{I_y} = \frac{Q}{I_y}\int_{s_1}^{s_2} z_{ui}t_i \mathrm{d}s_i \tag{12-4}$$

$$q(6_R) = \frac{QS_y(6_R)}{I_y} = \frac{Q}{I_y}\int_{s_7}^{s_6} z_{bi}t_i \mathrm{d}s_i \tag{12-5}$$

式中:$S_y(2_R)$——截面从起始点$s_1$到计算点$s_2$部分的静矩;
$S_y(6_R)$——截面从起始点$s_7$到计算点$s_6$部分的静矩;

$z_{ui}$、$z_{bi}$——分别为截面中性轴至上、下翼缘中性面的距离;

$t_i$、$s_i$——分别为板件的厚度和宽度。

③外室翼板在角点2和角点6的剪力流大小分别记为$q(2_L)$和$q(6_L)$,则:

$$q(2_L) = -[q_w - q(2_R)] = \frac{Q}{I_y}\int_{s_1}^{s_2} z_{ui} t_i \mathrm{d}s_i - \frac{Q}{4h_w} \tag{12-6}$$

$$q(6_L) = -[q_w - q(6_R)] = \frac{Q}{I_y}\int_{s_7}^{s_6} z_{bi} t_i \mathrm{d}s_i - \frac{Q}{4h_w} \tag{12-7}$$

④悬臂翼板在角点3的剪力流大小记为$q(3_L)$,则:

$$q(3_L) = -\frac{QS_y(3_L)}{I_y} = -\frac{Q}{I_y}\int_{s_4}^{s_3} z_{ui} t_i \mathrm{d}s_i \tag{12-8}$$

式中:$S_y(3_L)$——截面从起始点$s_4$到计算点$s_3$部分的静矩。

⑤外室翼板在角点3和角点5的剪力流大小分别记为$q(3_R)$和$q(5_R)$,则:

$$q(3_R) = q_w + q(3_L) = \frac{Q}{4h_w} - \frac{Q}{I_y}\int_{s_4}^{s_3} z_{ui} t_i \mathrm{d}s_i \tag{12-9}$$

$$q(5_R) = q_w = \frac{Q}{4h_w} \tag{12-10}$$

⑥根据式(12-6)和式(12-9)分别确定外室顶板剪力流零点位置$\rho_1$,有:

$$\frac{q(3_R)}{q(2_L)} = \frac{1-\rho_1}{\rho_1} \tag{12-11}$$

得:

$$\rho_1 = \frac{I_y - 4h_w \int_{s_1}^{s_2} z_{ui} t_i \mathrm{d}s_i}{2I_y - 4h_w \int_{s_1}^{s_2} z_{ui} t_i \mathrm{d}s_i - 4h_w \int_{s_4}^{s_3} z_{ui} t_i \mathrm{d}s_i} \tag{12-12}$$

同理,可确定外室底板剪力流零点位置$\rho_2$:

$$\rho_2 = \frac{I_y - 4h_w \int_{s_7}^{s_6} z_{di} t_i \mathrm{d}s_i}{2I_y - 4h_w \int_{s_7}^{s_6} z_{di} t_i \mathrm{d}s_i} \tag{12-13}$$

由式(12-3)~式(12-10)可知,截面各板件的剪力流大小与截面高度、板件的宽度、厚度及与中性轴的距离有关。

从式(12-12)和式(12-13)可知,当确定截面$I_y$、$h_w$、$z_{ui}$、$z_{bi}$、$t_i$参数后,外室顶、底板剪力流零点位置便可以确定。

根据式(12-3)~式(12-13)和剪力流分布的对称性,可得单箱三室波形钢腹板组合箱梁截面顶、底板和腹板的剪力流分布规律。如图12-3所示,图中点$m$和点$n$为剪力流零点。

不考虑剪力流的方向,依据式(12-3)~式(12-10)得到单箱三室波形钢腹板组合箱梁剪力流的相对大小。计算如下:

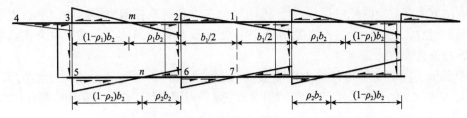

图 12-3 单箱三室波形钢腹板组合箱梁截面剪力流分布规律

① 外室顶板点 2 和内室顶板点 2 之间的剪力流比值 $\alpha_1$ 为：

$$\alpha_1 = \left|\frac{q(2_L)}{q(2_R)}\right| = \frac{\dfrac{Q}{4h_w} - \dfrac{Q}{I_y}\int_{s_1}^{s_2} z_{ui} t_i \mathrm{d}s_i}{\dfrac{Q}{I_y}\int_{s_1}^{s_2} z_{ui} t_i \mathrm{d}s_i} = \frac{I_y - 4h_w \int_{s_1}^{s_2} z_{ui} t_i \mathrm{d}s_i}{4h_w \int_{s_1}^{s_2} z_{ui} t_i \mathrm{d}s_i} \qquad (12\text{-}14)$$

② 外室顶板点 3 和内室顶板点 2 之间的剪力流比值 $\alpha_2$ 为：

$$\alpha_2 = \left|\frac{q(3_R)}{q(2_R)}\right| = \frac{\dfrac{Q}{4h_w} - \dfrac{Q}{I_y}\int_{s_4}^{s_3} z_{ui} t_i \mathrm{d}s_i}{\dfrac{Q}{I_y}\int_{s_1}^{s_2} z_{ui} t_i \mathrm{d}s_i} = \frac{I_y - 4h_w \int_{s_4}^{s_3} z_{ui} t_i \mathrm{d}s_i}{4h_w \int_{s_1}^{s_2} z_{ui} t_i \mathrm{d}s_i} \qquad (12\text{-}15)$$

③ 外室悬翼板点 3 和内室顶板点 2 之间的剪力流比值 $\alpha_3$ 为：

$$\alpha_3 = \left|\frac{q(3_L)}{q(2_R)}\right| = \frac{\dfrac{Q}{I_y}\int_{s_4}^{s_3} z_{ui} t_i \mathrm{d}s_i}{\dfrac{Q}{I_y}\int_{s_1}^{s_2} z_{ui} t_i \mathrm{d}s_i} = \frac{\int_{s_4}^{s_3} z_{ui} t_i \mathrm{d}s_i}{\int_{s_1}^{s_2} z_{ui} t_i \mathrm{d}s_i} \qquad (12\text{-}16)$$

④ 外室底板点 5 和内室顶板点 2 之间的剪力流比值 $\alpha_4$ 为：

$$\alpha_4 = \left|\frac{q(5_R)}{q(2_R)}\right| = \frac{\dfrac{Q}{4h_w}}{\dfrac{Q}{I_y}\int_{s_1}^{s_2} z_{ui} t_i \mathrm{d}s_i} = \frac{I_y}{4h_w \int_{s_1}^{s_2} z_{ui} t_i \mathrm{d}s_i} \qquad (12\text{-}17)$$

⑤ 外室底板点 6 和内室顶板点 2 之间的剪力流比值 $\alpha_5$ 为：

$$\alpha_5 = \left|\frac{q(6_L)}{q(2_R)}\right| = \frac{\dfrac{Q}{4h_w} - \dfrac{Q}{I_y}\int_{s_7}^{s_6} z_{bi} t_i \mathrm{d}s_i}{\dfrac{Q}{I_y}\int_{s_1}^{s_2} z_{ui} t_i \mathrm{d}s_i} = \frac{I_y - 4h_w \int_{s_7}^{s_6} z_{bi} t_i \mathrm{d}s_i}{4h_w \int_{s_1}^{s_2} z_{ui} t_i \mathrm{d}s_i} \qquad (12\text{-}18)$$

⑥ 内室底板点 6 和内室顶板点 2 之间的剪力流比值 $\alpha_6$ 为：

$$\alpha_6 = \left|\frac{q(6_R)}{q(2_R)}\right| = \frac{\dfrac{Q}{I_y}\int_{s_7}^{s_6} z_{bi} t_i \mathrm{d}s_i}{\dfrac{Q}{I_y}\int_{s_1}^{s_2} z_{ui} t_i \mathrm{d}s_i} = \frac{\int_{s_7}^{s_6} z_{bi} t_i \mathrm{d}s_i}{\int_{s_1}^{s_2} z_{ui} t_i \mathrm{d}s_i} \qquad (12\text{-}19)$$

从式(12-14)~式(12-19)可知，当确定截面 $I_y$、$h_w$、$z_{ui}$、$z_{bi}$、$t_i$ 参数后，顶、底板剪力流比值 $\alpha_i (\alpha_i > 0, i = 1、2\cdots 6)$ 便可以确定。

### 12.3.3 基于剪切变形规律的剪力滞翘曲位移函数

由于存在剪力滞效应，对截面轴向位移而言，除了服从平截面假定的轴向位移外，沿翼板尚存在附加剪力滞效应的翘曲位移[13]。国内外众多学者对翼板剪力滞翘曲位移给出了不同的位移函数，包括二次抛物线、三次抛物线、四次抛物线和余弦函数。本书选用余弦函数作为剪力滞翘曲位移函数。

由于翼板的剪切变形与其剪力流直接相关，故根据翼板之间剪力流的比值关系，结合式(12-14)~式(12-19)可构造图12-4所示的单箱三室波形钢腹板组合箱梁截面的翘曲位移模式：

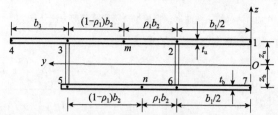

图12-4　1/2单箱三室波形钢腹板组合箱梁截面（$m$ 和 $n$ 为剪力流零点）

$$u_O = \psi(x,y)u(x) \tag{12-20}$$

其中，

$$\psi(y,z) = \begin{cases} -\cos\dfrac{\pi y}{b_1} + D(0 \leqslant y \leqslant b_1/2) & \text{（内室1—2段）} \\[4pt] -\alpha_1 \cos\dfrac{\pi \bar{y}_1}{2\rho_1 b_2} + D(0 \leqslant \bar{y}_1 \leqslant \rho_1 b_2) & \text{（内室2—m段）} \\[4pt] -\alpha_2 \cos\dfrac{\pi \bar{y}_2}{2(1-\rho_1)b_2} + D[0 \leqslant \bar{y}_2 \leqslant (1-\rho_1)b_2] & \text{（内室m—3段）} \\[4pt] -\alpha_3 \cos\dfrac{\pi \bar{y}_3}{2b_3} + D(0 \leqslant \bar{y}_3 \leqslant b_3) & \text{（内室3—4段）} \\[4pt] \alpha_4 \cos\dfrac{\pi \bar{y}_4}{2(1-\rho_2)b_2} + D[0 \leqslant \bar{y}_4 \leqslant (1-\rho_2)b_2] & \text{（内室5—n段）} \\[4pt] \alpha_5 \cos\dfrac{\pi \bar{y}_5}{2\rho_2 b_2} + D(0 \leqslant \bar{y}_5 \leqslant \rho_2 b_2) & \text{（内室n—6段）} \\[4pt] \alpha_6 \cos\dfrac{\pi y}{b_1} + D(0 \leqslant y \leqslant b_1/2) & \text{（内室6—7段）} \end{cases} \tag{12-21}$$

式中，$\bar{y}_1 = b_1 + \rho_1 b_2 - y$，$\bar{y}_2 = y - b_1 - \rho_1 b_2$，$\bar{y}_3 = b_1 + b_2 + b_3 - y$，$\bar{y}_4 = y - b_1 - \rho_2 b_2$，$\bar{y}_5 = b_1 + \rho_2 b_2 - y$。

由式(12-21)可以看出，基于翼板间剪力流的差异定义的翘曲位移函数可以考虑翼板宽度和顶、底板静矩不同引起的剪力滞效应的差异。该翘曲位移函数的定义是从剪力滞效应是由翼板剪切变形引起的这一基本机理出发的，更具科学性。

由于波形钢腹板组合箱梁截面仅关于 $z$ 轴对称，关于 $y$ 轴不对称，因此翼板引起的翘曲应力不能满足轴力自平衡。因此，应在全截面加一均匀轴向位移 $D \cdot u(x)$，使整个截面翘曲位移引起的翘曲正应力构成轴力平衡，应满足：

$$\int_A \psi(y,z)\mathrm{d}A = 0 \tag{12-22}$$

可得：

$$D = \frac{2(A_0 + \alpha_1 A_1 + \alpha_2 A_2 + \alpha_3 A_3 - \alpha_4 A_4 - \alpha_5 A_5 - \alpha_6 A_6)}{\pi A} \tag{12-23}$$

式中：$A$——箱梁全截面面积；

$A_i$——顶、底板各板件的截面面积。

### 12.3.4 基于变分原理的箱梁剪力滞效应微分方程

**1. 剪力滞效应微分方程的推导**

翼板剪力滞翘曲位移函数确定后，可以建立梁段基于变分原理的剪力滞效应微分方程。根据截面任一点的纵向位移，得到截面的弹性应变为：

$$\begin{aligned}\varepsilon_x &= \frac{\partial u(x,y,z)}{\partial x} = -zw'' + \psi(y,z)u'(x) \\ \gamma_{xz} &= \frac{\partial u(x,y,z)}{\partial y} = \psi'(y,z)u(x)\end{aligned} \tag{12-24}$$

根据基本假定①，波形钢腹板组合箱梁腹板不承担弯矩，可不考虑腹板的应变能。梁体的应变能可以表示为梁段体积 $V$ 的积分：

$$\begin{aligned}\Pi &= \frac{1}{2}\int_v (E_c \varepsilon_x^2 + G_c \gamma_{xy}^2)\mathrm{d}v = \frac{E_c I_c}{2}\int_x (w'')^2 \mathrm{d}x + C_1 \int_x w'' u' \mathrm{d}x + \\ &\quad \frac{C_2}{2}\int_x (u')^2 \mathrm{d}x + \frac{C_3}{2}\int_x u^2 \mathrm{d}x - \int_x M(x) w'' \mathrm{d}x\end{aligned} \tag{12-25}$$

其中，

$$\begin{cases}E_c I_c = E_c \int_A z^2 \mathrm{d}A \\ C_1 = -E_c \int_A \psi(y,z)\mathrm{d}A = -E_c Z_u \left[ A_0 \left(D - \frac{2}{\pi}\right) + A_1 \left(D - \frac{2\alpha_1}{\pi}\right) + A_2 \left(D - \frac{2\alpha_2}{\pi}\right) + A_3 \left(D - \frac{2\alpha_3}{\pi}\right)\right] + \\ \qquad E_c Z_b \left[ A_4 \left(D + \frac{2\alpha_4}{\pi}\right) + A_5 \left(D + \frac{2\alpha_5}{\pi}\right) + A_6 \left(D + \frac{2\alpha_6}{\pi}\right)\right] \\ C_2 = E_c \int_A \psi^2(y,z) \mathrm{d}A = E_c \left[ A_0 \left(D^2 - \frac{4D}{\pi} + \frac{1}{2}\right) + A_1 \left(D^2 - \frac{4D\alpha_1}{\pi} + \frac{\alpha_1^2}{2}\right) + A_2 \left(D^2 - \frac{4D\alpha_2}{\pi} + \frac{\alpha_2^2}{2}\right) + \right. \\ \qquad \left. A_3 \left(D^2 - \frac{4D\alpha_3}{\pi} + \frac{\alpha_3^2}{2}\right) + A_4 \left(D^2 - \frac{4D\alpha_4}{\pi} + \frac{\alpha_4^2}{2}\right) + A_5 \left(D^2 + \frac{4D\alpha_5}{\pi} + \frac{\alpha_5^2}{2}\right) + A_6 \left(D^2 + \frac{4D\alpha_6}{\pi} + \frac{\alpha_6^2}{2}\right)\right] \\ C_3 = G_c \int_A [\psi'(y,z)]^2 \mathrm{d}A = \frac{G_c \pi^2}{8}\left\{ \frac{A_0}{b_1^2} + \frac{\alpha_1^2 A_1}{(\rho_1 b_1)^2} + \frac{\alpha_2^2 A_2}{[(1-\rho_1)b_1]^2} + \frac{\alpha_3^2 A_3}{b_3^2} + \frac{\alpha_4^2 A_4}{[(1-\rho_2)b_2]^2} + \frac{\alpha_5^2 A_5}{(\rho_2 b_2)^2} + \frac{\alpha_6^2 A_6}{b_1^2}\right\}\end{cases} \tag{12-26}$$

式中：$E_c$、$G_c$——混凝土的弹性模量和剪切模量；

$I_c$——箱梁对初等梁中性轴的惯性矩（只计混凝土翼板）；

其余符号意义同前。

根据最小势能原理，处于平衡状态的弹性体，在满足边界条件的所有位移形态中，存在一种可能的位移形态，使得整个弹性体系的总势能最小，即弹性体系总势能的一阶变分为零，即 $\delta \Pi = 0$。

对式(12-25)进行变分,可以得到满足势能驻值条件:

$$\delta \Pi = E_c I_c \int_x w'' \delta w'' \mathrm{d}x + C_1 \int_x w'' \delta u' \mathrm{d}x + C_1 \int_x u' \delta w'' \mathrm{d}x + \\ C_2 \int_x u' \delta u' \mathrm{d}x + C_3 \int_x u \delta u \mathrm{d}x - \int_x M(x) \delta w'' \mathrm{d}x = 0 \tag{12-27}$$

经分部积分,可以得到:

$$\delta \Pi = E_c I_c \int_x w'' \delta w'' \mathrm{d}x + C_1 (w'' \delta u - \int_x w''' \delta u \mathrm{d}x) + C_1 \int_x u' \delta w'' \mathrm{d}x + \\ C_2 (u' \delta u - \int_x u'' \delta u \mathrm{d}x) + C_3 \int_x u \delta u \mathrm{d}x - \int_x M(x) \delta w'' \mathrm{d}x \tag{12-28}$$

整理得到下式:

$$\delta \Pi = \left\{ \int_x [E_c I_c w'' + C_1 u' - M(x)] \mathrm{d}x \right\} \delta w'' + (C_1 w'' + C_2 u') \delta u \Big|_{x_1}^{x_2} + \\ \left[ \int_x (C_3 u - C_1 w''' - C_2 u'') \mathrm{d}x \right] \delta u = 0 \tag{12-29}$$

得到下列微分方程及边界条件:

$$\begin{cases} E_c I_c w'' + C_1 u' - M(x) = 0 \\ C_3 u - C_1 w''' - C_2 u'' = 0 \\ (C_1 w'' + C_2 u') \delta u \Big|_{x_1}^{x_2} = 0 \end{cases} \tag{12-30}$$

对式(12-30)变换整理得到下列方程:

$$\begin{cases} u'' - k^2 u = \dfrac{-k_1 M'}{E_c I_c} \\ w'' = \dfrac{M}{E_c I_c} - \dfrac{C_1 u'}{E_c I_c} \\ \left( \dfrac{k_1 M}{E_c I_c} + u' \right) \delta u \Big|_{x_1}^{x_2} = 0 \end{cases} \tag{12-31}$$

式中,$k^2 = C_3 / [C_2 - C_1^2/(E_c I_c)]$;$k_1 = C_1 / [C_2 - C_1^2/(E_c I_c)]$。

根据 Schwartz 不等式,有 $\int f(x)g(x) \mathrm{d}x \leq \sqrt{\int f^2(x) \mathrm{d}x \int g^2(x) \mathrm{d}x}$,即有 $C_2 - C_1^2/E_c I_c \geq 0$,又因 $C_3$ 恒为正值,因而式(12-31)第一式的通解为:

$$u = a_1 \mathrm{sh} kx + a_2 \mathrm{ch} kx + u^* \tag{12-32}$$

式中,$u^*$ 与非齐次项有关,为仅与 $M'(x)$ 分布有关的特解,系数 $a_1$、$a_2$ 由边界条件确定。

**2. 横截面正应力和剪力滞系数**

考虑剪力滞效应后的横截面弯曲正应力为:

$$\sigma_x = E_c \frac{\partial u(x,y)}{\partial x} = E_c \psi(y,z) u'(x) - E_c z w'' \tag{12-33}$$

利用式(12-27)第一式,得:

$$\sigma_x = -\frac{Mz}{I_c} + E_c u'(x) \left[ \frac{C_1 z}{E_c I_c} + \psi(y,z) \right] \tag{12-34}$$

式(12-34)首项为按初等梁理论求得的正应力,后项为翘曲正应力,对横截面翘曲应力积分可得:

$$\int_A \left[ \frac{C_1 z}{E_c I_c} + \psi(y,z) \right] z \mathrm{d}A = \int_A \frac{C_1}{E_c I_c} z^2 \mathrm{d}A + \int_A \psi(y,z) z \mathrm{d}A = \frac{C_1}{E_c} - \frac{C_1}{E_c} = 0 \quad (12\text{-}35)$$

可见翘曲正应力满足弯矩自平衡,适用最小势能原理。

令 $\sigma_0 = -\dfrac{Mz}{I_c}$,则剪力滞系数:

$$\lambda = \frac{\sigma_x}{\sigma_0} \quad (12\text{-}36)$$

**3. 挠度计算**

在宽翼缘波形钢腹板组合箱梁挠度计算中,计入剪力滞影响的挠度理论较实测值小。究其原因,尚需考虑剪切变形对挠度的影响[14]。

计入剪切变形后,式(12-23)则可改写为:

$$\Pi = \frac{E_c I_c}{2} \int_x (w'' - \gamma')^2 \mathrm{d}x + C_1 \int_x (w'' - \gamma') u' \mathrm{d}x + \frac{C_2}{2} \int_x (u')^2 \mathrm{d}x + \\ \frac{C_3}{2} \int_x u^2 \mathrm{d}x + \int_x \frac{\alpha_w G_e A_w}{2} \gamma^2 \mathrm{d}x - \int_x M(x)(w'' - \gamma') \mathrm{d}x - \int_x Q(x) \gamma \mathrm{d}x \quad (12\text{-}37)$$

式中:$\gamma'$——由剪切变形引起的曲率;

　　$\alpha_w$——波形钢腹板的形状系数;

　　$G_e$——波形钢腹板剪切模量;

　　$A_w$——腹板面积;

　　$Q(x)$——截面剪力;

其余符号意义同式(12-25)。

对式(12-35)进行变分,$\delta\Pi = 0$,得:

$$\begin{cases} E_c I_c (w'' - \gamma') + C_1 u' - M(x) = 0 \\ C_3 u - C_1 (w''' - \gamma'') - C_2 u'' = 0 \\ \alpha_w G_e A_w \gamma - Q = 0 \\ \left[ C_1 (w'' - \gamma') + C_2 u' \right] \delta u \big|_{x_1}^{x_2} = 0 \end{cases} \quad (12\text{-}38)$$

整理式(12-38)得下列微分方程:

$$\begin{cases} u'' - k^2 u = \dfrac{-k_1 M'}{E_c I_c} \\ w'' = \dfrac{M}{E_c I_c} - \dfrac{C_1 u'}{E_c I_c} + \dfrac{Q'}{\alpha_w G_e A_w} \\ \gamma = \dfrac{Q}{\alpha_w G_e A_w} \\ \left( \dfrac{k_1 M}{EI} + u' \right) \delta u \big|_{x_1}^{x_2} = 0 \end{cases} \quad (12\text{-}39)$$

式(12-39)表明,剪切变形仅改变挠度,而对剪力滞控制微分方程无影响,也就是说,剪切变形对剪力滞效应无影响。

由式(12-39)第二式可以得到：

$$w'' = \frac{M(x)}{E_c I_c} - \frac{C_1 u'}{E_c I_c} + \frac{Q'}{\alpha_w G_e A_w} = \frac{1}{E_c I_c}[M(x) + M_F] + \frac{Q'}{\alpha_w G_e A_w} \quad (12\text{-}40)$$

式中，$M_F = -C_1 u'$。

式(12-40)右边括号中第一项即为初等梁理论中梁弯曲时的曲率表达式。第二项是由剪力滞效应产生的附加曲率，它是箱梁剪切转角的最大差值 $u(x)$ 导数的函数，并且与上底板弯曲刚度成正比。考虑剪力滞效应后有 $w''$ 与弯矩关系中第二项 $M_F$ 的存在，所以当 $M(x)$ 与 $M_F$ 同号时，箱梁的挠度增大，翼板的有效刚度降低。

对式(12-40)二次积分得到梁的挠度：

$$w = \iint w'' \mathrm{d}x \mathrm{d}x = \iint \frac{M(x)}{E_c I_c} \mathrm{d}x \mathrm{d}x - \frac{C_1}{E_c I_c}\left(\frac{a_1}{k}\cosh kx + \frac{a_2}{k}\sinh kx + \int u^* \mathrm{d}x\right) + \\ \iint \frac{Q'}{\alpha_w G_e A_w} \mathrm{d}x \mathrm{d}x + a_3 x + a_4 = w_0 + w_1 + w_2 \quad (12\text{-}41)$$

式中，$w_0 = \iint \frac{M(x)}{E_c I_c} \mathrm{d}x \mathrm{d}x + a_{30} x + a_{40}$ 为初等梁的挠度；$w_1 = -\frac{C_1}{E_c I_c}\left(\frac{a_1}{k}\cosh kx + \frac{a_2}{k}\sinh kx + \int u^* \mathrm{d}x\right) + a_{31} x + a_{41}$ 为剪力滞效应使翼板刚度降低所产生的附加挠度；$w_2 = \iint \frac{Q'}{\alpha_w G_e A_w} \mathrm{d}x \mathrm{d}x + a_{32} x + a_{42}$ 为剪切变形引起的附加挠度。其中，$a_{30}$ 和 $a_{40}$ 为满足初等梁理论的挠度系数，$a_{31}$ 和 $a_{41}$ 为满足剪力滞效应的挠度系数，$a_{32}$ 和 $a_{42}$ 为满足剪切变形的挠度系数。

令剪力滞挠度影响系数：

$$\phi_1 = \frac{w_1}{w_0} \quad (12\text{-}42)$$

剪切变形挠度影响系数：

$$\phi_2 = \frac{w_2}{w_0} \quad (12\text{-}43)$$

则波形钢腹板组合箱梁挠度增大系数：

$$\phi = 1 + \phi_1 + \phi_2 \quad (12\text{-}44)$$

## 12.4 典型荷载下剪力滞效应理论解

### 12.4.1 简支波形钢腹板组合箱梁承受跨中集中荷载

如图 12-5 所示，简支梁任意位置承受集中荷载，其弯矩和剪力为分段函数：

$$\begin{cases} M(x) = \dfrac{Pb}{l}x, & Q(x) = \dfrac{Pb}{l} & (0 \leqslant x \leqslant a) \\ M(x) = \dfrac{Pa}{l}(l-x), & Q(x) = -\dfrac{Pa}{l} & (a < x \leqslant l) \end{cases} \quad (12\text{-}45)$$

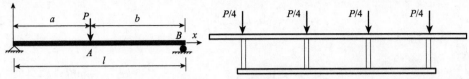

图 12-5 集中荷载作用

故纵向位移函数也为分段函数，结合式 $u'' - k^2 u = \dfrac{-k_1 M'}{E_c I_c}$ 可得：

$$\begin{cases} u_1 = a_1 \sinh kx + a_2 \cosh kx + \dfrac{k_1}{k^2 E_c I_c} \cdot \dfrac{Pb}{l} & (0 \leqslant x \leqslant a) \\ u_2 = a_3 \sinh kx + a_4 \cosh kx - \dfrac{k_1}{k^2 E_c I_c} \cdot \dfrac{Pa}{l} & (a < x \leqslant l) \end{cases} \tag{12-46}$$

由边界条件 $u_1'|_{x=0} = 0$，$u_2'|_{x=l} = 0$ 和连续条件 $u_1|_{x=a} = u_2|_{x=a}$，

在 $x=a$ 点，变分中的边界条件 $\left(\dfrac{k_1 M}{E_c I_c} + u_1'\right)\Big|_0^a + \left(\dfrac{k_1 M}{E_c I_c} + u_2'\right)\Big|_a^l = 0$

得：

$$\begin{cases} a_1 = 0 \\ a_2 = -\dfrac{k_1 P}{k^2 E_c I_c} \cdot \dfrac{\sinh k(l-a)}{\sinh kl} \\ a_3 = -\dfrac{k_1 P \sinh ka}{k^2 E_c I_c} \\ a_4 = \dfrac{k_1 P \sinh ka}{k^2 E_c I_c} \coth kl \end{cases} \tag{12-47}$$

故：

$$\begin{cases} u_1 = \dfrac{k_1 P}{k^2 E_c I_c} \left[ -\dfrac{\sinh k(l-a)}{\sinh kl} \cosh kx + \dfrac{b}{l} \right] \\ u_2 = \dfrac{k_1 P}{k^2 E_c I_c} \left( -\sinh ka \sinh kx + \sinh ka \coth kl \cosh kx - \dfrac{a}{l} \right) \end{cases} \tag{12-48}$$

从而有，$OA$ 段：

$$\sigma_x = -\dfrac{Mz}{I_c} - \dfrac{k_1 P \sinh k(l-a) \sinh kx}{I_c \, k \sinh kl} \left[ \dfrac{C_1 z}{E_c I_c} + \psi(y,z) \right] \tag{12-49}$$

$AB$ 段：

$$\sigma_x = -\dfrac{Mz}{I_c} - \dfrac{k_1 P}{I_c} (\sinh ka \sinh kx - \sinh ka \coth kl \operatorname{ch} kx) \left[ \dfrac{C_1 z}{E_c I_c} + \psi(y,z) \right] \tag{12-50}$$

特别地，当荷载作用于跨中时，即 $a = b = l/2$，跨中截面正应力为：

$$\sigma_{x=\frac{l}{2}} = -\dfrac{Mz}{I_c} - \dfrac{k_1 P}{2k I_c} \operatorname{th}(kl/2) \left[ \dfrac{C_1 z}{E_c I_c} + \psi(y,z) \right] \tag{12-51}$$

跨中截面剪力滞系数：

$$\lambda_{x=\frac{l}{2}} = 1 + \frac{2k_1}{zkl}\text{th}(kl/2)\left[\frac{C_1 z}{E_c I_c} + \psi(y,z)\right] \tag{12-52}$$

挠度：

$$w(x) = -\frac{P}{4E_c I_c}\left(-\frac{x^3}{3} + \frac{l^2 x}{4}\right) - \frac{Px}{2\alpha_w G_e A_w} - \frac{C_1}{kEIk^2}\frac{k_1 P}{E_c I_c}\left[\frac{kx}{2} - \frac{\sinh kx}{2\text{ch}(kl/2)}\right] \tag{12-53}$$

从而得到跨中竖向挠度：

$$w(l/2) = -\frac{Pl^3}{48E_c I_c} - \frac{C_1}{2E_c I_c k^3}\frac{k_1 P}{E_c I_c}\left(\frac{kl}{2} - \text{th}\frac{kl}{2}\right) - \frac{Pl}{4\alpha_w G_e A_w} = w_0 + w_1 + w_2 \tag{12-54}$$

式中，$w_0 = -\frac{Pl^3}{48E_c I_c}$ 表示初等梁理论得到的挠度；$w_1 = -\frac{C_1}{2E_c I_c k^3}\frac{k_1 P}{E_c I_c}\left(\frac{kl}{2} - \text{th}\frac{kl}{2}\right)$ 表示由剪力滞效应引起的挠度；$w_2 = -\frac{Pl}{4\alpha_w G_e A_w}$ 表示由波形钢腹板剪切变形引起的挠度。

剪力滞挠度影响系数：

$$\phi_1 = \frac{24C_1 k_1}{(kl)^3 E_c I_c}\left(\frac{kl}{2} - \text{th}\frac{kl}{2}\right) \tag{12-55}$$

剪切变形挠度影响系数：

$$\phi_2 = \frac{12E_c I_c}{\alpha_w G_e A_w l^2} \tag{12-56}$$

### 12.4.2 简支波形钢腹板组合箱梁承受均布荷载

如图 12-6 所示，简支组合箱梁承受均布荷载，简支梁的弯矩和剪力为

$$M(x) = \frac{q}{2}x(l-x), \quad Q(x) = \frac{q}{2}(l-2x) \tag{12-57}$$

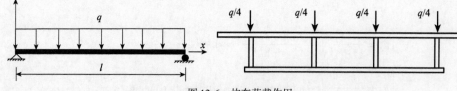

图 12-6 均布荷载作用

由式 $u'' - k^2 u = \frac{-k_1 M'}{E_c I_c}$ 可得：

$$u = a_1 \sinh kx + a_2 \cosh kx + \frac{k_1 q}{k^2 E_c I_c}\left(\frac{l}{2} - x\right) \tag{12-58}$$

由边界条件 $u'|_{x=0} = 0, u'|_{x=l} = 0$ 得：

$$a_1 = \frac{k_1 q}{k^3 E_c I_c}, \quad a_2 = -\frac{k_1 q}{k^3 E_c I_c}\text{th}\frac{kl}{2} \tag{12-59}$$

故：

$$u = \frac{k_1 q}{k^2 E_c I_c}\left[\frac{1}{k}\sinh kx - \frac{1}{k}\text{th}\frac{kl}{2}\cosh kx + \left(\frac{l}{2} - x\right)\right] \tag{12-60}$$

$$M_F = C_1 \frac{k_1 q}{k^2 E_c I_c} \left( \cosh kx - \operatorname{th} \frac{kl}{2} \sinh kx - 1 \right) \quad (12\text{-}61)$$

$$\sigma_x = -\frac{Mz}{I_c} + \frac{k_1 q}{k^2 I_c} \left( \cosh kx - \operatorname{th} \frac{kl}{2} \sinh kx - 1 \right) \left[ \frac{C_1 z}{E_c I_c} + \psi(y,z) \right] \quad (12\text{-}62)$$

跨中截面剪力滞系数：

$$\lambda_{x=\frac{l}{2}} = 1 - \frac{8k_1}{k^2 l^2 z} \left( \frac{1}{\operatorname{ch}\frac{kl}{2}} - 1 \right) \left[ \frac{C_1 z}{E_c I_c} + \psi(y,z) \right] \quad (12\text{-}63)$$

挠度：

$$w(x) = -\frac{q}{2E_c I_c} \left( \frac{l^3 x}{12} - \frac{lx^3}{6} + \frac{x^4}{12} \right) - \frac{q(lx - x^2)}{2\alpha_w G_e A_w} - \frac{C_1}{EI} \frac{k_1 q}{k^4 E_c I_c} \left( \operatorname{ch} kx - \operatorname{th} \frac{kl}{2} \sinh kx - 1 + \frac{k^2 lx}{2} - \frac{k^2 x^2}{2} \right)$$

$$(12\text{-}64)$$

从而得到跨中竖向挠度：

$$w(l/2) = -\frac{5ql^4}{384 E_c I_c} - \frac{C_1}{k E_c I_c} \frac{k_1 q}{k^3 E_c I_c} \left( \operatorname{ch}\frac{kl}{2} - \operatorname{th}\frac{kl}{2} \sinh\frac{kl}{2} - 1 + \frac{k^2 l^2}{8} \right) - \frac{ql^2}{8\alpha_w G_e A_w} = w_0 + w_1 + w_2$$

$$(12\text{-}65)$$

式中，$w_0 = -\dfrac{5ql^4}{384 E_c I_c}$ 表示初等梁理论得到的挠度；$w_1 = -\dfrac{C_1}{k E_c I_c} \dfrac{k_1 q}{k^3 E_c I_c} \left( \cosh\dfrac{kl}{2} - \operatorname{th}\dfrac{kl}{2} \sinh\dfrac{kl}{2} - 1 + \dfrac{k^2 l^2}{8} \right)$ 表示由剪力滞效应引起的挠度；$w_2 = -\dfrac{ql^2}{8\alpha_w G_e A_w}$ 表示由波形钢腹板剪切变形引起的挠度。

剪力滞挠度影响系数：

$$\phi_1 = \frac{384 C_1}{5 k^4 l^4} \frac{k_1}{E_c I_c} \left( \cosh\frac{kl}{2} - \operatorname{th}\frac{kl}{2} \sinh\frac{kl}{2} - 1 + \frac{k^2 l^2}{8} \right) \quad (12\text{-}66)$$

剪切变形挠度影响系数：

$$\phi_2 = \frac{48 E_c I_c}{5 \alpha_w G_e A_w l^2} \quad (12\text{-}67)$$

## 12.5 理论与有限元比较

为比较本书解析解的计算精度，采用有限元法建立实体有限元模型。以图 12-5 和图 12-6 中分别承受跨中集中荷载和均布荷载作用的单箱三室波形钢腹板组合箱梁为例，集中荷载 $P$ 取 1440kN，均布荷载集度 $q$ 取 42kN/m，计算跨径为 23.6m，箱梁截面尺寸如图 12-7 所示。其中翼缘混凝土采用 C50，钢材采用 Q345qD，波形钢腹板采用 1600 型，上下结合部采用焊钉连接件，焊钉连接件轴向和横向间距均为 0.2m。分别应用上述方法和有限元分析方法计算跨中截面翼板关键部分的正应力和竖向挠度。其中 ANSYS 有限元模型如图 12-8 所示，计算结果如图 12-9 ~ 图 12-11 所示。

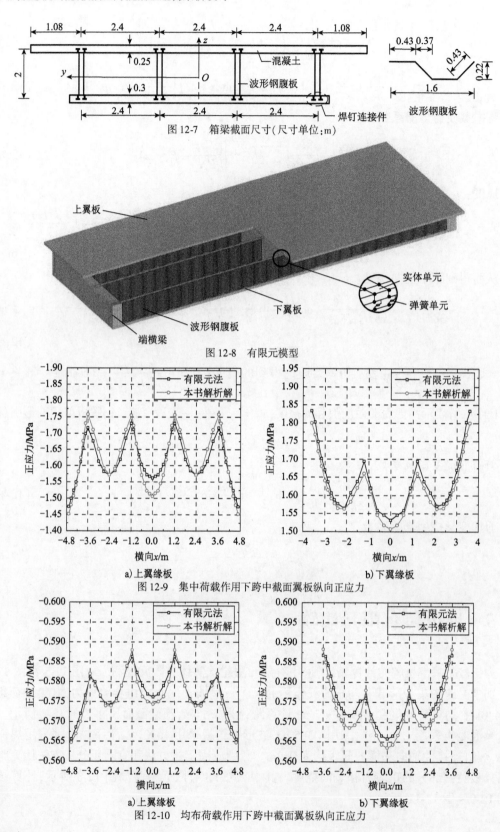

图 12-7 箱梁截面尺寸(尺寸单位:m)

图 12-8 有限元模型

a)上翼缘板　　　b)下翼缘板

图 12-9 集中荷载作用下跨中截面翼板纵向正应力

a)上翼缘板　　　b)下翼缘板

图 12-10 均布荷载作用下跨中截面翼板纵向正应力

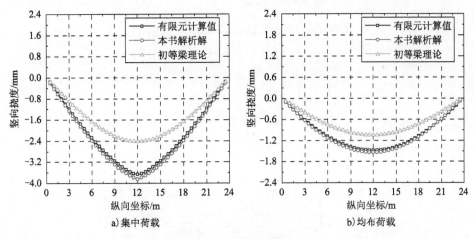

图 12-11　竖向挠度纵向分布

可以看出，截面正应力和竖向挠度的本书解析解和有限元计算值吻合良好，验证了本书解析解的精度，说明基于翼缘剪切变形规律的剪力滞翘曲函数的合理性。从图 12-11 可知，按初等梁理论计算的竖向挠度较有限元计算值小，对于本节算例，剪切变形和剪力滞可使跨中竖向挠度增大 40%～50%，需引起重视。此外，本书竖向挠度的解析解比有限元计算值稍大，应用于实际工程偏于安全。

## 12.6　基于有效宽度的实用计算方法

### 12.6.1　有效宽度的定义

由上节分析可知，剪力滞效应使得组合梁顶、底板的实际应力呈曲线分布，因而距腹板较远的混凝土并不能起到承受纵向应力的作用，且按初等梁理论计算得到的应力不能将实际峰值应力"包住"。

为了在计算分析中反映剪力滞效应的这种影响，一种简便的方法便是用一个稍小的翼缘板等效替代实际的翼缘板进行计算，并假定有效宽度内的混凝土压应力沿宽度方向均匀分布。定义有效宽度时，应使初等梁理论计算结果能够将翼缘板实际峰值应力"包住"。确定有效宽度后便可根据平截面假定计算承载力。

对于单箱三室波形钢腹板组合箱梁，翼板与内、外腹板交界处应力峰值差异随宽跨比的增大而增加，不能像传统的单箱单室箱梁或者组合钢板梁那样，对腹板两侧的翼板分别定义有效宽度。为使定义的有效宽度能够将峰值应力"包住"，本书定义如图 12-12 所示的有效宽度，即用翼板最大峰值应力作为等效应力进行计算。

为综合考虑翼板厚度范围内各层应力分布，本书按下式定义有效宽度：

$$\begin{cases} b_{e,u} = \dfrac{\int_{-t_u/2}^{t_u/2}\int_0^{b_u}\sigma(y,z)\,dy\,dz}{\int_{-t_u/2}^{t_u/2}\sigma(b,z)\,dz} & \text{(顶板)} \\[2ex] b_{e,b} = \dfrac{\int_{-t_b/2}^{t_b/2}\int_0^{b_b}\sigma(y,z)\,dy\,dz}{\int_{-t_b/2}^{t_b/2}\sigma(b,z)\,dz} & \text{(底板)} \end{cases} \quad (12\text{-}68)$$

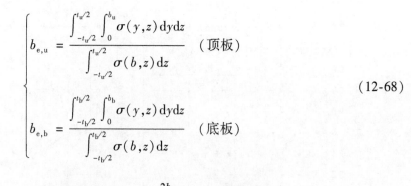

图 12-12 单箱三室波形钢腹板组合箱梁有效宽度定义

### 12.6.2 有效宽度系数计算

定义翼缘板有效宽度系数：

$$\begin{cases} \eta_u = \dfrac{b_{e,u}}{b_u} & \text{(顶板)} \\[2ex] \eta_b = \dfrac{b_{e,b}}{b_b} & \text{(底板)} \end{cases} \quad (12\text{-}69)$$

有效宽度系数表示翼板有效参与抗弯的程度，其值越大表示翼板参与抗弯效率越高。

11.4 节中已对影响剪力滞效应的参数进行了分析，结果表明：箱室宽跨比对剪力滞效应影响明显，因而有效宽度主要考虑宽跨比和梗肋。试验和理论研究也表明，宽跨比是影响波形钢腹板组合箱梁剪力滞效应的主要因素[2]。

**1. 简支梁**

波形钢腹板组合简支箱梁在正常使用荷载下，一般尚处于弹性阶段，其有效翼缘板宽度的计算对组合梁，尤其是多跨连续梁的有效宽度计算至关重要。本节应用有限元法计算不同宽跨比简支梁的有效宽度系数，分析模型中设置 3 道横隔梁（跨中及两端），暂不考虑梗肋的影响，梗肋的影响见后文。结合 11.3.1 节中对剪力滞效应纵向分布规律的分析，不同荷载类型作用下，简支梁有效宽度系数沿全跨并不是一个常数，但在一般情况下，跨中截面弯矩最大，为正应力控制截面。因此，在实际工程应用中，计算截面应力时，为简化计算，可以取跨中截面的有效宽度系数值作为全跨有效宽度系数。计算结果见表 12-1 和图 12-13。从图 12-13 中可知，顶、底板的有效宽度系数差异随宽跨比的增大而增加。

单箱三室波形钢腹板组合箱梁有效宽度系数与宽跨比 $b/l$ 的关系　　　　表 12-1

| $b/l$ | 集中荷载 | | 均布荷载 | |
|---|---|---|---|---|
| | 顶板 | 底板 | 顶板 | 底板 |
| 0.05 | 0.97 | 0.98 | 0.99 | 0.99 |
| 0.1 | 0.89 | 0.86 | 0.93 | 0.92 |
| 0.15 | 0.78 | 0.72 | 0.85 | 0.79 |
| 0.2 | 0.68 | 0.60 | 0.77 | 0.68 |
| 0.25 | 0.61 | 0.51 | 0.71 | 0.59 |
| 0.3 | 0.55 | 0.45 | 0.66 | 0.53 |
| 0.35 | 0.50 | 0.40 | 0.61 | 0.47 |
| 0.4 | 0.46 | 0.36 | 0.57 | 0.43 |
| 0.45 | 0.43 | 0.33 | 0.54 | 0.39 |
| 0.5 | 0.40 | 0.31 | 0.51 | 0.36 |

为便于实际工程设计，以有限元结果为基础，对组合梁有效翼缘板宽度随宽跨比变化规律进行回归分析。本书采用双曲函数形式，对集中荷载和均布荷载作用下有效宽度系数随宽跨比的变化规律拟合如下：

（1）集中荷载作用

对于顶板：

$$\eta = \frac{1}{0.92 + 3.76\,(b/l)^{1.2}} \leqslant 1 \quad (12\text{-}70)$$

（相关系数 $R = 0.9988$）

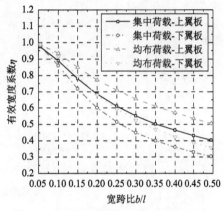

图 12-13　单箱三室波形钢腹板组合箱梁有效宽度系数 $\eta$ 与宽跨比 $b/l$ 的关系

对于底板：

$$\eta = \frac{1}{0.89 + 6.33\,(b/l)^{1.32}} \leqslant 1 \quad (12\text{-}71)$$

（相关系数 $R = 0.9989$）

（2）均布荷载作用

对于顶板：

$$\eta = \frac{1}{0.95 + 2.46\,(b/l)^{1.2}} \leqslant 1 \quad (12\text{-}72)$$

（相关系数 $R = 0.9989$）

对于底板：

$$\eta = \frac{1}{0.92 + 5.28\,(b/l)^{1.4}} \leqslant 1 \quad (12\text{-}73)$$

（相关系数 $R = 0.9984$）

有效宽度系数拟合曲线和有限元结果对比如图 12-14 所示，相关系数均大于 0.99，相关性良好。

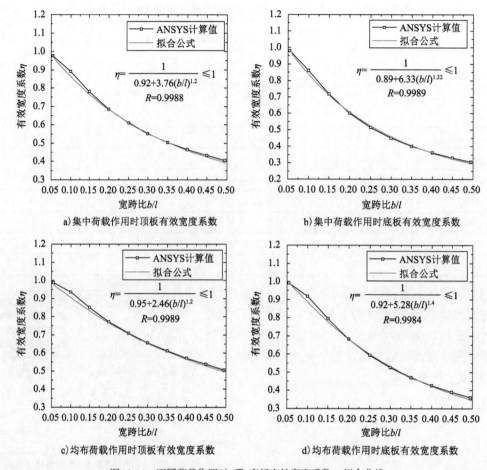

a) 集中荷载作用时顶板有效宽度系数

b) 集中荷载作用时底板有效宽度系数

c) 均布荷载作用时顶板有效宽度系数

d) 均布荷载作用时底板有效宽度系数

图 12-14　不同荷载作用时,顶、底板有效宽度系数 $\eta$ 拟合曲线

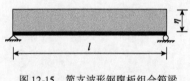

图 12-15　简支波形钢腹板组合箱梁
有效宽度系数纵向分布

为便于工程应用,波形钢腹板组合简支梁有效宽度系数全跨统一取跨中截面的有效宽度系数,如图 12-15 所示。应说明的是,顶、底板有效宽度系数差异比较大,致使有效宽度截面中性轴与原截面中性轴位置差异较大,当用有效宽度截面计算等效法向应力时,应取原截面的中性轴。

**2. 悬臂梁支点截面有效宽度系数**

一般情况下,竖向荷载作用下的波形钢腹板组合悬臂梁承受负弯矩,悬臂梁根部截面翼板上缘可能处于带裂缝工作状态。对于裂缝对剪力滞效应的影响,张彦玲等人[15]通过对钢-混凝土组合梁负弯矩区有效翼缘宽度研究发现:混凝土的开裂可以缓解负弯矩区剪力滞效应,增加有效宽度,且开裂区域的长度对开裂部位的剪力滞系数和有效宽度无影响。从受力的角度出发,通常可以在简支梁的基础上,将长度为 $l$ 的悬臂梁等效为一根跨径为 $\alpha l$ 的简支梁。

为得到等效跨径参数 $\alpha$,本书以长 12m 的悬臂梁为例,采用有限元法计算不同腹板间距情况下悬臂梁支点截面有效宽度系数,结合简支梁有效宽度系数计算式(12-70)~式(12-73),通

过不断调整 α 的取值,以满足按等效宽跨比计算的有效宽度系数和有限元计算值吻合良好。图 12-16 给出了悬臂梁在集中荷载和均布荷载作用下等效跨径参数取值情况,从图中可知,集中荷载作用时等效跨径参数 α 取 1.5,均布荷载作用时等效跨径参数 α 取 0.9,悬臂梁有效宽度系数的有限元计算值和采用简支梁有效宽度系数计算式得到的计算值吻合较好。

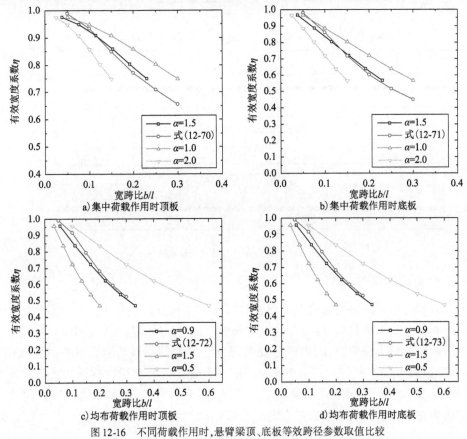

图 12-16 不同荷载作用时,悬臂梁顶、底板等效跨径参数取值比较

### 3. 连续梁跨中及支座截面有效宽度系数

类似于波形钢腹板组合悬臂梁,多跨连续波形钢腹板组合箱梁桥也可以采用与简支梁等效的方法进行近似处理,即取实际跨长的某个比值。引入等效跨径的概念后,就可以采用简支梁的计算公式确定翼缘的有效宽度。这样,连续波形钢腹板组合箱梁正弯矩区有效宽度与正弯矩区的长度有关,中支点负弯矩区有效宽度与负弯矩区的长度有关。需要指出的是,当忽略混凝土的抗拉作用后,负弯矩区的有效宽度主要用于定义混凝土翼板纵向受拉钢筋的有效截面面积。

通常,正弯矩区和负弯矩区单独考虑,这样连续梁就可以分解为边跨、中跨和中支点三个部分。目前,部分国家的规范对连续组合梁正、负弯矩区等效跨径取值进行了规定,如图 12-17 所示。

由图 12-17 可知,不同规范对等效跨径的取值在边跨均相同,而在中支点和中跨差别较大。不难发现,采用中国和日本规范计算的等效跨径计算有效宽度系数,结果偏于安全。

因此,本书推荐采用中国和日本规范对等效跨径的规定。连续梁有效宽度系数如图 12-18 所示。

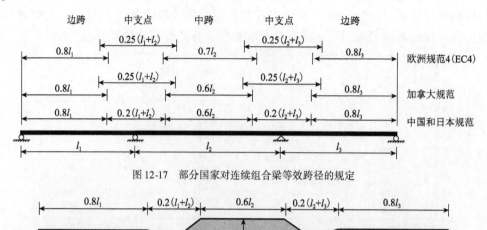

图 12-17 部分国家对连续组合梁等效跨径的规定

图 12-18 连续梁有效宽度系数取值

**4. 梗肋倾角的取值**

上述有效宽度系数的讨论均是在无梗肋的情况下进行的。实际上,波形钢腹板组合箱梁为满足纵向和横向受力的要求,均会在腹板与翼板交界过渡处设置梗肋。由 11.4.10 节可知,梗肋可以削弱箱梁剪力滞效应,因而有必要考虑梗肋的这种削弱效应。本书借鉴我国《钢结构设计标准》(GB 50017—2017)[16],当梗肋倾角小于或者等于 45°时,不考虑梗肋对剪力滞效应的削弱效果(取 45°计算梗肋顶部的宽度);当倾角大于 45°时,按实际倾角计算梗肋顶部宽度。这里认为考虑梗肋倾角后的顶部宽度 $b_0$ 范围内的翼缘全部有效,即在计算宽跨比时不考虑 $b_0$ 的部分。如图 12-19 所示,有效宽度由三部分组成。

$$b_e = b_1 + b_0 + b_2 \tag{12-74}$$

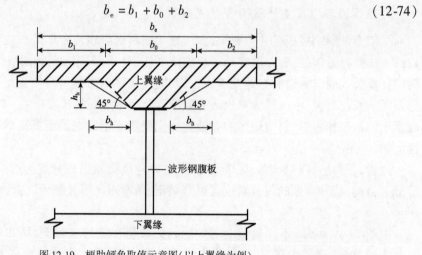

图 12-19 梗肋倾角取值示意图(以上翼缘为例)

为验证上述关于梗肋倾角取值的合理性,以 $b=7.2\text{m}$($b$ 为腹板间距的一半,$l=12\text{m}$),上翼缘梗肋高度为 $h_\text{h}=0.1\text{m}$ 和 $h_\text{h}=0.7\text{m}$,梗肋下部宽度为 $0.6\text{m}$ 为例,通过改变梗肋水平长度 $b_\text{h}$ 来考虑梗肋倾角,计算不同梗肋尺寸情况下的有效宽度系数。计算结果如表 12-2 所示。

不同梗肋倾角的有效宽度系数　　　　　表 12-2

| 编号 | 荷载类型 | 梗肋高度 $h_\text{h}/\text{m}$ | 梗肋顶部宽度的一半/m | 梗肋倾角/(°) | 计算宽跨比 | 有效宽度系数 FEM 值 | 有效宽度系数 本书计算值 | FEM 值/本书计算值 | 备注 |
|---|---|---|---|---|---|---|---|---|---|
| 1 | | 0.1 | 0.35 | 63.4 | 0.3 | 0.558 | 0.554 | 1.008 | |
| 2 | | 0.1 | 0.4 | 45.0 | 0.27 | 0.599 | 0.592 | 1.012 | |
| 3 | | 0.1 | 0.6 | 18.4 | 0.27 | 0.562 | 0.592 | 0.950 | |
| 4 | | 0.1 | 0.8 | 11.3 | 0.27 | 0.565 | 0.592 | 0.954 | |
| 5 | | 0.1 | 1 | 8.1 | 0.27 | 0.567 | 0.592 | 0.959 | |
| 6 | | 0.3 | 0.45 | 63.4 | 0.3 | 0.563 | 0.554 | 1.017 | |
| 7 | | 0.3 | 0.6 | 45.0 | 0.25 | 0.616 | 0.613 | 1.006 | |
| 8 | | 0.3 | 1.2 | 18.4 | 0.25 | 0.625 | 0.613 | 1.020 | |
| 9 | | 0.3 | 1.8 | 11.3 | 0.25 | 0.636 | 0.613 | 1.039 | |
| 10 | | 0.3 | 2.4 | 8.1 | 0.25 | 0.647 | 0.613 | 1.056 | |
| 11 | | 0.5 | 0.55 | 63.4 | 0.3 | 0.555 | 0.554 | 1.002 | |
| 12 | | 0.5 | 0.8 | 45.0 | 0.23 | 0.656 | 0.635 | 1.034 | |
| 13 | | 0.5 | 1.8 | 18.4 | 0.23 | 0.675 | 0.635 | 1.063 | |
| 14 | | 0.5 | 2.8 | 11.3 | 0.23 | 0.686 | 0.635 | 1.080 | 平均值:1.016 标准差:0.03884 |
| 15 | 集中荷载 | 0.7 | 0.65 | 63.4 | 0.3 | 0.554 | 0.554 | 1.000 | |
| 16 | | 0.7 | 1 | 45.0 | 0.22 | 0.663 | 0.658 | 1.007 | |
| 17 | | 0.7 | 2.4 | 18.4 | 0.22 | 0.700 | 0.653 | 1.071 | |
| 18 | | 0.1 | 0.35 | 26.6 | 0.3 | 0.664 | 0.654 | 1.016 | |
| 19 | | 0.1 | 0.4 | 45.0 | 0.27 | 0.685 | 0.688 | 0.995 | |
| 20 | | 0.1 | 0.6 | 71.6 | 0.27 | 0.688 | 0.688 | 1.000 | |
| 21 | | 0.1 | 0.8 | 78.7 | 0.27 | 0.690 | 0.688 | 1.003 | |
| 22 | | 0.1 | 1 | 81.9 | 0.27 | 0.692 | 0.688 | 1.006 | |
| 23 | | 0.3 | 0.45 | 26.6 | 0.3 | 0.655 | 0.654 | 1.002 | |
| 24 | | 0.3 | 0.6 | 45.0 | 0.25 | 0.704 | 0.706 | 0.997 | |
| 25 | | 0.3 | 1.2 | 71.6 | 0.25 | 0.769 | 0.706 | 1.089 | |
| 26 | | 0.3 | 1.8 | 78.7 | 0.25 | 0.718 | 0.706 | 1.017 | |
| 27 | | 0.3 | 2.4 | 81.9 | 0.25 | 0.725 | 0.706 | 1.027 | |
| 28 | | 0.5 | 0.55 | 26.6 | 0.3 | 0.656 | 0.654 | 1.004 | |
| 29 | | 0.5 | 0.8 | 45.0 | 0.23 | 0.728 | 0.725 | 1.004 | |
| 30 | | 0.5 | 1.8 | 71.6 | 0.23 | 0.734 | 0.725 | 1.012 | |

续上表

| 编号 | 荷载类型 | 梗肋高度 $h_h$/m | 梗肋顶部宽度的一半/m | 梗肋倾角/(°) | 计算宽跨比 | 有效宽度系数 | | | 备注 |
|---|---|---|---|---|---|---|---|---|---|
| | | | | | | FEM 值 | 本书计算值 | FEM 值/本书计算值 | |
| 31 | 均布荷载 | 0.5 | 2.8 | 78.7 | 0.23 | 0.748 | 0.725 | 1.031 | 平均值：1.016 标准差：0.02392 |
| 32 | | 0.7 | 0.65 | 63.4 | 0.3 | 0.648 | 0.654 | 0.992 | |
| 33 | | 0.7 | 1 | 45.0 | 0.22 | 0.770 | 0.745 | 1.033 | |
| 34 | | 0.7 | 2.4 | 18.4 | 0.22 | 0.774 | 0.741 | 1.044 | |

从表 12-2 可知，梗肋倾角按上述规定取值时，除个别有效宽度的有限元计算值外，其余均能满足大于本书计算值的要求，说明梗肋倾角的取值合理。

### 12.6.3　各国规范设计方法比较

目前，国内外规范对有效翼缘宽度的规定不尽相同。通常情况下，混凝土翼板有效宽度主要受宽跨比、荷载形式的影响。在大量研究成果的基础上，各国规范在定义有效宽度时也考虑到这些因素的影响。此外，美国 AASHTO 规范考虑到混凝土翼板剪切破坏的影响，增加了板厚相关的规定。有效宽度沿梁跨方向分布规律复杂，影响因素众多，为便于指导设计，有关组合结构的各设计规范均给出了较为简化的有效宽度计算原则。

AASHTO 规范对组合梁翼板有效宽度的规定取 1/4 有效跨径、12 倍混凝土翼板平均厚度和相邻主梁间距三者中最小值[17]。

英国规范 BS5400 根据有限元和试验研究的成果，以表格的形式给出了集中荷载和均布荷载两种荷载形式下组合梁翼缘有效宽度。根据不同的宽跨比，确定了跨中、1/4 和支点截面的翼板有效宽度[18]。

欧洲规范 4(EC4) 规定组合梁翼板有效宽度取 1/4 有效跨径和相邻主梁间距中的较小值，并对连续组合梁支点处翼板有效宽度进行折减[19]。

加拿大规范规定组合梁有效翼缘宽度按如下方法计算[20]：

$$\frac{B_e}{B} = \begin{cases} 1 - \left(1 - \frac{l}{15B}\right)^3 & \frac{l}{B} \leq 15 \\ 1 & \frac{l}{B} > 15 \end{cases} \tag{12-75}$$

式中：$l$——等效跨径；

$B$——腹板中心线间距的一半或外侧腹板中心线到自由边的距离；

$B_e$——腹板一侧的混凝土翼板有效宽度。

日本规范对组合梁翼板有效宽度的计算方法分为均布荷载和集中荷载两种情况[21]。

均布荷载作用下：

$$\lambda = \begin{cases} b & \dfrac{b}{l} \leq 0.05 \\ \left[1 - 2\left(\dfrac{b}{l}\right)\right]b & 0.05 < \dfrac{b}{l} < 0.3 \\ 0.15l & \dfrac{b}{l} \geq 0.3 \end{cases} \quad (12\text{-}76)$$

集中荷载作用下：

$$\lambda = \begin{cases} b & \dfrac{b}{l} \leq 0.02 \\ \left[1.06 - 3.2\left(\dfrac{b}{l}\right) + 4.5\left(\dfrac{b}{l}\right)^2\right]b & 0.02 < \dfrac{b}{l} < 0.3 \\ 0.15l & \dfrac{b}{l} \geq 0.3 \end{cases} \quad (12\text{-}77)$$

式中：$l$——等效跨径；

$\lambda$——腹板中心线间距的一半或外侧腹板中心线到自由边的距离；

$b$——腹板一侧的混凝土翼板有效宽度。

我国《公路钢筋混凝土及预应力混凝土桥涵设计规范》(JTG 3362—2018)[22]主要借鉴了德国桥梁规范 DIN1075，用图表的形式给出了有效宽度与宽跨比的关系。

以上计算方法基本都是依据组合梁弹性阶段受力的研究成果建立的。实际组合梁构件达到承载能力时已经进入塑性状态，此时受压翼缘板中的应力分布趋于均匀，翼板有效宽度大于弹性阶段。因此应用弹性分析得到的有效宽度应用于塑性计算，可以使计算结果偏于安全。

国外规范对组合梁和中国规范对混凝土箱梁有效翼缘宽度的取值和本书对波形钢腹板组合箱梁有效宽度系数的拟合值随宽跨比变化规律如图 12-20 所示，其中对比条件为 $b/l$ = $0.01 \sim 0.5$。

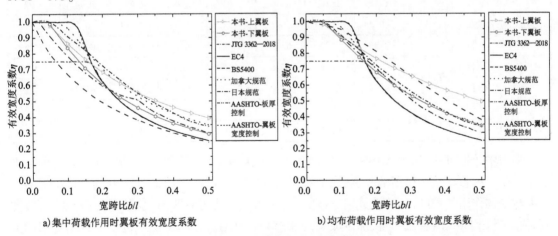

a) 集中荷载作用时翼板有效宽度系数 　　b) 均布荷载作用时翼板有效宽度系数

图 12-20　各国规范有效宽度系数

从图 12-20 可知，总体来说，各国规范有效宽度系数取值随宽跨比的增大而减小，本书对底板的有效宽度系数取值介于各国规范之间，而对顶板有效宽度系数计算值接近或者超过规范的上限值。AASHTO 规范对有效宽度的规定：当宽跨比较小时，控制因素为板厚或者翼板宽度;当宽跨比较大时,$l/4$ 截面会成为控制因素。因考虑到板厚的影响,当板厚成为控制因素($12t<l/4$)时,在宽跨比较小的情况下,如果翼板较薄,会严重低估翼板的有效宽度;当翼板厚度较大,翼板宽度成为控制因素时,AASHTO 规范和 EC4 规范的有效宽度取值相同,且宽跨比较小时,会高估有效宽度,宽跨比较大时,反而会低估有效宽度。BS5400 受集中荷载作用时为各国规范的下限值,而对于均布荷载则为各国规范的上限值。考虑集中荷载时,本书对下翼缘有效宽度取值与日本规范较为接近,本书对上翼缘的有效宽度取值与加拿大规范和 JTG 3362—2018 规范最为接近;计算均布荷载有效宽度时,本书对下翼缘有效宽度取值与日本规范、加拿大规范和 JTG 3362—2018 规范取值较为接近,宽跨比小于 0.35 时,本书对上翼缘有效宽度取值与 BS5400 较为接近。

为进一步对比分析上述规范和本书有效宽度计算方法间的差异,以宽跨比 $b/l=0.15$ 和 0.3 为例,采用图 12-21 所示截面,其中计算跨径分别为 20m($12t<l/4$)和 10m($12t>l/4$),分别应用上述规范、本书计算方法和有限元法对集中荷载和均布荷载作用下的简支梁进行应力计算,其中跨中截面集中荷载为 1440kN,均布荷载为 42kN/m。计算结果如表 12-3 所示。

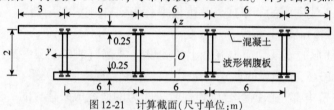

图 12-21 计算截面(尺寸单位:m)

**不同宽跨比 $b/l$ 翼缘最大应力比较**　　表 12-3

| $b/l$ | 计算位置 | 荷载类型 | AASHTO | BS5400 | EC4 | 加拿大规范 | 日本规范 | JTG 3362—2018 | 本书 | FEM |
|---|---|---|---|---|---|---|---|---|---|---|
| 0.15 | 顶板 | 集中荷载 | -0.92 | -0.89 | -0.62 | -0.63 | -0.76 | -0.63 | -0.68 | -0.68 |
| | 底板 | | 1.18 | 1.14 | 0.80 | 0.81 | 0.98 | 0.81 | 0.94 | 0.93 |
| | 顶板 | 均布荷载 | -0.28 | -0.17 | -0.18 | -0.18 | -0.19 | -0.18 | -0.18 | -0.17 |
| | 底板 | | 0.36 | 0.22 | 0.23 | 0.24 | 0.24 | 0.24 | 0.25 | 0.25 |
| 0.3 | 顶板 | 集中荷载 | -0.61 | -0.67 | -0.61 | -0.49 | -0.51 | -0.47 | -0.46 | -0.39 |
| | 底板 | | 0.79 | 0.86 | 0.79 | 0.62 | 0.65 | 0.60 | 0.72 | 0.71 |
| | 顶板 | 均布荷载 | -0.09 | -0.06 | -0.09 | -0.07 | -0.07 | -0.07 | -0.06 | -0.05 |
| | 底板 | | 0.11 | 0.07 | 0.11 | 0.09 | 0.10 | 0.09 | 0.09 | 0.09 |

从表中数据可知,采用 AASHTO 规定的计算方法由于考虑了混凝土板厚的影响,明显低估了混凝土板参与结构作用的程度;当宽跨比为 0.15 时,EC4 给出的计算方法高估了混凝土板参与结构作用的程度,导致设计偏于不安全,而当宽跨比为 0.3 时,低估了混凝土的有效宽度,使结果偏于保守;相对而言,加拿大规范、BS5400、日本规范和中国规范以及本书提出的简化设计方法与解析解较为接近,但应用加拿大规范、BS5400、日本规范和中国规范计算底板的应力时不一定能将有限元值"包住",且本书计算方法更为简单和方便。

以上对比分析表明,本书提出的计算公式能够准确地计算集中荷载和均布荷载作用下的有效宽度,而且表达式可以直接反映参数 $b/l$ 和有效宽度之间的关系,物理意义明确,计算较为简便。

## 12.7 挠度影响分析和简化计算方法

### 12.7.1 剪力滞效应和剪切变形挠度影响分析

12.6节中翼板有效宽度是基于跨中截面正应力分布形态等效而来,结合11.3.1节剪力滞效应纵向变化规律研究可知,组合梁的有效宽度沿纵向并不是统一的,且边界条件和荷载类型对波形钢腹板组合箱梁翼板有效宽度分布会产生显著影响。因此,根据跨中截面应力状态得到的翼板有效宽度,用于计算波形钢腹板组合箱梁挠度时存在不合理之处。

对于波形钢腹板组合箱梁,宽跨比是影响剪力滞效应的主要因素[2],剪切变形与高跨比有关[23]。为验证本书提出的挠度计算公式的准确性,将理论计算方法与有限元法进行比较。限于篇幅,本书以承受跨中集中荷载和均布荷载的简支梁为例。首先,验证理论公式对考虑剪力滞效应的准确性,保持跨径($l=12m$)不变,不断调整腹板中心线间距(分别为2.4m、4.8m、7.2m、9.6m和12m),使得宽跨比$b/l$分别为0.1、0.2、0.3、0.4、0.5,其中横截面尺寸如表12-4所示,具体参数参考图12-1,计算结果如表12-5和图12-22所示。图12-23给出了$b/l=0.3$时,简支梁竖向挠度沿梁轴向分布。同时以腹板间距为4m、梁高2m(顶、底板厚度分别取0.25m和0.3m)为例,不断变化跨径(分别为10m、20m、30m、40m、50m、60m、70m、80m和100m),使跨高比$l/h$为5、10、15、20、25、30、35、40、50,验证理论公式对考虑剪切变形的准确性。跨中截面挠度计算结果见表12-6和图12-24。其中,挠度有限元取值为底板与最外侧腹板交界点的挠度。

**不同宽跨比 $b/l$ 波形钢腹板组合箱梁截面尺寸**　　表12-4

| 编号 | $b/l$ | $b_1/m$ | $b_2/m$ | $b_3/m$ | $h/m$ | $t_u/m$ | $t_b/m$ |
|---|---|---|---|---|---|---|---|
| 1 | 0.1 | 2.4 | 2.4 | 1.08 | 2 | 0.25 | 0.3 |
| 2 | 0.2 | 4.8 | 4.8 | 2.16 | 2 | 0.25 | 0.3 |
| 3 | 0.3 | 7.2 | 7.2 | 3.24 | 2 | 0.25 | 0.3 |
| 4 | 0.4 | 9.6 | 9.6 | 4.32 | 2 | 0.25 | 0.3 |
| 5 | 0.5 | 12 | 12 | 5.4 | 2 | 0.25 | 0.3 |

**不同宽跨比 $b/l$ 跨中截面竖向挠度比较**　　表12-5

| $b/l$ | 荷载类型 | 荷载大小 | $C_1$ ($\times E_c$) | $k$ | $k_1$ | 惯性矩 $I/m^4$ | 腹板面积 $A_w/m^2$ | 挠度/mm 理论值 | 挠度/mm FEM值 | 理论值/FEM值 |
|---|---|---|---|---|---|---|---|---|---|---|
| 0.1 | 集中荷载 | 1440kN | 3.98 | 1.48 | 2.90 | 4.72 | 0.08 | −1.03 | −0.93 | 1.11 |
| 0.1 | 均布荷载 | 42kN/m | 3.98 | 1.48 | 2.90 | 4.72 | 0.08 | −0.19 | −0.18 | 1.06 |
| 0.2 | 集中荷载 | 1440kN | 8.01 | 0.76 | 3.06 | 9.25 | 0.08 | −0.90 | −0.83 | 1.08 |
| 0.2 | 均布荷载 | 42kN/m | 8.01 | 0.76 | 3.06 | 9.25 | 0.08 | −0.17 | −0.16 | 1.06 |
| 0.3 | 集中荷载 | 1440kN | 12.04 | 0.51 | 3.12 | 13.77 | 0.08 | −0.86 | −0.81 | 1.06 |
| 0.3 | 均布荷载 | 42kN/m | 12.04 | 0.51 | 3.12 | 13.77 | 0.08 | −0.16 | −0.15 | 1.07 |

续上表

| $b/l$ | 荷载类型 | 荷载大小 | $C_1$ ($\times E_c$) | $k$ | $k_1$ | 惯性矩 $I/m^4$ | 腹板面积 $A_w/m^2$ | 挠度/mm | | 理论值/ FEM值 |
|---|---|---|---|---|---|---|---|---|---|---|
| | | | | | | | | 理论值 | FEM值 | |
| 0.4 | 集中荷载 | 1440kN | 16.08 | 0.38 | 3.15 | 18.29 | 0.08 | −0.85 | −0.80 | 1.06 |
| | 均布荷载 | 42kN/m | 16.08 | 0.38 | 3.15 | 18.29 | 0.08 | −0.15 | −0.15 | 1.00 |
| 0.5 | 集中荷载 | 1440kN | 20.11 | 0.31 | 3.17 | 22.82 | 0.08 | −0.83 | −0.79 | 1.05 |
| | 均布荷载 | 42kN/m | 20.11 | 0.31 | 3.17 | 22.82 | 0.08 | −0.15 | −0.15 | 1.00 |

注:集中荷载挠度理论值按式(12-54)计算,均布荷载挠度理论值按式(12-65)计算。

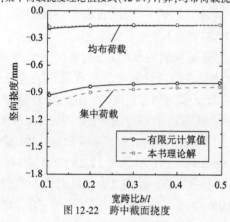

图12-22 跨中截面挠度

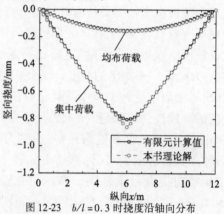

图12-23 $b/l=0.3$ 时挠度沿轴向分布

**不同跨高比 $l/h$ 跨中截面竖向挠度比较** 表12-6

| $l/h$ | 荷载类型 | 荷载大小 | $C_1$ ($\times E_c$) | $k$ | $k_1$ | 惯性矩 $I/m^4$ | 腹板面积 $A_w/m^2$ | 挠度/mm | | 理论值/ FEM值 |
|---|---|---|---|---|---|---|---|---|---|---|
| | | | | | | | | 理论值 | FEM值 | |
| 50 | 集中荷载 | 1440kN | 6.67 | 0.90 | 3.03 | 7.74 | 0.08 | −115.34 | −106.76 | 1.08 |
| | 均布荷载 | 42kN/m | 6.67 | 0.90 | 3.03 | 7.74 | 0.08 | −208.02 | −190.92 | 1.09 |
| 40 | 集中荷载 | 1440kN | 6.67 | 0.90 | 3.03 | 7.74 | 0.08 | −60.84 | −56.77 | 1.07 |
| | 均布荷载 | 42kN/m | 6.67 | 0.90 | 3.03 | 7.74 | 0.08 | −87.29 | −80.73 | 1.08 |
| 35 | 集中荷载 | 1440kN | 6.67 | 0.90 | 3.03 | 7.74 | 0.08 | −41.77 | −39.13 | 1.07 |
| | 均布荷载 | 42kN/m | 6.67 | 0.90 | 3.03 | 7.74 | 0.08 | −52.21 | −48.45 | 1.08 |
| 30 | 集中荷载 | 1440kN | 6.67 | 0.90 | 3.03 | 7.74 | 0.08 | −27.29 | −25.66 | 1.06 |
| | 均布荷载 | 42kN/m | 6.67 | 0.90 | 3.03 | 7.74 | 0.08 | −29.04 | −27.05 | 1.07 |
| 25 | 集中荷载 | 1440kN | 6.67 | 0.90 | 3.03 | 7.74 | 0.08 | −16.74 | −15.79 | 1.06 |
| | 均布荷载 | 42kN/m | 6.67 | 0.90 | 3.03 | 7.74 | 0.08 | −14.70 | −13.73 | 1.07 |
| 20 | 集中荷载 | 1440kN | 6.67 | 0.90 | 3.03 | 7.74 | 0.08 | −9.46 | −8.95 | 1.06 |
| | 均布荷载 | 42kN/m | 6.67 | 0.90 | 3.03 | 7.74 | 0.08 | −6.54 | −6.13 | 1.07 |
| 15 | 集中荷载 | 1440kN | 6.67 | 0.90 | 3.03 | 7.74 | 0.08 | −4.80 | −4.55 | 1.05 |
| | 均布荷载 | 42kN/m | 6.67 | 0.90 | 3.03 | 7.74 | 0.08 | −2.43 | −2.28 | 1.07 |
| 10 | 集中荷载 | 1440kN | 6.67 | 0.90 | 3.03 | 7.74 | 0.08 | −2.10 | −1.99 | 1.06 |
| | 均布荷载 | 42kN/m | 6.67 | 0.90 | 3.03 | 7.74 | 0.08 | −0.68 | −0.64 | 1.06 |

续上表

| $l/h$ | 荷载类型 | 荷载大小 | $C_1$ ($\times E_c$) | $k$ | $k_1$ | 惯性矩 $I/m^4$ | 腹板面积 $A_w/m^2$ | 挠度/mm 理论值 | 挠度/mm FEM值 | 理论值/FEM值 |
|---|---|---|---|---|---|---|---|---|---|---|
| 5 | 集中荷载 | 1440kN | 6.67 | 0.90 | 3.03 | 7.74 | 0.08 | −0.72 | −0.65 | 1.11 |
| | 均布荷载 | 42kN/m | 6.67 | 0.90 | 3.03 | 7.74 | 0.08 | −0.11 | −0.10 | 1.10 |

注:集中荷载挠度理论值按式(12-54)计算,均布荷载挠度理论值按式(12-65)计算。

以上计算结果表明,考虑了腹板剪切变形和剪力滞效应的挠度理论计算公式和有限元结果吻合良好,且理论计算值比有限元计算值稍大,使本书计算方法用于工程实际偏于安全。应说明的是,本书方法仅适用于弹性挠度计算,对于考虑材料非线性影响的剪切变形和剪力滞效应理论有待进一步研究。

为综合考查波形钢腹板剪力滞效应和剪切变形对波形钢腹板组合箱梁竖向挠度的影响规律,仍以上述不同宽跨比和跨高比的简支梁模型为例,应用理论方法得到不同宽跨比和跨高比下的剪力滞挠度影响系数 $\phi_1$ 和剪切变形挠度影响系数 $\phi_2$。计算结果如表12-7~表12-10所示。

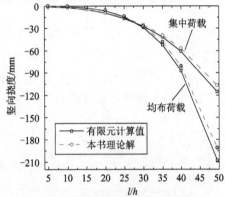

图12-24 不同跨高比 $l/h$ 跨中截面挠度比较

集中荷载时剪力滞挠度影响系数 $\phi_1$ 和剪切变形挠度影响系数 $\phi_2$ 随宽跨比变化　表12-7

| 宽跨比 $b/l$ | 0.1 | 0.2 | 0.3 | 0.4 | 0.5 |
|---|---|---|---|---|---|
| $\phi_1/\%$ | 8.24 | 30.04 | 59.15 | 90.12 | 119.31 |
| $\phi_2/\%$ | 224.68 | 439.88 | 654.95 | 869.98 | 1085.00 |

均布荷载时剪力滞挠度影响系数 $\phi_1$ 和剪切变形挠度影响系数 $\phi_2$ 随宽跨比变化　表12-8

| 宽跨比 $b/l$ | 0.1 | 0.2 | 0.3 | 0.4 | 0.5 |
|---|---|---|---|---|---|
| $\phi_1/\%$ | 7.24 | 27.89 | 56.57 | 87.56 | 116.97 |
| $\phi_2/\%$ | 179.74 | 351.90 | 523.96 | 695.98 | 868.00 |

集中荷载时剪力滞挠度影响系数 $\phi_1$ 和剪切变形挠度影响系数 $\phi_2$ 随跨高比变化　表12-9

| 跨高比 $l/h$ | 50 | 40 | 35 | 30 | 25 | 20 | 15 | 10 | 5 |
|---|---|---|---|---|---|---|---|---|---|
| $\phi_1/\%$ | 0.37 | 0.58 | 0.76 | 1.02 | 1.46 | 2.26 | 3.93 | 8.50 | 29.78 |
| $\phi_2/\%$ | 5.30 | 8.28 | 10.82 | 14.73 | 21.21 | 33.14 | 58.91 | 132.54 | 530.17 |

均布荷载时剪力滞挠度影响系数 $\phi_1$ 和剪切变形挠度影响系数 $\phi_2$ 随跨高比变化　表12-10

| 跨高比 $l/h$ | 50 | 40 | 35 | 30 | 25 | 20 | 15 | 10 | 5 |
|---|---|---|---|---|---|---|---|---|---|
| $\phi_1/\%$ | 0.31 | 0.48 | 0.62 | 0.85 | 1.22 | 1.90 | 3.36 | 7.46 | 27.66 |
| $\phi_2/\%$ | 4.24 | 6.63 | 8.66 | 11.78 | 16.97 | 26.51 | 47.13 | 106.03 | 424.14 |

从表12-7~表12-10可以看出,随宽跨比及高跨比的增大,波形钢腹板的剪切变形挠度影响系数 $\phi_2$ 均显著增大,在集中荷载作用下,当跨高比为5时,$\phi_2$ 可达约5.3。根据各国已

建波形钢腹板组合箱梁经验,波形钢腹板组合箱梁桥高跨比大多集中在 1/35 ~ 1/10 之间[24],因而剪切变形对挠度的影响不可忽略。波形钢腹板组合箱梁剪力滞挠度影响系数 $\phi_1$ 受宽跨比影响较大,但荷载形式(集中荷载和均布荷载)对 $\phi_1$ 的影响较小。当跨高比大于 5 时,剪力滞挠度影响系数相对较小,可以忽略不计。无论宽跨比和跨高比如何变化,剪切变形挠度影响系数 $\phi_2$ 均大于剪力滞挠度影响系数 $\phi_1$,即相比箱梁剪力滞效应,波形钢腹板的剪切变形对挠度的影响更大。

### 12.7.2 挠度简化计算方法

通过以上分析,剪切变形挠度影响系数 $\phi_2$ 的计算可以方便地通过式(12-56)和式(12-67)计算得到,但由于解析解考虑了剪力滞效应,需要计算 $C_1$、$k$ 和 $k_1$,剪力滞挠度影响系数 $\phi_1$ 计算过程较为麻烦,因而有必要对 $\phi_1$ 进行简化。从以上分析可知,剪力滞效应主要与宽跨比 $b/l$ 有关,通过不断变化宽跨比 $b/l$,拟合 $\phi_1$ 与宽跨比的关系,拟合公式如下:

$$\phi_1 = \frac{1}{0.33 + 0.13\,(b/l)^{-1.91}} \tag{12-78}$$

(相关系数 $R = 0.9891$)

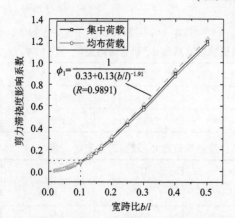

图 12-25 剪力滞挠度影响系数 $\phi_1$ 与宽跨比 $b/l$ 的关系

图 12-25 给出了剪力滞挠度影响系数与宽跨比的关系。从图中可知,集中荷载和均布荷载的剪力滞挠度影响系数差异较小,拟合公式(12-78)与剪力滞挠度影响系数理论值吻合良好。当宽跨比 $b/l$ 小于 0.1 时,剪力滞挠度影响系数小于 0.1,即剪力滞效应引起的附加变形小于初等梁计算挠度的 10%,忽略其影响可以满足工程精度要求。因此,采用宽跨比 0.1 作为波形钢腹板组合箱梁挠度计算是否考虑剪力滞效应影响的界限值。

因此,考虑剪力滞效应和剪切变形的简支梁挠度可按下式计算:

$$w = w_0 \left[ 1 + \frac{1}{0.33 + 0.13\,(b/l)^{-1.91}} + \phi_2 \right] \tag{12-79}$$

式中,集中荷载时,$\phi_2 = \dfrac{12E_c I_c}{\alpha_w G_e A_w l^2}$;均布荷载时,$\phi_2 = \dfrac{48E_c I_c}{5\alpha_w G_e A_w l^2}$。

## 12.8 本章小结

①基于箱梁竖向弯曲时翼板剪切变形规律和波形钢腹板组合箱梁理论模型,定义了多室波形钢腹板组合箱梁剪力滞翘曲位移函数,考虑截面轴力平衡,并应用能量变分原理建立了多室波形钢腹板组合箱梁剪力滞效应分析模型,推导了波形钢腹板组合简支梁在典型荷载作用

下的解析解。结合算例,应用有限元法验证了理论解析解的准确性。研究发现,剪切变形仅影响挠度,而对翼板剪力滞效应无影响。

②结合弯剪状态下多室波形钢腹板组合箱梁截面正应力分布状态,提出了多室波形钢腹板组合箱梁翼板有效宽度的新的定义方法,通过数值模拟得到承受跨中集中荷载和均布荷载作用的简支梁有效宽度计算公式。引入等效跨径的概念,该方法同样适用于悬臂梁和多跨连续梁。通过与国外组合梁桥设计方法和《公路钢筋混凝土及预应力混凝土桥涵设计规范》(JTG 3362—2018)对比分析发现,本书提出的方法精度更高,使用更方便。

③挠度影响分析中,以简支波形钢腹板组合箱梁为例,基于理论推导引入剪力滞挠度影响系数和剪切变形挠度影响系数,提出同时考虑剪力滞效应和剪切变形的挠度解析解,并结合参数分析给出了剪力滞挠度影响系数的简化计算公式,建议采用宽跨比0.1作为波形钢腹板组合箱梁挠度计算是否考虑剪力滞效应影响的界限值。

应说明的是,本章提出的简化计算方法仅适用于弹性计算分析,对于考虑材料非线性影响的剪切变形和剪力滞效应理论有待进一步研究。

# 参 考 文 献

[1] KRISTEK V, ECANS H R, AHMAD M K M. A shear lag analysis for composite box girders[J]. Journal of constructional steel research,1990,16(1):1-21.

[2] 吴文清,万水,叶见曙,等.波形钢腹板组合箱梁剪力滞效应的空间有限元分析[J].土木工程学报,2004, 37(9):31-36.

[3] 张彦玲,李运生,季文玉.简支组合箱梁在横向对称荷载作用下的解析解及剪力滞研究[J].石家庄铁道大学学报(自然科学版),2009,22(1):5-14.

[4] CARPENTER J A, CHEN S S, AREF A J, et al. Effective Slab Width for Composite Steel Bridge Members [R].2005.

[5] ADWKOLA A O. The dependence of shear lag on partial interaction in composite beams[J]. International journal of solids & structures,1974,10(4):389-400.

[6] 田春雨.钢-混凝土组合梁板体系的试验研究与理论分析[D].北京:清华大学,2005.

[7] 李法雄,聂建国.钢-混凝土组合梁剪力滞效应弹性解析解[J].工程力学,2011,28(9):1-8.

[8] AHN I S, CHIEWANICHAKORN M, CHEN S S, et al. Effective flange width provisions for composite steel bridges[J]. Engineering structures, 2004,26(12):1843-1851.

[9] 聂建国,李法雄,樊健生,等.钢-混凝土组合梁考虑剪力滞效应实用设计方法[J].工程力学,2011,28 (11):45-51.

[10] 田春雨,聂建国.简支组合梁混凝土翼缘剪力滞后效应分析[J].清华大学学报(自然科学版),2005(9): 1166-1169.

[11] 郭金琼,房贞政,罗孝登.箱形梁桥剪滞效应分析[J].土木工程学报,1983(1):1-13.

[12] 蔺鹏臻,周世军.基于剪切变形规律的箱梁剪力滞效应研究[J].铁道学报,2011,33(4):100-104.

[13] 钱寅泉,倪元增.箱梁剪力滞计算的翘曲函数法[J].铁道学报,1990(2):57-70.

[14] 李宏江,叶见曙,万水,等.剪切变形对波形钢腹板箱梁挠度的影响[J].交通运输工程学报,2002,2(4): 17-20.

[15] 张彦玲,李运生,樊健生,等.钢-混凝土组合梁负弯矩区有效翼缘宽度的研究[J].工程力学,2010,27 (2):178-185.

[16] 中华人民共和国住房和城乡建设部.钢结构设计标准:GB 50017—2003[S].北京:中国建筑工业出版社,2017.

[17] AASHO. LRFD Bridge Design Specifications[S]. Washington, D. C:2004.

[18] BSI Steel, concrete and composite bridges part 5: code of practice for the design of composite bridges: BS 5400-5[S]. London: British Standard Institution, 1979.

[19] Eurocode 4: design of composite steel and concrete structures part 2: general rules and rules for bridges: EN 2004-2:2005[S]. Brussels: European Committee for Standardization, Brussels, Belgium, 2005.

[20] CSA. Canadian highway bridge design code (CAN/CSA-S6-00)[S]. Canada: CSA International, 2000.

[21] 日本道路协会.道路桥示方书·同解说(钢桥篇)[S].东京:丸善株式会社,2001.

[22] 中华人民共和国.公路钢筋混凝土及预应力混凝土桥涵设计规范:JTG 3362—2018[S].北京:人民交通出版社股份有限公司,2018.

[23] 贺君,刘玉擎,陈艾荣,等.折腹式组合梁桥考虑剪切变形的挠度计算[J].同济大学学报(自然科学版),2009,37(4):440-444.

[24] 刘玉擎.组合结构桥梁[M].北京:人民交通出版社,2005.

# 第13章

# 内衬混凝土对中支点区段附加应力影响分析

本章依托国内某三跨波形钢腹板预应力混凝土连续刚构桥进行空间有限元仿真分析,探究平截面假定及本书提出的计算附加应力的理论方法在大跨径超高截面波形钢腹板预应力混凝土组合梁桥中的适用性,为广西飞龙大桥项目奠定理论研究基础。

## 13.1 研究目的

第10章已经基于理论分析,揭示了波形钢腹板组合梁中支点区域一定范围内混凝土顶底板存在附加应力,基于平截面假定的传统应力计算式(9-1)只有在与梁端有一定距离后才成立。对于大跨径波形钢腹板组合梁/刚构桥,中支点区段一定范围内一般设置内衬混凝土,内衬混凝土对顶底板混凝土附加应力的影响尚未知。因此,本章基于实际工程结构的有限元分析,探究内衬混凝土对中支点区段附加应力的影响,并进行参数分析,依据有限元的附加弯曲应力计算结果,从内衬混凝土布置长度、宽度、构造和材料四个方面,系统分析了实际桥梁中支点区段的混凝土附加弯曲应力随不同尺寸内衬混凝土的变化规律以及合理布置,以探究大跨径超高截面波形钢腹板预应力混凝土组合梁桥平截面假定的适用性。

## 13.2 实桥构造与有限元模型

### 13.2.1 实桥构造特点

图13-1为国内某三跨连续波形钢腹板预应力混凝土组合梁桥总体布置图。桥梁全长370m,其中主跨180m,边跨95m。图13-2为组合截面尺寸,截面为单箱单室,中支点0#块高11.25m,混凝土底板厚1.8m;边支点及跨中梁高4.2m,混凝土底板厚0.34m。混凝土桥面板宽13m,厚度变化范围为30~80cm,钢腹板两侧桥面板伸出悬臂长度为3m;混凝土底板宽7m。支点区段内衬混凝土长度为15.8m。

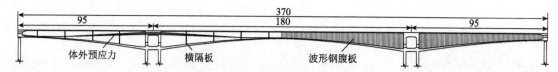

图 13-1 桥梁总体布置图(尺寸单位:m)

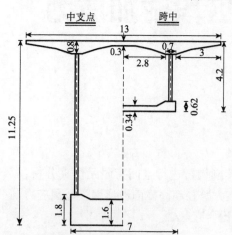

图 13-2 横截面布置(尺寸单位:m)

结合部构造如图 13-5 所示。

图 13-3、图 13-4 所示为波形钢腹板构造示意尺寸,波形钢腹板采用新型 1800 型 Q420qD NH 耐候钢,其中直板段长度 480mm,斜板段纵向投影长度 420mm,波高 240mm。施工标准作业节段长度为 3.6m 和 5.4m。钢板厚度从跨中至支点逐渐增加,其中跨中钢板厚 14mm,支点钢板厚 28mm。

主墩为双肢薄壁桥墩,混凝土壁宽 7.0m,厚 1.7m,两墩净间距 7.6m。

主梁为三向预应力体系,采用体内外混合配束形式。0#块竖向预应力采用 3Φ°15.2 钢绞线。顶板横向预应力采用 2Φ°15.2 钢绞线。在 0#块和端横梁设置锚固块,在横隔板处实现转向。

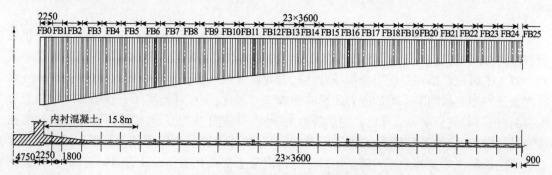

图 13-3 波形钢腹板布置(尺寸单位:mm)

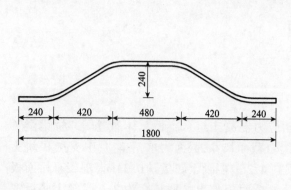

图 13-4 1800 型波形钢腹板(尺寸单位:mm)

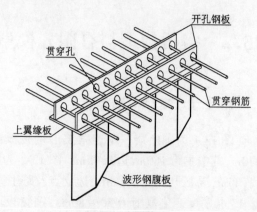

图 13-5 结合部构造

## 13.2.2 有限元模型

建立全桥三维实体有限元模型,如图13-6所示。顶底板、内衬混凝土、横梁均采用SOLID65单元模拟;波形钢腹板、上下翼缘钢板和加劲板均采用SHELL63单元模拟;体内预应力钢束采用LINK10单元模拟,采用约束方程耦合预应力筋节点与其附近混凝土单元节点的所有自由度。主桥箱梁各材料参数如表13-1所示。

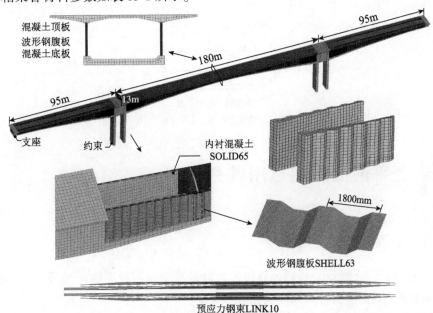

图13-6 有限元数值模型

材料参数  表13-1

| 构件 | 材料 | 弹性模量/MPa | 泊松比 | 密度/(kg/m³) |
| --- | --- | --- | --- | --- |
| 主桥顶底板 | C60 | $3.60 \times 10^4$ | 0.2 | $2.6 \times 10^3$ |
| 桥墩 | C40 | $3.25 \times 10^4$ | 0.2 | $2.6 \times 10^3$ |
| 钢腹板 | Q420qDNH | $2.06 \times 10^5$ | 0.3 | $7.85 \times 10^3$ |
| 钢绞线 | $\phi^s 15.2$ | $1.95 \times 10^5$ | 0.3 | $7.85 \times 10^3$ |

## 13.2.3 荷载选取

实际中桥梁所受到的荷载种类繁多,桥梁力学状态复杂。考虑到多重复杂荷载作用下,桥梁结构处于弯剪压扭共同作用下的复杂受力状态,桥梁中支点区段混凝土附加弯曲应力难以直观展现。例如,预应力的纯压效应、温度的不规则效应会对平截面假定的验证以及判断附加应力大小产生影响,因而只考虑弯剪荷载(自重、车辆荷载等)下的受力特性,使得桥梁结构处于弯剪受力状态,荷载取值依据相关规范确定。考虑桥梁施工过程,自重作用采用大悬臂体系,活载采用成桥体系。结构自重示意、活载顺桥向和横桥向布置如图13-7所示,其中集中荷载作用于中跨跨中,横桥向采用对称车道加载。

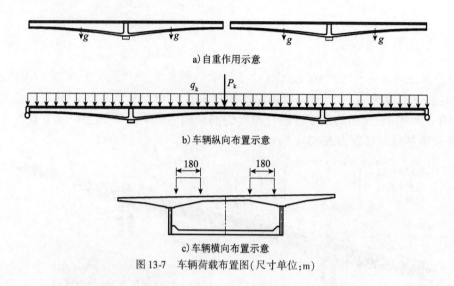

图13-7 车辆荷载布置图(尺寸单位:m)

## 13.3 应变平截面假定适用性分析

### 13.3.1 截面竖向应变分布

基于全桥有限元数值模拟,分别计算设置内衬混凝土与不设置内衬混凝土的实桥结构在相同荷载作用下混凝土应变分布规律变化。

在弯剪荷载共同作用下,选取桥梁纵向5个截面,以跨中截面为原点($X=0$),截面坐标分别为 $X=-85.5$m(固定端),$X=-74.7$m(内衬混凝土端部),$X=-56.7$m,$X=-38.7$m 以及 $X=-20.25$m,探究大跨径超高截面波形钢腹板组合梁桥在全跨范围内拟平截面假定的适用性。

图13-8所示为未设置内衬混凝土时桥梁不同截面应变沿高度的分布。结果显示,靠近中支点附近($X=-85.5$m),由于存在附加应力,截面应变分布不再满足拟平截面假定;当截面远离支点后,附加应力为0,混凝土应变竖向满足线性分布,波形钢腹板由于自身存在手风琴效应,应变分布基本为0,符合拟平截面假定分布规律。

图13-9所示为设置内衬混凝土时桥梁不同截面应变沿高度的分布,结果显示,靠近中支点附近($X=-85.5$m),由于内衬混凝土作用,全截面参与抗弯,混凝土顶底板与腹板应变竖向满足平截面假定;内衬混凝土端部,由于存在附加应力,混凝土应变分布较为复杂,不满足线性分布;当远离内衬混凝土端部后,混凝土应变竖向满足线性分布,波形钢腹板应变分布基本接近0,截面的应变分布符合拟平截面假定。

综上所述,对于大跨径超高截面波形钢腹板预应力混凝土组合梁桥,未设置内衬混凝土时,附加应力出现在固定端;设置内衬混凝土后,附加应力由固定端转移至内衬混凝土端部。当远离固定端/内衬混凝土端部一定距离后,附加应力逐渐减小至0。在大跨径超高截面组合梁桥中,混凝土应变竖向分布除附加应力存在的局部区域(未设置内衬混凝土的结构梁端或内衬混凝土端部)外,全跨范围仍满足平截面假定分布规律,钢腹板纵向剪切变形不影响混凝土应变分布规律,符合前文理论结论。

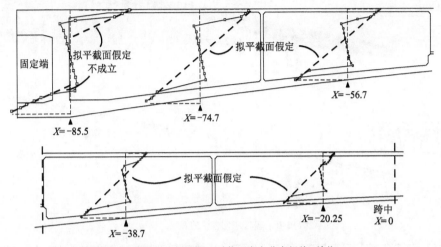

图 13-8　未设置内衬混凝土时截面应变分布规律(单位:m)

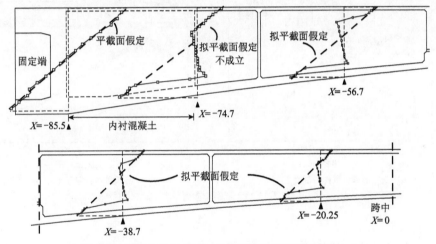

图 13-9　梁端设置内衬混凝土时截面应变分布规律(单位:m)

### 13.3.2　全桥纵向应力分布

分别建立不同单元(实体单元、空间梁单元)下的桥梁有限元模型(图 13-10),以探究基于平截面假定计算的应力与实际应力的不同。其中空间梁单元模型基于软件 MIDAS 建立,设置内衬混凝土的组合腹板段采用等效混凝土截面,并赋予空间梁单元。

图 13-11 所示分别为数值模拟下反映实际应力的实体模型、基于平截面假定的空间梁单元模型以及本书方法对梁单元结果修正的三种方法得到的混凝土顶板上表面应力分布对比。

结果显示,当不设置内衬混凝土时,负弯矩区靠近支点附近,截面应力计算不再满足传统应力计算式(9-1);当截面与支点存在一定距离后,实体模型和基于计算式(9-1)的空间梁单元模型计算的混凝土应力完全重合,即混凝土顶底板的应力分布满足平截面假定。

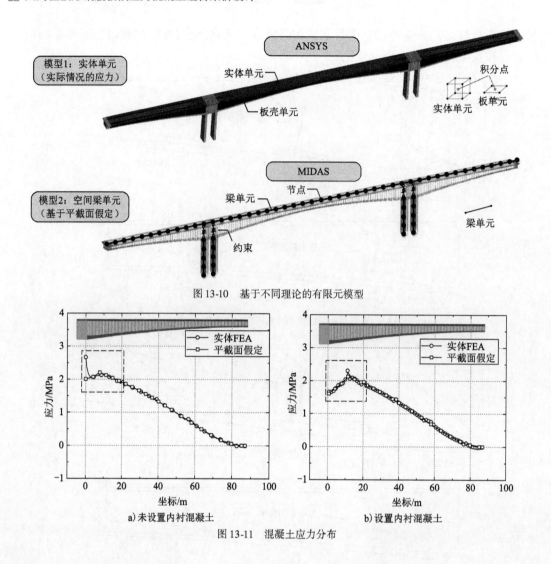

图 13-10 基于不同理论的有限元模型

a) 未设置内衬混凝土　　b) 设置内衬混凝土

图 13-11 混凝土应力分布

## 13.4 局部应力分析

图 13-12 所示为桥梁结构正应力分布云图。结果显示，在内衬混凝土端部附近存在复杂的应力场，内衬混凝土端部的顶板上表面由于附加应力作用出现峰值拉应力。此外，波形钢腹板在此区域应力集中现象明显，而全跨范围内受力基本为 0。

截取内衬混凝土端部附近截面混凝土应力，如图 13-13 所示。在内衬混凝土组合腹板段，由于内衬混凝土参与截面抗弯，混凝土应力较小。在截面过渡区混凝土顶板与内衬混凝土连接处，存在局部应力集中（区域 1）；由于附加应力作用，混凝土顶板上缘与底板下缘应力偏大（区域 2、区域 3）。图 13-14 所示为局部钢板应力分布图，腹板全跨范围内受力较小，内衬混凝土端部区域应力集中现象明显。混凝土与钢腹板应力分布规律均符合前文结论。因此在实际设计中，需要考虑内衬混凝土端部区域应力集中现象，并采取相应的加强措施。

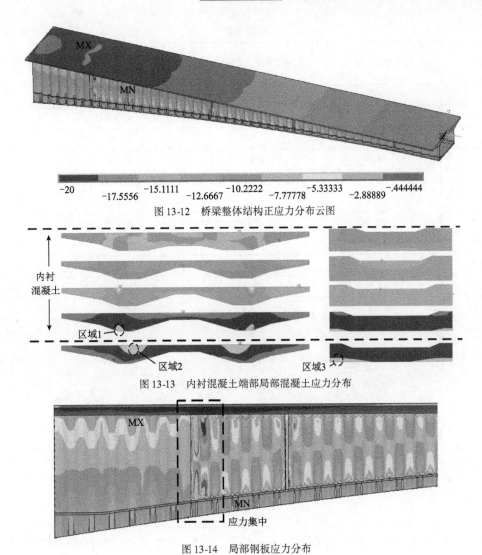

图 13-12 桥梁整体结构正应力分布云图

图 13-13 内衬混凝土端部局部混凝土应力分布

图 13-14 局部钢板应力分布

## 13.5 考虑附加应力的内衬混凝土合理布置

前文已经揭示了波形钢腹板组合梁中支点区段附加应力的存在和分布规律，证明了设置内衬混凝土可以有效削减附加弯曲应力的峰值。但不同构造下的内衬混凝土对附加应力的影响规律尚不明确，因而直接基于实桥的有限元分析，探究内衬混凝土的构造参数对附加应力的影响，进而得到内衬混凝土合理布置。

建立 12 个实桥有限元数值模型进行参数分析，分别探究不同内衬混凝土长度、厚度、构造以及材性下的混凝土附加弯曲应力。

不同数值模型的内衬混凝土结构参数如表 13-2 所示。其中内衬混凝土长度、厚度、构造如图 13-15 所示。

模型参数　　　　　　　　　　　　　　　　　　表13-2

| 模型编号 | 内衬混凝土长度 $L_1$/m | 内衬混凝土厚度 $t_{eq}$/m | 内衬混凝土构造（过渡长度）$L_2$/m | 内衬混凝土强度等级 |
| --- | --- | --- | --- | --- |
| NC1 | 0 | 0.6 | 全高度 | C60 |
| NC2 | 3.8 | 0.6 | 全高度 | C60 |
| NC3 | 7.8 | 0.6 | 全高度 | C60 |
| NC4 | 11.8 | 0.6 | 全高度 | C60 |
| NC5 | 15.8 | 0.6 | 全高度 | C60 |
| NC6 | 15.8 | 0.44 | 全高度 | C60 |
| NC7 | 15.8 | 0.28 | 全高度 | C60 |
| NC8 | 15.8 | 0.6 | 过渡—7 | C60 |
| NC9 | 15.8 | 0.6 | 过渡—10 | C60 |
| NC10 | 15.8 | 0.6 | 过渡—13 | C60 |
| NC11 | 15.8 | 0.6 | 全高度 | C50 |
| NC12 | 15.8 | 0.6 | 全高度 | C40 |

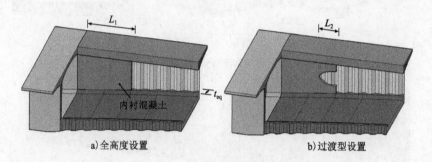

a) 全高度设置　　　　　　b) 过渡型设置

图13-15　内衬混凝土构造示意

其中，NC1~NC5探究内衬混凝土长度的影响，NC5~NC7探究内衬混凝土厚度的影响，NC5、NC8~NC10探究内衬混凝土构造（设置过渡段）的影响，NC5、NC11~NC12探究内衬混凝土材性的影响。

### 13.5.1　内衬混凝土长度

图13-16所示为不同内衬混凝土长度对实桥混凝土顶底板应力的影响。其中内衬混凝土长度分别采用0m、3.8m、7.8m、11.8m和15.8m，其他构造尺寸及材料特性参数相同。

结果显示，当内衬混凝土长度不同时，除内衬混凝土附近局部区域外，顶底板混凝土应力基本不变。当内衬混凝土长度从0增加至15.8m时，附加应力峰值部位从固定端处转移至内衬混凝土端部，混凝土顶板应力峰值从3.94MPa（中跨）/2.27MPa（边跨）降低至3.47MPa（中跨）/1.92MPa（边跨），减小12%（中跨）/15%（边跨）；混凝土底板应力峰值从-4.39MPa（中跨）/-1.93MPa（边跨）降低至-3.34MPa（中跨）/-1.69MPa（边跨），减小24%（中跨）/12%（边跨）。符合前文理论分析的变化结果。

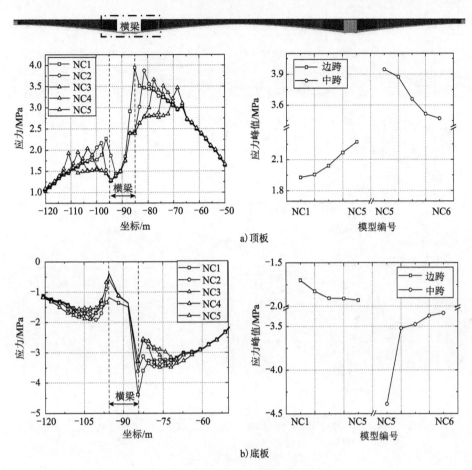

图 13-16 混凝土应力分布及应力峰值(一)

结果显示,内衬混凝土长度 $L_1$ 增加,附加应力峰值逐渐降低,当内衬混凝土长度 $L_1$ 为 7.8m 后,降低趋势逐渐减小,作用效果较弱。现阶段,传统设计建议内衬混凝土长度不小于 1 倍梁高[1];基于此,可建议内衬混凝土长度设计为 70% 梁高,以减小施工难度与自重,符合布置内衬混凝土长度 $L_a = 0.7h$ 的结论。

## 13.5.2 内衬混凝土厚度

图 13-17 所示为内衬混凝土厚度对实桥混凝土顶底板应力的影响。其中内衬混凝土厚度分别采用 0.6m、0.44m 和 0.28m,其他构造尺寸及材料特性参数相同。

结果显示,当内衬混凝土厚度不同时,全桥除内衬混凝土附近局部区域外,整体混凝土应力基本不变。当内衬混凝土厚度从 0.6m 减小至 0.28m 时,附加应力峰值部位位于内衬混凝土端部未发生移动,混凝土顶板应力峰值从 3.27MPa(中跨)/1.83MPa(边跨)降低至 3.21MPa(中跨)/1.71MPa(边跨),减小 2%(中跨)/6.6%(边跨);混凝土底板应力峰值从 -3.34MPa(中跨)/-1.69MPa(边跨)降低至 -3.33MPa(中跨)/-1.67MPa(边跨),减小 0.3%(中跨)/1%(边跨)。

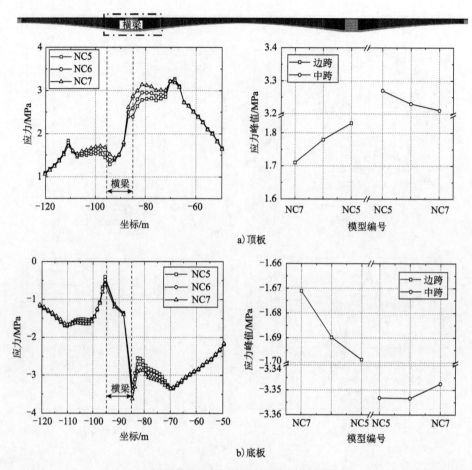

图 13-17 混凝土应力分布及应力峰值(二)

内衬混凝土厚度 $t_{eq}$ 减小,应力峰值逐渐降低。前文已经揭示了附加弯曲应力是由端梁约束腹板纵向剪切变形而产生的,因此,当内衬混凝土厚度减小时,对波形钢腹板剪切变形的约束作用减弱,相较于厚度较大的内衬混凝土,波形钢腹板的剪切变形得到了一定释放,因而有利于削弱混凝土附加弯曲应力峰值。

因此,可以适当减小内衬混凝土厚度,削弱混凝土对波形钢腹板剪切变形的约束作用,以减小内衬混凝土端部混凝土附加弯曲应力峰值。

### 13.5.3 内衬混凝土构造

图 13-18 所示为内衬混凝土构造(过渡长度)对实桥混凝土顶底板应力的影响。过渡长度分别为 7m、10m 和 13m,其他构造尺寸及材料特性参数相同。

结果显示,当内衬混凝土过渡长度不同时,全桥除内衬混凝土附近局部区域外,整体混凝土应力基本不变。当内衬混凝土过渡长度从 7m 增大至 13m 时,附加应力峰值部位从内衬混凝土端部处转移至过渡段根部,混凝土顶板应力峰值从 3.27MPa(中跨)/1.83MPa(边跨)降低至 3.08MPa(中跨)/1.75MPa(边跨),减小 6%(中跨)/4.4%(边跨);混凝土底板应力峰值

从 $-3.34\text{MPa}$(中跨)/$-1.69\text{MPa}$(边跨)降低至 $-3.26\text{MPa}$(中跨)/$-1.57\text{MPa}$(边跨),减小 2.4%(中跨)/7%(边跨)。符合前文理论分析的变化结果。

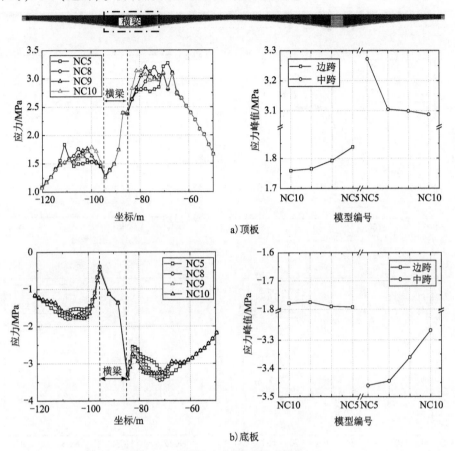

图 13-18 混凝土应力分布及应力峰值(三)

随着内衬混凝土过渡长度的增大,应力峰值降低趋势逐渐减弱。考虑到附加弯曲应力是由波形钢腹板剪切变形受到周围混凝土的约束而产生的作用,因此,当内衬混凝土过渡段长度增大时,混凝土对波形钢腹板剪切变形的约束作用减弱,相较于无过渡段的内衬混凝土,释放了一定比例的钢腹板剪切变形,因而有利于削弱混凝土附加弯曲应力峰值。

### 13.5.4 内衬混凝土材性

图 13-19 所示为内衬混凝土材料特性对实桥混凝土顶底板应力的影响。其中混凝土材料特性分别采用 C60、C50 和 C40,弹性模量分别取 $3.6\times10^4$ MPa、$3.45\times10^4$ MPa 和 $3.25\times10^4$ MPa,其他构造尺寸参数相同。

结果显示,当内衬混凝土材料特性不同时,全桥除内衬混凝土附近局部区域外,整体混凝土应力基本不变。当内衬混凝土强度等级从 C60 降低至 C40 时,附加应力峰值部位位于内衬混凝土端部未发生移动,混凝土顶板应力峰值从 $3.27\text{MPa}$(中跨)/$1.83\text{MPa}$(边跨)降低至 $3.24\text{MPa}$(中跨)/$1.81\text{MPa}$(边跨),减小 0.9%(中跨)/1.1%(边跨);混凝土底板应力峰值从

−3.34MPa（中跨）/−1.69MPa（边跨）降低至−3.33MPa（中跨）/−1.68MPa（边跨），减小0.3%（中跨）/0.6%（边跨）。

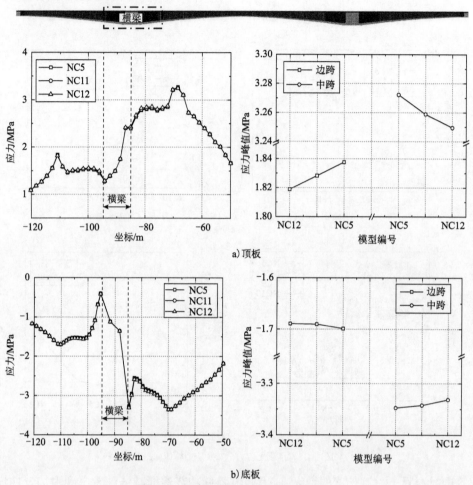

图 13-19 混凝土应力分布及应力峰值（四）

随着内衬混凝土强度等级/弹性模量的降低，混凝土应力峰值虽然几乎未变，但仍有微弱降低趋势。考虑到附加弯曲应力是由波形钢腹板剪切变形受到周围混凝土的约束而产生的作用，因此，当内衬混凝土弹性模量降低时，混凝土对波形钢腹板剪切变形的约束作用减弱，相较于刚度较大的内衬混凝土，对钢腹板的约束作用减弱，释放了一定比例的钢腹板剪切变形，因而有利于减小混凝土附加弯曲应力峰值。

## 13.6 考虑混凝土附加应力的设计建议

### 13.6.1 截面应力计算设计建议

考虑到反映实际应力情况的实体模型建模过程复杂，现阶段桥梁设计时使用阶段应力均基于平截面假定的梁单元模型进行计算。本书已经证实混凝土附加应力的存在以及分布规律。因此,需要对梁单元模型计算下的应力进行修正,以近似得到实际混凝土应力。计算设计建议如下:

①简支梁桥设计中,基于式(9-2)计算梁端附加拉应力;

②连续梁桥/连续刚构桥设计中,基于式(10-24)考虑附加应力引起的内衬混凝土端部顶板上表面峰值应力增大的现象。

### 13.6.2　内衬混凝土设计建议

波形钢腹板预应力混凝土组合梁梁端腹板处,一般设置一定距离的内衬混凝土,主要作用如下:

①提高支点区段腹板的抗剪稳定性;

②为波形钢腹板与梁端横梁提供传力过渡段,防止结合部应力集中;

③缓解混凝土顶底板附加应力。

传统设计建议内衬混凝土长度不小于1倍梁高。近年来的相关设计中,内衬混凝土长度与梁高的关系各不相同,比值集中在 0.5~1 范围内,但均未考虑内衬混凝土参与腹板受力。因此,综合本书研究,从缓解混凝土顶底板的附加应力角度,提出内衬混凝土相关设计建议如下:

①建议内衬混凝土长度设计为不小于70%梁高,以减小施工难度与自重;

②综合施工难易度,适当减小内衬混凝土厚度;

③设置 1~2 个波段的高度过渡区,防止内衬混凝土端部应力集中;

④相比受力构件的混凝土,内衬混凝土可适当降低 1~2 个混凝土强度等级。

### 13.6.3　截面构造加强设计建议

13.4 节实桥局部应力分析结果显示,在内衬混凝土端部附近存在复杂的应力场,混凝土顶板与内衬混凝土连接处由于附加应力作用出现峰值应力。此外,波形钢腹板虽然全跨范围内受力基本为0,但在此区域应力集中现象明显。因此,综合本书研究,针对改善混凝土顶底板的附加应力,提出截面构造加强相关设计建议如下:

①如图 13-20 所示,内衬混凝土端部截面,在与内衬混凝土相接处的混凝土顶底板配置加强钢筋,具体可依据实际混凝土应力考虑10%的附加应力来实现(内衬混凝土长度大于70%梁高)。

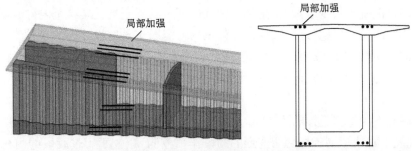

图 13-20　内衬混凝土端部截面局部加强措施

②如图 13-21 所示,在内衬混凝土端部,波形钢腹板应力集中区域设置纵向加劲肋,形成钢腹板至钢腹板-内衬混凝土组合段的应力传递过渡区,以改善钢腹板应力集中的现象。

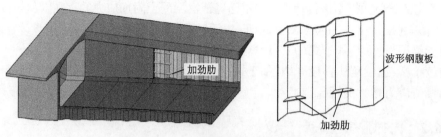

图 13-21　波形钢腹板局部加强措施

③如图 13-22 所示,在内衬混凝土端部,波形钢腹板与混凝土之间连接件采用柔性连接件[2],如开孔板中添加橡胶套,以释放一定的相对变形,改善局部混凝土应力集中的现象。

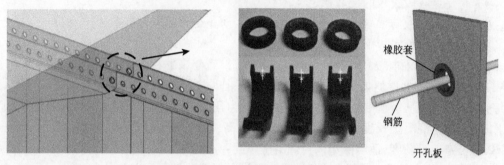

图 13-22　连接件改善措施

## 13.7　本章小结

①对于大跨径波形钢腹板连续梁/刚构桥,未设置内衬混凝土时,附加应力出现在固定端;设置内衬混凝土时,附加应力由固定端转移至内衬混凝土端部。本章提出的计算方法适用于大跨径超高截面组合梁的混凝土附加应力计算。全桥混凝土应变分布除附加应力存在的区域外,截面应变竖向分布均满足平截面假定分布规律。

②当内衬混凝土长度 $L_1$ 不同时,全桥除内衬混凝土附近局部区域外,整体混凝土应力基本不变。当内衬混凝土长度增加时,附加应力峰值部位从固定端处转移至内衬混凝土端部,附加应力峰值逐渐降低,且趋势逐渐减弱。可建议内衬混凝土长度设计为 70% 梁高。

③内衬混凝土厚度 $t_{eq}$ 减小,应力峰值降低。因此,可以适当减小内衬混凝土厚度,削弱混凝土对波形钢腹板剪切变形的约束作用,以减小内衬混凝土端部混凝土附加弯曲应力峰值。

④内衬混凝土构造(过渡长度)$L_2$ 增大,应力峰值逐渐降低。因此,当内衬混凝土过渡长度增大时,混凝土对波形钢腹板剪切变形的约束作用减弱,相较于无过渡段的内衬混凝土,释放了一定比例的钢腹板剪切变形,因而有利于减小混凝土附加弯曲应力峰值。

⑤内衬混凝土弹性模量降低,应力峰值有微弱降低趋势。因此,可以适当减小内衬混凝土弹性模量,以减小内衬混凝土端部混凝土附加弯曲应力峰值。

## 参 考 文 献

[1] 刘朵,杨丙文,张建东,等.波形钢腹板组合桥梁内衬混凝土抗剪性能研究[J].世界桥梁,2013,41(6),72-75.
[2] LIU Y Q,XIN H H,LIU Y Q. Experimental and analytical study on shear mechanism of rubber-ring perfobond connector[J]. Engineering structures,2019,197:109382.

# 第 14 章

# 内衬混凝土组合腹板箱梁承载性能理论研究

本章依托广西飞龙大桥,根据内衬混凝土组合腹板梁弯曲性能、剪切性能以及弯剪性能试验结果,推导内衬混凝土组合腹板梁的抗弯承载力、抗剪刚度及抗剪承载力理论计算式,分析波形钢腹板与内衬混凝土的剪力分担比,并进一步推导内衬混凝土组合箱梁的抗弯、抗剪承载力理论计算式。

## 14.1 研究目的

抗弯承载力、抗剪承载力、抗剪刚度是波形钢腹板预应力混凝土组合梁桥承载性能验算中的关键参数。国内研究人员依托部分工程,开展了波形钢腹板预应力混凝土组合箱梁的力学性能研究,取得部分成果[1-2]。目前,相关研究主要集中于波形钢腹板的承载性能,对内衬混凝土组合截面的承载性能尚未有系统研究,因此本章探索研究内衬混凝土组合腹板箱梁的承载性能。

## 14.2 内衬混凝土组合腹板梁抗弯承载力计算

### 14.2.1 钢翼缘与腹板宽厚比

一般工字钢梁弯曲强度设计时,规范(加拿大 CSA 2002、美国 AISC 2003)通过限制翼缘与腹板的宽厚比,防止结构在屈服弯矩与塑性弯矩达到之前出现翼缘或腹板局部屈曲。AISC-LRFD 对完全塑性截面及非完全塑性(满足屈服)截面翼缘与腹板宽厚比限制如下:

(1)完全塑性截面

$$\frac{b_{fl}}{2t_{fl}} \leqslant 0.38\sqrt{\frac{E_s}{f_y}}, \quad \frac{h_w}{t_w} \leqslant 3.76\sqrt{\frac{E_s}{f_y}} \qquad (14\text{-}1)$$

（2）非完全塑性截面

$$\frac{b_{\mathrm{fl}}}{2t_{\mathrm{fl}}} \leqslant 0.83\sqrt{\frac{E_{\mathrm{s}}}{f_{\mathrm{y}}-\sigma_{\mathrm{r}}}}, \frac{h_{\mathrm{w}}}{t_{\mathrm{w}}} \leqslant 5.70\sqrt{\frac{E_{\mathrm{s}}}{f_{\mathrm{y}}}} \tag{14-2}$$

式中：$b_{\mathrm{fl}}$、$t_{\mathrm{fl}}$——分别为受压翼缘的宽度与厚度；

$h_{\mathrm{w}}$、$t_{\mathrm{w}}$——分别为腹板的高度与厚度；

$E_{\mathrm{s}}$、$f_{\mathrm{y}}$——分别为钢结构的弹性模量及屈服强度；

$\sigma_{\mathrm{r}}$——残余应力，热轧加工取 65MPa，焊接制作取 114MPa。

完全塑性截面局部屈曲发生在全截面塑性破坏前，因此极限状态时，钢翼缘和腹板可达到全截面塑性。

### 14.2.2 抗弯承载力理论计算公式

依据内衬混凝土组合腹板梁弯曲性能试验结果，对其抗弯承载力理论计算模型提出以下假设：①极限状态时，上下翼缘钢板达到极限强度；②受压区混凝土与钢腹板共同承担弯矩，满足平截面假定；③受拉区混凝土达到极限拉应力后退出工作，忽略受拉区未屈服波形钢腹板对抗弯承载力的贡献。

如图 14-1 所示，为简化内衬混凝土组合腹板梁抗弯承载力的计算方法，将变腹板厚度的内衬混凝土波形钢板组合腹板简化为等厚度的内衬混凝土平钢板组合腹板。如图 14-2 所示，选取抗弯强度最不利的混凝土厚度最小截面（$C\text{-}C$）为分析对象，推导内衬混凝土组合腹板梁的抗弯承载力。

图 14-1 内衬混凝土组合腹板等效计算模式

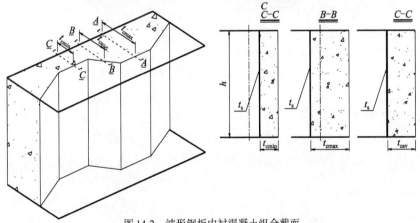

图 14-2 波形钢板内衬混凝土组合截面

结构极限状态受力如图 14-3 所示。由内衬混凝土组合腹板梁弯曲性能试验结果可知，受拉区钢腹板在极限状态下除靠近下翼缘附近屈服外，其余部分纵向应力较小，故推导抗弯承载力时忽略未屈服受拉区钢腹板的贡献。

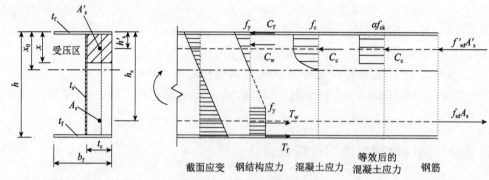

图 14-3 结构极限状态受力图示

由力的平衡可得：

$$T_w + T_f + f_{sd}A_s = C_w + C_f + C_c + f'_{sd}A'_s \tag{14-3}$$

其中：

$$T_w = f_y t_s (h - 2x_0) \tag{14-4}$$

$$T_f = C_f = f_y t_f b_f \tag{14-5}$$

$$C_w = \frac{1}{2} f_y t_s x_0 \tag{14-6}$$

$$C_c = \int_0^{x_0} f_c b \mathrm{d}y = \alpha f_{ck} x t_c = \alpha f_{ck} \beta x_0 t_c \tag{14-7}$$

式中：$A_s$、$A'_s$——分别为受拉区与受压区普通钢筋截面面积；

$f_{sd}$、$f'_{sd}$——分别为受拉区与受压区普通钢筋的设计强度；

$h$——梁高；

$f_y$——钢板屈服强度；

$f_{ck}$——混凝土轴心抗压强度标准值；

$b_f$——钢翼缘宽度；

$t_f$、$t_s$、$t_c$——分别为钢翼缘、钢腹板以及内衬混凝土厚度；

$x_0$——混凝土受压区高度；

$x$——等效矩形应力分布的受压区高度；

$\alpha$——矩形应力图宽度系数；

$\beta$——矩形应力图高度系数。

混凝土受压区应力-应变曲线如图 14-4 所示，相应应力-应变方程如式（14-8）所示。

$$f_c = \begin{cases} f'_c \left[ 2\left(\dfrac{\varepsilon_c}{\varepsilon'_c}\right) - \left(\dfrac{\varepsilon_c}{\varepsilon'_c}\right)^2 \right], & \varepsilon_c \leqslant \varepsilon'_c \\ f'_c, & \varepsilon'_c < \varepsilon_c \leqslant \varepsilon_{cu} \end{cases} \tag{14-8}$$

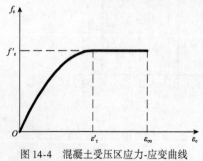

图 14-4 混凝土受压区应力-应变曲线

将式(14-8)代入式(14-7)可计算得：

$$\alpha\beta = \frac{\varepsilon_{cu}}{\varepsilon'_c} - \frac{1}{3}\left(\frac{\varepsilon_{cu}}{\varepsilon'_c}\right)^2 \quad (14\text{-}9)$$

受压区混凝土合力点到截面中性轴距离：

$$\bar{y} = \frac{\int_0^{x_0} f_c b y \, dy}{\int_0^{x_0} f_c b \, dy} = x_0 - 0.5\beta x_0 \quad (14\text{-}10)$$

联合式(14-7)~式(14-10)可解得：

$$\beta = \frac{4 - \varepsilon_{cu}/\varepsilon'_c}{6 - 2\varepsilon_{cu}/\varepsilon'_c} \quad (14\text{-}11)$$

最终由式(14-3)可解得混凝土受压区高度：

$$x_0 = \frac{2f_y t_s h}{5f_y t_s + 2\alpha f_{ck} \beta t_c} \quad (14\text{-}12)$$

对受压区普通钢筋作用点取矩，可计算截面抗弯极限承载力，即：

$$M_{du} = f_{sd}A_s(h_s - h'_s) + T_f h + T_w\left(\frac{h}{2} + x_0 - h'_s\right) - C_w\left(\frac{x_0}{3} - h'_s\right) - C_c\left(\frac{\beta x_0}{2} - h'_s\right) \quad (14\text{-}13)$$

式中：$h_s$、$h'_s$——分别为受拉区与受压区普通钢筋形心至梁上缘的距离。

表 14-1 为试件抗弯承载力理论计算值与试验值比较，抗弯承载力计算值同试验结果吻合较好，可以采用本书提出的计算模型初步估计内衬混凝土组合腹板梁的抗弯承载力。

抗弯承载力理论计算值与试验值比较　　　　表 14-1

| 试件 | 抗弯承载力理论计算值/kN | 抗弯承载力试验值/kN | 理论计算值/试验值 |
|---|---|---|---|
| BS-1 | 1140 | 1197 | 0.95 |
| BC-1 | 1392 | 1446 | 0.96 |

## 14.3 内衬混凝土组合箱梁抗弯承载力计算

对内衬混凝土组合箱梁抗弯承载力理论计算模型提出以下假设：
①极限状态时，受压区混凝土压碎，受压钢翼缘屈服；
②受压区混凝土与钢腹板完全连接，共同承担弯矩，应变满足平截面假定；
③受拉区混凝土达到极限拉应力后退出工作，忽略受拉区未屈服波形钢腹板对抗弯承载力的贡献。

将波形钢腹板组合梁的混凝土顶底板简化为矩形截面，其截面抗弯极限承载力计算模式如图 14-5 所示。

由力的平衡可得：

$$T_w + f_{sd}A_s + f_{pd1}A_{p1} + f_{pd2}A_{p2} = C_w + C_c + f'_{sd}A'_s + \sigma'_{pa}A'_p \quad (14\text{-}14)$$

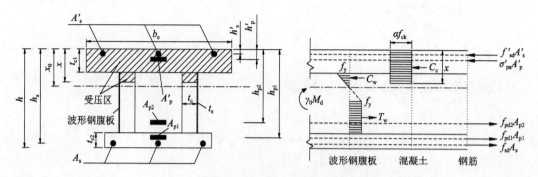

图 14-5　内衬混凝土组合截面正截面承载力计算模式

其中：

$$T_w = 2f_y t_s (h + t_{c1} - t_{c2} - 2x_0) \quad (14\text{-}15)$$

$$C_w = f_y t_s (x_0 - t_{c1}) \quad (14\text{-}16)$$

$$C_c = \alpha f_{ck} b_e t_{c1} + 2\alpha f_{ck} t_c (x - t_{c1}) = \alpha f_{ck} b_e t_{c1} + 2\alpha f_{ck} t_c (\beta x_0 - t_{c1}) \quad (14\text{-}17)$$

式中：$A_s$、$A'_s$——分别为受拉区与受压区普通钢筋截面面积；

$A_{p1}$、$A_{p2}$——分别为受拉区体内、体外预应力筋截面面积；

$A'_p$——受压区预应力筋截面面积；

$f_{sd}$、$f'_{sd}$——分别为受拉区与受压区普通钢筋的设计强度；

$f_{pd1}$、$f_{pd2}$——分别为受拉区体内、体外预应力筋的抗拉强度设计值；

$\sigma'_{pa}$——受压区预应力筋的计算应力，$\sigma'_{pa} = f'_{pd} - \sigma'_{p0}$，其中 $f'_{pd}$ 为预应力筋抗压强度设计值，$\sigma'_{p0}$ 为受压区预应力筋的消压应力，参照《公路钢筋混凝土及预应力混凝土桥涵设计规范》(JTG 3362—2018)[3]；

$h$——梁高；

$f_y$——钢板屈服强度；

$f_{ck}$——混凝土轴心抗压强度标准值；

$b_e$——混凝土顶板有效分布宽度；

$t_s$、$t_c$、$t_{c1}$、$t_{c2}$——分别为钢腹板、内衬混凝土及混凝土顶、底板厚度；

$x_0$——混凝土受压区高度；

$x$——等效矩形应力分布的受压区高度；

$\alpha$——矩形应力图宽度系数；

$\beta$——矩形应力图高度系数。

对受压区普通钢筋合力作用点取矩，可计算抗弯极限承载力，即：

$$\begin{aligned} M_{du} = & f_{sd}A_s(h_s - h'_s) + f_{pd1}A_{p1}(h_{p1} - h'_s) + f_{pd2}A_{p2}(h_{p2} - h'_s) + \\ & T_w\left(\frac{h}{2} - \frac{t_{c1}}{2} - \frac{t_{c2}}{2} + x_0 - h'_s\right) - C_w\left(\frac{x_0}{3} + \frac{2t_{c1}}{3} - h'_s\right) - f_{cd}b_e t_{c1}\left(\frac{t_{c1}}{2} - h'_s\right) - \\ & 2f_{cd}t_c(x - t_{c1}) \cdot \left(\frac{x}{2} + \frac{t_{c1}}{2} - h'_s\right) - \sigma'_{pa}A'_p(h'_p - h'_s) \end{aligned} \quad (14\text{-}18)$$

式中：$h_s$、$h'_s$——分别为受拉区与受压区普通钢筋形心至梁上缘的距离；

$h_{p1}$、$h_{p2}$——分别为受拉区体内、体外预应力筋形心至梁上缘的距离；
$h'_p$——受压区预应力筋形心至梁上缘的距离。

## 14.4 内衬混凝土组合腹板梁抗剪刚度计算

根据试验结果，内衬混凝土组合腹板梁面内剪切荷载作用力学行为大致分为3个阶段：①弹性阶段：产生初始裂缝前，钢与混凝土完全结合，组合梁表现弹性行为。②开裂阶段：混凝土开裂至钢板屈曲或屈服；混凝土开裂，钢板仍保持弹性，混凝土板类似斜向桁架仅承受压应力，且与钢板拉应力方向垂直。③破坏阶段：钢板屈服强化及混凝土斜压破坏，最终组合梁倒塌。

由于混凝土开裂以后，其刚度退化，且钢与混凝土界面出现滑移，处于不完全连接状态，因此组合构件的刚度随加载过程的变化比较复杂，所以本节仅考虑弹性阶段的等效刚度。

如图 14-6 所示，内衬混凝土组合腹板梁抗剪刚度为产生单位剪切位移所需的剪切荷载 $V$。图中，$a$、$h$ 分别为组合腹板宽度与高度，$t_s$ 为波形钢腹板厚度，$t_e$ 为混凝土腹板的等效厚度。

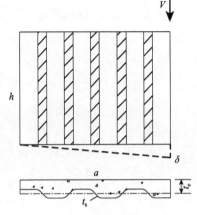

图 14-6 内衬混凝土组合腹板梁剪力作用下的变形

### 14.4.1 内衬混凝土等效抗剪刚度

将波形内衬混凝土板等效为具有相同平面尺寸及平均等效厚度 $t_e$ 的各向同性混凝土平板，混凝土开裂前，假定混凝土为线弹性材料，开裂前的剪切刚度为：

$$k_c = \frac{E_c \cdot h t_e}{2a(1+\nu_c)} \tag{14-19}$$

式中：$E_c$、$\nu_c$——分别为混凝土弹性模量与泊松比。

### 14.4.2 波形钢腹板等效抗剪刚度

剪力作用下，波形钢腹板的变形 $\delta$ 为：

$$\delta = \delta_1 + \delta_2 + \delta_3 \tag{14-20}$$

式中：$\delta_1$——波形钢腹板剪切变形；
$\delta_2$——波形钢腹板弯曲或畸变变形；
$\delta_3$——波形钢腹板与混凝土连接及固定位置的局部变形。
对于弹性阶段内组合梁中的波形钢腹板，进行如下假定：
①波形钢腹板受到内衬混凝土的限制不产生畸变变形，故不考虑 $\delta_2$；

②荷载同时施加于波形钢腹板与内衬混凝土,钢与混凝土完全连接,波形钢腹板不产生局部变形,因此忽略 $\delta_3$。

只考虑波形钢腹板的剪切变形 $\delta_1$,其弹性等效抗剪刚度为:

$$k_s = \frac{E_s h t_s}{2a\eta(1+\nu_s)} \tag{14-21}$$

式中:$E_s$、$\nu_s$——分别为钢板的弹性模量与泊松比;

$\eta$——波形钢腹板形状系数,即波形形状展开长度与投影长度的比值。

### 14.4.3 内衬混凝土组合腹板梁等效抗剪刚度

在弹性阶段,钢与混凝土完全结合,组合梁刚度为混凝土与钢板的刚度之和。故基于上述推导的波形钢腹板及内衬混凝土板剪切刚度,内衬混凝土波形钢腹板工字梁的等效剪切刚度 $k_w$ 为:

$$k_w = k_c + k_s = \frac{E_c \cdot h t_e}{2a(1+\nu_c)} + \frac{E_s \cdot h t_s}{2a\eta(1+\nu_s)}$$

$$= \frac{h[E_c t_e \eta(1+\nu_s) + E_s t_s(1+\nu_c)]}{2a\eta(1+\nu_c)(1+\nu_s)} \tag{14-22}$$

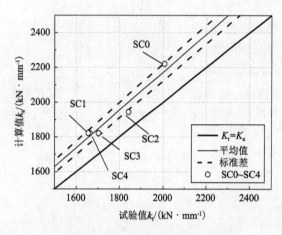

图 14-7 抗剪刚度试验值与理论计算值比较

图 14-7 为抗剪刚度的试验值与理论计算值的比较结果,内衬混凝土组合腹板梁抗剪刚度试验值与理论计算值之比的均值 $\mu$ 为 1.086,方差 $\sigma$ 为 0.022。这说明计算与试验比较吻合,可以采用波形钢腹板与等效厚度的混凝土板剪切刚度叠加的方法初步估计弹性阶段内衬混凝土组合腹板梁的剪切刚度。

## 14.5 内衬混凝土组合腹板梁剪力分担比

对于波形钢腹板与内衬混凝土完全连接,截面剪力通过应变协调,由波形钢腹板 $V_s$ 与内衬混凝土板 $V_c$ 共同承担,假定组合板件承受单位剪力($V=1$),产生剪切变形($\delta$),满足:

$$V_s + V_c = 1 \tag{14-23}$$

波形钢腹板产生的剪切变形:

$$\delta_s = \frac{1}{k_s} V_s = \frac{2a\eta(1+\nu_s)}{E_s h t_s} V_s \tag{14-24}$$

混凝土板产生的剪切变形:

$$\delta_c = \frac{1}{k_c} V_c = \frac{2a(1+\nu_c)}{E_c h t_e} V_c \tag{14-25}$$

由变形协调条件,即 $\delta_c = \delta_s$,可得波形钢腹板与混凝土板剪力分担比例为:

$$\frac{V_s}{V_c} = \frac{k_s}{k_c} = \frac{(1+\nu_c)E_s t_s}{(1+\nu_s)\eta E_c t_e} \quad (14\text{-}26)$$

图 14-8 所示为波形钢腹板承担剪力比例随荷载变化的理论计算值与试验值比较结果,理论计算波形钢腹板在其内衬混凝土组合梁中承担的剪力比例约为 30%;试验结果表明,在不同荷载等级作用下,波形钢腹板承担的剪力比例在 20%~35% 之间。在弹性阶段,剪力分担比例试验与理论结果吻合较好,说明该阶段剪力按照各自的剪切刚度进行分配。

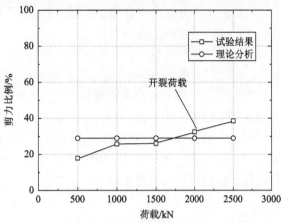

图 14-8 波形钢腹板承担剪力比例理论计算值与试验值比较

## 14.6 内衬混凝土组合腹板梁抗剪承载力计算

如图 14-9 所示,对于内衬混凝土平钢腹板工字梁剪切强度模型,Nakamura 和 Narita[4] 通过试验研究得到其破坏模式为内衬混凝土斜压破坏,钢腹板斜拉屈服,形成"X"拉-压桁架模型。

a) 试验　　　　　　　b) 分析

图 14-9 内衬混凝土平钢腹板工字梁剪切破坏模式

内衬混凝土平钢腹板工字梁抗剪承载力 $V_{wp}$ 按式(14-27)~式(14-31)计算:

$$V_{wp} = V_s + V_c \quad (14\text{-}27)$$

$$V_s = f_y h_e t_s \sin\theta \quad (14\text{-}28)$$

$$V_c = f_c h_e t_c \sin\theta \quad (14\text{-}29)$$

$$\sin\theta = h/\sqrt{h^2 + a^2} \quad (14\text{-}30)$$

$$h_e = K_e h \quad (14\text{-}31)$$

式中:$V_s$、$V_c$——分别为桁架所受的拉应力与压应力;

$f_y$、$f_c$——分别为钢板屈服强度、混凝土轴向抗压强度;

$t_s$、$t_c$——分别为钢板、混凝土板厚度;

$a$、$h$、$h_e$——分别为组合腹板实际宽度、实际高度及有效高度；

　　$\theta$——剪切区域斜向角度；

　　$K_e$——组合腹板有效高度与实际高度的比值，由组合腹板长宽比、钢板厚度、混凝土厚度等决定，实际设计中建议$K_e$取 0.3。

　　由内衬混凝土组合腹板梁剪切性能试验可知，当荷载达到极限荷载时，波形钢腹板由于内衬混凝土限制不发生屈曲，但全截面达到剪切屈服，同时内衬混凝土斜压破坏。为简化计算，在推导抗剪承载力时，内衬混凝土等效为等厚度的混凝土腹板，厚度取等效厚度$t_e$，并通过系数$\beta_1$考虑斜压主应力沿厚度方向分布的不均匀性，偏安全地考虑取$\beta_1 = 0.5$。由此，可推得内衬混凝土组合腹板梁抗剪承载力$V_{wp}$如下：

$$V_{wp} = V_{seq} + V_{ceq} \tag{14-32}$$

$$V_{seq} = \tau_{sy} h t_s / \eta \tag{14-33}$$

$$V_{ceq} = \beta_1 f_c h_e t_e \sin\theta \tag{14-34}$$

$$\sin\theta = h / \sqrt{h^2 + a^2} \tag{14-35}$$

$$h_e = K_e h \tag{14-36}$$

式中：$V_{seq}$、$V_{ceq}$——分别为波形钢腹板及内衬混凝土承担的剪力；

　　$\tau_{sy}$、$f_c$——分别为波形钢腹板剪切屈服强度、混凝土轴向抗压强度；

　　$t_s$、$t_e$——分别为钢板厚度及混凝土板等效厚度；

　　$a$、$h$、$h_e$——分别为组合腹板实际宽度、实际高度及有效高度；

　　$\eta$——波形钢腹板形状系数；

　　$\beta_1$——斜压主应力沿厚度方向分布的不均匀系数；

　　$\theta$——剪切区域斜向角度；

　　$K_e$——组合腹板有效高度与实际高度的比值，参照内衬混凝土平钢腹板工字梁，$K_e$取 0.3。

图 14-10 为内衬混凝土组合腹板梁抗剪承载力试验值与理论计算值的比较结果，试验值与理论计算值之比的均值$\mu$为 0.987，方差$\sigma$为 0.038。这说明计算与试验比较吻合，可以采用波形钢腹板剪切屈服强度与等效厚度的混凝土板斜向抗压强度共同作用的方法初步估计内衬混凝土组合腹板梁的抗剪承载力。

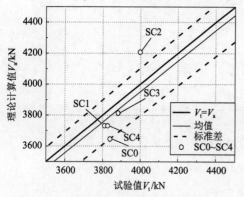

图 14-10　抗剪承载力试验值与理论计算值比较

## 14.7　内衬混凝土组合箱梁抗剪承载力计算

　　内衬混凝土组合箱梁的抗剪承载力可参照内衬混凝土组合腹板梁进行，但应考虑多道腹板及预应力竖向分力的影响。

　　内衬混凝土组合腹板梁抗剪承载力$V_{ud}$可按下列公式计算：

其中：
$$V_{ud} = V_{seq} + V_{ceq} + V_{ped} \tag{14-37}$$
$$V_{seq} = n\tau_{sy}h_w t_s/\eta \tag{14-38}$$
$$V_{ceq} = n\beta_1 f_c h_e t_e \sin\theta \tag{14-39}$$
$$\sin\theta = h_w/\sqrt{h_w^2 + a^2} \tag{14-40}$$
$$h_e = K_e h_w \tag{14-41}$$
$$V_{ped} = F_{pe} \cdot \sin\theta_p \tag{14-42}$$

式中：$V_{seq}$、$V_{ceq}$——分别为波形钢腹板及内衬混凝土承担的剪力；

$V_{ped}$——有效预应力竖向分量；

$n$——腹板数量；

$\tau_{sy}$、$f_c$——分别为波形钢腹板剪切屈服强度、混凝土轴向抗压强度；

$t_s$、$t_e$——分别为钢板厚度及混凝土板等效厚度；

$a$、$h_w$、$h_e$——分别为组合腹板实际宽度、实际高度及有效高度；

$\eta$——波形钢腹板形状系数；

$\beta_1$——斜压主应力沿厚度方向分布的不均匀系数；

$\theta$——剪切区域斜向角度；

$K_e$——组合腹板有效高度与实际高度的比值；

$F_{pe}$——有效预应力；

$\theta_p$——预应力轴向倾角。

## 14.8 本章小结

①根据试验结果，推导内衬混凝土组合腹板梁的抗弯承载力、抗剪承载力及抗剪刚度理论计算式，并与试验结果进行比较可知，抗弯承载力、抗剪承载力及抗剪刚度理论计算值与试验值吻合较好。

②得到波形钢腹板与内衬混凝土弹性阶段的剪力分担比，两者剪力按各自抗剪刚度分配，并与试验结果吻合较好。

③参照内衬混凝土组合腹板梁推导过程，进一步推导得到内衬混凝土组合箱梁抗弯承载力及抗剪承载力理论计算式。

### 参 考 文 献

[1] 秦翱翱,刘世忠,冀伟,等.单箱双室钢底板波形钢腹板组合箱梁扭转性能分析[J].东南大学学报(自然科学版),2021,51(5):740-746.

[2] 陈玉龙,刘世忠.单箱双室变厚翼板CSW简支箱梁剪滞剪切效应[J].铁道科学与工程学报,2021,18(10):2640-2650.

[3] 中华人民共和国交通运输部.公路钢筋混凝土及预应力混凝土桥涵设计规范:JTG 3362—2018[S].北京:人民交通出版社股份有限公司,2018.

[4] ShUN-ICHI NAKAMURA, NAOYA NARITA. Bending and shear strengths of partially encased composite I-girders[J]. Journal of Constructional Steel Research, 59, 1435-1453.

# 第15章
# 内衬混凝土合理构造设计研究

本章通过对波形钢腹板预应力混凝土组合梁桥进行空间有限元仿真分析,从结构变形、剪切应力、轴向性能、弯曲性能等方面系统分析内衬混凝土对波形钢腹板预应力混凝土组合梁桥力学性能的影响。基于影响分析结果,选取恰当的力学指标,对内衬混凝土长度、厚度进行参数化分析,确定内衬混凝土的合理长度和厚度,为广西飞龙大桥内衬混凝土设计提供指导。

## 15.1 研究目的

对于大跨度波形钢腹板预应力混凝土组合梁桥,相关设计规范中均要求在中支点左右一定长度范围内设置内衬混凝土构造。该构造可提高波形钢腹板组合箱梁钢腹板的稳定性以及保证支点区域腹板剪力均匀传递[1-2]。但目前关于内衬混凝土长度、厚度的选取尚未有明确的设计方法,因此通过本章研究探索此类方法。

## 15.2 有限元建模

### 15.2.1 桥梁构造特点

图15-1为某三跨波形钢腹板预应力混凝土组合梁桥总体布置图。桥梁全长285m,跨径布置为75m+135m+75m。图15-2为该桥典型截面以及波形钢腹板图示。截面采用单箱单室变梁高设计,中支点梁高为7.5m,边支点及中跨跨中梁高为3.5m。混凝土顶板宽16.05m,厚28cm,两侧悬臂长度为3.825m;混凝土底板宽9m,中支点截面底板厚度为150cm,边支点及中跨跨中截面底板厚度为28cm。波形钢腹板的波长1600mm、波高220mm。

波形钢腹板与混凝土顶板采用双开孔板连接件,与混凝土底板采用嵌入型连接件,如图15-3所示,墩顶横隔梁左右6.4m范围内设置内衬混凝土,采用变厚度设置,内衬根部厚50cm,端部厚40cm。

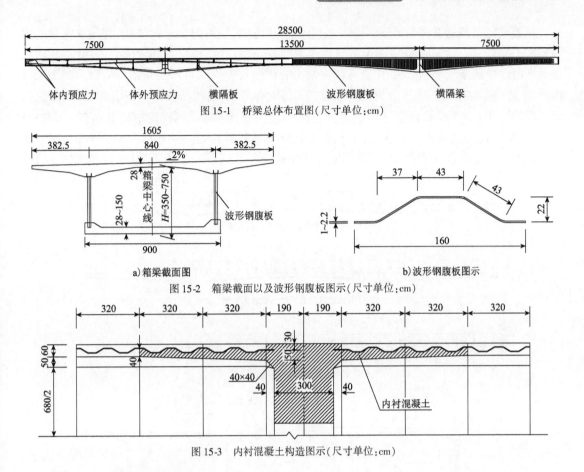

图 15-1 桥梁总体布置图(尺寸单位:cm)

a) 箱梁截面图    b) 波形钢腹板图示

图 15-2 箱梁截面以及波形钢腹板图示(尺寸单位:cm)

图 15-3 内衬混凝土构造图示(尺寸单位:cm)

### 15.2.2 有限元模型

如图 15-4 所示,建立全桥 ANSYS 三维空间实体有限元模型,在原有内衬模型的基础上除去内衬混凝土即得无内衬模型。

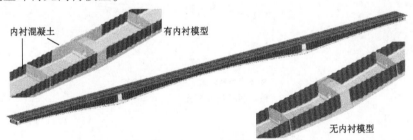

图 15-4 全桥空间实体有限元模型

混凝土顶底板、横隔梁、横隔板及内衬混凝土采用 C60 混凝土,使用 SOLID65 单元模拟,应力-应变曲线采用抛物线模型;波形钢腹板、钢上下翼缘均采用 Q345 钢材,使用 SHELL181 单元模拟,应力-应变曲线采用双折线模型;体内、体外预应力筋采用 ASTM270 级 $\phi$ 15.24 低松弛钢绞线,使用 LINK8 单元模拟;开孔板连接件采用 COMBIN14 三向弹簧单元模拟,连接件刚度按开孔板连接件试验结果选取。

两模型的支点边界条件均为一侧中支座约束顺桥向、横桥向和竖向位移,其他支座只约束竖向和横向位移。计算荷载考虑恒载与汽车活载,恒载包含结构自重和预应力作用,汽车活载包括中跨跨中挠度最不利活载、中支点剪力最不利活载及中支点负弯矩最不利活载。如图 15-5 所示,中跨跨中挠度最不利活载为公路-Ⅰ级三车道对称荷载,均布荷载布置于中跨,集中荷载施加于中跨跨中;中支点剪力最不利活载为公路-Ⅰ级三车道偏心荷载,均布荷载布置于中跨及一边跨,集中荷载施加于一中支点;中支点负弯矩最不利活载为公路-Ⅰ级三车道对称荷载,均布荷载布置于中跨及一边跨,集中荷载施加于中跨跨中。荷载工况按正常使用极限状态组合。

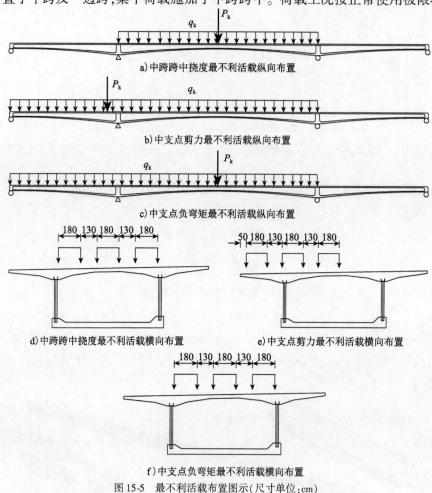

图 15-5　最不利活载布置图示(尺寸单位:cm)

## 15.3　内衬混凝土对组合箱梁结构性能的影响

### 15.3.1　内衬混凝土对结构变形的影响

在结构自重、预应力以及中跨跨中挠度最不利活载作用下,有内衬混凝土模型和无内衬混凝土模型的结构挠度如图 15-6 所示。无内衬混凝土模型中跨跨中挠度约为 6.8cm,有内衬混凝土模型相应位置处挠度约为6.4cm，较无内衬混凝土模型减小约6%，说明内衬混凝土对结构挠曲影响较小。

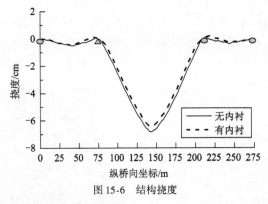

图15-6　结构挠度

### 15.3.2　内衬混凝土对剪切应力的影响

为比较在结构自重、预应力以及中支点剪力最不利活载作用下，有内衬混凝土模型和无内衬混凝土模型的内衬混凝土区域波形钢腹板剪应力沿高度及纵向分布情况，选取波形钢腹板竖向和纵向路径，如图15-7所示。pz1、pz2、pz3为有内衬混凝土模型竖向路径，ph1、ph2、ph3为有内衬混凝土模型纵向路径；pzn1、pzn2、pzn3为无内衬混凝土模型竖向路径，phn1、phn2、phn3为无内衬混凝土模型纵向路径。

图15-8为波形钢腹板在各路径下剪应力分布。未设置内衬混凝土时，该区域内波形钢腹板剪应力沿高度和纵向均匀分布。设置内衬混凝土后，该区域内波形钢腹板剪应力明显减小，剪应力纵向分布与内衬混凝土厚度有关，内衬混凝土厚度越大，应力越小。

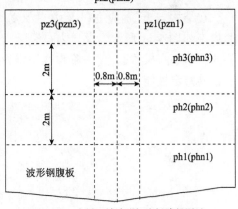

图15-7　内衬区域波形钢腹板路径图示

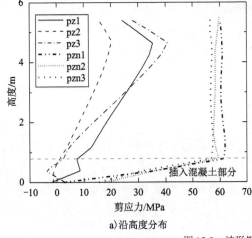

a) 沿高度分布

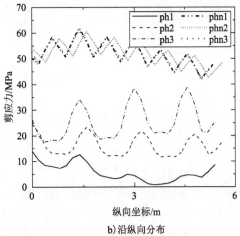

b) 沿纵向分布

图15-8　波形钢腹板剪应力分布

### 15.3.3 内衬混凝土对稳定性能的影响

在结构自重、预应力以及中支点剪力最不利活载作用下,无内衬混凝土模型的一阶屈曲模态如图 15-9 所示。未设置内衬混凝土时,一阶弹性稳定系数为 3.3,失稳发生于横隔梁端部的波形钢腹板上缘,与波形钢腹板工字梁剪切屈曲模态一致,如图 15-10 所示。

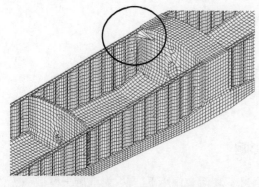 

图 15-9　无内衬混凝土模型一阶屈曲模态　　　图 15-10　波形钢腹板工字梁剪切屈曲模态

在结构自重、预应力以及中支点剪力最不利活载作用下,有内衬混凝土模型的一阶屈曲模态如图 5-11 所示。设置内衬混凝土后,屈曲发生于内衬混凝土组合腹板截面与横隔板之间的波形钢腹板截面上,一阶弹性稳定系数提高至 4.7,说明内衬混凝土可有效地提高波形钢腹板的稳定性能。

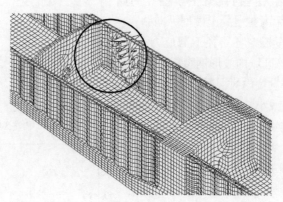

图 15-11　有内衬混凝土模型一阶屈曲模态

### 15.3.4 内衬混凝土对轴向性能的影响

在结构自重及预应力作用下,有内衬混凝土模型和无内衬混凝土模型中支点区域混凝土桥面板顶面及底面纵桥向应力如图 15-12 所示。未设置内衬混凝土时,中支点处混凝土桥面板顶面、底面压应力分别为 -4.12MPa 和 -3.42MPa,设置内衬混凝土后为 -3.39MPa 和 -2.80MPa,分别减小了 17.7% 和 18.1%,说明内衬混凝土较大程度地降低了预应力在该区域内的施加效率。

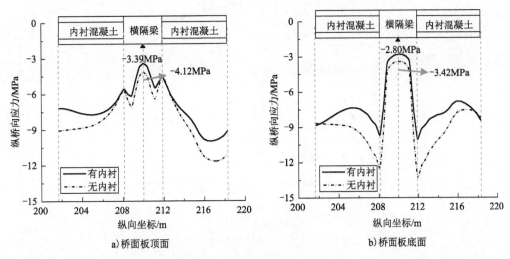

图 15-12　混凝土桥面板顶面及底面应力

### 15.3.5　内衬混凝土对弯曲性能的影响

在中支点负弯矩最不利活载作用下,有内衬混凝土模型和无内衬混凝土模型内衬混凝土根部、中部以及端部截面纵桥向应变沿高度分布情况如图 15-13 所示。未设置内衬混凝土时,混凝土顶底板与波形钢腹板的截面应变不连续,混凝土顶底板存在附加弯矩。混凝土顶底板在内衬混凝土根部、中部以及端部截面的附加弯矩如图 15-14 所示,附加弯矩的分布规律与荷载单独作用于混凝土顶底板的弯矩分布规律相似。当设置内衬混凝土后,各截面应变基本满足平截面假定。

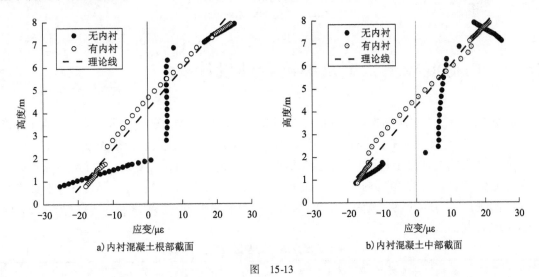

图　15-13

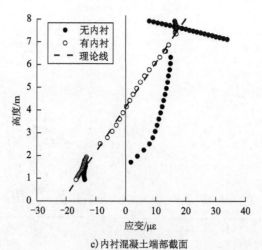

c) 内衬混凝土端部截面

图 15-13 内衬混凝土区域截面弯曲应变沿高度分布

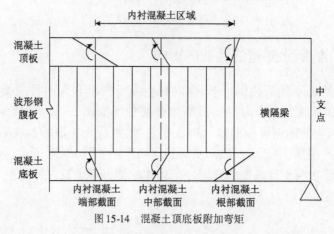

图 15-14 混凝土顶底板附加弯矩

## 15.4 内衬混凝土长度及厚度合理设计

根据内衬混凝土对结构力学性能的影响研究,选取稳定性能、轴向性能以及抗弯性能为指标,对内衬混凝土长度及厚度进行有限元参数分析,以确定内衬混凝土合理长度及厚度。

表 15-1 为内衬混凝土长度及厚度变参数模型分组情况。内衬混凝土长度 $l$ 与中支点梁高 $h$ 的比值 $l/h$ 在 0~1.49 范围内变化,长度每次增加一个波长;内衬混凝土厚度 $t$ 与中支点梁高 $h$ 的比值 $t/h$ 在 0~0.093 范围内变化,为考虑内衬混凝土的浇筑要求,最小厚度取 20cm,厚度每次增加 10cm。

内衬混凝土长度及厚度变参数模型分组情况　　　　表 15-1

| 模型 | 内衬混凝土长度 $l$/m | $l/h$ | 内衬混凝土厚度 $t$/cm | $t/h$ |
|---|---|---|---|---|
| NEB | 0 | 0.00 | 0 | 0.000 |
| EB-LT0 | 6.4 | 0.85 | 50 | 0.067 |

续上表

| 模型 | 内衬混凝土长度 $l$/m | $l/h$ | 内衬混凝土厚度 $t$/cm | $t/h$ |
|---|---|---|---|---|
| EB-L1 | 3.2 | 0.43 | 50 | 0.067 |
| EB-L2 | 4.8 | 0.64 | 50 | 0.067 |
| EB-L3 | 8.0 | 1.07 | 50 | 0.067 |
| EB-L4 | 9.6 | 1.28 | 50 | 0.067 |
| EB-L5 | 11.2 | 1.49 | 50 | 0.067 |
| EB-T1 | 6.4 | 0.85 | 20 | 0.027 |
| EB-T2 | 6.4 | 0.85 | 30 | 0.040 |
| EB-T3 | 6.4 | 0.85 | 40 | 0.053 |
| EB-T4 | 6.4 | 0.85 | 60 | 0.080 |
| EB-T5 | 6.4 | 0.85 | 70 | 0.093 |

### 15.4.1 内衬混凝土长度及厚度对稳定性能的影响

在结构自重、预应力以及中支点剪力最不利活载作用下，内衬混凝土长度、厚度对腹板抗剪稳定性能的影响如图 15-15 所示。当 $l/h = 0.43 \sim 0.85$ 时，内衬混凝土长度增加对结构一阶弹性稳定系数影响较小；当 $l/h \geqslant 0.85$ 时，随着内衬混凝土长度的增加，结构一阶弹性稳定系数有明显提高。增加内衬混凝土厚度对结构一阶弹性稳定系数影响较小。对比可知，增加内衬混凝土长度比增加内衬混凝土厚度对提高腹板抗剪稳定性能更有效。

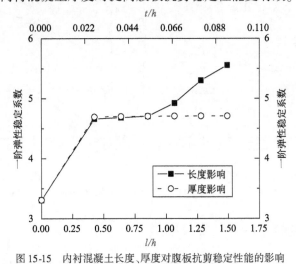

图 15-15 内衬混凝土长度、厚度对腹板抗剪稳定性能的影响

### 15.4.2 内衬混凝土长度及厚度对抗弯性能的影响

在中支点负弯矩最不利活载作用下，内衬混凝土长度、厚度对内衬混凝土根部截面弯曲应变的影响如图 15-16 所示。当 $l/h \geqslant 0.85$、$t/h \geqslant 0.067$ 时，内衬混凝土根部截面弯曲应变沿梁高分布趋于线性，截面中性轴位于截面形心。

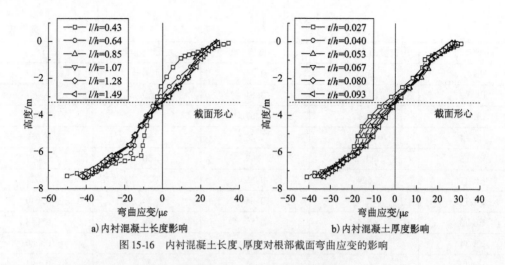

图 15-16  内衬混凝土长度、厚度对根部截面弯曲应变的影响

### 15.4.3 内衬混凝土长度及厚度对轴向性能的影响

在结构自重及预应力作用下，内衬混凝土长度、厚度对中支点混凝土桥面板纵桥向应力的影响如图 15-17 所示。当内衬混凝土长度增加时，中支点处混凝土桥面板顶面、底面压应力减小，但减小趋势有所缓解。而当内衬混凝土厚度增加时，中支点处混凝土桥面板顶面、底面压应力呈线性减小。

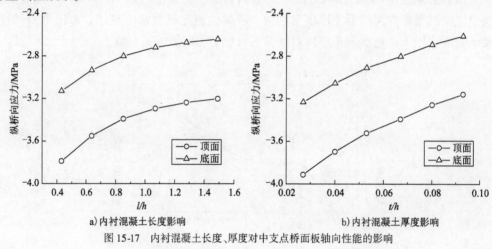

图 15-17  内衬混凝土长度、厚度对中支点桥面板轴向性能的影响

### 15.4.4 内衬混凝土合理长度及厚度

考虑内衬混凝土长度对结构抗剪稳定性能及抗弯性能的影响，内衬混凝土长度宜大于 85% 中支点梁高；实桥设计时，为留有一定的安全储备，建议设置内衬混凝土长度不小于 1 倍中支点梁高。考虑内衬混凝土厚度对抗弯性能的影响，保证截面弯曲应变沿梁高线性分布，内衬混凝土厚度宜大于 6.7% 中支点梁高；实桥设计时，内衬混凝土采用变厚度设置，建议内衬混凝土最大厚度不小于 7% 中支点梁高，最小厚度满足浇筑及构造要求。

综合内衬混凝土长度、厚度对轴向性能的影响，内衬混凝土在满足抗剪稳定性能及保证支点区域截面平截面假定成立的条件下,应缩短长度、减小厚度,以提高该区域预应力的施加效率。

## 15.5 本章小结

①设置内衬混凝土可较大程度地减小支点区域波形钢腹板的剪应力,提高波形钢腹板稳定性能,确保支点区域截面符合平截面假定,但对结构挠曲影响较小,同时会使支点区域预应力施加效率降低。

②当内衬混凝土长度大于或等于85%中支点梁高时,内衬混凝土长度的增加可较大程度地提高结构稳定性能,但内衬混凝土厚度的增加对结构稳定性能影响较小。

③当内衬混凝土长度大于或等于85%中支点梁高、内衬混凝土厚度大于或等于6.7%中支点梁高时,内衬混凝土根部截面弯曲应变沿梁高分布趋于线性,截面中性轴位于截面形心。

④内衬混凝土长度及厚度的增加均降低支点区域预应力施加效率,但内衬混凝土长度越大,中支点处桥面板压应力减小趋势越缓,而内衬混凝土厚度越大,中支点处桥面板压应力越小。

⑤实桥设计时,建议设置不小于1倍中支点梁高的内衬混凝土长度;内衬混凝土采用变厚度设置,建议内衬混凝土最大厚度不小于7%中支点梁高,最小厚度满足浇筑及构造要求。但为提高支点区域预应力施加效率,内衬混凝土不宜过长、过厚。

### 参 考 文 献

[1] 邓文琴,刘朵,王超,等.变截面波形钢腹板内衬混凝土组合梁剪扭性能试验研究[J].东南大学学报(自然科学版),2019,49(4):618-623.

[2] 刘朵,杨丙文,张建东,等.波形钢腹板组合桥梁内衬混凝土抗剪性能研究[J].世界桥梁,2013,41(6):72-75.